本书是北京师范大学中国化马克思主义理论研究与教育宣传协同创新中心的研究成果，得到北京师范大学马克思主义理论学科研究基金资助。

中国劳动力市场分割的
形成机制与形态演变研究

肖　潇／著

人民出版社

目 录

前　言

　　劳动力市场分割这一研究课题，在 20 世纪 70 年代初骤然兴起。不少经济学家对此给出了形形色色的解释，不仅是原本研究劳动力市场的学者，就连许多其他相关领域的学者，也将目光投向这里。几十年间，各种观点莫衷一是，使得由德林格（P. Doeringer）、皮奥里（M. Piore）等学者最先提出的二元劳动力市场理论逐渐发展成为覆盖经济学、政治学、社会学等多学科交互、多视角融合的一个学说体系。随着世界劳动力市场发展的日新月异，劳动力市场分割将仍然是经济学中最重要的前沿领域之一。

　　与世界相比，中国的劳动力市场发育可谓姗姗来迟，直到 20 世纪末，真正意义上的劳动力市场才在全国范围内逐渐建立起来。除了起步晚以外，劳动力市场也不是自发形成的，而是由国家通过对经济社会各个领域实行变革，在较短的时期内自上而下推动的结果。这样的客观事实，再加上中国经济改革与发展的渐进性、特殊性，成就了中国劳动力市场更为复杂，也更引人入胜的一面。中国的劳动力市场分割，自然而然地具有世界范围内的一般性，但如果单纯地从某个既有的理论或模型出发，忽视分割形成的特殊机制，以及不同时期分割发展演变的不同特征，就很容易犯形而上学、大而化之的错误，这又恰恰是国内学界在研究这一问题时的集中表现。

　　进一步地思考，为何又会出现这种状况呢？这就不得不提及主流经济学在各个分支领域的统治与渗透。以新古典经济学为代表的主流经济学，在方法论上存在着固有缺陷：一方面，出于回避阶级矛盾的需要，它把通向分割真正原因的方法路径截断了，让研究始终停留在"就事论事"的程度；另一方面，它又以自己日益膨胀的影响力，不断向更广的领域输出这种看似万能的分析范式。但是，这也从另一个侧面说明，本来能够科学、彻底地解释劳动力市场分割的学说——马克思主义经济学，还没有发挥出应有的作用。

马克思主义经济学尽管没有最早提出劳动力市场分割这一命题，但不等于它没有关注这一现象。早在《资本论》第一卷中，马克思就提出，劳动者在市场中的分化是资本积累的客观结果，产业后备军的累进生产将大量的工人变成相对过剩人口，协作劳动的资本职能化又将工人分成少数控制多数的不同等级。20世纪80年代至90年代，激进政治经济学中积累的社会结构（Social Structures of Accumulation）学派在此基础上逐渐将其发展成为一个较为完善的理论体系，并成功地研究了美国200多年间劳动力市场分割的发展进程。该学派在马克思主义经济学阵营中的影响力不断扩大，一些相关著作，近两年也在国内相继翻译出版，吸引了包括我在内的越来越多的国内青年学者的注意力。诚然，作为一名马克思主义经济学的研究者，没有理由不去坚持原本科学的研究方法，消化并吸收国外相关的最新成果，对中国的劳动力市场分割研究做出一番尝试。

这本著作就是这一番尝试的最终成果。首先，它力求运用马克思主义经济学的理论和分析视角，对"劳动力市场分割"这一概念进行了重新界定，这样就圈出了一个特定的研究范围，避免了在该领域中任意游走的无序状态。其次，它在坚持唯物辩证法的前提下，发展出了层次性与系统性相结合的分析方法。决定中国劳动力市场分割发生发展的主要矛盾，正是发展战略、制度与劳动者三个层次矛盾在同一矛盾系统中自上而下联系，共同作用的结果。并且，对于定量分析没有一概排斥，而是将其融入整体的研究框架中。最后，本书最直接的理论来源是激进政治经济学积累的社会结构学派。但是，囿于其研究范围始终没有跨出美国之外，因此从切入点到分析路径，再到结论都不能简单照搬到中国劳动力市场分割的研究中。因此，本书在很大程度上继承了积累的社会结构学派的分析范式，也做出了许多改动。

本书尚存在两点不足之处：一是重点着眼于分割作为一个整体的产生原因和运行机制，因此，在对具体分割形式的研究上难免有所欠缺；二是在研究方法上始终以定性分析为主，将定量分析置于次要地位。当然，这样做与本书所选取的研究方法和分析范式紧密相关，并且我始终认为，相较于实证研究，规范研究更应当是马克思主义经济学的首要任务。随着研究的进一步深入，相信这些不足之处都能得到改进。

就在本书的写作接近尾声的时候，劳动力市场分割已不仅是国内学者们争鸣的领域，更悄然进入了党和国家顶层设计的视野。《中共中央关于制定国民经济和社会发展第十三个五年规划的建议》明确提出："统筹人力资源市场，打破城乡、地区、行业分割和身份、性别歧视，维护劳动者平等就业权利。"[1]将破解劳动力市场分割，达成劳动力市场的开放、平等、包容、有序提升为国家意志，不得不称之为一个了不起的进步。作为当代一名普通的劳动者，我们相信在中国这样一个市场经济体制改革不断深化、经济发展面临众多机遇和挑战的社会主义国家，坚定维护广大劳动者的主人翁地位，尊重并捍卫广大劳动者的合法权益，更好地激发广大劳动者的主动性与创造性，就一定能保证中国未来发展长久不竭的动力。

---

[1]《十八大以来重要文献选编》（中），中央文献出版社 2016 年版，第 814 页。

第一章 怎样认识并研究劳动力市场分割

劳动力市场分割是劳动力市场较为常见的一种表现形式，它并不是天然形成的，而是根植于劳动力市场的内在属性之中，在劳动力市场发展到一定阶段，并且在特定的外部条件作用下表现出来。科学地研究劳动力市场分割问题，要遵循由抽象到具体的次序。首先是在经济学意义上，考察劳动力市场及其性质，再由此拓展到劳动力市场分割的具体层面。其次是在马克思主义经济学意义上，界定劳动力市场和劳动力市场分割。再次是比较国内外劳动力市场和劳动力市场分割的差异，即在当今高度全球化的背景下，中国的劳动力市场及其分割，由于特殊的社会历史原因，在表现出世界劳动力市场的一般性的同时，也体现出与之千差万别的特殊性。最后，我们也要选取科学的研究方法。在研究劳动力市场分割这一问题时，当代主流的新古典经济学所采取的方法从理论到实证上有什么缺陷？其他经济学非主流学派的方法有什么值得借鉴之处？马克思主义经济学为何在方法论上具有科学性？然而又为什么需要创新并且怎样进行创新？这些都是在这项研究正式开始之前必须认真梳理好的一系列重要问题。

第一节 劳动力市场与劳动力市场分割

一、劳动力市场

在一些当代权威的劳动经济学教科书或专著中，对劳动力市场的定义却往往一笔带过，不加以详细探讨，有的甚至没有专门提及。① 主流经济学一般较为笼统地将劳动力市场表述为"把劳动者配置于不同的工作岗位上并且协调就业决策的市场"②。在劳动力市场中，劳动力的需求和供给是维系其运行的基础，工资作为劳动力的价格，是劳动力市场的最主要信号和刺激因素，又反过来影响着劳动力供给和需求的数量。主流经济学的劳动力市场分析框架，便是在这个新古典的"供给—需求"分析范式中展开，以供求均衡时的工资和就业水平作为研究的支点。

任何市场都会有买卖的双方，劳动力市场也不例外。因此，在主流经济学视野中，劳动力市场的参与者至少包括两方：雇主和雇员。雇主并不一定是某个个人，一般是从事生产活动的某个企业，雇员则是具备劳动能力的个人，以劳动者的身份出现。企业购买劳动者的劳动力，支付给他们劳动力的报酬，即工资；而劳动者为企业在一段时间内劳动，以此取得出卖劳动力的收入，也即工资。在企业与劳动者这组关系中，劳动者占据核心地位：没有劳动者，劳动力市场中的商品——劳动力便不存在。劳动者根据自己的选择，决定是否工作、工作多长时间、对工作付出多大程度的努力、从事哪一种职业、需要获取何种工作技能以及何时辞去当前的工作；而企业也需要根据自己的选择，决定雇佣或解雇多少劳动者、工作的时间长度、投入多少资本以及向劳动者提供何种程度的工作条件。在劳动者与企业这组核心关系之外，政府也是劳动力市场的一个重要参与方，政府站在增进全社会福利的角度对劳动者和企业的收入进行再分配：它可以对某些劳动者的某项工作收入课税，并对另一些劳动者的某项工作收入或技能培训给予补贴；也可以利用法律与行政手段对劳动力市场上的某些交易行为进行基础性的指导规划和监

---

① [美] 鲍哈斯：《劳动经济学（第3版）》，夏业良译，中国人民大学出版社2010年版，第2页。

② [美] 伊兰伯格、史密斯：《现代劳动经济学——理论与公共政策（第6版）》，潘功胜等译，中国人民大学出版社1999年版，第21页。

督管理。

现在我们转向马克思主义经济学视角。尽管马克思主义经济学到目前为止还没有对劳动力市场给出明确并且较为完整的定义，但是对于劳动力市场的分析研究却已有一百多年的历史。马克思在《资本论》（第一卷）中，系统地研究了资本主义制度下劳动力市场的起源、发展和运行机制。马克思认为，劳动力市场的存在，以资本主义生产资料私有制为前提。劳动力市场的运行，反映了资本通过无偿占有剩余价值从而实现不断增殖的根本属性，是资本积累乃至整个资本主义生产关系维持发展的客观要求和必要条件。劳动力市场中的一切活动、一切关系，都是为了最终实现资本积累，劳动力市场名义上是劳资双方的交易机制，实际上却是资本实现对劳动剥削的手段或媒介。因此，资本和劳动双方所代表的两大阶级之间矛盾和斗争，自然就成为了贯穿劳动力市场研究的主线。

在马克思主义经济学视角下，雇主和雇员不再是具体的单个企业和工作者个体，它们的身份被赋予了浓厚的阶级色彩，变成了对立的两大阶级：资本家阶级和工人阶级。资本家阶级掌握着生产资料即资本，他们为了生产剩余价值，实现资本的不断增殖，就需要在资本循环过程中引入商品的生产与售卖两个阶段，而根据商品交换的等价原则，增殖不可能在售卖阶段实现，也不可能在生产阶段购买生产资料时实现，只有可能在生产阶段通过购买劳动力实现。借助于劳动力作为商品的特殊性，即它可以创造出高于自身价值的价值，和劳动力在生产过程中天然的不可或缺性，资本家把劳动力所创造的剩余价值无偿归为己有，而商品的最终售出使这一伎俩最终完成。工人阶级除了拥有自身的劳动力以外一无所有，只能依靠出卖劳动力生存下去。为了取得劳动力的报酬即工资，他们不得不使自己在一段时间内为资本家工作，完成商品的生产和销售过程，也使得资本通过自己的劳动过程完成增殖。在生产过程中，资本家阶级为了追求更多的剩余价值和更高的剩余价值率，千方百计地提高劳动强度或提升劳动生产率，使工人阶级承受愈来愈重的剥削，并且通过失业等手段强化对工人阶级的控制；工人阶级则通过各种形式的斗争，把剥削控制在自己可以承受的范围内。政府作为劳动力市场参与者，其地位不再那么显著了，仅仅是作为统治阶级的社会管理工具出现，起到调和阶级矛盾的作用。

尽管无论是在新古典经济学还是在马克思主义经济学中，都会出现劳动力的买方和卖方，但是围绕二者之间关系的分析和研究，从论证主题、前提假设到关注层面、再到最终目的都是完全迥异的，由此形成了两套截然不同的劳动力市场理论体系。首先，从论证主题来看，新古典经济学旨在论证自由竞争可以达到最优状态，任何来自劳动力需求或供给方对劳动力自由流动的破坏行为，尤其是类似于产品市场垄断的劳动要素独买或独卖，都会带来市场效率的净损失。劳动者之间的相互竞争可以使他们各自劳动力的报酬与边际生产力一致，企业之间的相互竞争可以使其雇佣劳动力的边际收益与边际支付一致，从而达到帕累托最优。马克思主义经济学旨在论证生产过程中资本家对工人剥削的存在性与不合理性。资本家通过无偿占有剩余价值实现自身的积累以及对工人的剥削，资本家和工人的交易为其创造了必要条件，尽管这一交易过程披着等价交换的外衣，看似是公平的、合理的，但是无论从历史到现实都隐藏不了资本来源于对工人劳动成果剥夺的事实。其次，从关注层面来看，新古典经济学更加关注劳动力市场运行的结果和影响。无论是在微观还是在宏观领域，供给和需求的均衡或失衡状态都是新古典理论的研究中心。在劳动力市场中，则无外表现为某些内生、外生因素对劳动者和企业双方的选择产生怎样的作用，从而对均衡产生何种影响，失衡状态反过来又对双方的选择产生何种反作用，又怎样从失衡状态回到均衡状态，等等。而马克思主义经济学更加关注劳动力市场运行的过程和机制，它并不采用均衡的范式（实际上通过预设"短期均衡"，证明了"长期失衡"），而是透过交易的结果去考察交易过程中形成这种结果的制度因素或社会历史因素，特别是这些因素的形成与发展过程及其对资本家和工人两大阶级力量的塑造。再次，从前提假设来看，新古典经济学极力推崇遵循效用最大化的"理性人"，默认企业与劳动者之间是平等关系，并且社会制度是永恒不变的。马克思主义经济学则与之截然对立：资本家与工人从来就不是抽象的个人，而是社会历史进程中的人，是某种阶级关系的人格化，它们永远无法摆脱自己所属的阶级烙印，任何举动都是基于这种阶级之间的对抗性。资本家与工人之间是天然不平等的关系，工人不占有生产资料，只能依附于资本家而存在。同时，社会制度也不是一成不变的，而是不断演化发展的，资本主义制度就是在不断演化发展中走向灭亡。最后，从最终目的来看，新古典经济学名义上使企业与劳动者双方都达到效用最大化，同时站在全社会的角度上，尽最大可能增进全社会的福利。马克思主义经济学则是为了使工人阶级意识到自己被剥削、被压迫的根源与自身在社会历史发展中的地位和作用，并揭示出资本家所代表的资产阶级必然被工人所代表的无产阶级推翻、资本主义制度必然灭亡的历史趋势。

新古典经济学与马克思主义经济学在劳动力市场领域中的分野搞清楚了，我们才能清楚后者在这一领域应当确立怎样的主题、以怎样的视角、运用怎样的方法去关注哪些层面的问题。而这恰恰是最基本的，又是最容易被研究者所忽略的一件事情。

二、劳动力市场分割

"分割"单从字面上理解意指分离、割裂，即把整体或有联系的东西分开。同样，劳动力市场分割，如果仅从字面含义入手，无外乎就是劳动力市场的一种被分化、被隔离的状态。其实，从经济学的意义上讲，劳动力市场分割这一概念应当至少包含了一个前提条件之下的三个相互关联的状态：一个前提是指在一个整体的范围内，如某个国家、地区、部门或行业，存在至少是一定程度上的劳动力自由交易。如果完全没有劳动力自由交易的存在，就不存在劳动力市场，劳动力市场分割更是无法提及，这种状态就只能被称为劳动力的计划调配。在劳动力自由交易的前提下，劳动力市场分割可以表现为三个相互关联的状态：首先是劳动力市场进入的隔断，即劳动者在具备进入某个劳动力市场的条件，并且具有在其中工作的意愿的情况下，却由于各种因素而无法进入；其次是流出的隔断，即劳动者具备进入另外一个劳动力市场的条件，并且具有在其中工作的意愿的情况下，却由于各种因素无法从当前所处的劳动力市场流出；最后则是劳动力买卖双方交易的特定指向，即仅有某一部分特定的劳动者向一部分特定的雇主出卖劳动力。值得提出的是，劳动力市场进入的隔断与流出的隔断在绝大多数场合下针对劳动者而言，但也可以在个别场合下针对雇主而言：进入的隔断即雇主在具备进入某个劳动力市场的条件，并且具有在其中雇佣劳动者的意愿的情况下，却由于各种因素而无法进入；流出的隔断即雇主具备进入另外一个劳动力市场的条件，并且具有在其中雇佣劳动者的意愿的情况下，却由于各种因素而无法流出。进入的隔断与流出的隔断不一定同时存在，但只要某一种状态存在，就构成劳动力市场分割。当进入的隔断与流出的隔断同时存在时，便成为第三种状态，即劳动力买卖双方交易的特定指向，或称为"双向隔断"。

"劳动力市场分割"进入经济学的研究视野已有很久历史，其最早起源于劳动力市场的竞争性与非竞争性的争论。以亚当·斯密以及大卫·李嘉图为代表的古典经济学家认为，劳动力市场是统一的和完全竞争的市场，工资具有无限的弹性，可以自由调节劳动力的供求。而支持劳动力市场非竞争性的一方，在古典经济学一统天下的时期一直不断地雕琢自身的学说。早在 19 世纪中期，约翰·穆勒（John Mill）就公开反对斯密关于劳动力市场具有竞争性的学说，认为制度性特征在劳动力市场中更普遍，也扮演了更为重要的作用。他提出，许多重要的非农业劳动力市场都是由"非竞争性群体"组成的。在这些劳动力市场中，由于行会、地方法律及习俗等因素的影响，劳动力供求等市场性力量基本上不产生任何作用。在这些群体内，工资水平及劳动力配置是由当时的制度规则及习俗来决定的，而在这些非竞争性群体的外部，由于社会的、职业的以及空间的转移障碍，工人们在劳动力市场间的流动非常困难，甚至是完全不可能的。[①] 进入 20 世纪之后，北美的制度主义经济

---

① 晋利珍：《劳动力市场双重二元分割与工资决定机制研究》，首都经济贸易大学博士学位论文，2008 年，第 11 页。

学派从产业及企业的角度，提出了劳动力市场的结构化或结构主义学说，并发展出工作簇、集体谈判等相关概念，明确提出劳动力市场存在分割，并在理论上对分割的存在形式和特征进行了阐述。[①] 劳动力市场分割正式作为一门理论，则是诞生于 20 世纪 60 年代末 70 年代初，随着第二次世界大战后西方资本主义前所未有的经济增长逐渐放缓，通货膨胀与失业率双双高企不下，严峻的就业形势使得经济学家们不得不重新审视主流的新古典经济学长期以来在微观领域的自由竞争假定，非主流经济学各派中的劳动力市场非竞争性学说迎来了繁荣期。劳动力市场分割理论认为传统的理论无法解释劳动力市场的许多现实如贫穷、歧视、与人力资本理论相悖的收入分配等，未能注意妨碍工人选择的制度和社会因素，研究的重点应该放在决定劳动力市场职业结构的性质和制度因素的作用。典型的劳动力市场分割理论有两个主要特点：一是劳动力市场不再被视为一个连续的统一体而被分割为几个不同的市场，各个市场有着不同的特点，有着自己分配劳动和决定工资的特点和方式；二是各个劳动力市场之间是相对封闭的，造成这种封闭的原因是集团势力的联合和制度因素的约束。[②]

下面我们转向马克思主义经济学领域。尽管马克思对资本主义制度下劳动力市场的产生和运行进行了深入研究，却没有直接涉及劳动力市场分割的研究并提出这一概念；20 世纪后半期的激进政治经济学虽然对劳动力市场分割进行了更为详细的考察，但仅是组成其理论框架的一部分，更大程度上作为批判和改造新古典经济学和二元劳动力市场理论而存在，并未对其进行专门而深入的研究。因此，在这里便有必要以马克思主义经济学的视角，对劳动力市场分割的一些基本问题进行界定。

社会制度是马克思主义经济学在一定的社会范围内进行分析研究

---

① J. Dunlop and B. Higgins, "'Bargaining Power' and Market Structures", in *Journal of Political Economy*, Vol.50, No.1, 1942, pp.1-26.

② 姚先国、黎煦：《劳动力市场分割：一个文献综述》，《渤海大学学报》（哲学社会科学版）2005 年第 1 期，第 79 页。

的基本前提，它是建立在一定社会生产力发展水平基础上的，反映该社会价值判断与价值取向，由统治阶级行为主体所建立的调整交往活动主体之间以及社会关系的具有正式形式和强制性的规范体系。社会制度中的经济制度是协调全社会范围内生产关系的基本制度，劳动力市场分割正是在这一基本制度制约之下的生产关系的一种映像。抛开社会制度研究劳动力市场分割，只能是形而上学的。因此，社会制度是研究劳动力市场分割的基本前提，是其第一个属性。阶级矛盾是马克思主义经济学中生产关系的本质体现，也是分析研究一切市场关系的出发点。没有对阶级关系的介入，马克思主义经济学就丧失了内核。在商品经济阶段，一切阶级矛盾都体现为生产资料占有者阶级与非生产资料占有者阶级之间的矛盾，其根源都在于生产资料占有者阶级凭借生产资料所有权对非生产资料占有者阶级进行剥削和压迫，使自己处于统治阶级地位，并且使对方处于被统治阶级地位。劳动力市场分割表面上看是对劳动力买卖双方自由交易行为的隔断，实际上体现的仍旧是在阶级社会中，统治阶级与被统治阶级之间利益的对抗性与矛盾的不可调和性。统治阶级凭借在生产活动中的优势地位，可以达成并不断利用这种分割的状态，巩固自身的统治基础；而被统治阶级也在分割的状态下不断寻求生存和发展，并且为改变这种状态而努力。可见，阶级矛盾是研究劳动力市场分割的核心内容，是其第二个属性。体制和机制是社会制度在经济生活中不同层次的具体体现，也是马克思主义经济学研究生产关系的切入点。体制是社会制度形于外的具体表现和实施形式，位于中间层次，机制又是在体制状态下通过制度系统内部组成要素按照一定方式协调各种具体经济活动、实现制度和体制功能的特定安排。劳动力市场分割的形成和发展，最终依靠体制和机制为推手，特别是体制和机制在某种程度上相对于社会制度的独立性，使得分割的具体形态在更大程度上直接受其影响，渗透着劳动力市场体制和机制的作用。从而，体制和机制是研究劳动力市场分割的主要线索，是其第三个属性。

认清了劳动力市场分割的这三重属性，我们便不难从马克思主义经济学视角给它下一个定义：劳动力市场分割，即在一定的社会制度条件下，由阶级矛盾所产生的，由政治、经济、文化、社会等方面的体制和机制施加于劳动力买卖双方所造成的各个劳动力市场之间存在进入障碍或者流出障碍，或者二者同时存在的状态。

把握住劳动力市场分割的这三重属性，我们也就清楚了马克思主义经济学应当侧重研究劳动力市场分割的四个方面：其一是分割产生的原因，也即在某种社会制度下存在哪些互相冲突、对立的阶级，如何产生阶级矛盾，并如何渗透进劳动力市场中；其二是分割的作用机制，也即社会制度制约之下的体制与机制是如何与劳动力市场主体结合的，二者之间又是怎样的一种联系，并且怎样影响劳动力市场的运行并最终造成分割；其三是分割的发展演变，既要研究现阶段之前劳动力市场分割的发展，总结出其中的一般规律，也要研究今后分割演变可能的路径和状态，达到逻辑与历史的统一；其四是分割的内在动力，这也是整个研究中最为重要的一部分，涵盖了分割对阶级力量、阶级关系的影响，以及阶级力量、阶级关系变化对分割的反作用。

一般意义上的劳动力市场和劳动力市场分割都搞清楚之后，接下来我们便可以联系中国的具体状况，对中国的劳动力市场和劳动力市场分割作一概述。

第二节　中国的劳动力市场与劳动力市场分割

一、中国的劳动力市场

从某种意义上讲，中国的"劳动力市场"在很长一段时间内是名不副实的。从 20 世纪 50 年代到改革开放前，中国按照苏联模式建立起了包括工作分配与工资管理在内的劳动力计划调配体系，党政机关及国有企事业单位（以下简称"单位"）是劳动力流入的唯一来源，行政部门把劳动者分配到这些单位，并且按照特定的工龄、技术级别等条件确定工资标准。在这种体系之下，劳动者和劳动力的使用者双方都没有独立的主体身份。国家代表全社会直接管理企业生产，劳动者和企业双方的权益都由国家决定。劳动者形式上面对企业，但由于企业是各级政府代表国家直接经营的，劳动者实际上面对的是政府，是与政府而非企业发生直接的关系。在这种情况下，劳动关系被行政关系所替代，政府的劳动行政机构在劳动关系中具有至高无上的权力，对劳动者和企业直接进行管理。[①] 劳动者没有独立支配个人劳动力的自由，企业也没有独立用工的自由，并且不同岗位之间以及不同工作地点之间的劳动力流动受到极其严格的控制与约束。由此衍生出"从一而终"的就业体制、僵化的工资制度和封闭运行的国家——企业福利保障模式。任何有关劳动关系的问题和矛盾都由政府以行政手段及红头文件的方式加以解决。[②] 因此，劳动力市场交易双方独立主体地位的缺失与计划调配对自由交易的取代，就决定了中国这一时期不存在真正意义上的劳动力市场。然而，它作为整个计划经济体系的一部分，使得中国在短时间内建成了比较齐全的工业部门，为日后的经济高速增长打下了初步的基础。在这个体系的作用之下，劳动者的就业是有保障的，社会平等的目标也得以实现，公开的失业与城市化问题也得以避免，代价则是工作无流动性、缺乏激励、冗员众多与企业效率低下等等。[③]

从 20 世纪 80 年代开始，中国政府对劳动力计划调配体系先后进行了几次大规模的改革，旨在逐渐建立起一个与社会主义市场经济体制相适应的劳动力市场体系，对企事业单位用人的行政管制与劳动者的就业分配不断放松。首先是在国有企业内部引入劳动合同制，名义上结束了之前"从一而终"的就业体制。劳动合同制与劳动力计划调配相比，属于一种相对灵活的分配体系，它在一定程度上允许企业自主选择合适的员工，并且允许企业开除不合格的员工。在 20 世纪 80 年代末，考核与

① 沈士仓：《现代企业制度建立中的劳动关系转换》，《南开经济研究》1997 年第 6 期，第 33 页。

② 晋利珍：《劳动力市场双重二元分割与工资决定机制研究》，首都经济贸易大学博士学位论文，2008 年，第 70 页。

③ J. Knight and L. Song，*Towards a Labour Market in China*，Oxford：Oxford University Press，2005，p.13.

面试等方式被引入招聘环节，企业的用工自主权从此进一步扩大，在形式上彻底脱离了分配体系。[①] 之后，多数企业逐步建立起员工的考评机制，借此决定对员工的晋升和淘汰，就业的灵活性开始在制度上得到保证。与此同时，政府对劳动者的就业覆盖政策也在不断退出。对于每年大中专院校的毕业生，政府开始制定用人单位与毕业生的"双向选择"制度，高校毕业生"统包统分"的就业制度在 1993 年被改为少数毕业生由国家安排就业，多数由毕业生"自主择业"的就业制度，并在 1996 年被彻底废除。到 20 世纪 90 年代末，高校毕业生已经和其他劳动者一样，实现了自由从业。另一方面，为了打破国有企业"铁饭碗"的就业格局，增强劳动力市场的流动性，中国政府在 20 世纪 90 年代以国有企业改革为契机，对企业内部的冗员采取"下岗分流"的形式予以裁撤，结束了几十年来国有企业员工"只进不出"的局面。在工资的决定方面，改革伊始，在国家仍对工资总额占比进行控制的前提下，允许国有企业根据盈利状况自主制定工资标准（即"工效挂钩"）。1984 年通过的《中共中央关于经济体制改革的决定》提出在企业内部与企业之间拉开更大的工资差距。1990 年之后，劳动部选取了一些试点企业，开始推行一套全新的以岗位为基础的工资体制，即通过对各种类型的工作进行评估，根据其市场价值决定员工的基本工资。并且随着各项福利制度的货币化，过去企业对职工的隐性福利被逐步剥离出来：一部分采取补贴的形式，由职工在市场上自行购买相应的商品和服务；另一部分纳入社会保障体系中，以各种保障金和保险金的形式返还。[②] 正是在这段时间里，中国劳动力市场进入了形成与发展期，劳动力计划调配体系下的各种弊病开始缓解，企业效率提升明显，劳动者与工作岗位的匹配度大大提高，积极性也得到促进，工资也和企业的经营状况与劳动者的

---

①　X. Meng, *Labour Market Reform in China*, Cambridge：Cambridge University Press, 2000, p.82.

②　W. Chi et al., "Adjusting to Really Big Changes：The Labor Market in China, 1989–2009", in *NBER Working Paper Series*, No.17721, 2012, p.3.

绩效更加紧密地结合起来。到目前，中国劳动力市场已经在不断发展中逐渐走向成熟。

纵观改革开放以来的 30 多年历程，不难发现中国劳动力市场在逐渐具备劳动力市场基本属性之外，也存在着以下四个特点：第一，中国的劳动力市场不是自发形成的，而是在改革开放的大背景下，由国家力量主导形成。党的十一届三中全会以后，我国确立了改革开放的基本国策，开始了市场取向的经济体制改革。改革的突破口在农村，家庭联产承包责任制使得农业生产率大幅提高，从第一产业解放出了数量空前的剩余劳动力，伴随着城市化进程，这些剩余劳动力逐渐成为劳动力市场的主力军；改革的着力点在国有企业，通过"放权让利"等一系列措施，逐渐让企业成为自主经营、自负盈亏的独立市场主体，不再是国家行政部门的附属物，在产品市场和包括劳动力市场在内的要素市场上拥有了自主决策权，用人主体也由国家逐渐过渡到企业。这些都为劳动力市场的形成创造了基本条件。在短短的十余年间，完成由完备的计划体制向初步的市场体制转轨，在当时中国的条件下，不可能只依靠企业和个人的力量自发形成，由国家力量主导，采取中央决策、自上而下执行的方式就成为必然。第二，从劳动者一方来看，劳动者队伍迅速扩大，成分日趋复杂，作为劳动力市场独立主体的地位基本确立。1977年，我国恢复了高考制度，此后高校毕业生数量逐年上升，并且随着中等、高等职业技术教育的发展，拥有非义务教育阶段各级文凭的劳动者大大增加。特别是 20 世纪 90 年代后期开始的高校扩招浪潮，使得高考录取率大幅提高，大学生凤毛麟角的时代彻底终结，并且有一大批应届毕业生选择继续深造，攻读硕士乃至博士学位，他们构成了高素质技能劳动者的主体。另一方面，从第一产业游离出的农村剩余劳动力绝大多数涌向城市，他们的受教育程度普遍较低，成为从事低技术体力工作的主力军。此外，还有大量的城市再就业劳动者，他们大部分是国有企业的下岗职工，拥有一定的知识技能，但已经跟不上市场发展的需要，亟待通过培训实现再就业。第三，从企业一方来看，其所有制结构与行业背景日益多元化，对劳动力的需求也日益多样化。改革开放之前，由于我国实行单一公有制，因此企业成为国有企业的同义语。伴随着 20 世纪 90 年代初开始的国有企业产权制度改革，数量相当的国有企业转制成为民营企业，或者通过股份制改造混合所有制企业，另有大量集体所有制企业在县乡一级发展起来。这些企业所属的行业，也从改革开放前的"农、工、轻"遍布到几乎各行各业，并且随着产业结构的升级，逐渐向制造业和服务业拓展。此外，为了适应全球化的要求，一大批外资企业先后进入中国市场，并在某些行业占据了重要地位。进入新世纪以来，我国境内的各类企业已经普遍建立了现代企业制度，在治理结构上也普遍采用公司制，各个工种以及人事岗位逐渐细化、标准化，与之伴随的是各种类别掌握专业知识和复杂技能的劳动者成为企业的追求对象。第四，在我国劳动力市场的发展进程中，市场取向的改革始终不断深入，但是上上下下仍然具有浓重的行政色彩。从某种程度上来讲，这一特点是国家力量主导劳动力市场形成过程的必然体现。在中央集权的治理体制下，国家依靠政府的执行力，运用行政手段推动市场秩序的实现，尤其是在市场取向改革的最初阶段，只有政府拥有变革的权力、能力以及公信力。这主要体现在两个方面：一是政府通过确立或推动确立各项劳动法律法规，赋予劳动者劳动和择业的自主权，以及企业独立的法人地位；二是运用相关部门的执法权力，规范劳动力市场秩序，打击各种违法行为。而随着改革的不断深入，政府对劳动力市场的干预原则上应当逐步减少，然而由于我国市场进程中对政府以及行政体制的惯性依赖，以及政治体制改革的长期滞后，加之各级政府作为市场主体也存在特定的利益目标，使得我国劳动力市场不可避免地凸显出政府作用。

准确把握了中国劳动力市场发展的脉络和基本特征，就可以在此基础上对中国的劳动力市场分割作一个初步的定性分析。

二、劳动力市场分割的"中国特色"

"劳动力市场分割"这一概念虽然源于西方，但其反映的特征事实，却是西方资本主义国家和当代中国所共有的。首先，现有的研究表明，中国与西方资本主义国家的劳动力市场都存在着一定程度的进入隔断。在西方早期的研究中，学者们更习惯笼统地以"一级市场"和"二级市场"来描述这种现象：前者往往工资及福利待遇高，工作条件好，就业稳定，有很多晋升和培训机会；而后者工资福利低，工作条件差，就业亦不稳定。[①] 而后，新古典经济学进一步明确地指出了"二级市场"的工人不能进入"一级市场"并不是因为他们缺乏必需的生产能力，而是因为"一级市场"的雇主和工人拒绝接纳他们，对他们采取雇佣歧视的态度。由此，对进入隔断的考察逐渐转向了基于劳动者个体特征差异的雇佣歧视的实证分析，并在极其广泛的领域得以验证。[②] 在当代中国，尤其是20世纪90年代之后，在劳动生产率之外，户籍、社会关系网络等因素造成的进入隔断也开始进入学者的视野。[③] 特别是在城乡、地区及部门之间，这种隔断更为明显。[④] 同时，也存在着类似于西方资本主义国家二元劳动力市场的结构，并且多以"非正规就业"等术语来作为"二级市场"的同义语。[⑤] 其次，如果以处在不同隔断之间劳动者的工资（收入）差距来衡量分割的程度，则无论是西方资本主义国家还是中国，劳动力市场的隔断之间都呈现出比较明显的工资差距[⑥]，并且工资（收

---

① P. Doeringer and M.Piore, *Internal Labour Markets and Manpower Analysis*, Lexington (Mass.)：Health Lexington books, 1971, pp. 25-72.

② R. Freeman, "Public Policy and Employment Discrimination in the U.S.", in *NBER Working Paper Series*, No.928, 1982, pp.1-11.

③ 蔡昉等：《户籍制度与劳动力市场保护》，《经济研究》2001年第12期，第42—47页。

④ 付尧、赖德胜：《劳动力市场分割对区域经济增长的影响——以广东、上海为例》，《北京师范大学学报》（社会科学版）2007年第2期，第65—69页。

⑤ 张华初：《非正规就业：发展现状与政策措施》，《管理世界》2002年第11期，第57—62页。

⑥ D. Boisso et al., "Occupational Segregation in the Multidimensional Case：Decomposition and Tests of Significance", *Journal of Econometrics*, Vol.61, No.1, 1994, pp.161-171; J. Knight and S. Li, "Wages, Firm Profitability and Labor Market Segmentation in Urban China", in *China Economic Review*, Vol.16, No.3, 2005, pp.205-228.

入）差距随时间发展呈现出某种特定的变动趋势。[1] 再次，在西方资本主义国家，与二元劳动力市场并行的内部劳动力市场特征极为明显。内部劳动力市场作为一个行政管理式的单位而存在，劳动力的定价与配置均按照一系列的行政规章与程序进行，而不像外部劳动力市场那样，劳动力的定价、配置乃至培训决策都由经济变量直接掌控。[2] 此后，新古典经济学的"内部人—外部人"理论从更宽的视角描述了这一现象，就业稳定且在工资决定方面具有讨价还价能力的"内部人"同样作为一个影响就业与工资的重要因素而存在。[3] 在当代中国，同样存在范围不同的内部劳动力市场，尽管具体形式上较前者有所不同，但实质上也是对"内部人"就业的保护。如传统计划体制下的国有企业，其劳动力资源都是由行政力量而非市场机制配置完成，由此形成了一个以所有制特征为边界的内部劳动力市场。而随着国有企业改革的深入，这个内部劳动力市场进一步地呈现出行政与市场力量交叉控制的局面，传统的计划就业体制与渐进变革的经济体制内生出了我国转轨时期国有企业内部劳动力市场特有的二层次特征，即在第一层次内部劳动力市场上企业职工分为在岗职工和下岗职工两部分，下岗职工通过竞争实现上岗（或转岗），而在第二层次内部劳动力市场上，职工通过竞争沿着"工作阶梯"实现晋升或被淘汰。[4]

　　中国的劳动力市场分割在世界范围内具有一般性的同时，也鲜明地呈现出自身的特色。这些特色既源于过去存在几十年的计划经济体制

---

[1]　L. Reid and B. Rubin, "Integrating Economic Dualism and Labor Market Segmentation：The Effects of Race, Gender, and Structural Location on Earnings", in *Sociological Quarterly*, Vol.44, No.3, 2003, pp.405-432；邢春冰、李实：《中国城镇地区的组内工资差距：1995—2007》，《经济学（季刊）》2010 年第 1 期，第 311—340 页。

[2]　E. Lazear and P. Oyer, "Internal and External Labor Markets：A Personnel Economics Approach", in *Labour Economics*, Vol.11, No.5, 2004, pp.527-554.

[3]　A. Lindbeck and D. Snower, "Wage Setting, Unemployment, and Insider-Outsider Relations", in *The American Economic Review*, Vol.76, No.2, 1986, pp.235-239.

[4]　陈钊、陆铭：《二元体制下的劳动力就业选择及其对经济效率的影响》，《上海经济研究》1998 年第 12 期，第 36—40 页。

和之后的市场取向改革，也源于特定发展阶段的阶层结构及其变迁，又和中国特有的政治制度与社会管理方式息息相关。第一，中国的劳动力市场分割，既存在进入隔断，又存在流出隔断（即"双向隔断"），并且流出隔断的现象更为显著。传统计划体制下的劳动力分配制度，使得党政机关和国有企事业单位的就业是终身制的，劳动者在职业生涯内往往在某个单位"从一而终"，单位之间的调动受到人事部门的严格限制。同样，劳动力在空间范围内的流动也受到户籍制度的严格约束，绝大多数劳动者无法自由转业到非户籍所在地。即便是在市场取向改革已经深入铺开之后，对劳动者的行政控制已经大大减弱，党政机关和企事业单位内部普遍存在的隐性福利依然阻碍着劳动者流出。这种"铁饭碗"的就业模式仍然在诸多行业和部门存在着。[①] 如果以劳动力流动率（即单个劳动者一段时期中离职的次数）和入职期（从某一工作到另一工作的就业时间间隔）来衡量流出隔断的程度，结果表明，在 20 世纪末，依然有高达 70%—80% 城市劳动力从未有过一次离职，其平均入职年限高达 19.9 年，远超过几乎所有的发达国家和转型国家。[②] 第二，与西方资本主义国家不同的是，中国劳动力市场进入隔断的劳动者个体特征、部门特征与岗位个体特征相比更加明显。二元劳动力市场理论划分"一级市场"与"二级市场"并不是按照特定的职业或产业，而是按照居民身份和报酬支付特征。在中国改革开放前与改革前期，在户籍制度下的城市居民往往享受到更高的工资、更为稳定的就业还有配套的社会保障；而即便在相同的单位，农村居民却无法得到和城市居民相同的待遇。[③] 此外，由于长期以来公有制的主导地位，党政机关、事业单位和国有企业工资及福利水平普遍较高，因此被作为一个整体视作"一级市

① J. Knight and L. Song, *Towards a Labour Market in China*, Oxford: Oxford University Press, 2005, p.17.

② J. Knight and L. Yueh, "The role of social capital in the labour market in China", *The Economics of Transition*, Vol.16, No.3, 2008, pp.389-414.

③ 晋利珍：《改革开放以来中国劳动力市场分割的制度变迁研究》，《经济与管理研究》2008 年第 8 期，第 64—68 页。

场"，各种非公有制企业则被视作"二级市场"。[①] 随着改革的深入，以行业特征特别是垄断程度为依据的划分也逐渐占据同等重要的地位，特别是近年来，高工资、高收入在研究中往往同垄断行业联系在一起，其决定机制被认为是明显脱离了生产率等经济要素。[②] 第三，在西方资本主义国家，内部劳动力市场的存在往往有着劳动者方面集体力量的作用，尤其是第二次世界大战后兴起的工会势力，普遍被认为是促成内部劳动力市场的最重要一环。[③] 而在中国的企业里，几乎不存在旨在构建内部劳动力市场的工会力量。工会往往不作为一个机构独立设置，而是归属到企业党群系统或人力部门，工会主要负责人也往往由企业领导兼任，因此工会仅在名义上是一个工人的自治组织，但实际上根本无法提高工人作为整体向企业一方进行讨价还价的能力。甚至 1982 年的《宪法》中连名义上的"罢工自由"也被取消。[④] 近年来，尽管工资集体协商制度开始逐渐在企业中推广，但由于工会负责人的"双重身份"，使得工会往往在其中无法发挥有效作用。[⑤] 第四，也是最为重要的一点，在中国劳动力市场分割形成与发展的过程中，政府发挥了主导作用。高度集中的政治体制使得国家发展战略只有通过政府行为自上而下地作用于劳动力市场。在劳动力市场形成伊始，行政管理体制下的户籍制度、就业和人事制度等就已成为制约统一的劳动力市场形成的重要因素[⑥]；

---

① 李建民：《中国劳动力市场多重分隔及其对劳动力供求的影响》，《中国人口科学》2002 年第 2 期，第 1—7 页。

② 张展新：《劳动力市场的产业分割与劳动人口流动》，《中国人口科学》2004 年第 2 期，第 45—52 页。

③ J. Mincer, "Union Effects: Wages, Turnover, and Job Training", *NBER Working Paper Series*, No.808, 1983, pp.217-252.

④ 史探径：《中国工会的历史、现状及有关问题探讨》，《环球法律评论》2002 年第 2 期，第 162—173 页。

⑤ 刘驰：《当前工会推进工资集体协商存在的难题及对策》，《中国劳动关系学院学报》2011 年第 4 期，第 9—11 页。

⑥ 程贯平、马斌：《改革开放以来我国劳动力市场制度性分割的变迁及其成因》，《理论导刊》2003 年第 7 期，第 21—23 页。

而在经济体制改革的过程中，政府通过转变职能，引入各种非公有制经济成分，并且对城乡、产业、区域的发展进行规划引导，这些培育市场力量的行为对分割不断进行消解；同样，在这一过程中，作为市场主体之一，政府凭借着行政垄断权力扶持某些企业在重点行业和关键领域形成垄断地位，并且自身作为一个部门也在不断影响改革进程中的利益分配[①]，这些充斥着行政色彩的调控行为也在不断创造和强化劳动力市场分割。

第三节　研究劳动力市场分割的方法争鸣

一、主流经济学的研究方法及缺陷

劳动力市场分割理论被经济学界所正式提出，正是基于 20 世纪 70 年代长期出现的就业不足现象，直接对长期占据劳动经济学界主流地位的新古典主义分析方法提出了挑战。新古典主义认为，在经济系统自我均衡的调节机制下，面对产品的生产过程和消费者需求的变化，劳动力的价格是灵活的，失业与贫困的增加纯粹只是暂时的现象，至少是在实际工资水平保持灵活的情形下如此。传统的凯恩斯主义虽然坚持劳动力市场的非出清，但其在方法上忽视劳动力对于资本的相对效率，仅仅从马尔萨斯那里把总需求的概念移植过来，用企业家的边际消费倾向递减来解释长期失业，无疑对解释就业机会的差异和就业不足也是苍白无力的。[②] 以二元劳动力市场理论为代表的劳动力市场分割理论对新古典主义和凯恩斯主义教条的冲击无疑非常明显。新古典主义和部分吸收新古典经济学的新凯恩斯主义很快也相继介入对劳动力市场分割的研究中，

---

① 苏永照：《我国劳动力市场行政分割研究》，暨南大学博士学位论文，2011 年，第 2 页。

② R. Loveridge and A. Mok, *Theories of Labour Market Segmentation：A critique*, London：Martinus Nijhoff Social Science Division，1979，pp.36-37.

并承认了分割的劳动力市场事实上存在，并且是一种较为典型的市场形态。但是，这并不表明它们向二元劳动力市场理论妥协；相反，它们各自提出了一些解释性的理论模型，试图为劳动力市场分割嫁接上本学派的理论基础，继续争夺主流经济学的领导地位。

　　新古典主义从劳动力的供给方入手，坚持了个体分析的方法，借助 20 世纪 60 年代提出的人力资本理论，认为劳动者的人力资本存量决定其生产率，进而决定其工资水平。二级市场工人的劳动报酬之所以低下，是因为他们的素质和劳动生产率较低，而低能力低报酬正是竞争性劳动力市场的特征，并不违反古典经济学的基本假设。[①] 位于二级市场部分的就业不足现象，仅仅说明出清的工资水平仍旧高于失业工人的人力资本价值。劳动者之间人力资本存量的差异，又是由各自最优化的人力资本投资决策所形成的，即接受多长时间的教育。这样，受教育年限的多少就决定了劳动者在分割的劳动力市场中所处的位置。新古典主义同样也注意到了其他外生因素的作用，在职位竞争理论中，工资的决定因素包括了技术状况、社会习俗、工会力量等等，劳动者的工资收入取决于其所处的阶梯位置，人力资本只是通过阶梯位置的移动起到间接作用，而随着一级市场职位竞争的激烈化，就导致了高学历者从事低级工作的这种看似"异常匹配"的现象。[②] 新凯恩斯主义则更多地由个体分析转向局部分析，从工资结构、劳动力结构以及契约特征入手，提出了效率工资理论、"内部人—外部人"模型和隐性合约理论。效率工资的支付可以提高工人的努力程度和劳动生产率，也可以减少离职率，增加企业雇佣新员工的能力。[③] 因此，企业倾向于向员工支付高于其边际生产力的工资水平，尤其是对于一些高级岗位，这就造成了劳动力市场的

① 姚先国、黎煦：《劳动力市场分割：一个文献综述》，《渤海大学学报》（哲学社会科学版）2005 年第 1 期，第 78—83 页。

② L. Thurow and R. Lucas, *The American Distribution of Income：A Structural Problem*, Washington：U.S Government Printing Office, 1972.

③ J. Yellen, "Efficiency Wage Models of Unemployment", in *The American Economic Review*, Vol.74, No.2, 1984, pp.200-205.

部分失业与结构上的分野。在企业长期稳定就业的员工（即"内部人"）在工资决定上也具有重要的影响力，他们可以通过工会等"内部人"组织向雇主讨价还价，凭借其已经就业的优势以高额的替换成本为砝码，不仅迫使雇主支付高工资，而且保证自己的长期就业和排斥"外部人"就业。[①] 隐性合约理论则从工人厌恶风险的特质出发，指出工人与企业的契约关系实质是一种长期的保险合同，企业提供给工人的工资不再准确地等于劳动的边际收益产出，而是等于劳动的边际收益产出与保险赔偿之和。这样，实际工资就脱离了工人的边际生产力而表现出相对稳定性，形成类似于效率工资理论的就业状态与劳动力市场分化。[②]

纵观新古典主义与新凯恩斯主义对分割的几种解释性理论，尽管是从不同的假设前提出发，但其方法上却具有内在的一致性。首先，他们对于分割原因的各种解释，从方法上看，无论是从需求还是从供给角度出发，都是以个别经济现象或变量为缘起，对整个就业—工资系统的均衡状态进行说明，本质上无外是一种低级的现象描述，是通过放弃系统演绎，以方法上的倒退去弥补自身的体系漏洞。特别是新凯恩斯主义舍弃了本具有科学一面的总量分析法，部分地转向个体分析和供给分析，在方法上呈现出与新古典主义合流的趋势。其次，这两派所提出的几个理论模型，完全以实用主义为出发点，导致方法上的逻辑实证主义，间接导致实证分析的庸俗化。现象描述之所以是片面的，就是因为它完全从需要论证的命题出发，从某些个体特征或局部行为来牵强地寻找证据，而不顾其他因素，即便找出了某些关联性因素，也缺乏系统性、内生性研究，只能是以一种"不平等"去解释另一种"不平等"。[③]

---

① A. Lindbeck and D. Snower, "Wage Setting, Unemployment, and Insider-Outsider Relations", in *The American Economic Review*, Vol.76, No.2, 1986, pp.235-239.

② M. Baily, "Wages and employment under uncertain demand", in *Review of Economic Studies*, Vol.41, No.1, 1974, pp.37-50.

③ B. Fine, *Labor Market Theory: A Constructive Reassessment*, London and New York: Routledge, 1998, pp.159-160.

最后，这两派在方法论上的局限最集中地体现在对结构演进和历史发展的排斥，而这正是二元劳动力市场理论提出的初衷和马克思主义方法论的科学所在。

二、制度主义、行为主义与结构主义方法

在西方经济学长期处于非主流地位的制度学派、行为学派与结构学派也运用各自独特的方法对劳动力市场分割进行了分析研究。新制度经济学较主流的新古典主义和新凯恩斯主义更强调劳动力市场中的制度性因素，如契约、组织、治理结构，以及一些社会性因素如社会地位、歧视等，都可能形成非竞争性群体，阻止了劳动力在劳动力市场间的平等自由转移从而形成并强化分割。新制度主义强调，内部劳动力市场实际上是企业内部的各种劳动合约与就业安排的制度总和。它本身属于一种管理单位，是基于管理程序而不是市场调节进行运作。新制度主义从两条路径论证了制度之于劳动力市场分割的重要性：其一是通过交易成本的衍生概念及其应用。交易成本在组织内部体现为人力资本的专用程度或是技能专用性程度与谈判能力的高低。[①] 工人掌握的人力资本专用性（技能专用性与谈判能力）和与之相联系的工作任务的可分离性之间的相互组合决定了有效的工作组织和治理结构，进而决定了市场的分割程度。其二是通过企业或职业层次的内部劳动力市场组织构建，而这些组织又常常与大企业和工会化相联系。[②] 经验表明，它直接促成了女性及少数族裔在职场中的不利地位，使其聚集于二级市场。[③] 行为主义近年来在劳动经济学领域也有相当的影响。与新古典主义强调个体的

---

① D. Grimshaw and J. Rubery, "Integrating the Internal and External Labour Markets", in *Cambridge Journal of Economics*, Vol.22, No.2, 1998, pp.199-220.

② A. Sakamoto and M. Chen, "Inequality and Attainment in a Dual Labor Market", in *American Sociological Review*, Vol.56, No.3, 1991, pp.295-308.

③ I. Gordon, "Migration in a Segmented Labour Market", in *Transactions of the Institute of British Geographers*, Vol.20, No.2, 1995, pp.139-155.

人力资本特征不同，行为主义强调塑造或限制做出理性决策的关联性和心理因素。[①] 其相对于新古典主义的最显著优势也在于论证了现实中的人不会做出近乎一样的行为，因此，基于理性估算的人力资本理论仅能部分地解释个人的决策过程。在 20 世纪末，行为主义又通过强调人们在工作搜寻中的非正式人际交往以及工作的非工资特性，大大地扩展了这一结论。[②] 除此之外，针对性别、族裔等个体特征，行为主义认为劳动者被它们嵌入在社会关系与交往之中，并受其驱动进入不同的隔断之中。[③] 但与新古典主义相同，行为主义方法也缺乏对制度的考虑。

与行为主义站在劳动者的视角强调供给方面因素相反，结构主义方法强调更为宽泛的制度与市场进程，强调需求方面的因素，这也是二元劳动力市场理论最初所推崇的一面。结构主义研究多致力于解释劳动力市场是如何分割成正式部门与非正式部门两部分（或一级市场与二级市场)[④]，抑或是拥有相似背景的劳动者聚集于特定的职位或工作。[⑤] 所提出的解释涵盖了从市场不完美到马克思主义的二元主义无产阶级化。[⑥] 一些针对第三世界国家的研究指出，由于某些原因，农村劳动力无法在城市正式的资本主义部门就业，被溢出到以劳动密集、非熟练劳动、低生产率、低工资、无保障为特征的非正式部门，形成一条分割的

① J. Wolpert, "Behavioral Aspects of the Decision to Migrate", in *Papers in Regional Science Association*, Vol.15, No.1, 1965, pp.159-169.

② A. De Haan, "Migration in Eastern India: A Segmented Labor Market", in *Indian Economic and Social Review*, Vol.32, No.1, 1995, pp.51-93.

③ S. Hanson and G. Pratt, "Job Search and the Occupational Segregation of Women", in *Annals of Association of American Geographers*, Vol.81, No.2, 1991, pp.229-253.

④ M. Piore, "Notes for a Theory of Labor Market Stratification" in *Labour Market Segmentation*, R. Edwards et al. (eds.), Lexington (Mass.) / Toronto / London: Heath, 1975, pp.125-150.

⑤ A. De Haan, "Migration in Eastern India: A Segmented Labor Market", in *Indian Economic and Social Review*, Vol.32, No.1, 1995, pp.51-93.

⑥ M. Reich et al., "A Theory of Labor Market Segmentation", in *The American Economic Review*, Vol.63, No.2, 1973, pp.359-365.

特殊渠道。①

制度主义、行为主义与结构主义在解释劳动力市场分割时从不同视角出发，都做出了极其有益的尝试，其方法上也是各具特色，各有所长，但仍然具有不同程度的局限性。制度主义对劳动力市场组织层面的演绎分析从一定程度上弥补了新古典主义和新凯恩斯主义偏重静态分析、均衡分析的不足，把劳动者与雇主间的互动机制更明显地突出了出来，并且指出了这些机制发生作用的条件和过程。但是它并没有跳出主流经济学的理性人假定和边际分析的窠臼，而是把这种现象描述法进行推广，在制度层面论证资本主义劳动力契约存在的合理性。行为主义开创了劳动经济学与心理学、社会学等学科方法上的交叉与融合，并且从个体特征的分析上把主流经济学过于抽象的基本假定更进一步，突出了劳动者的行为的异质性与非精确性，并且把人的社会交往提高到分割的决定因素层面，使一些无法用传统观点解释的现象具有了较强的说服力。但是，行为主义归根到底纯粹是经验主义的一种拓展，它没有也不可能完全观察到劳动者的所有心理作用与行为动机，也不去在更深层次触动制度及结构因素这些整体变量，因此在研究中只能充当配角。结构主义相较于制度主义与行为主义而言在方法上是较为科学的，它始终站在整体分析的角度，使用更为高级的结构演进的方法去解释分割的由来，在形式上抛弃了主流经济学的现象描述法，并且在一定程度上触及阶级分析，已经接近问题的实质。但是，结构主义对分割的研究停留在了所谓的"机会结构"②等一些抽象概念上，没有顺着社会结构产生的社会历史原因这一合乎逻辑的路径继续走下去，也就不可能得出科学的结论。并且，结构主义在对分割的后期研究中，方法上与主流经济学日

---

① T. McGee, "Labor Markets, Urban Systems and the Urbanization Process in Southeast Asian Countries", in *Papers of the East-West Population Institute*, No.81, 1982, pp.1-28.

② C. Fan, "The Elite, the Natives, and the Outsiders: Migration and Labor Market Segmentation in Urban China", in *Annals of the Association of American Geographers*, Vol.92, No.1, 2002, pp.103-124.

渐趋同, 其影响力也逐渐退居其次。

三、实证分析能够解决一切问题吗

随着劳动力市场分割理论的深入研究, 实证分析迅速而广泛地渗透进来, 并且日益成为该领域最具权威和最有代表性的分析方法。实证分析占据劳动力市场分割主流研究方法的过程, 和新古典主义经济学重新统治劳动经济学的过程是同步的。新古典主义从供给角度出发, 通过对劳动者个体特征的进一步细分, 剥离出若干个相互独立且各具解释力的影响因子, 这些因子需要现实经验证据提供支持, 这样就恰好为实证的发挥提供了嫁接平台。实证分析是计量经济学的研究方法, 是设法将各种经济现象按其所依据的经济学观点具体化、模型化和数量化。它标榜理论分析和实证分析相结合, 专门以数字计量的方式来说明实际经济生活, 试图以对实际经济生活的数量分析"验证"其他派别的学说, 并做出各种形式的"预测", 为经济政策服务。实证分析深受当代劳动经济学追捧, 原因有二: 一是它自身鼓吹的理论与实证相结合, 迎合了主流经济学一百多年来由定性分析转向定量分析的发展趋势, 为其模型提供了精确化的参数, 使之表面上更具说服力; 二是传统的分割理论受制于结构研究, 无法提出类似于可供精确估算的数量模型, 甚至一些因素根本无法进行量化, 其影响也就大打折扣。

实证分析方法在劳动力市场分割的研究中, 归结起来, 可以发现较为明显的三个特点。首先, 实证分析把分割产生的原因大大简化, 指向基于劳动者个体特征差异的雇主"歧视"行为, 并且据此把主要研究方向定位为发现"歧视"的存在与测量"歧视"的程度。[①] 通常的做法是, 选取某个特定职业的一群劳动者作为样本, 剔除其生产力方面的差

[①] D. Conway and H. Roberts, "Analysis of Employment Discrimination through Homogeneous Job Groups", in *Journal of Econometrics*, Vol.61, No.1, 1994, pp.103-l31.

异，这样就把"歧视"的因素剥离出来并将其与劳动者的非生产力特征建立起"必然的"逻辑联系，最后统一用"歧视"来解释分割的动因。[1] 其次，在建立线性回归的计量模型时，以劳动者的个体特征作为其工资（收入）的解释变量。尤其是近年来的实证研究普遍使用新古典主义的人力资本理论，将基于受教育年限的"人力资本存量"视为工资（收入）的决定性因素，并和劳动者的工作经验等直观变量结合起来，形成劳动者自身的生产力因素。[2] 比如，最具代表性的工资收入方程"Mincer 模型"[3] 在实证中就往往采取如下的形式：

$$\ln y = a + bS + cX + dX^2 + \varepsilon$$

其中，S 代表已完成的教育年数，X 代表个人完成学校教育后参加工作的年数（即工作经验），ε 为统计剩余，在通常情况下假定一个人6岁起上学，工作经验就等于年龄减去已完成的教育年数再减去6。后继的学者们仅是在这一基础上稍有改进，或是添加其他的解释变量，或是把 X 的解释项拓展为高次多项式。[4] 最后，也是最为突出的一点，在工资（收入）决定方程的基础上，用工资（收入）差距的大小来衡量市场不同劳动者群体之间的分割程度。[5] 并且，为了更精确地估算分割程度（"歧视"程度），工资（收入）差距通过因素分解法，将劳动者生产力差异引起的差距剔除，最终得到的非生产力方面的差异，就是市场分割

① S. Neuman and J. Silber, "The Econometrics of Labor Market Segregation and Discrimination", in *Journal of Econometrics*, Vol.61, No.1, 1994, pp.l-4.

② C. Pagés and M. Stampini, "No Education, No Good Jobs? Evidence on the Relationship Between Education and Labor Market Segmentation", in *Journal of Comparative Economics*, Vol.37, No.3, 2009, pp.387-401.

③ J. Mincer and S. Polachek, "Family Investments in Human Capital：Earnings of Women", in *Journal of Political Economy*, Vol.82, No.2, 1974, pp.397-431.

④ K. Murphy and F. Welth, "Empirical Age-earning Profiles", in *Journal of Labor Economics*, Vol.8, No.2, 1990, pp.202-229.

⑤ L. Reid and B. Rubin, "Integrating Economic Dualism and Labor Market Segmentation：The Effects of Race, Gender, and Structural Location on Earnings", in *Sociological Quarterly*, Vol.44, No.3, 2003, pp.405-432.

程度的度量指标。最为著名的方法就是"Oaxaca 分解"[1]：即首先估测出两个不同群体 s（$s=1$，2）的工资（收入）函数

$$w^s = \alpha + X^s \beta^s + \varepsilon^s$$

接下来则分别估算工资（收入）差距的生产力效应（第一项）与市场分割效应（第二项）：

$$\overline{w}^1 - \overline{w}^2 = [(\overline{X}^1 - \overline{X}^2)\hat{\beta}^*] + [\overline{X}^1(\hat{\beta}^1 - \beta^*) - \overline{X}^2(\hat{\beta}^2 - \beta^*)]$$

w^s 为不同群体间工资率对数，X^s 为不同群体雇员的个体特征，β^s 为基于这些个体特征的收益向量，β^* 代表在没有群体间"不公平"的支付时，支付给雇员特征的报酬，估计 $\hat{\beta}^*$ 时，一般假定：[2]

$$\beta^* = \frac{1}{2}(\hat{\beta}^1 + \hat{\beta}^2)$$

尽管实证分析在数学工具和回归估计上日臻完善，给劳动力市场分割模型披上了一层看似科学的外衣，但其在方法论上的固有缺陷是无法避免的。第一，实证分析通盘继承了新古典主义形而上学的方法论，把所有的问题局限在一个或几个回归方程的若干个变量上，通过线性或非线性关系建立起因果联系，采取纯粹经验主义的形式，使得结论本身就带有一定局限性。再加上选取样本或多或少产生的随意性，推而广之，用于解释样本之外的经济关系就显得有些牵强。第二，实证分析的切入点，即被解释变量，被固定在工资（收入）上，解释变量就是决定工资（收入）的要素，即劳动者的个体特征。发生联系的当事人被完全局限在了劳动者（接受支付）与雇主（支付）两方，如果忽略掉地理特征、社会、制度等外生变量，很难得出分割产生的本源。因此，实证研究在无法确定工资（收入）差距来源的情况下笼统地以"歧视"的名义冠之，并且视为分割的同义语，将二者混为一谈的同时，也将研究引向

① R. Oaxaca and M. Ransom，"On Discrimination and the Decomposition of Wage Differentials"，in *Journal of Econometrics*，Vol.61，No.1，1994，pp.5-21.

② C. Reimers，"Labor Market Discrimination against Hispanic and Black Men"，in *The Review of Economics and Statistics*，Vol.65，No.4，1983，pp.570-579.

死路。第三，即便是工资（收入）决定方程是合理的，以无法用生产力差异解释的不同群体之间工资（收入）差距衡量分割程度也仅是其中的一个角度而并非事情的全部。一来这种方法只能考察进入劳动力市场的劳动者，无法考察到失业的劳动者和不充分就业的劳动，反映的仅仅是"市场内分割"而非"市场前分割"[①]，而"市场前分割"对于考察进入隔断同样具有重要意义。二来货币化的工资收入仅仅是广义化的收入的一个来源，有很多非货币化甚至无法量化的其他因素如工作福利、社会保障、社会地位与名誉也是劳动者考虑的因素，特别是当代中国，很多带有行业或部门色彩的分割形式无法从单纯货币工资甚至货币收入去解释。第四，基于工资（收入）决定方程的计量模型内部也存在着无法克服的问题，有很多解释变量如劳动者"能力"只能停留在"受教育程度"和"经验"上无法继续内生化，在变量众多的模型中也普遍存在解释力不足的现象。因此，实证分析法在研究劳动力市场分割的过程中虽有其无法比拟的优势，但只能在局部范围内应用，不能推而广之。

四、马克思主义方法：回归与创新

劳动力市场分割的研究方法从来就不是铁板一块，而是一系列不同方法的综合，并且至今仍然无法统一。分割理论的独到之处就在于它经历了来自各个学派的影响，并且其大部分理论根源可以追溯到马克思主义。[②] 随着包括马克思主义在内的各派研究方法进入分割理论的视野，极大地丰富了劳动经济学的方法论。图1.1从四个方向（客观的—主观的、整体的—个体的）清晰地呈现出四种主要研究方法的分野。

总体而言，马克思主义的研究方法既和结构主义类似，主张整体性研究，认为劳动力市场体系与其各个组成部分是完全作为一个整体在

① P. Ryan, "Segmentation, Duality and the Internal Labour Market", in *The Dynamics of Labour Market Segmentation*, F. Wilkinson (eds.), London: Academic Press, 1981, pp.3-4.

② R. Loveridge and A. Mok, *Theories of Labour Market Segmentation: A critique*, London: Martinus Nijhoff Social Science Division, 1979, p.39.

1a. 整体主义

"古典模型"
马克思主义

"'制度——结构'模型"
结构主义
（二元劳动力市场理论）

2a. 客观分析 ————————————————————————— 2b. 主观分析

"新古典模型"
新古典主义、新凯恩斯主义
（主流经济学劳动力市场理论）

"'行为——互动'模型"
行为主义

1b. 个人主义

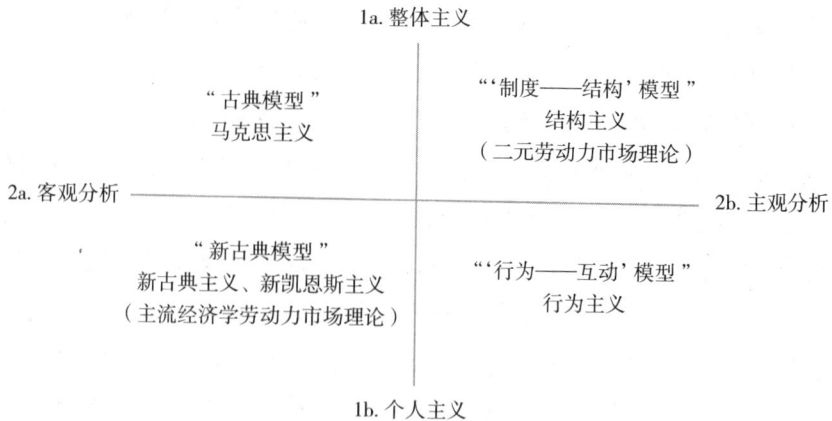

图1.1　各学派劳动力市场分割理论研究方法的分野

资料来源：R. Loveridge and A. Mok，*Theories of Labour Market Segmentation*：*A critique*，London：Martinus Nijhoff Social Science Division，1979，p.38。

社会中发挥功能；同时，它又和新古典主义和新凯恩斯主义类似，主张客观性分析，认为劳动力市场具有遵循特定运行规律的客观实在性，处于个体行为的掌控之外。马克思主义对劳动力市场分割理论的研究虽然不是专门的、持续的，但在方法论上也体现出一以贯之的鲜明特点，并且在传承中不断发展创新。马克思通过对资本生产过程的考察，最早涉足了隶属于资本增殖的劳动力市场运行及分割。在方法上，马克思坚持了抽象分析法并且开创了系统抽象的先河。所谓系统抽象，就是辩证、系统地使用抽象思维能力，揭示和论证经济矛盾的方法。[①] 马克思在介入分割理论之前，就通过对商品二因素、劳动二重性的抽象论证明确指出了资本是劳动力市场构建的主导力量，劳动力市场中各种关系都围绕着资本积累这一主线进行；分割的形成以及形式的演变，不过是劳动力市场按照资本积累的内在要求所展现出的特殊形态。系统抽象的前提的唯物辩证法，这也是马克思主义方法论的核心和精髓，集中体现在对资本主义基本矛盾及其运动的研究中。劳动力市场在宽度和广度上的不断扩展，是与数量更多的劳动者被更为广泛卷入剩余价值生产过程

---

① 刘永佶：《政治经济学方法论纲要》，河北人民出版社2000年版，第319页。

相一致的，与剩余价值积累相伴随的，却是部分劳动者暂时或永久的失业——成为产业后备军的一员，劳动者为资本家生产出财富也为自己生产出贫困，最终沦为相对过剩人口，使这种生产关系最终灭亡。与系统抽象和唯物辩证始终相结合的是逻辑与历史的统一，即便在对待某一具体问题时，马克思依然以历史唯物主义的科学视角，以人类社会发展的一般规律在资本主义特殊阶段中分析问题，拒绝割裂它与整个历史进程的有机联系。劳动力市场分割是资本主义积累的特定历史结果，其中既包含着促进生产力进一步发展的因素，也蕴含着毁灭资本主义剥削关系的种子，它不是市场发展的最终形态，而只是中间过程，并且最终将随着旧的生产关系灭亡而灭亡。类似地，马克思间接引出的另一种分割来源——协作劳动的资本职能化，也是这一历史进程中的特定结果。以激进政治经济学为代表的当代西方马克思主义经济学继承和发展了马克思的研究方法，并吸收了结构主义、制度主义方法中的积极因素，使得分割理论的研究进一步深入化、具体化。一方面，激进政治经济学继承了马克思主义系统抽象、辩证矛盾和历史演进的分析方法，并将其运用到现代资本主义研究中：以资本主义基本矛盾为研究主线，坚持了资本积累在劳动力市场分割中起主导作用的观点，并将资本积累赖以发生的社会制度安排深化概括为积累的社会结构。具体地，把 19 世纪 60 年代以来资本积累在劳动力市场中引起的就业关系变迁分成四个阶段，形成四种积累的社会结构，并分析了每一阶段的特殊形态。以社会结构的积累考察分割，无疑开创了崭新的研究视角。[①] 另一方面，它在吸收其他学派研究方法的基础上赋予了马克思主义方法论更为丰富的内涵：首先，借鉴了结构主义研究范式，并且改造了结构主义所提出的二元劳动力市场理论，提出了三个相对独立的市场隔断，即主要的劳动力市场、次主

---

① M. Wallace and D. Brady, "Globalization or Spatialization? The Worldwide Spatial Restructuring of the Labor Process", in *Contemporary Capitalism and Its Crisis: Social Structure of Accumulation Theory for the 21st Century*, T. McDonough et al. (eds.), New York: Cambridge University Press, 2010, pp.121-145.

要劳动力市场和次级劳动力市场①；其次，它吸收并改造了制度主义对组织及其治理机制的研究方法，同时将其他流派乃至其他学科的一些概念赋予新的内涵，使其更为科学地为分割理论服务。例如积累的社会结构学派提出的就业协议、歧视与官僚控制共同决定分割，就是从工人和资本家的角度同时出发，使工会组织、科层制以及就业歧视互动交织，通过制度层面的分析揭示分割的发展演进。②

马克思主义的研究方法与其他流派相比，无疑是更为科学的，它旗帜鲜明地站在无产阶级立场上，从阶级矛盾及其运动的高度审视劳动力市场的运行，抓住了资本积累这条主线，并以唯物史观来审视分割的产生与发展过程。相较排斥阶级、制度和历史分析的其他经济学流派，其研究结论也避免了后者所呈现的形而上学，更符合资本主义社会劳动力市场的一般特征。但是我们也应看到，马克思主义的研究方法也有其局限性，并不是完美无缺的。首先，对个体分析的运用相对较少，亦缺乏整体分析与个体分析的有机融合，使得马克思主义在研究分割的某个具体问题或者某种特定的分割形式时产生瓶颈，使得新古典经济学和其他流派的结论因为更具表面解释力而更容易被接受。其次，将定量分析置于次要地位造成了马克思主义研究具体分割问题的另一个短边。由于单纯的规范分析难以与现实中的各种劳动力市场运行变量相联系，实证研究在涉及数量分析时天然具有其他方法无可比拟的优势，因此，马克思主义在研究中也必须适度引入计量工具，剥离掉庸俗的新古典理论外衣，为自己服务。再次，偏重于社会制度运行的客观分析，使得劳动者一方在分割的塑造中始终处于被动地位，劳动者的内部因素尤其是结构性因素仍未被发掘。事实上，在分割的形成与演进过程中，劳动者一方也会产生主动性，不仅对于资本方，对于己方也会施加特有的影响力，

---

① S. Bowles et al., *Understanding Capitalism：Competition, Command, and Change (3rd edition)*, New York：Oxford University Press, 2005, pp.170-172.

② S. Bowles et al., *Understanding Capitalism：Competition, Command, and Change (3rd edition)*, New York：Oxford University Press, 2005, pp.169-170.

并且这种影响力也在使无产阶级内部不断分化重组，形成更为多元化的市场关系与分割形式。尽管激进政治经济学在这方面已经做出了有益的尝试，但仍有广大的拓展空间。最后，无论是马克思本人还是当代的激进政治经济学，都聚焦典型发达资本主义市场经济，缺乏全球视角，导致其方法论上偏重于一般性而忽视特殊性。当今市场经济虽一统天下，但与不同国家、不同社会制度和经济发展的不同阶段相结合，却能够产生各种不同的形式。尤其是发达国家与广大发展中国家，在世界资本主义体系中的地位截然对立，在发展模式与经济体制上也有很大出入。要在当前中国的国情条件下研究劳动力市场分割问题，方法上必须做到发展与创新。

第二章　劳动力市场分割的相关研究概述

第一节　马克思劳动力市场分割思想

劳动力市场分割尽管不是马克思主义经济学提出的概念，但这并不能说明马克思主义经济学对这一问题没有深入研究。在《资本论》第一卷中，马克思对于资本对工人阶级的分化与分割进行了最早的探析。与古典经济学以及之后的新古典经济学劳动力市场理论所不同的是，马克思从根本上排斥供给——需求的分析范式，而是以剩余价值的生产从而资本积累中的资本和劳动抑或是资本家和工人阶级的矛盾为主线来考察劳动力市场运行。马克思辩证地指出，在资本和劳动的这对矛盾中，资本一方处于支配地位，从劳动力市场形成伊始到分割的出现，都是资本积累作用于工人阶级所导致的特定历史结果。劳动力市场的分割或分野，既在整体形态上表现为相对过剩人口的积累或产业后备军的累进生产，又在局部形态上表现为雇佣劳动的资本职能化。劳动力市场的分割无论在具体表现形式上如何变化，其中都蕴含着资本家和工人两大阶级的对抗，是客观的、必然的、不可调和的。

一、资本是劳动力市场形成与分化的主导力量

马克思鲜明地指出，生产资料的私有制是劳动力市场形成的前提条件。在劳动力市场中，"两种极不相同的商品占有者必须互相对立和

32

发生接触"①。一方面，资本家通过原始积累占有了货币、生产资料和生活资料，他们需要通过劳动力市场，实现货币、生产资料和生活资料的资本化，依靠工人的劳动力生产出剩余价值；另一方面，工人在失去生产资料之后，除了能够自由支配自身的劳动力以外，一无所有，从而只能通过劳动力市场出卖劳动力，依附于资本而生存。而劳动力本身又是一种特殊商品，其"使用价值本身具有成为价值源泉的独特属性"②。资本家正是借助这一点，在劳动力市场中与工人进行平等形式掩盖下的事实上不平等交换，使其在之后的生产过程中遭受剥削。因此，劳动力市场的形成过程不是天然的，而是商品经济高度发展的历史产物，在生产资料的资本主义私有制下，它是完全从属于雇佣劳动生产方式的，为剩余价值的生产，从而资本的不断增殖而服务。"资本主义生产过程在本身的进行中，再生产出劳动力和劳动条件的分离。这样，它就再生产出剥削工人的条件，并使之永久化。它不断迫使工人为了生活而出卖自己的劳动力，同时不断使资本家能够为了发财致富而购买劳动力。"③

资本家最终在劳动力市场中实现对工人阶级的分化，就必须要达成两个前提条件，而它们又是在不断追求剩余价值的过程中所间接促成的。对工人阶级进行分化，并不是资本家的直接目的，而是他们实现剩余价值生产的必要手段。

其一，资本家出于对生产资料损耗的节制从而间接增加剩余价值的目的，对工人的整个生产过程实现监督与控制。劳动过程本身是劳动力与生产资料相结合并发生作用的过程，生产资料被资本家占有，劳动力的使用却由于劳动力本身和劳动力所有权在人格上的不可分割性，无法直接地经由资本家实现，资本家只能达到行使劳动力的使用权。因此，为了"使劳动正常进行，使生产资料用得合乎目的，即原料不浪费，劳动工具受到爱惜，也就是使劳动工具的损坏只限于在劳动中它被

---

① 《马克思恩格斯文集》第 5 卷，人民出版社 2009 年版，第 821 页。

② 《马克思恩格斯文集》第 5 卷，人民出版社 2009 年版，第 195 页。

③ 《马克思恩格斯文集》第 5 卷，人民出版社 2009 年版，第 665—666 页。

使用时损耗的必要程度"①，资本家就要对劳动过程进行监视。工人在资本家的监督和控制下进行劳动，这个劳动以及劳动过程就完全属于资本家了。

其二，资本家还需要以各种方式提高工人的劳动生产率，使剩余价值量和剩余价值率同时提高，这就客观上使得工人在技能上受制于资本，适应剩余价值生产的劳动条件不断改变着工人的生产技术，使他们离开这一生产过程之后完全无法依靠自己的生产技术独立生存，这是第二个前提条件。资本对劳动者技能上的瓦解，一方面依靠协作、分工的推广，使他们原有的生产技能，由过去小生产者时期的生产整件产品的整体技能，退化为仅仅生产某个零部件或是从事某一道工艺流程的局部技能。"如果劳动过程是复杂的，只要有大量的人共同劳动，就可以把不同的操作分给不同的人，因而可以同时进行这些操作，这样，就可以缩短制造总产品所必要的劳动时间。"② 商品可以"从一个要完成许多种操作的独立手工业者的个人产品，转化为不断地只完成同一种局部操作的各个手工业者的联合体的社会产品"③。从这个意义上讲，工人就由整体工人转变为局部工人，工人所具有的技能，尽管在某个环节上更熟练了，但是却在其他环节上慢慢退化了。另一方面，资本在随后采取机器大工业的生产形式，劳动产生了空前的替代作用，局部工人的操作更加简化，技术含量也随之更低。"在机器产品中，由劳动资料转来的价值组成部分相对地说是增大了"④，劳动力所创造的新价值所占的比例，则相对减小了。这样一来，成年男子的劳动力迅速贬值，妇女和儿童稍加训练，便可以替代他们的工作，为了保证像过去一样生存，工人的所有家庭成员都被卷入雇佣劳动大军。这种"去技能化"即工人的技能在广度和深度上都不断地萎缩，会不断持续直至其完全依附于整个资本主义

---

① 《马克思恩格斯文集》第 5 卷，人民出版社 2009 年版，第 216 页。
② 《马克思恩格斯文集》第 5 卷，人民出版社 2009 年版，第 380 页。
③ 《马克思恩格斯文集》第 5 卷，人民出版社 2009 年版，第 392 页。
④ 《马克思恩格斯文集》第 5 卷，人民出版社 2009 年版，第 448 页。

生产过程。

二、劳动力市场分割是资本积累的特定历史结果

达成上述两个前提条件，是由资本家无限追求剩余价值的本性，抑或是资本无限追求增殖的客观属性决定的，工人阶级在劳动力市场中被分化、被分割，完全是资本积累在特定历史时期所造成的必然结果。马克思敏锐地指出："在资本主义生产方式下，劳动过程只表现为价值增殖过程的一种手段，同样，再生产也只表现为把预付价值作为资本即作为自行增殖的价值来再生产的一种手段。"[①] 资本积累的一般形态是单个资本范围内剩余价值的生产与资本化，或资本积聚。为了提高剩余价值率并推动这一过程加速进行，首先，资本家会加强对在业工人的剥削，在一定限度内"把工人的必要消费基金转化为资本的积累基金"[②]。这种剥削，既通过绝对剩余价值的生产进行，也通过相对剩余价值生产来进行。其次，为了能够持久地并且突破人的生理条件给剥削带来的限制，资本家会越来越依赖技术的进步和机器的引进，以追求劳动生产率的进步为依托，把相对剩余价值的生产放在优先位置。"正像只要提高劳动力的紧张程度就能加强对自然财富的利用一样，科学和技术使执行职能的资本具有一种不以它的一定量为转移的扩张能力。"[③] "工人之变得便宜，从而剩余价值率的增加，是同劳动生产率的提高携手并进的，即使在实际工资提高的情况下也是如此。"[④] 再次，随着积累的深入和科技进步带来生产资料数量和质量上的飞跃，预付的资本量与使用资本减去所费资本的差额随着资本的循环与周转都在不断变大。"这些劳动资料越是作为产品形成要素发生作用而不把价值加到产品中去……它们就越是像我们在上面说过的自然力如水、蒸汽、空气、电力等等那样，提供无

---

① 《马克思恩格斯文集》第 5 卷，人民出版社 2009 年版，第 653 页。
② 《马克思恩格斯文集》第 5 卷，人民出版社 2009 年版，第 692 页。
③ 《马克思恩格斯文集》第 5 卷，人民出版社 2009 年版，第 699 页。
④ 《马克思恩格斯文集》第 5 卷，人民出版社 2009 年版，第 697—698 页。

偿的服务。被活劳动抓住并赋予生命的过去劳动的这种无偿服务，会随着积累规模的扩大而积累起来。"① 除资本积聚外，竞争和信用催生出资本集中，打破单个资本之间相互排斥和阻碍，更进一步强化了资本积累进程，使资本积累在更大乃至整个社会范围内体现出积聚特征。资本积聚与集中相互补充，不仅使剩余价值的生产在深度和广度上得以扩展，也使得生产过程的组织形式出现变革。"对于更广泛地组织许多人的总体劳动，对于更广泛地发展这种劳动的物质动力，也就是说，对于使分散的、按习惯进行的生产过程不断地变成社会结合的、用科学处理的生产过程来说，到处都成为起点。"②

资本积累的最直接后果就是资本有机构成的不断提高，这正是通过客观上追求劳动生产率的提高而实现的。"一旦资本主义制度的一般基础奠定下来，在积累过程中就一定会出现一个时刻，那时社会劳动生产率的发展成为积累的最强有力的杠杆。"③ 而"劳动生产率的增长，表现为劳动的量比它所推动的生产资料的量相对减少，或者说，表现为劳动过程的主观因素的量比它的客观因素的量相对减少"④。这种变化反映在资本价值构成上，就是资本价值的不变组成部分靠相对减少它的可变组成部分而增加。资本家用于支付工人工资的可变资本部分的相对减少，不仅降低了工人阶级的整体相对工资水平，而且对工人阶级的就业产生了巨大的排斥力量。"一方面，在积累进程中形成的追加资本，同它自己的量比较起来，会越来越少地吸引工人。另一方面，周期地按新的构成再生产出来的旧资本，会越来越多地排斥它以前所雇佣的工人。"⑤ 这些暂时被排斥于生产过程之外的工人构成了相对过剩人口，由此便产生出资本主义制度下劳动力市场分割的一般形态——产业后备军的累进生产。

---

① 《马克思恩格斯文集》第 5 卷，人民出版社 2009 年版，第 702 页。
② 《马克思恩格斯文集》第 5 卷，人民出版社 2009 年版，第 723—724 页。
③ 《马克思恩格斯文集》第 5 卷，人民出版社 2009 年版，第 717 页。
④ 《马克思恩格斯文集》第 5 卷，人民出版社 2009 年版，第 718 页。
⑤ 《马克思恩格斯文集》第 5 卷，人民出版社 2009 年版，第 724 页。

三、资本积累对劳动力市场的双重分割：产业后备军的累进生产与协作劳动的资本职能化

随着积累进程中资本总量的增长，并入总资本的劳动力数量也会增加，但是增加的比例越来越小。如果要继续吸收原本的劳动力市场之外的新增劳动力，或是在已有的资本数量下资本有机构成提高的同时继续雇佣原本在职的工人，就进一步地要求资本以更快的速度进行新的积累，从而进一步地提高了资本有机构成。表面上看，资本积累始终在把更多的劳动力纳入就业队伍，但事实上却是把与资本有机构成不相适应的更多的已在或准备进入劳动力市场的劳动者挡在就业的大门之外。"总资本的可变组成部分的相对减少随着总资本的增长而加快，而且比总资本本身的增长还要快这一事实，在另一方面却相反地表现为，好像工人人口的绝对增长总是比可变资本即工人人口的就业手段增长得快。事实是，资本主义积累不断地并且同它的能力和规模成比例地生产出相对的，即超过资本增殖的平均需要的，因而是过剩的或追加的工人人口。"[①] 这两种相对过剩人口的生产方式，尽管前一种较为明显，而后一种不太明显，但却是同时存在的。马克思尖锐地指出，资本对工人就业的这种更大的吸引力和更大的排斥力相结合，劳动力本身在生产出资本积累的同时，也以日益扩大的规模生产出使他们自身成为相对过剩人口的手段，"这就是资本主义生产方式所特有的人口规律"[②]。过剩的工人人口增长是资本积累的必然产物，反过来又是资本积累的杠杆，甚至成为资本主义生产方式存在的一个条件，他们"形成一支可供支配的产业后备军，它绝对地从属于资本，就好像它是由资本出钱养大的一样"[③]。这些工人在通常情况下被"游离"出生产过程，但他们并不是完全地失业，他们在资本瞬时大规模涌入旧生产部门，或是新生产部门兴起伊始，再或是资本主义生产周期性波动的高涨和繁荣阶段，都有可能因为

---

① 《马克思恩格斯文集》第 5 卷，人民出版社 2009 年版，第 726 页。

② 《马克思恩格斯文集》第 5 卷，人民出版社 2009 年版，第 728 页。

③ 《马克思恩格斯文集》第 5 卷，人民出版社 2009 年版，第 728—729 页。

资本的需要再次被吸收进劳动力市场，因而只能称得上是半失业人口。接下来的问题就是，既然整个工人阶级在劳动力市场中被分化或分割为在业人口和半失业人口，这种分割是否存在一个较为明显的界限？马克思论证了这个界限的确存在，并且是以劳动力价值为标准划分的。劳动生产率的提高伴随着工人的"去技能化"，使得资本原本用高级劳动力才能从事的生产步骤，可以很轻易地用低级的劳动力进行替代。具体而言，就是"用不大熟练的工人排挤较熟练的工人，用未成熟的劳动力排挤成熟的劳动力，用女劳动力排挤男劳动力，用少年或儿童劳动力排挤成年劳动力，这样，他就用同样多的资本价值买到更多的劳动力"[1]。最后，马克思又详细论述了构成这支产业后备军队伍的三种形式的相对过剩人口：即由于年龄增长被解雇的流动的过剩人口、由资本主义农业生产排斥出来的准备到工业部门就业的潜在的过剩人口与虽然在从业队伍中但就业状况极不规则且生活无法达到平均正常水平的停滞的过剩人口。

资本积累对劳动力市场的分割不止体现为把一部分工人暂时或永久地游离出就业队伍。在产业后备军累进生产的同时，在业工人不仅承受着失业工人与之竞争的压力，以过度劳动的形式任由资本更深重地盘剥，这些工人内部也被资本的力量进一步分化着。马克思注意到，"一切规模较大的直接社会劳动或共同劳动，都或多或少地需要指挥，以协调个人的活动，并执行生产总体的运动"[2]。因此，"一旦从属于资本的劳动成为协作劳动，这种管理、监督和调节的职能就成为资本的职能"[3]，就具有了特殊的性质。这种职能具有二重性：一方面是制造产品的社会劳动过程，另一方面是资本的价值增殖过程。而当资本达到开始真正的资本主义生产所需要的最低限额时，他就把直接和经常监督工人的职能交给了特种雇佣工人即经理或监工，在劳动过程中以资本的名义进行指挥，协调部分或整个生产过程并压制工人的反抗，监督工作固定成为他

---

① 《马克思恩格斯文集》第 5 卷，人民出版社 2009 年版，第 732 页。
② 《马克思恩格斯文集》第 5 卷，人民出版社 2009 年版，第 384 页。
③ 《马克思恩格斯文集》第 5 卷，人民出版社 2009 年版，第 384 页。

们的专职。于是，在业的工人队伍中分化出不同层次的代替资本家进行管理、监督和调节性质的"高级"工人。整个劳动力市场在总体形态上被分割出产业后备军为代表的"次级"劳动力市场的同时，又按照工作性质是否执行资本家的职能，在局部形态上进一步分割出以经理、监工等为代表的"高级"劳动力市场。

四、马克思劳动力市场分割思想的地位和历史意义

马克思在历史上首次科学地揭示出资本主义制度下劳动力市场分割的根源，并以工人阶级一方的劳动力市场参与主体的差异为依据，对不同的相互隔离的劳动力市场做了最初的系统性研究，这是对庸俗经济学在生产费用价值论基础上建立起的劳动力市场理论从根本上的否定。从整个马克思主义经济学的最初体系来看，劳动力市场分割贯穿于整个资本积累理论的始终，最直接地反映出在工作状态以及工作性质上工人阶级与资本家阶级的对立，最终揭示出资本主义积累的一般规律，从而论证出资本主义必然走向灭亡以及广大工人阶级在这一历史进程中的伟大作用。具体来看，首先，马克思研究劳动力市场始终坚持了辩证唯物主义和历史唯物主义，为之后的马克思主义者在相同领域的研究提供了科学的方法论支持，这一方面比较好地被激进政治经济学劳动力市场理论所传承。其次，马克思的理论贡献核心的一点就是，把资本积累和劳动力市场分割作为因果关系联系在一起，资本积累进程的持续，必然要启动更大范围的无产阶级化进程，扩大产业后备军的队伍，并且在劳动力市场总体的形态上制造出过剩劳动力的积压而形成的一个"次级"市场隔断，以此来进一步剥削在业工人。这一观点成为 100 多年之后激进政治经济学对劳动力市场进行更深入研究的出发点。再次，马克思对资本主义生产过程的控制机制也进行了最初的探索，资本主义生产组织作为一个控制系统的特点，本身会制造分化的劳动力。[1] 资本积累也需要

---

[1]　孟捷、李怡乐：《关于劳动力市场分割动因的三种解释——评述与拓展》，《当代财经》2012 年第 6 期，第 8 页。

制造出供不同资本使用的分层式的劳动力，对工人实行分而治之，降低工人的组织力量。这一点也就客观上否定了一切起源于庸俗经济学的人为强调劳动力个体特征差异造成劳动力市场分割的论调。

但是，囿于所处时代的限制，马克思没有特别强调资本原始积累以及无产阶级化过程的持续性，也没有来得及研究世界范围内由于资本主义进程在时间和空间上的不同造成的工人身份上的差异性。因此，在劳动力市场分割的历史变迁和在不同国家的具体形式上，马克思没有继续深入研究下去。另外，早期的马克思主义经济学没有注意到工人自身的分化对劳动力市场分割形成的作用，工人阶级在资本积累的过程中大多处于被动地位。尽管这同马克思所坚持的阶级分析法，注重整体性、一般性的特征不无关系，但是随着传统的产业组织形式的不断变迁与工人阶级职业、阶层多元化的发展，工人阶级出于自身的利益和要求，特别是其自身差异化的利益取向，对劳动力市场分割积极、主动性的塑造作用势必凸显。

第二节　激进政治经济学的劳动力市场分割理论

激进政治经济学（Radical Political Economy）是当代西方马克思主义经济学对劳动力市场结构进行最为直接和最为深入研究的流派。激进政治经济学的劳动力市场理论建立在马克思主义经典理论基础之上，与主流的新古典经济学劳动力市场理论具有本质区别。激进政治经济学认为，生产资料集中在少数资本家的手中，而社会中的大多数人必须依靠出卖劳动力获得工资来维持自己的生活，劳动力作为商品自由买卖是资本主义经济的基础。劳动力市场最根本的特征在于它是一种"竞争性交换"关系，即交易的对象无法通过事前的完全契约予以充分的说明，而事后双方的违约行为也无法得到明确的认定以及在第三方的监督下及时纠正。①

---

① 赵峰：《激进学派的劳动力市场理论》，《教学与研究》2007年第3期，第58页。

劳动力交易过程的这种特殊性决定了资本家阶级为了实现自身利益，就必须对劳动过程进行控制，并通过建立一定"政治性"的制度与组织方式来达到这一目的，除了马克思所指出的通过制造相对过剩人口或产业后备军之外，还必然要通过其他形式的劳动力市场的分割实现对劳动者的分化与控制。尤其是在经济增长遇到危机时，资方最为常见的举措便是通过这种手段至少将一部分劳动力边缘化。[①] 激进政治经济学中的积累的社会结构（Social Structures of Accumulation）学派对此构建起了一整套较为完善的理论体系，这一派学者认为，劳动力市场分割，即劳动力市场被分成各个独立的或截然不同的市场，每个市场的需求者和供给者不会受到来自其他市场的需求者和供给者的竞争。[②]

一、积累的社会结构与劳动力市场分割的历史阶段性

鲍尔斯（S. Bowles）等人指出，"积累"，即资本家或企业对利润的牟取或再投资。积累是人类社会经济制度更迭的原动力，它改变原有的阶级结构，促成制度安排上的变革，再进一步实现新的积累，如此实现不断往复的社会变迁。积累的社会结构便是积累赖以发生的制度安排，它在资本家之间、资本家与工人之间、工人之间以及政府与经济生活之间架构起各种关系。一种积累的社会结构可区分为两个阶段：首先是它的巩固阶段，其次是它的衰落阶段。他们以美国为典型案例，将资本主义积累的社会结构分为四个阶段，分别考察资本家之间（资本—资本）、资本家与工人之间（资本—劳动）、工人之间（劳动—劳动）以及政府与经济生活之间的关系，而劳动力市场结构的历史变迁体现在"劳动—劳动"这组关系上：从19世纪60年代到19世纪末为竞争资本主义阶段，这一时期工人群体开始无产阶级化，劳动供给的增加伴随着基于技艺差

---

① F. Wilkinson, *The Dynamics of Labour Market Segregation*, London：Academic Press，1981，p.9.

② S. Bowles et al., *Understanding Capitalism：Competition, Command, and Change* (*3rd edition*)，New York：Oxford University Press，2005，p.169.

别的熟练工人与非熟练工人的分化；19世纪末到第二次世界大战前为公司资本主义阶段，泰罗制的推广造成劳动力大规模同质化、去技能化与半熟练工人的无组织化；第二次世界大战前到20世纪90年代初为调节资本主义阶段，工会发展壮大的同时，"一级"与"次级"劳动力市场分割的状况日益显现，工会在"一级"劳动力市场以及从事大规模生产的部门中最为强大，工人的技能与组织力量被双重分化；20世纪90年代初至今为跨国资本主义阶段，劳动力在全球范围内竞争日益加剧，工人之间的两极分化也日益凸显。因此，劳动力市场分割是与资本主义发展特定历史阶段相适应的制度安排，从属于资本积累的社会结构变迁。[①]

华勒斯（M. Wallace）与布雷迪（D. Brady）则把积累的社会结构按时间顺序分为无产阶级化、同质化、分割化、空间化四个阶段。19世纪中期手工场主与工人面对面，日常监管型的简单控制是无产阶级化阶段。由于工人在技术上的垄断，逐渐促使积累进入19世纪后期到20世纪初的同质化阶段，即将整个劳动过程拆分为一系列简单工作，破坏工人的技术垄断。但是工人阶级觉悟的不断提高，又迫使资本家从第二次世界大战后将不同部门的工人归属不同的体制，以降低他们的团结性，并通过官僚系统来控制潜在的冲突，从部类和级别上分割工人，达到分化的目的。20世纪70年代开始，随着全球化与计算机与信息技术的兴起，资本家逐渐对工人实现了空间上远距离的操控，在空间上进一步实现分离，加深了对工人的"分裂与征服"战略。[②]

其他学者也从不同角度提出了劳动力市场分割的历史阶段性。爱德华兹（R.Edwards）指出，劳动力市场之所以分割是因为劳动过程在历史上就呈现出一种分割状态，特别是在每个被分割的市场中，企业内

---

① S. Bowles et al., *Understanding Capitalism：Competition, Command, and Change (3rd edition)*, New York：Oxford University Press, 2005, pp.160-164.

② M. Wallace and D. Brady, "Globalization or Spatialization? The Worldwide Spatial Restructuring of the Labor Process", in *Contemporary Capitalism and Its Crisis：Social Structure of Accumulation Theory for the 21st Century*, T. McDonough et al. (eds.), New York：Cambridge University Press, 2010, pp.121-145.

部控制各有其不同组织体系。① 劳森（T. Lawson）认为，劳动力市场分割源于寡头的产品市场结构，是随着垄断资本主义的出现而产生的。一级部门或"核心"企业所独有的集中生产才能提供一级的就业条件。②

二、导致劳动力市场分割的三个因素：就业协议、歧视与官僚控制

鲍尔斯等人强调，在劳动力市场的制度安排中，工会占有极其重要的地位，工会与资方及政府的关系、工会成员与非工会成员的关系以及不同工会组织之间的关系交织在一起。从历史发展脉络来看，在竞争资本主义阶段，许多工人曾进行过独立的商品生产并具有一定技能，保留了最初的工会（或兄弟会）组织与资方抗衡，但随着公司资本主义阶段中大公司的市场势力崛起，资方在与工会的对抗中占据绝对主动，工会的影响日益衰微。"大萧条"的到来促使政府主动介入劳资关系，对工人的社会保险和保障给予扶持，这使得工会开始逐渐有力量迫使雇主承认其地位并与之谈判，形成了被称为"劳动协议"的妥协性安排。而在近20多年来，全球化的不断深入使得全球范围内的竞争空前加剧，工人不仅要同国内的同伴竞争，还要同遍布全球的他国工人竞争，资本在全球日益增强的流动性使得雇主可以完全凌驾于工会和其他雇员之上，工会的影响再次显著减弱了，一个直接的后果便是劳资合同的显著变化，工人队伍中工资的不平等极大地增加了，由此产生了经济结构上的二元化——即"好工作"与"坏工作"的差异。在劳动力市场中，有些工人享有工作保障、高工资与定期升职的良好预期，而另一些工人的工作则不稳定，工资低而且没有发展前途。如果把企业之间的差异和那些与工作吸引力相关的因素联系在一起，一般而言"好工作"存在于大型成规模的企业中，而"坏工作"则在小型边缘化的企业中。

工会的发展以及第二次世界大战后就业协议的大规模兴起，是劳

---

① R. Edwards, *Contested Terrain*, New York: Basic Books, 1979, p.178.

② T. Lawson, "Paternalism and Labour Market", in *The Dynamics of Labour Market Segregation*, F. Wilkinson (eds.), London: Academic Press, 1981, p.49.

动力市场分割的最重要因素。工会的出现使得工人群体以是否为工会成员为标准被一分为二,加入工会的工人被就业协议所覆盖,他们得以通过集体谈判和罢工,限制了雇主的任意裁员与其他工人的广泛竞争,保证工人随着年资的提高,工作也越来越有保障,还迫使雇主不得不遵守抚恤程序。尽管在入门级别的工作(人们第一次所找到的工作)中还存在实质性的竞争,而从事高级别工作的工会化工人(通常有较高的年资)则在相当程度上得以免于外部竞争。因为工会合同阻止雇主解雇比较有经验的工人,以图用失业工人替代他们。但是,就业协议的覆盖面总是有限的,只有加入工会的工人才能在一定程度上受益于此,这就造就了在受到工会保护的工人与没有工会保护的工人之间的分化或分割。总之,要么是由于一些工作岗位上的工人可以躲避来自其他工人的竞争,要么是在对某些工作的竞争中,有些工人被排除了。

歧视同样在劳动力市场中广泛存在,它阻止了一些工人对特定工作岗位的追求,同样造成了劳动力市场分割。典型的例子是根据劳动者的性别和族裔来决定雇佣与否,或是雇佣其从事某些特定种类的工作,即便在就业法律十分健全的情况下,这种隐含的排他性依旧十分明显。另一种情形是,即便抛开前两种情况,同一部门同一岗位上职位的晋升,在不同性别和族裔之间,同样存在歧视,女性、非裔和拉美裔职员很难爬到企业高层,这些位置通常都由白人男性把持。

官僚控制通过企业内部的科层制发挥作用,强化对各级工人的控制与管理。即便是在那些工人已经受到工会保护的部门,企业管理也日趋依赖于科层控制,通过将工人分层,建立职位阶梯,并根据明确的规章制度对工人按照年功进行偿付和晋升,以重新组织劳动过程。尽管这些变化较先前的一些雇主任意武断的做法是一种进步,但科层制无疑提升了少数核心大企业雇员及其他企业和部门雇员之间的劳动经验与收入水平,并逐渐造成劳动力市场整体抑或是局部范围内的分野。①

---

① S. Bowles et al., *Understanding Capitalism:Competition, Command, and Change (3rd edition)*, New York:Oxford University Press,2005,pp.163-170.

三、三种相对独立的劳动力市场

鲍尔斯等人认为，由就业协议、歧视和官僚控制导致的劳动力市场分割造就了三种相对独立的劳动力市场：独立的一级劳动力市场、从属的一级劳动力市场和次级劳动力市场。独立的一级劳动力市场和从属的一级劳动力市场包括那些受到劳动协议保护，并在某种程度上被纳入了科层组织的工人的工作，后者则包括那些既不受劳动协议保护，也没有进入科层组织，无法避开劳动力市场竞争的工人的工作。独立的一级劳动力市场的工作主要指以科层制组织起来的工作，这些工作提供了具有高度保障的稳定就业，界定明确的职业发展路径与相对较高的收入。这些工作需要高水平、专业化的技能，一般需要通过学徒制和专业化学校才能获得，一旦工人取得获取这些技能的资质证明或从业执照，获得此类工作将带来丰厚报酬。这些工作之所以被称为"独立的"工作是因为它们通常允许，有时也需要独立的创造性和自主的劳动节奏。从属的一级劳动力市场包括传统的、工会化的产业工人阶级的工作，这些工作与次级劳动力市场的工作的差别就在于，拥有这些工作的工人都是工会成员，工作性质特别是工资与劳动条件是经由工会协商而确定的。这些工作从整体上与次级劳动力市场的工作相比较而言收入较高，并且随着企业的成长，这些工作也涵盖了长期、稳定、具有加薪前景并且有一定工作保障的职位。但是，由于这些工作依赖机器、程序化并且具有重复性，所需技能能够在短时间内甚至在工作过程中掌握，并且这些工作本身不能提供多少自主性，也很少有发挥独立能动性的机会，因此尽管这些工人受到劳动协议的保护免受雇主随意解雇，他们仍然面临着被解雇的风险。位于次级劳动力市场的劳动者包括工厂中的非工会工人以及小企业工人，各种临时工以及从事低级劳动的自雇佣劳动者等等，这些次级工作与前两种劳动力市场的工作相比，受到极其广泛的竞争威胁，更加不安全，工人的工资也不高，往往缺少明确的职业发展路径，学历和年资都无法带来职业阶梯上的提升、技能提高、收入增加与工作保障。这些工人既缺乏由工会达成的就业权利，也缺乏由雇主实行的高效的劳动组织方式所带来的好处，工人在与雇主的关系中完全处于被动地位，随时面临着被替代的威胁。①

四、简短的评论

激进政治经济学以近代以来的美国经济史为背景所构建的劳动力市场分割理论，继承并发展了马克思主义经济学的研究方法，是在发达资本主义经济体内对马克思劳动过程理论和产业后备军理论的具体运用，是一种"在制度上丰富化了的产业后备军"理论。② 相对于新古典的劳动力市场分割理论，其目的不是寻找那些在市场内和市场外造成分割的因素，为市场的有效运行提供修复性的建议；而是在对资本主义生产过程和积累结构进行本质剖析的基础上，探求劳动力市场分割形成的根源。与新古典经济学断章取义地认为分割是由于非市场因素的无效率制约，市场机制的充分运行就可以改善这一状态恰恰相反，它认定分割的根本目的就是资本家为了实现积累而削弱工人之间的团结，有意在工人队伍当中制造层级、歧视乃至给予部分工人必要的福利来对其进行分化瓦解。因此，在揭示劳动力市场分割的根源上，激进政治经济学具有科学的、革命的一面。但它的局限性在于把研究案例局限在美国，尚不能对全球化背景下，发展中国家的劳动力市场分割提供一个可完全参照的理论。他们提及了资本在空间范围内的修复，但没有具体分析资本原始积累进程在全球的持续进行；也没有具体阐述全球资本主义发展的高度不平衡性，使得资本主义内部存在不同的生产方式，而这两点恰恰是造成发展中国家劳动力市场分割的重要因素。③

① S. Bowles et al., *Understanding Capitalism：Competition，Command，and Change（3rd edition）*，New York：Oxford University Press，2005，pp.170-171.

② J. Crotty，Review of Robert Brenner's. The Economics of Global Turbulence，[2015-04-15]，http：//people.umass.edu/crotty/archive.html.

③ 孟捷、李怡乐：《关于劳动力市场分割动因的三种解释——评述与拓展》，《当代财经》2012 年第 6 期，第 9 页。

第三节　二元劳动力市场理论

二元劳动力市场理论的诞生，使"劳动力市场分割"第一次被作为一个明确的提法和概念诉诸学界。二元劳动力市场理论产生于20世纪60年代，在之后的20多年里得到了空前的完善与发展。一方面，西方主要资本主义国家在经历了战后长期的经济增长之后陆续进入"滞胀"阶段，在劳动力市场中，始于20世纪70年代的长期失业在实践中印证了早期劳动经济学就业歧视理论而来的从业机会差异，这种歧视的严重性在主要的大企业以及跨国公司的投资与招聘政策上逐渐制度化、长期化。另一方面，主流经济学在劳动力市场理论上的缺陷日益显现，新古典理论长期忽视厂商一方在制造从业机会以及作为提升工作技能中最重要的培训渠道的作用，及其作为全社会范围利益基本分配者的角色，单纯从供给—需求的陈旧均衡分析范式已经无法解释劳动力市场中明显存在的长期失业与群体隔断现象。因此，经济学界急需一门崭新的理论去专门研究这个问题，二元劳动力市场理论便应运而生了。

一、劳动力市场分割与二元劳动力市场

二元劳动力市场理论更倾向于将市场视为一种协调契约关系的行为规范，从而认为劳动力市场是安排劳动力买卖的一系列制度与机制的统称。[1] 而"分割"从字面的意义上讲，表示一个过程，特指对劳动力市场不同的参与者集团的区分与隔离。分割这一概念之所以令经济学家感兴趣是出于对这一过程的产物或结果，即劳动力市场无法公平地对待其参与者，却是给予不同的参与者群体显著不同的机会与奖励。[2] 据此，

---

[1] R. Loveridge and A. Mok, *Theories of Labour Market Segmentation*: *A critique*, London: Martinus Nijhoff Social Science Division, 1979, p.27.

[2] P. Ryan, "Segmentation, Duality and the Internal Labour Market", in *The Dynamics of Labour Market Segmentation*, F. Wilkinson (eds.), London: Academic Press, 1981, pp.3-4.

洛夫里奇（R. Loveridge）和莫克（A. Mok）将劳动力市场分割定义如下：政治—经济力量驱动着劳动力市场分化为若干分离的并各具特色与行为规则的子市场或隔断的历史过程。这一过程也可以被称为边缘化的过程，意指某些工作与某些隔断的劳动力联系在一起，这些劳动力完全可以实现充分就业，但却无法整合成为一个更为恒定的就业形式来发挥其全部工作潜能。在经历一段时间之后，某个隔断的劳动力从属于某些特定的工作，工作组织与就业实践的模式就在一定程度上降低了工人对工作范围的选择，因此工作和人都变得边缘化了。① 劳动力市场分割理论正是出于同时解释每一组隔断中劳动力消费者（雇主）与劳动力供给者（工人）的共性与共同诉求的需要。一般认为，子市场边界的结构有三种主要的分割：职业上的分割、地区—区域范围内的分割以及产业上的分割。劳动力在工作与工作之间、区域之间、产业之间流动的主要结构性障碍则被归结为一系列自然因素与社会制度因素。②

借助于歧视方面的研究文献，瑞恩（P. Ryan）根据分割发生在进入劳动力市场之前或之后将分割分为两类：在进入劳动力市场前发生的分割称为市场前分割，指通过上学、正式培训等方式增进个人生产潜力机会上的差异；在进入劳动力市场后发生的分割称为市场内分割，指进入劳动力市场之后在机会上的进一步区分，即通过工作中的培训等进一步增进个人生产潜力的机会与获得更高的租价的机会。通俗意义上的劳动力市场分割是指市场内分割。③

市场内分割在实践当中通常以对偶或二元形式出现，即两个被区分开的部分：一级市场和二级市场。根据最为一般性的解释，一级市场

---

① R. Loveridge and A. Mok, *Theories of Labour Market Segmentation：A critique*, London：Martinus Nijhoff Social Science Division, 1979, p.27.

② R. Loveridge and A. Mok, *Theories of Labour Market Segmentation：A critique*, London：Martinus Nijhoff Social Science Division, 1979, pp.44-45.

③ P. Ryan, "Segmentation, Duality and the Internal Labour Market", in *The Dynamics of Labour Market Segmentation*, F. Wilkinson (eds.), London：Academic Press, 1981, p.4.

对同样质量的劳动力，较二级市场提供更为优厚的工作报酬与增进劳动力质量更高的回报。^① 瑞恩将一级劳动力市场进一步分为上级（或独立）一级市场和下级（或从属）一级市场。同时，也没有必要把分割理论建立在严格的两个或三个分割的市场上，从这个意义上讲，这个概念是更具有启发性的。^② 洛夫里奇和莫克对二元劳动力市场所下的一个比较完整的定义是：（1）有一个程度或大或小的、显著的划分界限，将其分为高薪资部门和低薪资部门；（2）跨越部门之间界限的流动是受到限制的；（3）高薪资工作总是和升职阶梯联系在一起，而低薪资工作为职业阶梯的垂直运动提供很少的机会；（4）高薪资工作相对稳定，而低薪资工作很不稳定。二元的划分必须被视为一个复杂的多部门劳动力市场中的抽象化概括，在现实中，工作的"好"与"坏"或许不根据某个特定的职业、地区或产业部门的实际条件。从这个意义上讲，二元劳动力市场的概念可以被视作一个连续统（continuum），其中，从事特定工作更像是出于缺少一级部门和二级部门之间的劳动者竞争而来的奖励。^③ 瑞恩指出，一级市场与二级市场分割的差异是针对特定水平的劳动力群体内部而言的，而非针对不同水平的劳动力群体之间而言的。因此，把一级市场与二级市场区分开的证据应该来自同质劳动力在二级市场增加人力资本投资的收入效应为零或不明显，而在一级市场情况正好相反。^④ 对于不同劳动力市场中的失业问题，洛夫里奇和莫克认为，一级市场中的劳动者同样也存在失业，但这种失业是非自愿失业，他也会暂时接受

---

① P. Doeringer and M.Piore, *Internal Labour Markets and Manpower Analysis*, Lexington (Mass.): Health Lexington books, 1971, pp. 25-72.

② P. Ryan, "Segmentation, Duality and the Internal Labour Market", in *The Dynamics of Labour Market Segmentation*, F. Wilkinson (eds.), London: Academic Press, 1981, p.6.

③ R. Loveridge and A. Mok, *Theories of Labour Market Segmentation: A critique*, London: Martinus Nijhoff Social Science Division, 1979, p.5.

④ P. Ryan, "Segmentation, Duality and the Internal Labour Market", in *The Dynamics of Labour Market Segmentation*, F. Wilkinson (eds.), London: Academic Press, 1981, p.12.

一份差一点的工作，但是实质上他还在等着重新获得与之前类似的空缺出现。而二级市场中的"失业"往往是自愿的，因为这些工作不吸引人以至于使劳动者没有太大动力一直干下去。因此，二级市场中的失业队伍就是由这些频繁离职的"短期停留者"组成，在主流经济学中，这种现象被冠以"摩擦性失业"或"自我调整就业"。①

二、内部劳动力市场和歧视：二元劳动力市场理论的两个重要形式

在二元劳动力市场理论中，市场内分割与另两个术语——内部劳动力市场与歧视，是紧密相关的，但它们并不是同一回事。洛夫里奇和莫克认为，内部劳动力市场是对企业或其他雇佣实体分配劳动力及其报酬的结构化的过程的描述。这些过程遵循着组织的内部管理依据，根据企业内部的工作职位来看，它们或多或少地与来自外部市场的竞争压力绝缘。②

科尔（C. Kerr）是第一位将内部劳动力市场概念化并建模的学者。他用"进入与退出的门户"来描述内部劳动力市场的规则结构，用"年资阶梯"以及"工作群聚"来描述这个结构内的运动轨迹。③ 德林格（P. Doeringer）和皮奥里（M. Piore）为内部劳动力市场理论的发展提供了一整套社会经济的基本理论。在企业组织之内，特定的技能被开发出来，这些技能可以比更一般性的培训为雇员提供更高的即时回报。它们同时也使得工作中的培训更易开展，带来更强的任务指向性与更低的成本。一旦培训以这种方式进行，"永久性的"工人就可以视为工作团队的一部分而非单个的个体，如果他离开这个团队，将会使整体的任务无

---

① R. Loveridge and A. Mok, *Theories of Labour Market Segmentation：A critique*, London：Martinus Nijhoff Social Science Division, 1979, p.5.

② R. Loveridge and A. Mok, *Theories of Labour Market Segmentation：A critique*, London：Martinus Nijhoff Social Science Division, 1979, p.6.

③ C. Kerr, "The Balkanisation of Labour Markets", in *Labour Mobility and Economic Opportunity*, E.Wight Bakke et al. (eds.), Cambridge：MIT Press, 1954, pp.278-291.

法实施，在强调这些团队稳定性与成效发挥的经济因素之外，他们也加入了"习惯与实践"的社会约束。其中，习惯似乎是塑造内部工资关系和工作分配过程最有力的推手。站在外部劳动力市场的角度来看，内部劳动力市场（有时也被称作"庄园市场"）是鼓励其他工人尝试通过控制较为稀缺的某种劳动力供给达到类似垄断的情形。工会在其中发挥了重要的影响作用：一是在企业的框架内，它为自己的成员设立了一系列保护性习惯并使之制度化；二是通过集体协商来强化现有的机制。越过企业的外延，当工会控制了进入、培训与资格认证等环节后，这些工人也建立了自己的内部劳动力市场，像职业联合会等等，时常被称作行会或工会市场。在他们看来，内部劳动力市场的重要意义在于它加深了二元化的市场分割。[1] 无独有偶，科尔也曾用"劳动力市场的巴尔干化"（Balkanisation）来形容这一过程。他们都强调，在雇佣与培训过程中，工人队伍之间建立起的一套不平等的、歧视性规则，从而在更为宽广的社会范围内给予其不同的事业机遇。[2] 从理论上讲，正如洛夫里奇和莫克所言，内部劳动力市场概念的重要性在于把劳动经济学一直以来的关注点从对职业、产业与区域市场边界的隐秘关切转移到工资与工作是如何被创造的（即边际成本等于边际收益产品），正是在这个意义上，它对正统的经济学理论发起了前所未有的挑战。[3]

德林格和皮奥里为内部劳动力市场下的正式定义是：根据一定权利与特权规则对劳动力分配与定价过程进行替代的劳动力市场。他们认为，内部劳动力市场的形成，并非一种倒退，而是企业特定的技能、工作中的培训以及习惯三个因素所展现出的竞争劳动力市场的一个在逻辑

---

①　P. Doeringer and M.Piore, *Internal Labour Markets and Manpower Analysis*, Lexington (Mass.)：Health Lexington books, 1971, pp. 25-72.

②　C. Kerr, "The Balkanisation of Labour Markets", in *Labour Mobility and Economic Opportunity*, E.Wight Bakke et al. (eds.), Cambridge：MIT Press, 1954, pp.278-291.

③　R. Loveridge and A. Mok, *Theories of Labour Market Segmentation：A critique*, London：Martinus Nijhoff Social Science Division, 1979, p.7.

上的跃进。雇佣关系的稳定性是内部劳动力市场的最显著特征。① 瑞恩指出，内部劳动力市场不仅是规则取代市场成为支配因素，也是市场内分割的另一种表现形式。其重要特征在这方面并不是"内部人"与"外部人"相比而言处于另一种体制约束下，而是"内部人"能够获得显著优于"外部人"的结果。②

类似地，瑞恩进一步指出，歧视在某个层次上可以视为市场内分割的同义语。在好工作相对于能够胜任的工人更为稀缺的情况下，被限定在二级市场的个人就必定处于市场内被歧视的一方，他们被排除在外的准则可能是种族、性别、年龄、社会阶层或家庭，或者还有不是很明显的情况，像加入求职者队伍的早晚甚至于没有出现在合适时间和地点的霉运，等等。但是，歧视和分割在逻辑上终究有个先后次序。如果认为歧视在前，分割在后，那么就可以认为市场内分割可以追溯到社会族群之间纯粹外生的差异，而实践过程中歧视的准则是来回改变的，因此就必须调和实践中歧视的持久性与竞争（非分割的）市场所被预测的无常性，这一点是无法做到的。如果认为分割在前，歧视在后，似乎更顺理成章一些。因为在针对分割研究过程中，分割的来源被有意地忽略掉了，像来自技术、产品需求弹性、生产商聚集、劳动力组织以及管理策略等方面，在这其中歧视只是一部分，或者说是几个来源当中的一个，并且在很大程度上是可以内生化的，而并非日常中随意观察到的那样，除了纯粹的偏见之外再没有其他原因。歧视之所以不能被当作先决条件而只能作为影响因素，具体来说就是提供给弱势群体较少的机会，以及强权与文化上的压制弱化了他们在劳动力市场中讨价还价的能力。③

---

① P. Doeringer and M.Piore, *Internal Labour Markets and Manpower Analysis*, Lexington (Mass.)：Health Lexington books, 1971, pp. 2, 39-46.

② P. Ryan, "Segmentation, Duality and the Internal Labour Market", in *The Dynamics of Labour Market Segmentation*, F. Wilkinson (eds.), London：Academic Press, 1981, p.16.

③ P. Ryan, "Segmentation, Duality and the Internal Labour Market", in *The Dynamics of Labour Market Segmentation*, F. Wilkinson (eds.), London：Academic Press, 1981, pp.16-17.

三、二元劳动力市场的经验证据：更加完善的假说

二元劳动力市场是否存在？如果存在的话哪里最能显现出来？如果为这一问题设立一个"零假设"的话，是否能找到经验证据来支持内部劳动力市场在因果关系中一个首当其冲的因素？这些都是进行实证研究必须解决的问题。

洛夫里奇和莫克在皮奥里的研究基础上[①]提出了最为宽泛的假说，主要包括以下六条：[②]

（1）被特指的集团可以被识别出，是由于具有某些特征的人被聚集于低薪资工作、没有职业上升前景的工作、低就业保障的工作以及条件差的工作。这一假设被称为"二元市场原假设"。

（2）如果在（1）的基础上进一步精练，被特指的集团具有被定义的特征，但是他们具有与非特指集团相近的受教育资质，却比他们更广泛地被聚集于（1）中提到的几种工作。这一假设被称作反人力资本假设或工作歧视假设。因为这一假设一俟被证实，就意味着相似水平的受教育程度与培训却带来有差别的回报，这样，明瑟（J. Mincer）[③]、舒尔茨（T. Schultz）[④]等人在新古典框架下发展起来的人力资本理论就不再适用了。这一假设也可以被称作进入前歧视，也就是说被特指的集团被排除在特定的职业或部门之外，而"被聚集"在其他职业或部门。

（3）在（1）中提及的后三种工作中，被特指的集团具有和非特指集团相近的受教育资质，并且在占有相近工作的情况下，却被支付显著少于非特指集团的薪资。这是证明个体或集团在同一市场情形下存在歧

---

①　M. Piore，"Fragments of a 'Sociological' Theory of Wages"，in *The American Economic Review*，Vol.63，No.5，1973，pp.377-384.

②　R. Loveridge and A. Mok，*Theories of Labour Market Segmentation：A critique*，London：Martinus Nijhoff Social Science Division，1979，pp.82-112.

③　J. Mincer，"Investment in Human Capital and Personal Income Distribution"，in *Journal of Political Economy*，Vol. 66，No.4，1958，pp.281-302.

④　T. Schultz，"Investment in Human Capital"，in *The American Economic Review*，Vol.70，No.5，1960，pp.1-17.

视的充分必要条件与连接条件，它有时也被称作工资歧视假定，或进入后歧视。二元主义者同时强调进入前歧视与进入后歧视，但是与新古典主义者相比更加强调进入前歧视。

（4）对劳动力市场中较小的企业与资本劳动比较低的企业、一些与地理区域相联系的产业特征以及一些在产业内或跨产业部门的就业（成为了在他们内部被特指的就业机会）的解释，与新古典主义者显著不同，在这些情形下分割更容易产生。同样，这些情形也可以被高劳动力周转率、高频率裁员以及德林格和皮奥里在描述内部劳动力市场时"结构"的缺失所识别出来。

（5）"文化回馈效应"，即贫穷文化假说。道格拉斯（J. Douglas）[1]、伯奇（H. Birch）[2] 等人指出，贫乏的物质生存环境诸如贫困、过度拥挤、缺少必备的家庭设施以及其他负面的社会环境与智力发育迟滞和较差的学业成绩相联系，二元分化客观上造成了文化环境的差异化，而后者又通过下一代的人力资本积累等各个方面加深了二元化进程。

（6）生命周期假说。帕尼斯（H. Parnes）[3]、德沃尔夫（P. De Wolff）[4] 等人发现，劳动力流动的变异性体现出一个特征，即工人倾向于在他参加工作一段时间后越来越少地更换工作。具体来看，男性通常在二十八九岁之前更换工作的倾向性越来越强，此后则越来越弱，而在他快要退休的时候，又变得越来越强。而雇主也更多地希望雇佣处于青壮年龄的工人，歧视那些非常年轻或接近退休的求职者。

随后大量针对这些假说的实证研究涌现出来，学术界基本倾向于接受第一条原假设，并且也承认进入前歧视与进入后歧视以一个永久的、制度化的形式存在。"文化回馈效应"在 20 世纪七八十年代的欧洲

---

[1]　J. Douglas, *The Home and School*, London：McGibbon and Kee, 1964.

[2]　H. Birch and J. Gussow, *Disadvantaged Children：Health, Nutrition and School Failure*. New York：Harcourt, Brace and World, 1970.

[3]　H. Parnes, *Research on Labor Mobility：An Appraisal of Research Findings in the United States*, Bulletin 65, New York：Social Science Research Council, 1954.

[4]　P. De Wolff et al., *Wages and Labour Mobility*, Paris：OECD, 1965.

劳动力市场也被不同程度证实，但是生命周期假说的实证结果很不清晰，尽管这种失业可能性变动的几次轮回与年龄呈很强的负相关，但是这种轮回的发生和变异性与劳动者的种族与性别也相关，二者交织在一起。

四、二元劳动力市场理论的多维拓展：三个重要的模型

二元化的分割是在什么基础之上发生的？二元劳动力市场理论本身并没有提供一个明确的答案。极其简单的两分法模型或是强调类似于需求方面的分割（内部—外部市场），或是强调类似于供给方面的分割（一级—二级市场），或是同时强调于这两方面相联系的分割（本地市场搜寻与信息理论）。而更完善的模型则在此基础上展开，分割层次也越来越多样化。

在德国，鲁兹（B. Lutz）和森根伯格（W. Sengenberger）合并了科尔的"巴尔干化"模型、德林格和皮奥里的内部—外部劳动力市场以及贝克尔（G. Becker）的人力资本理论[1]，提出了"慕尼黑模型"。[2]该模型假定整个劳动力市场被分割为三种子市场形式：一是"非特定子市场"或"任何人的子市场"，这个市场中的劳动力尽管也需要一定资质（qualifications），但都属于普通或非特定性质的资质，可以在任何地方使用并轻易替代。二是"技术子市场"，当工人拥有技术资质并可以凭其在企业之间轻易跳槽的时候，它便发展起来。只有当本地区存在足够多的企业需要这些特殊资质的时候，人们才会为这些资质进行人力资本投资。三是"特定企业子市场"，当某些特定的企业需要特定资质的劳动力填补职位空缺，并且无法由此跳槽去其他企业的时候，它便发展起来。由于替换掉这些工人会支付极高的成本，因此企业基本上只能持续

---

① G. Becker, *Human Capital: A Theoretical and Empirical Analysis*, *with Special Reference to Education*, New York: Columbia University Press, 1964.

② B. Lutz and W. Sengenberger, *Arbeitsmarktstrukturen und öffentliche Arbeitsmarktpolitik*, Göttingen: Verlag O.Schwartz, 1974.

地雇佣这些工人，因此对这些资质进行人力资本投资是很划算的（尽管数额不菲）。为了稳定人力资本投资获得的回报，劳动力市场必须是制度化的，也就是进入、退出与回报都必须被管制。慕尼黑学派据此推断，资质是决定三个子市场分割的主要因素。获取资质即对人力资本进行投资的条件包含供给与需求两方面：前者包括预期私人回报时间的长短以及私人回报随时间的变异性；后者包括投资人对人力资本需要的持续性以及投资人成本与收益之间的关系。子市场的稳定性由其投资人对人力资本投资回报的重要性得出。从总体上看，慕尼黑模型是人力资本理论在劳动力市场分割领域的一个拓展，对这两种不同的理论进行了较为成功的对接，但是它假定人力资本的获取是无限制的，并且把单一的货币收益作为衡量指标，忽视工作稳定性与劳动力市场的不完全传导性，导致这一模型同样也饱受诟病。

皮奥里进一步考察了劳动力流动性与社会分层之间的关系，把侧重点放在经济的宏观运行与劳动力市场个体行为的关系上，也提出了一个三部分的分割模型。① 在原有二元模型的基础上，把一级市场细分为"上层"与"下层"，再加上一个"包罗所有"的二级市场。这三个市场隔断中的工作特征分别与中产阶级、工薪阶级与下层阶级的亚文化相联系，这一划分与社会学家的观点十分近似，因此他干脆将其称作"社会学的"分野。这些亚文化主要从两个方面区分开来：其一是"流动性链条"的类型，或者个人职业生涯中期望经过的一系列工作；其二是与这个链条相伴随的主观学习过程，以及学习在形式上具有的特定性或通用性的程度大小，或是否为干好某项工作所需要自动获得的特性，这一学习过程与所用技术直接相关。一个企业的"核心技术"指何种工作可以被并入一级市场的流动性链条以及何种工作被剥离到二级市场。另外，也存在一种补充的或外围的技术，可以引致二级市场以及一级市场上层

---

① M. Piore, "Notes for a Theory of Labor Market Stratification" in *Labour Market Segmentation*, R. Edwards et al. (eds.), Lexington (Mass.) / Toronto / London：Heath, 1975, pp.125-150.

的工作，这些技术通过关键的制造业与服务业部门与再其次的、更外围的服务功能在整体经济的结构中反映出来。他认为，导致隔断之间流动的除了受教育程度、工人的出身与家庭背景之外，需求的因素也不可忽视。一方面，在特定受教育水平的劳动力供给遇到瓶颈时，就会导致核心部门生产的机械化与标准化加强，工作就会沿着流动性链条下降；另一方面，技术对流动性链条的作用决定于对企业某种产品需求的相对标准化、稳定性以及必然性，如果标准化程度越高、需求越稳定、不确定性越低，企业就越会将工作层级下移。皮奥里的这一结论复活了一个老生常谈的命题，企业能够通过在总体上操控其总体环境特别是劳动力市场。但是对于企业有没有足够的独立性去开发控制自身市场环境的策略，甚至他们能否察觉到自身有这种能力，都是存在争议的。

在试图对基于各个劳动力市场分割理论所强调的来自经济的、组织的以及文化的特征进行整合的基础之上，莫克进一步把二级市场进行划分，提出了一个四部分的分割模型。① 图 2.1 中纵轴代表了工作以及个人对应于奖励（或惩罚）、工作条件、责任、独立性以及保障性，可

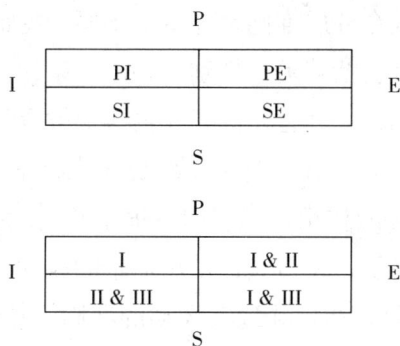

	P	
I	PI	PE	E
	SI	SE	
	S	

	P	
I	I	I & II	E
	II & III	I & III	
	S	

图 2.1　莫克的两象限劳动力市场分割示意图

资料来源：R. Loveridge and A. Mok, *Theories of Labour Market Segmentation: A critique*, London: Martinus Nijhoff Social Science Division, 1979, p.128.

---

① 　R. Loveridge and A. Mok, *Theories of Labour Market Segmentation: A critique*, London: Martinus Nijhoff Social Science Division, 1979, pp.123-129.

以称作劳动力市场的"劳资关系"或社会轴向。横轴则代表了工作以及人对应于任务、所要求的技术（培训）以及它们所处阶层的位置，可以称作劳动力市场的"科层"或技术轴向。当然，莫克强调不止像图中的方格一样存在四个隔断，在每个隔断内部还存在许多小隔断；隔断之间的障碍也并非那么严格，而是多多少少带有些许的单向渗透性。处于 P（"一级市场"的第一个字母）一极的工作具有相对较高的薪资和附加收益，良好的工作环境，工作安全程度较高，亦有高度的责任与独立性，处于 S（"二级市场"的第一个字母）一极的工作与之恰好相反；处于 I（"内部市场"的第一个字母）一极的工作具有特定的任务指向性，需要较高的技能和工作中的培训，也有晋升的好机会，处于 E（"外部市场"的第一个字母）一极的工作与之恰好相反。从需求方面来看，第一幅图中四极相邻之间的两两搭配，根据科层准则（任务与技能、控制、回报）形成了 PI、PE、SI、SE 四个隔断。工人队伍中的"稳定雇员"的核心部分处于 PI 隔断，而"外围雇员"则大多集中于 SE 隔断，PE、SI 两个隔断的工作既带有"好工作"的某些特性，又带有"差工作"的某些特性，属于二者之间的交叉部分。从供给方面看，第二幅图中的四个隔断根据社会分层准则，亦带有不同的特征，这些特征可分为三类：随意性特征（包括年龄、性别、种族、宗教、居住地以及社会文化背景，以"I"表示）、可达成特征（包括受教育程度、经验、职业身份与是否加入工会，以"II"表示）与制度化特征（是否有工作中心、就业代理及职业指导的作用，以"III"表示）。莫克认为，这个分割的系统是一个动态的系统，来自其他市场需求的波动、技术推广与应用以及整体的政治经济形势都是导致其运动的原因。位于 PI 隔断的工作数量将不断减少，或是在工会的压力下仅能保持持平，而位于其他隔断的工作数量将上升，既是绝对地上升，也是相对地上升。客观地讲，这个模型使得动机因素与技术因素在工作创造过程的组织背景下结合起来，也对工人流动性使得跨越市场隔断之间的工作"稀释"产生的"棘轮效应"进行了现实的评价，是劳动力市场分割理论中最贴近实际的一个模型。

五、简短的评论

二元劳动力市场理论是现代劳动经济学领域的一次重要革命。在方法论上，它独树一帜地从集体主义—结构主义视角出发，从根本上否定了新古典经济学在劳动力市场中的供求均衡分析范式，更加注重市场运行的整体性、结构性以及内部各要素之间的相互影响和作用，并把不同层次的劳动力区分开来，赋予其不同的目标与行为方式，更加真实地反映了 20 世纪 70 年代以后资本主义国家劳动力市场的真实状况。在分析劳动力市场分割形成的因素时，它也摒弃了主流经济学过度依赖供给和需求其中某一方的偏颇，使来自供给和需求方面的因素有机地结合起来。比主流经济学更进一步之处在于，二元劳动力市场理论融入了制度、行为以及其他各方面的政治经济乃至文化方面的因素，并且把这些因素置于主要地位，全面而系统地考察某个市场现象。更难能可贵的是，在二元劳动力市场理论的个别动态模型当中，一些学者演进式地分析了分割发展的历史趋势，客观上指出了劳动者一方在其中的被动地位以及技术进步造成这一结果的发展过程，在这方面甚至已经与马克思主义的产业后备军理论十分接近。从另一方面来讲，二元劳动力市场理论科学的一面仍不能过分夸大。这一理论尽管是以对主流经济学批判、挑战的姿态出现的，但它的研究方法从本质上讲仍无法彻底摆脱现象描述的窠臼，仅仅是各派理论的一个综合或折中；其研究对象仍然被局限在狭隘的范围内，没有也不可能揭示出劳动力市场分割产生的真正历史根源；从这一理论出发的一系列劳动力市场政策措施，也只能是头痛医头、脚痛医脚，无法根除资本主义条件下周期性失业和结构性失业的痼疾。

第四节　当代西方经济学各流派的劳动力市场分割理论

随着劳动力市场分割理论的提出和二元劳动力市场理论的异军突

起，这一领域自然引起了当代西方经济学各个流派的关注，它们在各自所坚持的基本假定基础上，运用不同的分析范式，对劳动力市场分割所产生的原因给予了不同解释。在这一领域内比较有代表性的理论分别是新古典经济学提出的职位竞争理论、新凯恩斯主义经济学提出的效率工资理论与"内部人—外部人"理论、新制度经济学的交易成本理论以及新剑桥经济学的 Tarling—Carig 模型。

一、新古典经济学的职位竞争理论

由瑟罗（L. Thurow）和卢卡斯（R. Lucas）提出的职位竞争理论[1]假定在劳动力供给方，存在等候就业的队伍，根据工人的预期生产力，他们各自被标上一个由数字表示的"偏好次序"，首先被偏好的工人在队伍里被首先选出来授予内部劳动力市场的"好工作"，而工人的人力资本存量在决定工作结构时不产生直接影响，工作的数量与类型只被技术条件所决定。"偏好次序"同时建立在信息不完全和不确定性基础之上，雇主在雇佣工人时并不能准确地知道职位申请者将来的表现会怎样，并且工人的专门技能是在工作中学会的（干中学），人力资本在决定是否雇佣的时候更像是发挥一个显示器的作用，比方说工人的灵活性、可训练性、可靠性、动机以及其他一些特征的近似表现。换句话讲，多数情况下雇主只对降低劳动力成本感兴趣，工资结构作为外生变量存在，人力资本的数量只决定一个人在等候就业的队伍中所处的位置，与其生产力以及收入只有微弱的联系。[2] 相对于工资竞争模型中的人们寻找工作，在职位竞争模型中，则是工作寻找人，并且是"合适的"人。[3] 在需求方，工资则或多或少带有刚性，在很大程度上被内部

---

[1] L. Thurow, and R. Lucas, *The American Distribution of Income: A Structural Problem*, U.S Government Printing Office, Washington, 1972.

[2] K. Mayhew, and B. Rosewell, "Labour Market Segmentation in Britain", in *Oxford Bulletin of Economics and Statistics*, Vol.41, No.2, 1979, pp.81-115.

[3] L. Thurow, "Education and Economic Equality", in *The Public Interest*, Vol.27, No.28, 1972, pp.66-81.

劳动力市场的习惯和管理规则、技术状况、工会力量以及培训费在雇主和雇员之间的分配等所决定。通常情况下，工人的工资收入取决于他在劳动力阶梯中的位置，处在阶梯上端的工人更有机会获得好的职位，从而收入较高；而处在阶梯末端的工人则只能得到较差的职位，其收入也就相对较低。工人在劳动力阶梯中的位置由他们的预期培训成本决定，预期成本高的工人则置于阶梯末端。所以，对于更加带有计量经济学导向的新古典经济学边际分析范式，职位竞争理论中竞争的因素是微不足道的，尤其是在内部劳动力市场中。总体上看，被偏好的工人能够跨越内部劳动力市场的分割界限基本上都能够找到自己一生的事业，而不是找到某个职位。内部劳动力市场的薪酬则被认为主要受到大量的后学校教育（比如培训）在整个组织范围内所引发的垂直流动性（比如升职）影响。相应地，学校教育没有了人力资本理论中的那种提高生产的作用，它只是一种"信号"，起着"过滤器"的作用。那些受过较多教育的人被认为培训潜力较大，预期培训成本较少，因而能占据劳动力阶梯的上端，而那些受教育较少的人则被认为相反。随着好职位变得越来越少，试图挤上好职位的竞争就会越来越激烈，同样的职位对应聘者所受教育年限的要求也越来越高。于是学校教育不断膨胀，但这并不会使某一职业的工资下降，也不会使职位工资提高，唯一的后果是使受教育较多者只能从事那些以前只需用受少量教育就能胜任的工作。不过，这并不会降低人们对教育的需求，结果导致文凭主义盛行和过度教育。总之，职位竞争模型强调公司内部的培训和竞争机制。如果说工资竞争模式把劳动力市场看作是工作技能的供需双方相互匹配的市场，那么工作竞争模式则把劳动力市场看作是被培训人员和培训机会双方相互匹配的市场。①

---

① 赖德胜：《分割的劳动力市场理论评述》，《经济学动态》1996 年第 11 期，第 65—66 页。

二、新凯恩斯主义经济学的效率工资理论与"内部人—外部人"理论

效率工资理论的本质特征是，工资不是简单地通过计量劳动的边际成本来配置劳动力资源。耶伦（J. Yellen）提出，支付效率工资既有成本，也有收益。收益主要包括两个方面：一是通过支付较高的工资可以提高工人的努力程度和劳动生产率；二是支付较高工资能减少离职率，增加企业雇佣新员工的能力。[1] 夏皮罗（C. Shapiro）和斯蒂格利茨（J. Stiglitz）提出的"怠工模型"是效率工资理论中最有代表性的模型，其基本思想是，在绝大多数工作中，工人在其工作业绩完成好坏上都有一定的自由。劳动合同不可能准确规定员工绩效的所有方面。由于监督成本太高或者不准确，再加上现代生产一般是团队生产，决定了劳动产品不可能单独计量，在这种情况下，企业支付高于市场出清水平的工资就是一种激励工人努力工作而不是偷懒的有效手段。[2] 布洛（J. Bulow）和萨默斯（L. Summers）在此基础上提出了一个二元劳动力市场模型。该模型区分了一级和二级劳动力市场，假定二级市场的劳动能完美监督，而一级市场则不能，根据效率工资理论，一级市场的工人获得高于市场出清水平的效率工资，而二级市场工人则只能获得边际生产率工资。因此在均衡状态下，即使所有的工人都是同质的，一级市场的工资也要超过二级市场。二级市场的工人即使要求更低的工资，也不可能在一级市场获得一份工作。均衡状态下劳动力市场会形成分割，具有同样人力资本的工人由于工作本身特征的差异既工作能否被完美监督而获得不同水平的工资。[3] 也有学者指出，分割的两个基本原因是：一是产品需求

[1] J. Yellen, "Efficiency Wage Models of Unemployment", in *The American Economic Review*, Vol.74, No.2, 1984, pp.200-205.

[2] C. Shapiro and J. Stiglitz, "Equilibrium Unemployment as a Worker Discipline Device", in *The American Economic Review*, Vol.74, No.3, 1984, pp.433-444.

[3] J. Bulow and L. Summers, "A Theory of Dual Labor Markets with Application to Industrial Policy, Discrimination, and Keynesian Unemployment", in *Journal of Labor Economics*, Vol.4, No.3, 1986, pp.376-414.

稳定状况；二是在同一企业工作的员工是否形成了合作信任关系。第一个原因在很多研究中得到了重视，但效率工资模型没有考虑产品需求状况。合作信任的形成也是劳动力市场分割的一个重要原因。企业内部员工的合作使得生产率提高，提高的收益能使企业提供高的工作保障，而高的职业保障又促使合作。由于同一社会群体成员合作更富有生产率，因此不同类别的工人面临不同的劳动力需求，工资差异由此产生。①

　　"内部人—外部人"模型的前提之一，是使已经在企业就业的工人成为"内部人"，把劳动力市场上的失业者称为"外部人"，内部人在工资决定上有着重要的讨价还价能力，因此对企业来说，替换已经就业的内部人和雇佣外部人就业要花费昂贵的替代成本；前提之二是工会代表已经就业的内部人与雇主进行谈判和签订劳动合同时，是不考虑外部人利益的，工会只代表内部人的要求。林德贝克（A. Lindbeck）和斯诺尔（D. Snower）指出，在这两个前提下，企业要雇佣外部人来替代内部人起码存在三个方面的成本：一是企业解除合同需要支付给内部人补偿工资，在外部人当中寻找合适的替代者需要支付搜寻成本和考核成本，由于内部人在"干中学"中已经积累了一定的专业技能和知识，因此企业要使外部人和内部人一样有效率还必须支付大量的培训成本；二是企业解雇内部人和雇佣外部人的决策会引起内部人的强烈不满，内部人之间会团结起来采取一些联合行动降低外部人的劳动效率，最终迫使企业对外部人支付的工资远远低于内部人的工资和福利水平，这不仅会损害外部人的利益，而且会导致内外部人群两种不同的劳动效率；三是由于企业会形成对内部人可能产生敌视态度及其后果的预期，因此他们如果想提高效率和降低成本而需雇佣外部人时，就不得不对外部人提出不同于内部人的工资。② 总之，由于内部人利用已经就业的优势，与外部人不

---

① J. Kazuhiro, "Security, and Wages Models Wages of in a Dual Labor Market and Equilibrium", in *Journal of Social-Economics*, Vol.26, No.1, 1997, pp.39-57.

② A. Lindbeck and D. Snower, "Wage Setting, Unemployment, and Insider-Outsider Relations", in *The American Economic Review*, Vol.76, No.2, 1986, pp.235-239.

是处于同等的竞争地位，因此他们就可以与企业讨价还价，然后使那些愿意接受比起内部人工资水平更低的外部人不能被企业所雇佣。麦克唐纳（I. McDonald）和索洛（R. Solow）提出的模型则进一步分析了内部人的工资行为与工资决定。[①]

三、新制度经济学的交易成本理论

新制度经济学把制度与劳动、土地、资本一起视为影响生产与交易成本的稀缺资源，从而研究制度与人们利益之间的关系，该学派认为劳动力市场要比大多数其他市场更多地受到制度因素的支配。新制度经济学的劳动力市场学说继承了以往制度主义的传统，并在20世纪90年代获得了迅速的发展。它把旧制度学派的有限理性和新古典学派的竞争效率最大化的方法融合起来，以解释劳动力市场的制度性特征，例如内部劳动力市场的存在和自由雇佣政策等。相对于新古典经济学强化竞争在劳动力市场上的作用，认为工资和劳动力资源配置主要是由市场性因素所决定的，制度经济学持的观点与之恰好对立。新制度经济学认为，许多制度性因素如内部劳动力市场和工会等，和社会性因素如社会地位、歧视等，都会分割劳动力市场，从而形成非竞争性群体，阻止了劳动力在要素市场间的平等自由转移。因此，市场对于工资和劳动力资源的配置并不像新古典学派所认为的那样有效率，由此，他们强调了劳动力市场的不完全竞争性。内部劳动力市场，指的是存在于企业内部的劳动力市场，它实际上也就是企业内部的各种劳动合约与就业安排的制度总和。内部劳动力市场与外部劳动力市场不同的是，它本身属于一种管理单位，它是基于管理程序而不是市场调节进行运作，因而其稳定性也就是刚性是其重要的特征，诸如管理规则与惯例的刚性、雇佣关系的稳定性、工资的制定以及内部的人事安排或晋升方面的原则。交易成本理论为内部劳动力市场提供了一个整体的理论基础。经济制度，包括企

---

① I. McDonald and R. Solow，"Wage bargaining and employment"，in *The American Economic Review*，Vol.71，No.5，1981，pp.896-908.

业，被视为使交易成本最为经济的机制。新古典经济学强调，离开竞争，效率则无从谈起，而内部劳动力市场则在很大程度上将劳动者的就业安排与外部市场的竞争隔离开来。一方面，内部劳动力市场对员工就业、晋升等一系列保障确定了员工的总体待遇，并避免了劳动者在外部劳动力市场付出过多成本；另一方面，稳定的就业关系也将有助于雇主减低其因劳动者频繁流动而发生的转换成本，以及相关的招聘、挑选、培训成本等等，这只会使雇主受益。[①] 威廉姆森（O. Williamson）运用交易费用这一概念研究了不同类型的劳动力市场，认为工人掌握的企业专用性人力资本的高低和与之相联系的工作任务的可分离性之间的相互组合决定了有效的工作组织和治理结构的四种类型：高人力资本专用性与工作任务的不可分离性造就"亲密型团队"；高人力资本专用性与工作任务的可分离性造就"互担责任的市场"；低人力资本专用性与工作任务的不可分离性造就"初级团队"；而低人力资本专用性与工作任务的可分离性则容易造就"现成的内部劳动力市场"。因此，劳动力市场分割完全是由人力资本专用性过低以及工作的性质决定的。[②] 格雷姆肖（D. Grimshaw）和鲁伯里（J. Rubery）在威廉姆森的基础上，从治理结构的角度用雇员的技能专用性高低和谈判能力高低的四种组合对劳动力市场进行分类，结果表明雇员谈判能力的高低是形成劳动力市场分割的一个重要原因。只有在雇员低技能专用性与低谈判能力并存的条件下，劳动力才可以在工人与雇主双方均无损失的情况下流动，而剩余其他三种组合形式都存在其中一方或是双方采取机会主义（辞职或解雇）的可能性，引发内部劳动力市场的情形出现。[③]

[①] 香伶、张炳申：《新制度经济学对劳动力市场理论的影响》，《财贸经济》2006 年第 1 期，第 83—84 页。

[②] O. Williamson, *The Economic Institutions of Capitalism*, New York：The New York Press, 1985, pp.206-240.

[③] D. Grimshaw and J. Rubery, "Integrating the Internal and External Labour Markets", in *Cambridge Journal of Economics*, Vol.22, No.2, 1998, pp.199-220.

四、新剑桥经济学的社会经济因素决定论

新剑桥学派自 20 世纪 80 年代起就开始对劳动力市场分割进行研究，这些研究多是对新古典经济学市场出清的假定进行修正，将二元工业结构间的统治——隶属关系作为劳动力的需求条件，将社会经济现象对人的塑造作为劳动力的供给条件，从供需互动的角度进行切入。比起新古典经济学与新凯恩斯经济学过于狭隘的视角，新剑桥经济学更加强调社会经济因素在劳动力市场分割形成过程中的作用。

塔林（R. Taring）认为，新古典经济学个体竞争市场的假定存在缺陷，现实中的竞争是基于集体行动而非个体行动。如图 2.2 所示，劳动力市场分割可以由人口或制度因素所致的劳动力变化引起，或是包含这些劳动力的组织的扩展引起。其中，人口的变化由年龄或性别构成所引起，但最重要的因素是迁徙模式的改变；制度因素则包括立法或义务教育年限的变更，退休年龄以及领取社会保障的资格，就业立法以及迁徙政策等等；劳动力组织又在凭借着政治权利，影响着上述制度性变化，它根植于社会组织以及整个社会再生产过程之中。连接产品市场（需求）、产业结构以及劳动力供给的则是雇主与工人的一系列"行为动机"因素。雇主的行为除了受到利润最大化的约束之外，还包括控制劳动过程的策略；工人的行为不应做出个体化的假定，而是应该在基体层面上，在社会与工人组织的基础上设定。[1] 按照塔林的理论，劳动力市场分割可以由单位劳动成本的固定性大小衡量，并且这是一个单一的、具有连续性的尺度。总体上看，劳动力市场分割的研究应该在以下四个层面展开：一是能够解释个体和集体行动的行为基础，由此可以决定策略的选择；二是个体与集体行动需要借助的手段与机制（即策略以及它们如何发挥作用）；三是这些手段与机制的创新与修正，作为对外生扰动因素或对于其他方行动的响应；四是对于什么是外生扰动的定义，因而

---

[1]　R. Taring, "The Relationship Between Employment and Output: Where does Segmentation Theory Lead Us?", in *The Dynamics of Labour Market Segmentation*, F. Wilkinson (eds.), London: Academic Press, 1981, pp.281-289.

界定了整个模型的外延。

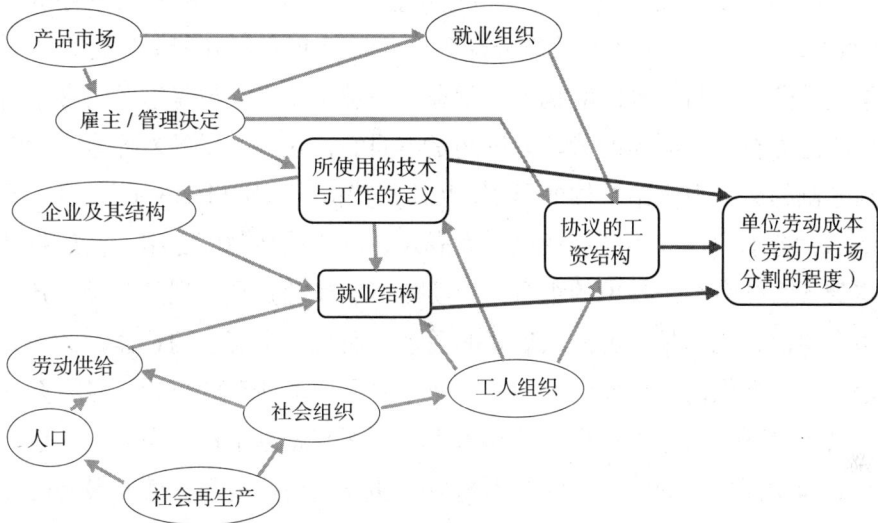

图 2.2 塔林模型中的单位劳动成本决定示意图

资料来源：R. Taring, "The Relationship Between Employment and Output：Where does Segmentation Theory Lead Us?", in *The Dynamics of Labour Market Segmentation*, F. Wilkinson (eds.), London：Academic Press, 1981, p.287。

克雷格（C. Craig）等人对 20 世纪 80 年代英国劳动力市场结构的调查表明，处于次级劳动力市场上的低收入工人，其平均技能并不比主要劳动力市场上的工人低。大量工人只能从事低工资工作的原因在于平等发展的工业结构下高工资工作的缺乏。通常使用传统机器设备的次级部门大多承担一级部门分包下来的任务，它们创造的利润由主要部门来掌控。在此基础上，进入劳动力市场的工人首先面临着分割的工作结构，劳动力在这一结构中的分配依赖于教育、性别、年龄、社会网络等的作用。劳动力供给的结构决定了哪些工人可以在一级部门工作，哪些工人只能在次级部门工作。[①] 对于这个结构是如何被决定的，克雷格等人认为是劳动力市场运行的经济、社会和政治因素综合作用的结果。在

---

① C. Craig et al., *Labor Market Structure, Idustrial Organization, and Low Pay*, Cambridge：Cambridge University Press, 1982.

资本主义制度中，由于工人缺乏生产工具，必须依靠出卖劳动力而生存，相对于资本处于天然的弱势地位。因此，获取市场外的生存资源（例如，从家庭中或者从政府分配到的生活资料）和开展集体行动，对于提升劳动力与资本的对抗力量就有着关键的意义。但是这种与资本对抗的能力在不同群体的劳动力中间是不同的，这种力量的差异直接影响到分割的劳动力供给结构的形成。[1] 弗利特伍德（S. Fleetwood）进一步提出，劳动力市场不应被仅仅视为嵌入广泛的社会制度之中，而应将其本身视为社会经济现象的组合。劳动力市场和社会经济现象不是分开的两个单位，也不是前者嵌入后者的关系，而是一个统一的整体。劳动力市场并不是供需交换发生的场所，而是协调劳动活动的机制，是一系列社会经济现象的作用过程，劳动力市场的参与者基于这些现象，从事与就业和雇佣相关的活动，同时不断再生和改变这些现象。就业最终的形成经历了多因素组合的链条甚至网络。[2]

五、简短的评论

面对二元劳动力市场理论对传统分析范式发起的挑战，当代西方经济学各个流派在这一问题上做出了大量的研究，其中不乏一些有开创、启发意义的理论问世。相较而言，各个学派提出的理论或模型各有所长。新古典经济学完全竞争市场的假说受到了强有力的冲击，这就迫使他们做出一个"完美的"回应，说明在个体追求最优化的市场框架内，为何会形成劳动力市场分割，而且这种分割与市场出清的逻辑并不违背。他们在理论上一个根本立足点在于，工资差异总体上衡量了劳动力质量的差异。对完全竞争的偏离源于市场内因素（劳动力的卖方垄断或者资本的买方垄断）和市场外因素（歧视以及工会组织等造成的非竞

---

① Craig C. et al., "Economic, Social and Political Factors in the Operation of the Labor Market", in *New Approaches to Economic Life*, B. Roberts et al. (eds.), Manchester: Manchester University Press, 1985.

② S. Fleetwood, "Sketching a Socio-economic Model of Labour Markets". in *Cambridge Journal of Economics*, Vol.35, No.1, 2011, pp.15-38.

争性群体的存在）的共同作用。其理论拓展主要集中于，在个人主义方法论的基础上，加入了大量对结构因素的分析。[①]新凯恩斯经济学则从其坚持的工资非灵活性调整出发，认为内部劳动力市场是对就业关系中外部性的有效解决，它能够鼓励在职培训，创造企业专用性的人力资本，带来工人与企业双边的垄断，节约交易成本。新制度经济学则抓住了制度这一导致劳动力市场分割的非市场因素，通过对交易费用的考察以及人力资本的专用性、治理结构等方面，以较为独特的视角剖析了分割产生的根源和途径，为主流经济学做出了必要补充。新剑桥学派极为辩证的一点在于，劳动力市场分割的出现，既由当代资本主义生产的特点所决定，又由社会经济因素导致的大量低收入工人的存在决定，在方法论中暗示劳动力市场分割并非市场不完全的一种表现，而是劳动力市场天然的状态，其发展出来的社会经济网络模型，大大丰富了已有的研究方法，并提供了多元化的政策途径。但是，无论这些理论从哪里切入，它们的分析都局限在特定的生产方式以及社会制度范围内，仅仅以一种或某种特定的因素去寻求劳动力市场分割主观方面或客观方面的解释，只能是以一种不平等解释另外一种不平等，没有也不可能涉及资本主义经济体在形成与发展的过程中如何去创造出这些不平等，这种方法论上的形而上学是所有当代西方经济学流派劳动力市场理论的根本弊病。对深层次阶级矛盾的分析统统被它们忽略或刻意掩盖了，因此也就不可能真正找到劳动力市场分割的根源。

第五节　中国劳动力市场分割的研究进展

学界对中国劳动力市场分割的研究，最早始于 20 世纪 90 年代初，起先的研究并不是直接涉及这一问题，而更多是从转轨时期城乡二元体

---

① B. Fine, *Labor Market Theory: A Constructive Reassessment*, London and New York: Routledge, 1998, p.22.

制的变化对劳动力市场产生的影响入手，探讨劳动力的迁徙、不同劳动
力群体之间的收入差距等边缘问题，研究者的学科背景也较为广泛。在
进入 21 世纪之后，随着二元劳动力市场理论的日臻完善并被国内广大
学者所接受，学界逐渐开始使用"劳动力市场分割"这一概念并系统地
研究这一问题，研究者也更多地集中于经济学科，也更多地使用现代经
济学的研究方法，既在诸多方面取得了广泛的共识，也不乏争论和分
歧。此外，在此期间一些国外学者也对这一领域颇有建树，他们的研究
视角往往更为独特，成果也颇具借鉴意义。大体来看，学者们对中国劳
动力市场分割的研究，可以划分为方法论、形成原因、表现形式及其发
展演变和实证研究四个方面，前期的研究主要集中于形成原因、表现形
式及其发展演变两方面，后期则以实证研究为主，辅之以其他方面的
研究。

一、关于研究方法

在方法论上，国内外学者们都进行了一定程度上有益的探索，多
数认为新古典主义经济学的劳动力市场理论的若干基本命题不能直接
应用于中国劳动力市场的研究，并且二元劳动力市场理论构架比较宽
泛，也不能笼统地用于概括中国劳动力市场分割的特征，应当探索出更
适应中国国情的研究方法。范辛迪（C. Fan）将当代劳动力市场分割的
研究方法归为新古典主义、行为主义与结构主义三类，认为在研究社会
主义国家或转轨国家（如俄罗斯与中国）的劳动力市场时，更应当以研
究国家的基本制度或体制的性质和表现形式为出发点，因此，着重从供
给方面进行分析的新古典主义和行为主义范式并不适用，而结构主义从
需求方面入手分析，更加强调制度因素对经济活动的影响，对于研究中
国劳动力市场分割是一种比较恰当的方法。[①] 聂盛认为，中国劳动力市

---

① C. Fan, "The Elite, the Natives, and the Outsiders: Migration and Labor Market
 Segmentation in Urban China", in *Annals of the Association of American Geographers*,
 Vol.92, No.1, 2002, pp.103-124.

场的分割具有与西方国家明显不同的特点，它是在国家由计划体制向市场机制转变的过程中产生的，更应该结合我国的体制背景认识改革开放以来的劳动力市场分割。① 晋利珍指出，在考察中国劳动力市场分割时，新古典经济学中关于劳动力市场完全竞争的假设以及劳动力同质性假设必须逐渐放松，应当以劳动力市场的非完全竞争性与劳动力异质性为假设前提。在方法上要综合运用马克思主义经济理论、新古典经济理论与新制度经济学理论，做到实现规范分析与实证分析相结合，综合分析与对比分析相结合。② 韩秀华和陈雪松认为，用以二元结构学派为代表的西方劳动力市场分割理论来解释我国劳动力市场分割的状态显得过于简单，我国的劳动力市场分割处于一种多元状态，城乡之间、城市内部、农村内部都没有统一的劳动力市场。如果简单地按照制度框架，以体制为基础进行划分，容易忽略劳动力异质性的作用，因此必须将两方面结合起来分析。③ 类似地，苏永照提出，我国劳动力市场分割是经济体制变革的产物，因而必须要从制度变迁的角度，对我国劳动力市场城乡分割和行政垄断分割的产生和发展进行梳理。在借鉴和发展西方分割理论的同时，要根据中国经济转轨进程中体制和制度发展过程，选择适合的标准分析中国的劳动力市场分割现象。④ 张洪铭将劳动力市场分割理论和新古典人力资本理论相结合，研究了 2008 年金融危机造成的农民工失业和流动，结果发现，国外劳动力市场分割理论支持三个核心假说（劳动力市场可分为少数几个明显不同的子市场、流动障碍造成劳动力市场非出清、不同子市场中的工资决定和劳动力配置机制各不相同）

① 聂盛：《我国经济转型期间的劳动力市场分割：从所有制分割到行业分割》，《当代经济科学》2004 年第 6 期，第 23—28 页。

② 晋利珍：《劳动力市场双重二元分割与工资决定机制研究》，首都经济贸易大学博士学位论文，2008 年，第 10—20 页。

③ 韩秀华、陈雪松：《论我国劳动力市场分割》，《当代经济科学》2008 年第 4 期，第 118—123 页。

④ 苏永照：《我国劳动力市场行政分割研究》，暨南大学博士学位论文，2011 年，第 5—7 页。

在研究中国农民工群体流动的时候并不完全适用，中国劳动力市场由于农民工这样一个特殊群体的存在使得研究者必须重新定位分割的区别和特性。[1]

二、关于分割的形成原因

对于中国劳动力市场分割形成的原因，几乎所有的学者都关注到制度或体制方面的因素，并且有很多学者在此基础上将制度因素进行了进一步的细分，将制度的形成和发展视为一个连续和动态的过程，来考察制度变迁与劳动力市场的互动。

在众多制度因素中，户籍制度成为学者们关注的最主要方面。李强和唐壮在考察 20 世纪末中国城市中的非正规就业的基础上，揭示了以户籍制度为核心的制度因素在劳动力市场分割中的基础性作用。[2] 王德文等人则强调中国政府创设户籍制度，以将城乡劳动力市场分割开来，是一种中国特色的扭曲性发展政策，因而劳动力市场分割是政府主导的发展战略的一个客观结果。另一方面，本地就业形势日益严峻对于地方政府来说，也是不能承受之重。因此，维持城乡分割的户籍制度，是转轨时期一种合乎稳定目标的制度安排。[3] 赵耀辉和刘启明进一步指出，二元化的户籍制度主要目的在于控制农村人口向城市的迁移，原因是 20 世纪 50 年代中国政府采取了重工业优先发展的战略，而资金从农业到重工业的转移是以压低农产品价格实现的。农产品价格的人为扭曲造成了农产品供给和需求之间的不平衡，在粮食短缺的背景下，政府采取对农产品统一收购和定量供应的方法来保障工业和城市对农产品的需求。这套制度，加上后来陆续完善的具有排他性的由国家补贴的城市社

[1] 张洪铭：《劳动力市场分割与农民工流动研究——以重庆市丰都县为例》，重庆大学博士学位论文，2012 年，第 3—6 页。

[2] 李强、唐壮：《城市农民工与城市中的非正规就业》，《社会学研究》2002 年第 6 期，第 13—25 页。

[3] 王德文等：《迁移、失业与城市劳动力市场分割——为什么农村迁移者的失业率很低》，《世界经济文汇》2004 年第 1 期，第 42—44 页。

会保障体系，决定了政府控制粮食和财政负担的捷径便是严格控制城市人口数量。在城市人口数量很少并且区别很清楚的情况下，城市人口又可以对政策施加影响获取更多的补贴，如此形成一个制度循环。[①] 李宝元详细研究了新中国成立以来我国的户籍制度发展演变过程，认为计划经济时期我国形成的户籍管理制度带有历史必然性，但是户籍制度的城乡二元分割长期阻碍了人力资源的流动配置，从而成为了劳动力市场分割的根源。[②]

也有许多学者以更广的视角看待这一问题，并提出分割在中国与外国存有差异。程贯平和马斌认为，中国劳动力市场的制度分割的形成与变迁是由许多制度性因素综合作用的结果，这些因素包括产业政策、户籍制度、所有制结构、社会保障制度、土地政策以及国有企业用工制度等等。而在众多因素中，产业政策、户籍制度、所有制的政策以及社会保障制度则是最主要和直接的。[③] 徐林清强调，中国劳动力市场分割的原因与成熟的市场经济国家有所不同，分割的程度也远大于这些国家。对于成熟的市场经济国家来说，劳动力市场分割与产品市场的特征有关，但在中国，劳动力市场分割产生于以户籍制度为典型代表的一系列制度安排。具体来看，这种分割，既和传统的体制因素有关（部门的自我保护，不同体制的单位之间的就业条件差异等），也和当前中国劳动力市场的特征有关（劳动力供给过剩、大量人力资本积累偏低的劳动力进入市场）。[④] 苏永照把由缺乏效率的制度安排和行政权力行使不善造成的分割——主要是户籍制度造成的城乡分割和行政垄断造成的行政

---

① 赵耀辉、刘启明：《中国城乡迁移的历史研究：1949—1985》，《中国人口科学》1997 年第 2 期，第 26—27 页。

② 李宝元：《户籍制度约束、劳动力市场分割与人力资源配置低效率》，《经济研究参考》2010 年第 62 期，第 33—38 页。

③ 程贯平、马斌：《改革开放以来我国劳动力市场制度性分割的变迁及其成因》，《理论导刊》2003 年第 7 期，第 21—23 页。

④ 徐林清：《中国劳动力市场分割问题研究》，暨南大学博士学位论文，2004 年，第4—7 页。

垄断行业分割称之为"劳动力市场行政分割",并在此基础上提出中国劳动力市场分割与西方国家存在很大区别:在成熟的市场经济国家,政府对劳动力市场的干预较少,劳动力市场分割一般是由劳动力市场机制本身不完善造成的;而我国的劳动力市场不但存在劳动力市场机制本身不完善造成的分割,同时更突出地表现为行政分割。[①]

对于其他制度因素和非制度因素的作用,中外学者们见解也十分广泛。范辛迪在分析中国城市劳动力迁徙和就业时采取了另一种较为独特的视角,认为中国劳动力市场的形成过程在很大程度上受到基于体制方面的"机会结构"的影响。其中,户籍制度、公共服务和工作机会的分布是相互交织的,劳动力市场分割的根源并不完全在于城乡二元的户籍制度,而是更大程度上在于国家体制和政策所造就的"机会结构"的差异。[②]臧小伟把劳动力市场分割与市场化转型结合起来考察,认为劳动力市场分割原因在于国有部门和私有部门在人力资本以及政治资本回报的差异。[③]陆铭对我国二元就业体制的效率进行考察后发现,在我国的工资和就业决定机制中,职工的作用非常有限,而政府的管制对国有企业的工资和就业有着直接的作用,在国有和非国有两部门就业体制下,中国劳动力市场的分割、运行及其对经济效率的影响都具有独特之处。[④]聂盛则认为,当前中国劳动力市场表现出的所有制分割与行业分割都是国家经济转轨时期计划和市场两种力量对峙的结果,劳动力市场分割不同时期的表现形式,是不同资源配置方式相互较量的一种短期均

---

① 苏永照:《我国劳动力市场行政分割研究》,暨南大学博士学位论文,2011 年,第 27—28 页。

② C. Fan, "The Elite, the Natives, and the Outsiders: Migration and Labor Market Segmentation in Urban China", *Annals of the Association of American Geographers*, Vol.92, No.1, 2002, pp.103-124.

③ X. Zang, "Labor Market Segmentation and Income Inequality in Urban China", *The Sociological Quarterly*, Vol.43, No.1, 2002, pp.27-44.

④ 陆铭:《工资和就业议价理论——对中国二元就业体制的效率考察》,上海三联书店 2004 年版,第 175—186 页。

衡。① 肖文韬在吸收现代契约理论和交易费用理论的基础上，提出了缔约视角下劳动力市场城乡二元分割模型，提出了城乡劳动力在面临的制度约束、缔约资格、信息搜寻渠道、就业选择、签约的组织化状况及签约模式、契约类型、签约质量、契约风险及执行机制、对劳动司法监察等外援的倚重程度等方面存在着明显不同，根源在于现实的制度安排对劳动者的就业决策行为的约束。② 奈特（J. Knight）和岳琳达（L. Yueh）则另辟蹊径，考察了社会资本（即"关系"）在中国劳动力市场中的作用，认为社会资本在劳动力市场进行体制转轨的过程中作用尤为重要，"关系"中的两个要素——社交网络与政治身份在职业选取以及工资收入上造成的差距是极为显著的。③ 韩秀华和陈雪松则同时强调了制度因素与非制度因素的作用。在二元结构下，以户籍管理制度为基础的一系列正式制度安排和一系列非正式制度安排构成了劳动力市场分割的制度基础；而受教育程度的差异则构成了劳动力的异质性，使其在纵向层面分属于不同的劳动力市场。④ 晋利珍指出，中国劳动力市场分割形式的变迁是市场性因素、制度性因素以及社会性因素综合作用的结果，根本原因在于市场经济迅速发展与社会和政治领域制度变革滞后之间的矛盾，是劳动力供给和需求变化与传统的社会控制体制相冲突的一种均衡结果。⑤

---

① 聂盛：《我国经济转型期间的劳动力市场分割：从所有制分割到行业分割》，《当代经济科学》2004 年第 6 期，第 28 页。

② 肖文韬：《劳动力市场分割理论综述及缔约视角的思考》，《人口与经济》2006 年第 6 期，第 41—46 页。

③ J. Knight and L. Yueh, "The role of social capital in the labour market in China", in *Economics of Transition*, Vol.16, No.3, 2008, pp.389-414.

④ 韩秀华、陈雪松：《论我国劳动力市场分割》，《当代经济科学》2008 年第 4 期，第 118—123 页。

⑤ 晋利珍：《改革开放以来中国劳动力市场分割的制度变迁研究》，《经济与管理研究》2008 年第 8 期，第 68 页。

三、关于分割的形式及其演变

对中国劳动力市场分割的研究自20世纪90年代初以来，其内容基本集中于对劳动力市场分割状态的考察和描述。由于中国目前处于复杂快速的经济转轨之中，因此在不同的时间对我国劳动力市场分割状态的考察和描述体现出较大的差异，在划分标准的选取上，既存在按照空间分布划分，也存在按照部门划分，更有少部分学者提出按照劳动者群体的特性划分。

辜胜祖、罗卫东等一批学者于20世纪90年代最先展开了关于城乡二元劳动力市场的研究。[①] 戴圆晨和黎汉明、李实则从另外一个角度展开，将二元就业体制用于分析劳动力在国有企业和非国有企业间的配置。[②] 蔡昉等人则将上述分析综合，形成了双二元劳动力市场的观点，形成了对劳动力市场分割形式的最初定论。[③] 进入21世纪之后，学者们更多地融合了西方二元劳动力市场理论，在之前研究成果的基础上对分割的形式进行了细化和深化。杨宜勇提出劳动力市场分割可以从纵向和横向两种系统展开。纵向的劳动力市场分割，指源于劳动者能力及受教育程度的差别而生成的职业或技术等级界限；横向的劳动力市场分割归咎于行政因素或政策因素，囊括了所有制分割、城乡分割、产业分割等情形。[④] 李建民总结出中国劳动力市场的多重分割格局：按照城乡分割可分为城市劳动力市场和农村劳动力市场；按照部门分割可以分为正式部门劳动力市场与非正式部门劳动力市场；按照制度分割又可以分为正

[①] 辜胜祖：《非农化与城镇化研究》，浙江人民出版社1991年版；罗卫东：《反常二元经济结构与我国的就业问题》，《杭州大学学报》（哲学社会科学版）1998年第2期，第84—90页。

[②] 戴园晨、黎汉明：《双重体制下的劳动力流动与工资分配》，《中国社会科学》1991年第5期，第93—108页；李实：《中国经济转轨中劳动力流动模型》，《经济研究》1997年第1期，第23—30页。

[③] 蔡昉等：《户籍制度与劳动力市场保护》，《经济研究》2001年第12期，第42—47页。

[④] 杨宜勇：《劳动力市场的行政分割》，《经济研究参考》2001年第27期，第30—37页。

式劳动力市场与从属劳动力市场，前者仅包括一部分城市正式部门劳动力市场，而后者包括农村劳动力市场、城市非正式部门劳动力市场及一部分城市正式部门劳动力市场。① 徐林清认为，改革开放之后以劳动密集为特征的产业结构和多变的产品市场正在造就一个庞大的城市二级劳动力市场，由大型企业、行政机关和公共部门的管理人员、固定工人和职员所构成的一级劳动力市场与这些部门之外的二级劳动力市场的分化越来越明显，而分化的根本原因在于严重的劳动力市场分割弱化了人力资本积累的激励。② 谭玉丹在横向分割与纵向分割的基础上对其进行了归纳：从生成因素来看，横向分割属于一种制度性分割，而纵向分割属于一种市场性分割；从经济效应上考察，横向分割付出公平代价并造成效率损失，而纵向分割付出公平代价但可以获得一定效率作为补偿。③ 晋利珍研究发现，中国劳动力市场在城乡分割、部门分割、体制分割弱化的同时，在当前以及未来对劳动就业以及经济增长影响最为深刻的将是垄断—竞争格局演变中的劳动力市场行业分割以及在其框架之下的主要市场与次要市场的二元制分割，即劳动力市场的双重二元分割。④ 韩秀华和陈雪松把城乡劳动力市场分割结合起来，在城市劳动力市场中进一步划分出头等劳动力市场与次等劳动力市场，在农村劳动力市场中进一步划分出农业劳动力市场与非农业劳动力市场，认为我国劳动力市场分割的特殊形态在于城乡分割基础之上的各自内部再分割。⑤ 张昭时提出，中国城镇劳动力市场分割的特征是具有嵌套特征的两重"二元性"，

---

① 李建民：《中国劳动力市场多重分隔及其对劳动力供求的影响》，《中国人口科学》2002 年第 2 期，第 1—7 页。

② 徐林清：《中国劳动力市场分割问题研究》，暨南大学博士学位论文，2004 年，第 75—93 页。

③ 谭玉丹：《劳动力市场分割理论及其中国现实问题综述》，《华东经济管理》2008 年第 7 期，第 47—54 页。

④ 晋利珍：《劳动力市场双重二元分割与工资决定机制研究》，首都经济贸易大学博士学位论文，2008 年，第 4 页。

⑤ 韩秀华、陈雪松：《论我国劳动力市场分割》，《当代经济科学》2008 年第 4 期，第 118—123 页。

即同时出现内部—外部劳动力市场二元性现象，以及以户籍为标志的城—乡二元性现象，且城乡分割的形式主要体现于内外部二元中的"二级部分"之中。[①] 阿普尔顿（S. Appleton）等人则根据不同群体的市场竞争开放程度，把劳动力市场按人群划分为非裁撤城市职工、再就业城市职工与农村进城务工者三个隔断。[②] 奈特和宋丽娜（L. Song）在此基础上把中国劳动力市场分割主要归为两种，一种是在经济体制转型过程中城镇企业职工分流和农村剩余劳动力进城形成的劳动者之间的分割；另一种则是沿袭旧的社会体制造成的不同"单位"之间的分割。[③]

对于分割形式的演变，几乎所有学者都承认新中国成立以来劳动力市场分割的动态性特征，并主要按照不同时期的外部制度环境特征，划分为几个不同的阶段。韩秀华和陈雪松以 1978 年为界限，认为 1949—1978 年的中国劳动力市场基本符合"苛刻型双元法"，只是简单的城、乡二元劳动力市场，具有明显的分割界线；而 1978 年之后劳动力市场的二元结构的边缘开始模糊，出现了多元化倾向，但无法以某几种其他的界限来简单概括。[④] 程贯平和马斌进一步将改革开放后至今的劳动力市场分割分为四个阶段，第一阶段约为 1978 年至 1984 年，整个市场分割为城镇正规部门劳动力市场和农村劳动力市场；第二阶段约为 1985 年至 1991 年，整个市场分割为城市不完全竞争劳动力市场、城市完全竞争劳动力市场和农村完全竞争劳动力市场；第三阶段约为 1992 年至 1997 年，分割状态与前一阶段大体相同，但是城市不完全竞争

---

① 张昭时：《中国劳动力市场的城乡分割——形式、程度与影响》，浙江大学博士学位论文，2009 年，第 9—10 页。

② S. Appleton et al., "Contrasting paradigms: segmentation and competitiveness in the formation of the Chinese labour market", in *Journal of Chinese Economic and Business Studies*, Vol.2, No.3, 2004, pp.185-205.

③ J. Knight and L. Song, *Towards a Labour Market in China*, Oxford: Oxford University Press, 2005, p.134.

④ 韩秀华、陈雪松：《论我国劳动力市场分割》，《当代经济科学》2008 年第 4 期，第 118—123 页。

劳动力市场只进不出的特征开始转变；第四阶段约为 1998 年之后，整个市场分割为城市完全竞争的劳动力市场和农村完全竞争的劳动力市场。① 晋利珍着重研究了改革开放以来中国劳动力市场的制度变迁，在此基础上将分割分为三个阶段：1978 年至 1991 年，分割由原先的城乡二元分割形态不断弱化，逐渐演变为体制内与体制外的分割；1992 年至 1997 年，城市劳动力市场逐渐由体制性分割向行业分割演化；1998 年以后则逐渐形成了竞争—垄断行业与主要—次要劳动力市场的双重二元分割。② 聂盛研究发现，自 20 世纪 90 年代中期，中国劳动力市场分割经历了从所有制分割向行业分割的演变过程，并且这一过程也是中国市场化力量不断强大，经济改革不断深化的过程。③ 韩靓在总结了已有文献的基础上，概括出中国劳动力市场分割现象发生的深刻的变化。这些变化主要包括：行业分割日益明显，主要表现为开放行业和垄断行业的分割；城乡分割逐渐弱化，但体制影响还在发挥作用；而区域分割已经成为城市劳动力分割的主导力量。④

四、相关实证研究

在 2000 年之后，与劳动力市场分割相关的实证研究开始大量涌现，这些实证研究，大多以不同群体之间的收入差距作为劳动力市场分割的度量指标，近年来也有部分学者尝试使用工资决定机制的差异、职业地位、流动性等指标进行测度，使用不同的回归模型剥离出各个因素作用的大小。

---

① 程贯平、马斌：《改革开放以来我国劳动力市场制度性分割的变迁及其成因》，《理论导刊》2003 年第 7 期，第 21—22 页。

② 晋利珍：《改革开放以来中国劳动力市场分割的制度变迁研究》，《经济与管理研究》2008 年第 8 期，第 65—67 页。

③ 聂盛：《我国经济转型期间的劳动力市场分割：从所有制分割到行业分割》，《当代经济科学》2004 年第 6 期，第 28 页。

④ 韩靓：《基于劳动力市场分割视角的外来务工人员就业和收入研究》，南开大学博士学位论文，2009 年，第 32—46 页。

　　这其中，多数学者把研究群体拆分为城市劳动力中的常住居民和暂住居民两大类，或将暂住居民继续细分为城市户籍人口和农村户籍人口。孟昕（X. Meng）和张俊森（J. Zhang）使用两次上海市常住居民与流动人口调查数据，证实了城市中常住居民与流动人口在劳动力市场上存在显著的职业分割与工资收入差距，而且职业分割与工资收入差距在很大程度上并不是由两组劳动力之间与生产力相关的因素所决定，暗示了在现行的劳动力市场环境中，城市常住居民是受益一方，而农村流动人口则是受歧视一方。[1]范辛迪基于广州市1998年的家庭调查数据进行回归分析后得出，原住居民、永久性迁入居民与临时性迁入居民形成的居住状态是解释中国城市劳动力市场分割的核心因素，并暗示在人力资本价值、流动渠道、劳动力市场的进入与转换方面，永久性迁入居民是最具有特权的群体，原住居民次之，而临时性迁入居民处于最不利的地位。[2]阿普尔顿等人发现，在由不同群体组成的分割的劳动力市场中，尽管农村进城务工者也收到了相似的教育回报，非裁撤城市职工却享受着工资溢价，再就业职工则完全收不到教育回报，并且与非裁撤城市职工所享受的加薪无缘。[3]杨波在空间维度上对中国大城市的劳动力市场分割进行了实证，通过对城市劳动力和外来劳动力的就业机会、工资收入、工作时间、流动性以及就业稳定性等要素进行对比分析，得出了城市劳动力市场存在着明显的本地（劳动力）—外地（劳动力）分割，并

[1]　X. Meng and J. Zhang, "The Two-Tier Labor Market in Urban China: Occupational Segregation and Wage Differentials between Urban Residents and Rural Migrants in Shanghai". in *Journal of Comparative Economics*, Vol.29, No.3, 2001, pp.485-504.

[2]　C. Fan, "The Elite, the Natives, and the Outsiders: Migration and Labor Market Segmentation in Urban China", in *Annals of the Association of American Geographers*, Vol.92, No.1, 2002, pp.103-124.

[3]　S. Appleton et al., "Contrasting paradigms: segmentation and competitiveness in the formation of the Chinese labour market", in *Journal of Chinese Economic and Business Studies*, Vol.2, No.3, 2004, pp.185-205.

据此认为这一理念比以往研究成果更符合空间分割的实际情况。[①] 韩靓
在劳动力市场分割的视角下对外来务工人员的就业和收入进行了实证研
究，发现与本地市民相比或外来市民相比，农民工在就业岗位获得与工
资决定上均受到歧视，并且农民工工资歧视主要发生在岗位间歧视上，
即主要是由于对农民工进入某些就业岗位的限制引起的工资差异。此
外，与本地市民相比，外来市民在就业岗位获得上受到歧视，在工资
决定上并没有受到歧视。[②] 王静等人基于 2013 年上海松江等 8 个城市
流动人口动态监测数据，采用 RIF 回归及分解方法也得出了类似结论，
工资总体差异主要由工资差异中的不合理部分构成，并且这种趋势在高
分位点处更为明显。[③]

　　也有很多学者通过不同的计量模型来测度不同类别劳动力市场的
分割程度。郭丛斌利用国家统计局城市社会经济调查总队 2000 年在全
国范围内进行的城镇住户调查数据，根据不同职业的收入水平，估算了
其工作特征，并计算其 Mincer 收入函数。研究结果表明，中国存在二
元化的劳动力市场分割，随着地区经济发展水平的提高，劳动力市场分
割程度逐渐减弱。[④] 聂盛利用边际劳动产量与工资的关系估算了中国经
济转型期间的劳动力市场所有制分割与行业分割程度。[⑤] 徐林清对 1978
年至 2001 年间中国劳动力市场行业之间的分割进行了估计，认为受教
育程度（人力资本积累）是导致行业间工资差异的一个原因，但不能解

①　杨波：《我国大城市劳动力市场分割的理论与实践——以上海为例》，华东师范大学
　　博士学位论文，2008 年，第 96—134 页。
②　韩靓：《基于劳动力市场分割视角的外来务工人员就业和收入研究》，南开大学博士
　　学位论文，2009 年，第 32—126 页。
③　王静等：《双重分割视角下城市劳动力市场工资差异比较分析——基于 2013 年八城
　　市流动人口动态监测数据》，《南开经济研究》2016 年第 2 期，第 25—40 页。
④　郭丛斌：《二元制劳动力市场分割理论在中国的验证》，《清华大学教育研究》2004
　　年第 4 期，第 25—29 页。
⑤　聂盛：《我国经济转型期间的劳动力市场分割：从所有制分割到行业分割》，《当代
　　经济科学》2004 年第 6 期，第 23—27 页。

释全部差异，并对劳动力市场分割的就业效应、人力资本积累的制约效应进行了考察。[1] 奈特和李实（S. Li）根据 1995 年和 1999 年中国城市家庭调查数据研究得出，劳动力市场分割主要表现在部门之间的工资收入不平等，而这种不平等又是通过企业的盈利能力与工资之间的某种非竞争性关系（即剔除工人个体特征差异，如利润分享或效率工资）达成的，并且这种非竞争性关系的作用在日益扩大。[2] 贺秋硕系统研究了中国分割的劳动力市场中的工资决定机制，考虑到中国劳动力市场体制性分割的特征，选用 Heckman 两阶段法克服选择性偏差问题，并尝试利用随机边界法（SFA）测度工资决定机制的市场化程度，认为无论是宏观层面还是微观层面上，劳动力市场体制性分割的特征的确存在，被分割的两个劳动力市场中工资决定机制确实存在差异，但正在显著缩小，测度的工资决定机制的市场化程度符合我国改革的路径。[3] 晋利珍也对改革开放 30 年来中国行业工资差距进行了类似的实证考察，并估算了行业工资差距的垄断效应与人力资本效应，印证了劳动力市场行业分割的存在。[4] 迟伟（W. Chi）等人用 1989 年至 2009 年中国城市家庭调查的数据进行实证分析，得出在有利条件和不利条件下进入劳动力市场的两组劳动者在职业地位和收入上的组间差距在不断缩小，其部分原因在于近年来内部劳动力市场力量的减弱。[5]

　　最后，也有很多研究成果围绕造成劳动力市场分割的不同因素展

[1]　徐林清：《中国劳动力市场分割问题研究》，暨南大学博士学位论文，2004 年，第 57—63、75—114 页。

[2]　J. Knight and S. Li, "Wages, Firm Profitability and Labor Market Segmentation in Urban China", in *China Economic Review*, Vol.16, No.3, 2005, pp.205-228.

[3]　贺秋硕：《我国分割的劳动力市场中工资决定机制研究》，厦门大学博士学位论文，2007 年，第 86—128 页。

[4]　晋利珍：《劳动力市场双重二元分割与工资决定机制研究》，首都经济贸易大学博士学位论文，2008 年，第 87—107 页。

[5]　W. Chi et al., "Adjusting to Really Big Changes: The Labor Market in China, 1989-2009". in *NBER Working Paper Series*, No.17721, 2012, pp.2-13.

开，主要包括受教育程度、代际因素与户籍状况等，并有一些成果深入到了分割所造成的经济社会影响。李萌发现在非正规部门内，受教育程度、参加培训等人力资本特征对收入有着非常显著的贡献，职业培训对流动者经济地位获得的重要性甚至不亚于正规教育的作用；而在那些类似的正规部门中的流动者，决定其收入的更大部分来源于社会资本应用和人口学特征变量。① 张洪铭运用 Theil 指数分解法验证了我国劳动力市场地区分割及不同子市场中的工资决定和劳动力配置机制各不相同，发现我国不同地区的劳动力市场存在着不同的工资决定和劳动力配置机制，以受教育程度为代表的人力资本积累是经济发达地区劳动力市场工资决定和劳动力配置机制的决定因素，以性别差异而导致的体力差异所代表的人力资本是经济欠发达地区劳动力市场工资决定和劳动力配置机制的决定因素。② 郭丛斌和丁小浩认为，行业代际效应是探讨劳动力市场分割的重要维度，在引入结构流动率、交换流动率、代际行业流入性指数、继承性指数等指标后，发现行业间的代际效应对于劳动力市场分割作用明显，高收入行业与低收入行业内部流动性较强，高收益行业与低收益行业之间流动性较弱。东部地区的行业代际效应强于中西部地区，在不同层次的教育水平中，高等教育跨行业代际效应最显著。③ 与之类似，陈琳和葛劲峰以代际收入流动性间接对分割进行测度，证实体制内部门工作的父代对子代收入的影响最大，其次为体制外部门，而集体经济部门的父代对子代收入的影响最小。④ 田永坡等人结合我国劳动力市场现状，对劳动力市场分割状态下"统账结合"模式与人力资本投

① 李萌：《劳动力市场分割下乡城流动人口的就业分布与收入的实证分析——以武汉市为例》，《人口研究》2004 年第 6 期，第 70—75 页。
② 张洪铭：《劳动力市场分割与农民工流动研究——以重庆市丰都县为例》，重庆大学博士学位论文，2012 年，第 65—78 页。
③ 郭丛斌、丁小浩：《中国劳动力市场分割中的行业代际效应及教育的作用》，《北大教育经济研究》2005 年第 4 期，第 1—12 页。
④ 陈琳、葛劲峰：《不同所有制部门的代际收入流动性研究——基于劳动力市场分割的视角》，《当代财经》2015 年第 2 期，第 3—11 页。

资的关系进行了分析。结果表明，增加"统账结合"模式中个人账户的比例，将激励个人进行较多的人力资本投资，但劳动力市场分割的存在削弱了这种激励作用。[1] 陈钊等人验证了由于进入障碍造成劳动力在行业间的收入不平等，这些障碍性的非市场因素包括社会关系、父亲的教育和政治面貌，以及城镇户籍等。[2] 张昭时利用 2006 年中国城镇住户调查浙江省数据的聚类分析结果验证了劳动力市场二元分割的存在，并利用转换回归模型分析结果验证了户籍是造成农村迁移劳动力无法进入"一级部分"就业的制度障碍。在考察城乡劳动力市场分隔程度时，通过构造基于 Mincer 方程的城乡分割指数，在转换回归模型样本区分的基础上，计算出各个分割层次的分割指数。结果表明"二级部分"的分割程度高于"一级部分"。同时，在"二级部分"内部，相对"差"行业及所有制的分割程度高于相对"好"行业和所有制。而基于 MNLM 模型计算各个分割层次的就业机会时，进入"一级部分"的户籍差异要高于"二级部分"，同时，在"二级部分"内部，进入"好"行业或所有制的户籍差异要高于"差"行业或所有制。[3] 陈宪对劳动力市场分割对农民工就业的影响进行了比较系统的实证研究，在研究中采用线性比例法无量纲化方法，将劳动力市场分割程度这一虚拟变量转化为定量解释变量，构建出农民工就业模型。研究发现区域分割程度对农民工就业影响可忽略不计，而农民工就业数量与劳动力市场的城乡分割程度、行业分割程度以及单位分割程度成负相关。[4] 田永坡以北京市的调查数据为基础，分析了劳动力市场分割对求职者保留工资的影响，结果发现劳

---

[1] 田永坡等：《城乡劳动力市场分割、社会保障制度与人力资本投资研究》，《山东社会科学》2006 年第 7 期，第 84—88 页。

[2] 陈钊等：《谁进入了高收入行业——关系、户籍与生产力的作用》，《经济研究》2009 年第 10 期，第 121—132 页。

[3] 张昭时：《中国劳动力市场的城乡分割——形式、程度与影响》，浙江大学博士学位论文，2009 年，第 85—102 页。

[4] 陈宪：《劳动力市场分割对农民工就业影响的实证研究》，中南大学博士学位论文，2009 年，第 62—87 页。

动力市场分割是影响保留工资的一个重要因素。[1] 吴愈晓将高等教育文凭导致的分割作为中国劳动力市场分割的边界，指出在高学历劳动力市场和低学历劳动力市场上，影响劳动者经济地位提升的主导因素不同，人力资本只在高学历劳动力市场上起作用。[2] 沈红和张青根研究发现，劳动力市场分割影响着收入的文凭效应的高低，同时，家庭资本为文凭效应带来影响，父母受过高等教育与没有受过高等教育相比，其子女的文凭效应要高，并且劳动力市场分割与家庭资本交互作用下的文凭效应是不同的。[3]

五、简短的评论

纵观国内外近 20 年来的研究成果，可以说对中国劳动力市场分割已经有了一个初步的、比较全面的研究。首先，这些研究普遍认识到了研究中国劳动力市场在方法上、理论上与西方存在差异，注重从现实国情出发，对既有研究方法进行了若干有益的探索和创新，并且在对劳动力市场的运行中更加强调制度、体制方面的作用；其次，在寻求劳动力市场分割产生的根源时，并没有局限于某些制度变量，而是以较为广泛的视角，从政治、经济、文化、社会进行多层次切入，注重不同变量之间的相互关联；再次，在实证技术层面，对分割的程度特别是分割的动态演变趋势进行了有价值的分析研判；最后，这些研究也形成了大量的劳动力市场方面的政策建议，其中不乏一些较为科学、新颖的改革措施。但是，目前这些成果从整体上看，还远未达到令人满意的程度，必须进一步从更深层次、更宽视角和更广领域入手，进行系统性的研究。第一，从方法上来看仍然缺乏创新，现有研究大多沿袭新古典经济学或

---

[1]　田永坡：《劳动力市场分割与保留工资决定》，《人口与经济》2010 年第 5 期，第 1—11 页。

[2]　吴愈晓：《劳动力市场分割、职业流动与城市劳动者经济地位获得的二元路径模式》，《中国社会科学》2011 年第 1 期，第 119—137 页。

[3]　沈红、张青根：《劳动力市场分割与家庭资本交互作用中的文凭效应》，《教育研究》2015 年第 8 期，第 22—32 页。

制度经济学的基本分析范式，仅有极少数学者如孟捷、李怡乐等人采用政治经济学方法进行研究，其研究也仅仅是处于起步阶段。[①] 马克思主义视角在这一领域可以说处于空缺地位，这是该领域研究的一个最大不足之处。第二，国内学者对二元劳动力市场理论理解还比较片面，虽有一定程度的吸收转化，但在研究中还显得比较机械、死板，缺少灵活性、创新性、系统性，至今尚无法形成一个具有代表性的理论体系甚至模型。第三，现有的研究虽然注意到了制度因素的作用，但在分析过程中却显得过于笼统，仅停留在"就制度论制度"的层面，缺乏对制度因素的进一步内生化：既缺乏对资本积累全球化背景下制度产生与演进的研究，也缺乏制度内部之间的有机联系及其与市场作用的相互性的拓展，也没有透视出制度背后的各阶级、阶层力量的利益博弈过程。第四，现有的研究在一定程度上出现了"泛实证化"的倾向，实证研究固然有其独到之处，但是充其量仅能以一种差异解释另一种差异，过度的实证研究无益于进一步发掘问题的本质。这些尚存的问题将是本书努力克服的几个主要方面。

[①] 孟捷、李怡乐：《关于劳动力市场分割动因的三种解释——评述与拓展》，《当代财经》2012 年第 6 期，第 5—15 页；李怡乐：《关于中国劳动力市场分割的政治经济学解读》，《科学·经济·社会》2012 年第 2 期，第 64—68 页。

第三章 中国劳动力市场分割的
形成机制与二重形态

在马克思主义视角下研究中国劳动力市场分割，必须把经典理论同中国的现实国情结合起来。马克思的《资本论》以及积累的社会结构（Social Structure of Accumulation，SSA）理论为资本主义制度下的劳动力市场分割的研究开创了范式。然而，中国的劳动力市场起步晚、发展快，产生于计划时期，在全球化时代逐步成熟，既和世界市场接轨，又在国内市场的调节和控制上独具特色。这一系列政治经济方面的制度特征构成了转型期间特有的社会结构，处于核心位置的劳资关系也就在劳动力市场中表现为不同性质、不同形式的分化或分割。在本章所搭建的"世界—国家—市场—个人"四个层次的基本分析框架下，国家、制度和阶层成为中国劳动力市场形成、发展与演变的三个决定力量，国家通过集权体制选择一段时期内的发展战略，决定了劳动力市场依存的制度体系；制度体系通过对各个行为主体的约束，在劳动力市场形成分割；分割的形成又对劳动者进行不断的分化重组，形成由不同利益群体所构成的阶层，不同阶层又通过制度体系的变迁对分割施加反作用。因此，发展战略选择、制度约束和阶层分化是决定中国劳动力市场分割的三个因素。同时，中国劳动力市场分割具有形态上的二重性：在具有世界资本主义体系下的一般（外生）形态的同时，呈现出具有本国特色的特殊（内生）形态。二重形态相互交织、相互影响，使分割呈现出鲜明的阶段特征。

第一节　国家、制度与阶级：对积累的社会结构
学派劳动力市场结构理论的拓展

一、对劳动力市场四次结构更迭的再思考

资本积累推动着整个资本主义经济的发展。资本主义经济的发展从来都是不平衡的，呈现出几个特有的阶段。许多具有马克思主义传统的经济学家已经提及这一点[1]，但都没有揭示其广泛与复杂。[2] 积累的社会结构学派从资本积累所需要的外部环境为研究起点，认为外部的政治—经济环境会影响单个资本家积累的可能性，没有一个稳定并且有利的外部环境，资本家在生产中的投资将无法持续，这个外部的环境就是SSA。SSA 包括了所有对积累过程起作用的制度，这些制度有的发挥整体性作用，其余的则主要在某个特定的阶段中起作用。[3] 在这些制度中，最重要的制度就是阶级斗争结构。阶级斗争或劳资矛盾是资本主义经济关系的核心，支配着整个资本主义发展的历史趋势。（暂时地）稳定阶级矛盾，是 SSA 的历史使命。[4] 在这组劳资矛盾中，资本在宏观上将越来越多的人口分化出来，卷入工资—劳动的阶层中，补充其劳动力的蓄水池，形成产业后备军；在微观上则是通过不断地改变劳动过程，引入新技术新设备或是逐渐强化劳动管理体系控制工人，完成剥

---

[1]　E. Mandel, *Late Capitalism*. London：New Left Books，1975，pp.474-499.

[2]　D. Gordon et al., *Segmented Work，Divided Workers*. New York：Cambridge University Press，1982，pp.22.

[3]　D. Gordon et al., *Segmented Work，Divided Workers*，New York：Cambridge University Press，1982，p.23.

[4]　M. Wolfson and D. Kotz，"A Reconceptualization of Social Structure of Accumulation Theory"，in *Contemporary Capitalism and Its Crisis：Social Structure of Accumulation Theory for the 21st Century*，T. McDonough et al. (eds.)，New York：Cambridge University Press，2010，p.73.

削。① 因而，劳资矛盾在劳动力市场结构中就天然地表现为资本对劳动的分化和控制。这种分化和控制，是资本主义制度下劳动力市场分割产生的根源。

资本主义发展进程中，劳动力市场经历了四次结构上的更迭，每次更迭都会引起 SSA 乃至整个资本主义宏观经济的重大变革，标志着一个历史阶段的衰退和下一历史阶段的兴起。SSA 理论在发轫初期，学者们提出了自 19 世纪早期出现的三个更迭的阶段，即：初始的无产阶级化、同质化与分割化。② 在初始的无产阶级化阶段，大量的依靠工资为生的劳动者即工人，开始被创造并从人口中分化出来，工资—劳动力成为主导的生产组织形式，但资本家对生产过程的控制还比较简单，采取类似"创业式的、等级的"控制为主。在同质化阶段，越来越多的工作沦为普通的、半技术的操作，逐渐将工人完整的技能摧毁。随着产业革命的深入，资本家逐渐利用技术控制将工人绑定在一个固定的节律上，不再采用直接的监督。在分割化阶段，资本家更近一步地采用"分划与征服"的策略，利用官僚控制把劳动力市场分为一级市场和二级市场两个隔断，"劳动力市场分割"作为一项概念被首次提出也正是基于这一现象。在 21 世纪初，有学者提出在 20 世纪 70 年代出现了劳动力市场结构的第四次更迭，进入了空间化阶段。劳动力市场在空间范围内完成重组，技术专家控制取代官僚控制成为最主要的控制形式。③

一个自然而然的问题由此产生：劳动力市场分割究竟属于这四次结

---

① D. Gordon et al., *Segmented Work*, *Divided Workers*, New York：Cambridge University Press, 1982, pp.19-20.

② D. Gordon et al., *Segmented Work*, *Divided Workers*, New York：Cambridge University Press, 1982, p.2.

③ M. Wallace and D. Brady, "Globalization or Spatialization? The Worldwide Spatial Restructuring of the Labor Process", in *Contemporary Capitalism and Its Crisis：Social Structure of Accumulation Theory for the 21ˢᵗ Century*, T. McDonough et al. (eds.), New York：Cambridge University Press, 2010, p.121.

构更迭中的某一个结构的特性，还是所有四次更迭的共性？抑或是这样表述：劳动力市场分割在历史阶段上究竟仅属于分割化阶段，还是属于所有的四个阶段？SSA 理论没有给出一个明确的回答，或许是因为它所创立的劳动力市场结构理论并非旨在针对同一时期兴起的劳动力市场分割理论进行更深层次的解释。尽管从现象上看，德林格和皮奥里所提出的一级市场和二级市场的划分与 SSA 中所提及的分割化阶段的基本特征大致相同，但不能就此认为劳动力市场分割只属于这一个历史阶段。无产阶级化阶段是工人阶级形成的时期，工资—劳动作为一种全新的契约形式形成了资本主义劳动力市场的最典型特征，把以出卖劳动力为生的工人作为一个阶级在劳动力市场中分割出来。在同质化阶段，工人阶级进一步地被"去技能化"，简单的劳动过程使他们在技术进步的作用下，有相当一部分人沦为产业后备军，在劳动力市场中暂时失去工作，这是更进一步的分割，也是马克思时代劳动力市场分割的典型形态。在最新出现的空间化阶段，资本家以改变企业位置或做出改变企业位置的威胁来消弭工人的抵制，把他们的注意力分散在特定的国家和区域之内①，也是对劳动力市场在空间上的进一步分割。因此，劳动力市场分割存在于这四个历史阶段始终，尽管它们的代表形式各异。

劳动力市场结构的更迭，不仅是分割在形式上的演变，更是分割的深化和细化。在 SSA 的理论框架内，上述历史阶段所代表的各个结构都会经历兴起、巩固以及衰落三个时期，这种更迭不是简单的一对一替代，而是在对其之前的阶段结构继承的前提下，发展出新的结构并逐渐占据主导地位。例如在同质化阶段，无产阶级化仍在进行，同质化是劳动力市场中，在无产阶级化的基础上对工人阶级队伍的再分割，尽管

---

① M. Wallace and D. Brady, "Globalization or Spatialization? The Worldwide Spatial Restructuring of the Labor Process", in *Contemporary Capitalism and Its Crisis*: *Social Structure of Accumulation Theory for the 21ˢᵗ Century*, T. McDonough et al. (eds.), New York: Cambridge University Press, 2010, p.132.

在这一阶段的巩固期，大规模的无产阶级化已经完成，但这种新的分割形式仍然蕴含着前一阶段分割形式的基本特征。再例如分割化阶段中普遍采用的科层制的治理结构，在目前的空间化阶段中仍然普遍存在，并和技术专家控制相结合，衍生出更为高级的分割形式。

二、经济增长、利润创造背后的国家力量

尽管在 SSA 究竟是服务于经济增长还是利润创造方面，学界至今尚存有争论[1]，但毋庸置疑的一点是，在组成 SSA 的制度集合中，国家干预经济的模式是最重要的制度之一。国家干预经济的模式影响着资本积累的所有阶段，它既可以通过政府补贴、执行监管以及购买更多的商品等提高投资的利润，促进经济增长；也可以通过税收、管制以及使工会合法化等达到相同的效果。[2] 国家力量是国家作为一个政治经济实体对市场施加影响的根本保障，尽管它对劳动力市场施加的影响往往只是间接的，但是在研究中却有必要对其专门进行考察。

从美国历史上劳动力市场四个结构所对应的四个历史时期中，也不难看到国家力量的作用。在 19 世纪中叶，北方在内战中获得胜利，成功保卫了代表工业资本主义的国家政权，资本主义革命与工业化随即得到长足发展，过去一直以来基于手工基础的、小规模的制造业让位于高度资本化、密集生产的大托拉斯工业，战后美国政府施行提高工业品关税、鼓励移民与西部土地开发、补贴铁路的修建、建立全国的银行体系等措施，带来了长时期的持续经济增长。更重要的是，内战消灭了战前存在的奴隶制与资本主义的冲突，扩大了劳动力供给与无

---

① M. Wolfson and D. Kotz, "A Reconceptualization of Social Structure of Accumulation Theory", in *Contemporary Capitalism and Its Crisis: Social Structure of Accumulation Theory for the 21ˢᵗ Century*, T. McDonough et al. (eds.), New York: Cambridge University Press, 2010, pp.76-80.

② D. Gordon et al., "Long Swings and Stages of Capitalism" in *Social Structure of Accumulation: The Political Economy of Growth and Crisis*, D. Kotz et al. (eds.), New York: Cambridge University Press, 1994, p.14.

产阶级队伍，形成了一个国内统一的劳动力市场，"为现有 SSA 的巩固迈出了最后一步"[1]。在19世纪90年代，农业工人的抗议与产业工人运动相互交织，到1892年，平民党（the Populist Party）组建了一个潜在的强大工农联盟，对现政权形成强有力挑战。产业工联主义（Industrial Unionism）在铁路工人、矿工中间迅速滋长，"柯西大军"[2]（Coxey's Army）与美国劳工联合会（American Federation of Labor，AFL）等工人政治组织甚至搭建起了社会主义平台，各种政治运动风起云涌。资产阶级再次意识到了国家政权的重要性，在1896年的大选中，资本家对共和党的政治捐献使其握有五倍于民主党的竞选费用，使其最终成功击败民主党掌权。共和党上台后通过政治上排斥黑人与白人贫民、拆解工农联盟、平息工人运动、推动企业兼并与海外扩张等方式，从根本上推动了劳动力市场的同质化趋势。[3] 在20世纪30年代起至第二次世界大战结束后，SSA 中最显著的特征就是之前主导政府政策形成的"稳健财政"方针被逐步摒弃，以凯恩斯主义为代表的需求管理政策逐渐占据舞台，当权者逐渐意识到国家应该并且能够通过一系列广泛的刺激措施干预经济生活，避免出现大的衰退。在劳动力市场中，政府广泛采取财政赤字、公共就业以及高工资福利的形式，解决工人阶级消费不足的问题。1935年通过的《国家劳工关系法》（The National Labor Relations Act），进一步保证了私营企业雇员加入工会、工资集体议价以及必要的罢工等一系列基本权利，遏制了战前一度紧张的劳资关系，也造就了一

---

① M. Reich, "How Social Structure of Accumulation Decline and are Built", in *Social Structure of Accumulation：The Political Economy of Growth and Crisis*, D. Kotz et al. (eds.), New York：Cambridge University Press, 1994, pp.30-31.

② 1893年，以雅克布·柯西（Jacob Coxey）为首的一群工人以示威游行的形式向哥伦比亚特区进发，要求通过全国性的道路方案为工人创作就业机会，最终只有数百位工人坚持到达了哥伦比亚特区，但随即遭到政府逮捕而解散。

③ M. Reich, "How Social Structure of Accumulation Decline and are Built", in *Social Structure of Accumulation：The Political Economy of Growth and Crisis*, D. Kotz et al. (eds.), New York：Cambridge University Press, 1994, p.34.

个"劳资协议"关系的雏形。① 而在以"全球新自由主义"为特征的当前SSA当中，借助于贸易自由化、废除对资本的控制以及实现自身的"空心化"等政策措施，美国完成了由管制SSA向自由SSA的转变。② 特别是在工业化完成之后，政府的监管完全被控制在有限的范围内。一方面，卡特和里根政府通过削减社会福利、以牺牲就业稳定通胀以及打压工会等措施完成了资本对劳动的绝对控制；另一方面，美国利用其强大的经济军事实力成为世界范围内最强势的国家，在世界贸易组织、世界银行等国际经济组织中占据主导地位。包括劳动力市场在内的整个世界市场范围空前扩大，劳资关系已经突破国界，广大第三世界国家的工人阶级被卷入空间化的结构中。

从历史发展的脉络看，国家力量在SSA形成与巩固中表现出的作用千差万别，形式上也不尽相同。从某种程度上讲，国家力量在与这四个劳动力市场结构相联系的阶段中，发挥的作用虽然时大时小，时有时无，但对于市场的总体控制能力是不断增强的。也有学者在近年来把美国政权在经济增长、利润创造中的角色归为两类：一类是对资产阶级有限的监管，导致劳动力市场中资本对劳动的主导；另一类是对资产阶级的限制，导致劳动力市场中劳资双方力量的相对平衡。而造成两个不同结果的原因，正是在于"国家是一个阶级或阶层向各个维度行使权力所借助的最重要实体"③。

---

① M. Reich, "How Social Structure of Accumulation Decline and are Built", in *Social Structure of Accumulation：The Political Economy of Growth and Crisis*, D. Kotz et al. (eds.), New York：Cambridge University Press, 1994, p.37.

② D. Kotz and T. McDonough, "Global Neoliberalism and the Contemporary Social Structure o f Accumulation", in *Contemporary Capitalism and Its Crisis：Social Structure of Accumulation Theory for the 21ˢᵗ Century*, T. McDonough et al. (eds.), New York：Cambridge University Press, 2010, p.95.

③ M. Wolfson and D. Kotz, "A Reconceptualization of Social Structure of Accumulation Theory", in *Contemporary Capitalism and Its Crisis：Social Structure of Accumulation Theory for the 21ˢᵗ Century*, T. McDonough et al. (eds.), New York：Cambridge University Press, 2010, p.82.

三、支撑资本积累外部环境的制度力量

SSA 理论的基本观点是，一段时期内稳健的资本积累，或是在一个长波周期的扩张阶段，需要支持或便利积累过程的一套广泛的社会制度存在。[①] 这套制度，包括政治制度、经济制度以及意识形态结构等在内，虽然不是与资本积累过程最紧密相扣的一环，但却是构成其必需的外部环境的基本要素。

科茨（D. Kotz）将 SSA 学派文献中所提及的 20 世纪 60 年代之前的三个长波周期的 SSA 进行了总结。在经济制度的集合内，主要包括产业结构、基于劳动力不同特点的劳动过程、对劳动的控制、国家干预与监管、融资结构、对关键领域的微观稳定规划等等；在政治制度的集合内，主要包括土地及移民政策、福利计划、政府与工会的关系、国际组织以及政党间的联合与斗争等等；意识形态集合内的各个制度元素则比较具体，包括工作伦理、个人主义哲学、企业自由主义、帝国扩张主义、冷战、种族与性别主义等等。[②] 大体来看，这些制度在各阶段具体的表现形式上有所不同，有些制度可以很明显地被归为一类，并在几个阶段中相继出现，有些制度则只在某个阶段之后才出现，还有些制度则具有偶然性，仅出现在某个特定的阶段中。

仅仅提出这样的一个制度集合是远远不够的，它们是构成一个整体发挥作用而并非一盘散沙，那么究竟是何种力量把它们聚合在一起？又怎样聚合在一起？它们的地位和作用各有什么不同？科茨又提出了一个"核心—从属"的制度体系模型：一套核心的制度在一个 SSA 形成的早期建立，这就意味着居于核心的几个制度足以支撑起长波的扩张阶段，足以稳定阶级冲突和竞争，确保长期市场所需的环境。特别是，它

---

① D. Kotz, "Interpreting the Social Structure of Accumulation Theory", in D. Kotz et al. (eds.), *Social Structure of Accumulation：The Political Economy of Growth and Crisis*，New York：Cambridge University Press, 1994, p.53.

② D. Kotz, "Interpreting the Social Structure of Accumulation Theory", in D. Kotz et al. (eds.), *Social Structure of Accumulation：The Political Economy of Growth and Crisis*，New York：Cambridge University Press, 1994, pp.68-69.

们还要与上一阶段 SSA 中保留下来的制度兼容。接下来，它塑造出其余的制度并与之相互作用，构成整个 SSA。当积累势头开始发展，核心制度逐渐被接受并牢固树立时，从属制度才被逐渐创造出来，但无论是核心制度还是从属制度都在不断演化，其内在矛盾在形成初期就已存在，并随着新制度的产生不断发展。当其内在矛盾尖锐到足以使核心制度瓦解时，整个 SSA 也将分崩离析。① 麦克唐纳则试图用可以作为新出现 SSA 的"统一规律"的单个制度或纯粹的独立事件来解释制度的内在一致性，例如诞生于 19、20 世纪之交的寡头垄断和之后的第二次世界大战，都可以分别作为两个不同阶段 SSA 的基础。② 戈登（D. Gordon）则持有一个类似于多重决定论的观点，他认为单个制度之间的相互依赖性创造出一种具有统一内在结构的复合的社会结构，在这样一个综合的整体中，其内在结构要比单个制度关联的总和更为重要。③ 利皮特（V. Lippt）在戈登的基础上提出，确实存在一个正在进行中的制度形成与变迁的过程，这一过程由（1）任一特定制度的内在矛盾，（2）与之共存的其他制度，（3）外生事件，（4）社会过程的整个序列相互作用所决定，上述四个要素之间均是相互多重决定的。④

　　实际上，将多重决定论和"核心—从属"理论结合起来，似乎更

---

① D. Kotz, "Interpreting the Social Structure of Accumulation Theory", in *Social Structure of Accumulation：The Political Economy of Growth and Crisis*, D. Kotz et al. (eds.), New York：Cambridge University Press, 1994, pp.65-66.

② T. McDonough, "Social Structure of Accumulation, Contingent History, and Stages of Capitalism", in *Social Structure of Accumulation：The Political Economy of Growth and Crisis*, D. Kotz et al. (eds.), New York：Cambridge University Press, 1994, p.77.

③ D. Gordon, "Stages of Accumulation and Long Economic Cycles", in *Processes of the World System*, T. Hopkins and I. Wallerstein (eds.), Beverley Hills：Sage Publications, 1980, p.17.

④ V. Lippt, "Social Structure of Accumulation Theory", in *Contemporary Capitalism and Its Crisis：Social Structure of Accumulation Theory for the 21ˢᵗ Century*, T. McDonough et al. (eds.), New York：Cambridge University Press, 2010, p.56.

能全面地概括制度集合的内在一致性。首先，就静态来看，单个制度之间的关联是复杂的，这确实是一种多重决定的关系，特别是经济、政治与意识形态三个集合之间的各个制度。其次，就动态来看，不同制度的确立，必然存在着时间上的先后次序，从制度的产生与消亡两个节点来看，只可能是某个或某些先定制度的产生或瓦解决定另一个或另一些制度的产生或瓦解。再次，先出现或先灭亡的某个或某些制度并不一定是所谓的"核心制度"，这里渗透着外生事件和历史偶然性的影响，未必有规律可循。最后，不能轻易否认"核心制度"的存在。因为无论这些制度在表现形式上多么千差万别，总有一些与资本积累过程最密切相关的制度存在。这些制度应当存在于各个阶段始终，并且能够最直接反映出某个阶段资本积累本质特征，在更大的程度上对其余各个制度体现出支配作用。阶级斗争支配下的资本对劳动的控制与分化，自然当仁不让地承担起这一角色。

四、分割最终实现所依靠的阶级力量

资本对劳动的控制与分化，是劳动力市场分割在 SSA 中表现出的制度形式。它从属于阶级斗争结构并由阶级力量最终决定。尽管 SSA 理论在构建伊始就指出了传统的马克思主义理论专注于阶级意识和阶级斗争的局限性，但仍将阶级斗争结构与货币信贷保证体系以及国家干预模式一道作为三项最重要的制度之一。[①] 到 21 世纪初，沃夫森（M. Wolfson）和科茨对 SSA 理论进行了重新的概念化，提出 SSA 应当以阶级矛盾为基础进行理解，SSA 与经济增长相联系的预设应当被（暂时地）稳定阶级矛盾所替代。在阶级矛盾中最重要的矛盾当属资本和劳动之间的矛盾。也包含资本内部的矛盾与劳动内部的矛盾，它们代表了各自阶级内部为达成一致的冲突与斗争，有时也许表现出国际维度。矛

---

① D. Gordon et al., "Long Swings and Stages of Capitalism" in *Social Structure of Accumulation：The Political Economyof Growth and Crisis*，D. Kotz et al. (eds.)，New York：Cambridge University Press，1994，p.12.

盾可以被解释为两个集团之间的辩证关系，可能是对抗性的冲突，也有可能是非对抗性的冲突。两个处于矛盾中的阶级力量上可以处于暂时的均衡，此时的阶级斗争就处于一个相对稳定的状态。①

科茨把阶级之间的矛盾与阶级内部的矛盾概括为冲突与竞争。他指出，一段长时期稳定的资本积累需要社会结构的稳定，SSA 的作用就在于调节阶级冲突和竞争，创造出允许快速积累所需的充分的稳定性和可预见性。构成 SSA 的各项制度亦无法根除阶级冲突，因为它们是资本主义生产与交换关系的必然产物；相反，它仅能够稳定阶级冲突，将其引向不至于彻底打断积累进程的渠道中。阶级斗争有两种截然不同的形式可以被稳定下来：一个阶级可以被彻底压制，从而为其自身利益斗争的能力变得非常有限；或者是两个阶级之间达成某种程度上的妥协，积累的成果由二者共享。基于相同的原因，SSA 必须通过确立行为准则，避免产业间或集团间对抗，对竞争过程同样进行调节。② 沃夫森和科茨进一步地根据阶级斗争得以稳定的两个渠道归纳出 SSA 的两种模式：当工人阶级力量强大对资产阶级构成挑战甚至分享到一定权力的时候，SSA 表现出调节模式；当资产阶级力量对于工人阶级占据压倒性优势的时候，SSA 表现出自由模式。20 世纪以来美国的历史经验也证明，阶级力量的此消彼长，导致了 SSA 在两种模式之间轮换。③

---

① M. Wolfson and D. Kotz, "A Reconceptualization of Social Structure of Accumulation Theory", in *Contemporary Capitalism and Its Crisis：Social Structure of Accumulation Theory for the 21ˢᵗ Century*, T. McDonough et al. (eds.), New York：Cambridge University Press, 2010, p.80.

② D. Kotz, "Interpreting the Social Structure of Accumulation Theory", in *Social Structure of Accumulation：The Political Economy of Growth and Crisis*, D. Kotz et al. (eds.), New York：Cambridge University Press, 1994, p.55.

③ M. Wolfson and D. Kotz, "A Reconceptualization of Social Structure of Accumulation Theory", in *Contemporary Capitalism and Its Crisis：Social Structure of Accumulation Theory for the 21ˢᵗ Century*, T. McDonough et al. (eds.), New York：Cambridge University Press, 2010, p.81.

把阶级斗争提升到空前重要的位置，不仅要论证它在 SSA 中的基础作用，也要说明它是如何在这样一个扩张—衰退的阶段中发挥其作用的。科茨把一个 SSA 中从扩张到衰退转捩的原因归结为三点：[①] 一是积累过程自身就蕴含着危机的趋势，比如消费不足、资本有机构成提高等导致积累危机的出现，进一步导致阶级冲突，维持结构稳定的资源最终枯竭[②]；二是与积累过程类似，SSA 本身也蕴含着导致其自身瓦解的矛盾，这个内在矛盾的根源正是在于阶级冲突与竞争[③]；三是积累过程与支持积累的 SSA 之间的关系也存在破裂的可能，既出于积累过程自身会损害 SSA，也出于 SSA 整体上具有相对稳定性（同样一个 SSA，今天会促进积累，而明天就有可能成为积累的障碍）。[④] 接下来，从衰退到下一轮扩张阶段中，阶级斗争同样会推进新的 SSA 建立，原因在于一个长时期的停滞阶段会平息各阶级、各集团之间的尖锐斗争。在一开始，各阶级面对经济衰退会下意识地保护自身利益，但当危机持续时，各阶级不断地被形势施加压力，迫使其采取制度上的改革措施使经济增长恢复，直到另一个可行的 SSA 在争吵中出现。还有一个问题是，为什么这样一个扩张到衰退的周期如此之长，有时甚至达到几十年呢？戈登认为，这与组成 SSA 的社会制度的可持续性以及各阶级之间为创立一个新的 SSA 所进行的斗争与妥协拖延的过程相关。阶级力量的消长、

---

① D. Kotz, "Interpreting the Social Structure of Accumulation Theory", in *Social Structure of Accumulation: The Political Economy of Growth and Crisis*, D. Kotz et al. (eds.), New York: Cambridge University Press, 1994, p.57.

② D. Gordon, "Stages of Accumulation and Long Economic Cycles", in *Processes of the World System*, T. Hopkins and I. Wallerstein (eds.), Beverley Hills: Sage Publications, 1980, p.19.

③ D. Gordon, "Stages of Accumulation and Long Economic Cycles", in *Processes of the World System*, T. Hopkins and I. Wallerstein (eds.), Beverley Hills: Sage Publications, 1980, pp.19-20.

④ D. Gordon et al., *Segmented Work, Divided Workers*, New York: Cambridge University Press, 1982, pp.29, 34.

阶级矛盾的爆发与弥合客观上都需要相当长的时间。[1] 劳动力市场结构形式上的更迭，也正是十几年乃至几十年间劳资两大阶级不断斗争和妥协的产物。这是 SSA 学派一个强有力的结论，尽管这一方面没有引起后继者们足够的关注。

第二节　决定中国劳动力市场分割的三个要素：发展战略选择、制度约束与阶层分化

从 SSA 理论中，可以梳理出国家、制度与阶级这三个推动资本积累及其社会结构，从而推动劳动力市场分割的深层次力量。接下来我们把目光投向中国，在中国劳动力市场分割形成与发展的进程中，国家、制度与阶层成为三个根本性的塑造力量，但是无论其地位作用还是表现形式都与上节所述大相径庭：国家处于引领地位，以选取发展战略的形式发挥作用；制度处于执行地位，以其自上而下的传导作用实现对各个劳动力市场主体的约束，从而导致劳动力市场分割的出现；阶层在分割形成的初始阶段处于完全被动的地位，随着自身分化的显现，开始逐渐借助制度变迁的过程对分割施加反作用。

一、发展战略选择

"战略"是指为实现某种目标而制定的大规模、全方位的长期行动计划。"国家发展战略"一般是指"建设和运用国家各方面的实力，以实现国家总目标而采用的方略"[2]。一国的发展战略具有全局性、长期稳定性和规划性，它涉及经济、政治、文化与社会发展的各个方面，是对

---

[1]　D. Gordon et al., *Segmented Work*, *Divided Workers*, New York：Cambridge University Press, 1982, pp.82.

[2]　叶文虎、韩凌：《论国家发展战略的选择——转移、转嫁与转变》，《中国人口、资源与环境》2006 年第 1 期，第 1 页。

未来一段相当长时期内的方针政策，同时，它又相对地简明扼要，只对重大问题做出统领性的计划和安排。国家选择发展战略的过程是十分复杂和困难的。因为它要求执政者能够对人类社会演变的机制和规律正确认识，同时又要求执政者能够对错综复杂的国际社会状况和本国实际情况深入了解，还要求执政者能够对国家和社会发展的走向准确把握。对于一个发展中国家而言，选取合适的发展战略显得尤为重要，它不仅仅是国家力量在引领未来发展趋势上的体现，更是保证国家统一、政权巩固的关键。

中国的发展战略既具有战略的一般性，也具有许多由国情决定的特殊性。首先，从地位上讲，发展战略具有至高无上的地位。发展战略的制定者是中央政府，在共产党长期执政和自上而下集权体制的保障下，中央政府具有较世界其他国家政府更强的实力，在整个社会的经济、政治、文化领域均处于绝对的控制地位。因此，由中央政府制定的战略规划，不仅要求国家对各个领域进行全面指导，更要求各个下级单位不折不扣地贯彻实施。这一点是民主和分权体制下的西方资本主义各国无法企及的。其次，从模式上讲，中国的发展战略的选择经历了遵从固定模式到独立进行探索，开创特色模式的转变。作为一个"冷战"期间诞生的社会主义国家，中国的发展战略不可避免地深受苏联模式的影响，随着苏联模式弊端的日益显现，这一套陈旧战略已经无法适应改革开放新形势的要求。既要实现向市场经济转轨，又要坚持社会主义制度不动摇，制定发展战略就必须摆脱既有的路径依赖，根据自身的特殊国情进行探索。再次，从目标上讲，中国的发展战略应具有国内发展和融入世界的双重目标：一方面，作为一个后起的发展中国家，发展经济、摆脱贫穷落后是最迫切达到的状态，早期的国家发展战略也大多围绕经济增长展开。而随着综合国力的提升和早期增长中各种矛盾的积累，单一的增长开始逐渐让位于多元的、协调的、可持续的发展，目标的内涵不断充实；另一方面，作为一个由封闭到开放的转型国家，在发展战略上坚持社会主义道路、实现全面发展，保护国家利益和安全的同时，必然要遵从世界发展的规律性，融入全球化、现代化的节奏中，因此在目标上必然体现出二者的互动。最后，从执行上讲，中国特有的政治制度确保了国家发展战略的执行效果。中央政府由一党执政，避免了政权更迭所造成的政治周期对发展战略实施的消极影响。同样，在制订战略的时候有政策的连续性作为保障，使得发展战略具有一段时间相当长的、较为平稳的执行过程，达到较西方资本主义国家更为理想的效果。

　　林毅夫根据战略的制订是否与社会的要素禀赋结构的特性相一致，将发展战略分为两类：一类是符合市场经济所要求的比较优势的发展战略；另一类则是违背比较优势的发展战略。前者通常被称作赶超战略，后者通常被称作比较战略。① 这两种发展战略在新中国成立之后的几十年中相继出现。赶超战略是新中国成立之后，在苏联模式的指导下制订的重工业优先发展的经济社会战略，其实质是在资本极度稀缺的要素禀赋条件下，优先发展资本密集的产业和技术结构。在赶超战略下，我国形成了扭曲的宏观价格体系、资源的计划配置制度以及没有自主权的微观经营机制"三位一体"的计划经济体制。② 到 20 世纪 70 年代末期，赶超战略已对国民经济发展造成严重束缚，我国开始了由赶超战略向比较战略的转换。这个转换的特殊性有三点：一是它与中国的经济体制改革历程同步；二是它与中国对外开放，融入世界的历程同步；三是它经历了相当长时间的过程，采取渐进的形式，并非一蹴而就。改革开放成为转换期发展战略的总体特征。在改革开放全面展开的 30 多年中，又经历了大体三段时期的调整。第一段时期大体从 1984 年到 1993 年，1984 年召开的党的十二届三中全会决定开始实施经济体制改革，标志着市场力量被引入旧有体制中，价格、流通领域首先被逐步放开，这一时期的发展战略带有明显的"双轨"特征。第二段时期大体从 1993 年到 2002 年，1993 年党的十四届三中全会首次提出建立社会主义市场经济体制，市场取向逐渐深入，国有企业改革全面展开，包括劳动力在内

---

① 林毅夫：《国家发展战略的选择方式和绩效检验》，《江海学刊》2002 年第 4 期，第 65 页。

② 林毅夫：《发展战略与经济改革》，北京大学出版社 2004 年版，第 1 页。

的生产要素市场开始发轫，这一时期的发展战略带有明显的"并轨"特征。第三段时期大体从 2002 年到现在，2001 年年底中国加入世界贸易组织，翌年的党的十六届三中全会提出进一步深化改革，完善社会主义市场经济体制，中国经济进入了真正意义上的市场化阶段，并且和世界经济的发展日益紧密地联系在一起，这一时期的发展战略带有明显的"单轨"特征，与比较战略逐渐趋于一致。

二、制度约束

"制度"在社会科学中是一个极为宽泛的概念。在经济学领域，一些早期的思想家把制度定义为"个人或社会对有关的某些关系或某些作用的一般思想习惯"[①]，或以"集体对个人交易关系的控制"[②]。通常地，制度可以被视为约束个体的行为准则，它具有三个层次：第一个层次的制度指代社会制度，有时也被简称为"制度"，即在一定历史条件下形成的规范化、系统化、定型化的社会关系体系，它包括基本经济制度、基本政治制度与意识形态三部分。在当代世界范围内，存在资本主义和社会主义两种主要的社会制度，并且前者占据主流位置。第二个层次的制度通常被称作"体制"，即社会活动的组织体系和结构形式，包括特定社会活动的组织结构、权责划分、运行方式和管理规定等，它由社会制度决定，是社会制度在具体的政治、经济、文化、社会等各个领域的自然延伸。第三个层次的制度通常被称作"机制"，泛指一个工作系统的组织或部分之间相互作用的过程和方式，它隶属于并包含在体制之中，其作用的发挥受到体制的制约和影响，同时，体制也只有依赖与之相适应的经济运行机制才能实现。在 SSA 理论中，构成 SSA 的各项"制度"，既包括社会制度的某个方面（如意识形态），也包括一部分体制和机制，是这三个层次"制度"的一个混合体，对组

---

① ［美］凡勃伦：《有闲阶级论——关于制度的经济研究》，蔡受百译，商务印书馆 1983 年版，第 138 页。

② ［美］康芒斯：《制度经济学》（上册），于树生译，商务印书馆 1962 年版，第 12 页。

成 SSA 的制度集合缺乏科学的划分与归纳，就很难将各个制度元素之间的内在联系理顺，从而很难说明制度对于资本积累是如何具体发挥作用的。

　　图 3.1 中，我们从社会制度、体制和机制三个层次对制度集合进行了划分，并且列出了一些与劳动力市场相关的具体的体制和机制。影响劳动力市场形成与发展的制度，涵盖了所有这三个层次。社会制度位于宏观层次，尤其是基本经济制度，直接决定了劳动力市场的性质和发展取向，在 SSA 的理论框架内，这一点被视为既定的而不加以讨论。而在研究中国劳动力市场分割时，则必须要考虑到这一点，因为中国面临着国内外截然不同的两种基本经济制度，这种制度上的分野就必然造成制度和机制上的分歧，最终体现在不同劳动力市场结构上。体制位于微观层次，是构成影响劳动力市场形成与发展的制度集合的主体，它受到基本经济制度的制约，并对基本经济制度的实施和完善产生反作用，是直接作用于劳动力市场并引起分割的执行力量，在一段时期内具有相对稳定性，又在一定程度上具有相对独立性，因而是研究分割时需要考察的最主要制度因素。机制是和劳动力市场结合最为紧密的制度层次，它是基本经济制度和各项体制最终在劳动力市场中得以实现的推手。劳动力市场中的各个机制，往往是相互联系，共同发挥作用的"机制束"，

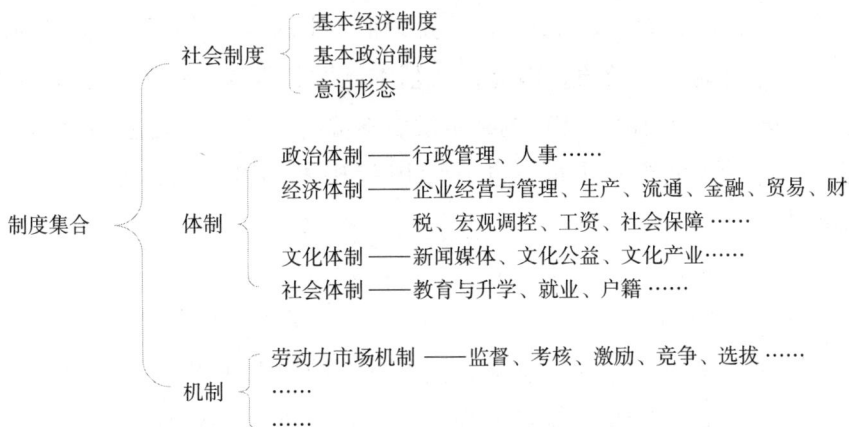

图 3.1　与劳动力市场相关的三个层次制度集合

它们的形式灵活多变，联系着企业、个人、政府这三方市场主体，并通过不断的自发组织和调节，确保了劳动力市场的正常运行。

"约束"就是制约、控制的意思。制度约束，通俗的含义就是以制度的控制力约束市场主体的选择行为。制度约束放在中国劳动力市场分割的框架下，其实有三层含义：其一是对政府、企业和个人施加顺应市场发展的制度革新带来的动力，支持并鼓励它们按照更为科学、进步的行为规则参与经济活动，把市场经济自由、开放的一面充分释放，激发劳动者的创造性与主动性，使劳动力市场更加灵活，体现出供给需求因素的作用和劳动力的价值。其二是对政府、企业和个人施加悖于市场发展的制度阻力，这方面的作用又是两重的。一方面，市场的自由发展并不是万能且完美无缺的，纯粹自由化的劳动力市场必然导致两极分化，无法保证劳动者的利益，而且容易产生失灵现象，因此，基于必要的政府监管的一系列制度安排会产生阻力，但这是一种"有益的"阻力。另一方面，制度特别是体制所具有的相对稳定性与独立性，使劳动力市场三个主体承担了其变革的巨大经济和社会成本，已经不适合新环境需要的旧有体制仍会对这三方产生制约，对劳动力市场发展产生消极作用。这是一种"有害的"阻力，但却无法避免。其三是针对国内外两种经济制度并存的大环境而言的。中国通过改革开放融入了世界市场，同时也成为世界资本主义体系的一环。在世界范围内，资本主义制度占据主流，意识形态上的分野使中国与世界的发展无可避免地产生矛盾。因此，从基本制度到具体体制就天然地承担起"防火墙"的使命，使市场经济发展不偏离社会主义轨道。这样一种"防御性、保护性"的力量，也是无法用前面提及的"动力"或"阻力"来衡量的。

三、阶层分化

"阶层"是一个社会学概念，泛指社会结构中在政治经济地位、权力权利、生活方式及利益等方面具有同质性的社会群体。"阶层"与"阶级"是近似却又不同的两个概念：阶级的划分是针对生产资料占有的不同状况决定的，而阶层的划分依据非常广泛，可以根据收入、地位、职业等多种因素；阶级与阶级之间的矛盾，尤其是统治阶级和被统治阶级之间的矛盾，往往是对抗性的、不可调和的，而阶层之间的矛盾则不一定是对抗性的矛盾。概念虽然发生了转换，但并不影响研究的过程和结论。阶层矛盾同样能够引起包括劳动力市场结构在内的一切社会结构的变动，尽管与 SSA 框架下的阶级斗争性质完全不同，但不同阶层之间利益的差异性、对立性却完全能够达到塑造并分割劳动力市场的相同效果。

　　改革开放前，中国仅存在工人、农民和知识分子这三个阶层，它们也是分化开始前的三个初始阶层。从 20 世纪 70 年代末开始，先后出现了三次重大的分化。[①] 第一次分化大约从 20 世纪 70 年代末到 80 年代末，农民阶层开始分化，工人阶层和知识分子阶层开始松动。随着个体经济的地位重新被确立，成为公有制经济有益的、必要的补充，个体劳动者阶层迅速形成，它们当中一部分由农民阶层中剥离出的剩余劳动力构成，另一部分为工人阶层、知识分子阶层中辞职"下海"的人员，它们受到早期市场繁荣的吸引，加入自主经营的商业活动中，有不少人在这一时期获得成功，积累了大量资金，为日后创办企业打下了基础。另一个新兴的阶层是乡镇企业职工，他们从农民阶层中分化而来，离土不离乡，兼具农民身份与工人职业，随着小城镇的兴起，他们逐渐彻底摆脱农业劳动，成为工人阶层的一员。第二次分化，大约从 20 世纪 80 年代末到 90 年代末。在这一时期里，农民阶层分化出的个体劳动者和乡镇企业职工数量进一步增长，随着城市化的起步，另有一部分农民进城就业，成为早期的"农民工"；20 世纪 90 年代开始的国有企业改革使工人阶层在这一时期完成了分解，相当一部分国企职工通过"下岗分流"，成为个体劳动者或私营企业职工；而在改革开放初期创业成功的个体劳动者，通过私营经济地位的不断提升，逐渐成为私营企业主阶层；而政

---

① 　朱光磊、陈娟：《中国阶层分化与重组 30 年：过程、特征与思考》，《教学与研究》2008 年第 10 期，第 19—27 页。

企分开和就业分配制度的终结，使得公务员最终作为一个拥有社会行政管理资源的独立阶层出现，知识分子阶层也逐渐分化为各个独立的阶层，不再作为一个整体出现。这一时期的一个鲜明的特征是工人阶层不仅在所属的所有制方面出现分化，在所属工作特征上也出现分化，从事简单的技术工作、体力工作的工人形成了"蓝领"阶层，从事高级技术、管理、营销以及现代商业、服务业工作的工人形成了"白领"阶层，因此，这实际上是一次分化兼整合。第三次分化从 20 世纪 90 年代末至今，突出表现为"农民工"阶层膨胀、"白领"阶层的扩大与进一步分化以及其他社会职业阶层的多元化。随着我国加入世界贸易组织带来的制造业快速发展以及城市化加速，越来越多的农民进城就业，"农民工"在 2015 年数量上已达 2.77 亿人①，超过第一产业就业人口数，成为名副其实的第一大社会阶层。产业结构的进一步升级使得第三产业逐渐成为就业的主力军，"白领"阶层数量也进一步上升，并且随着工作特征与所属行业的细化出现进一步分化的趋势。这一时期最鲜明的特征是基于"体制内"与"体制外"的又一次阶层整合，它将各个行业、产业的劳动者按照部门性质进行归类，在国家机关、国有企业以及事业单位中就业的劳动者被归为"体制内"阶层，在其他部门就业的劳动者被归为"体制外"阶层。

纵观 30 多年来中国社会阶层的分化历程，可以总结出以下四个特点：一是分化起步晚、速度快、变动剧烈，这是由中国现阶段的基本国情决定的。中国通过改革开放直接步入新科技革命条件下的现代社会，在 30 多年里完成了许多欧美资本主义国家一两百年才能完成的城市化与产业结构变迁，自然不可能出现社会阶层缓慢进化的景象。二是初始的分化完全依赖外生动力，在分化的过程中逐渐实现动力的内生化，这又与我国的集权体制与计划遗留相关。在 20 世纪 90 年代初以前，每一次的分化过程几乎都与中央的体制改革具体措施密不可分，甚至在政策

---

① 国家统计局：《2015 年农民工监测调查报告》，2016 年 4 月 28 日，见 http://www.stats.gov.cn/tjsj/zxfb/201604/t20160428_1349713.html。

执行遇到阻力的时候，行政力量就被赋予额外的作用。当改革逐渐深入，各阶层逐渐形成独立的利益目标时，其内部就有了进一步分化的动力。三是分化的形式渐趋多样，职业阶层、部门阶层与收入阶层相继形成。在分化伊始，区分不同社会阶层的标志主要是其所属的产业或所有制，而后逐渐转变为行业、部门特征，而随着行业、部门的收入差距不断扩大，以收入水平划分阶层也日益被学术界所重视。四是分化伴随着整合，阶层固化初见端倪。三次大的分化过程中，始终伴随着形式不同的阶层整合，形成新的阶层结构，阶层之间的矛盾开始凸显，优势阶层凭借特殊的地位越来越多地占据社会资源，巩固自身的既得利益，将劣势阶层排斥在外。阶层固化是阶层分化的副产品，是社会进步的一大阻力。

第三节 三个要素在分割形成与发展中的作用机制

一、国家通过选择发展战略构建制度体系

在 SSA 理论中，国家、制度和阶级是塑造并分割劳动力市场的三个重要力量，制度的作用被赋予了核心地位，国家和阶级的作用虽被提及，但并没有作为研究的重点。中国劳动力市场分割的形成有其独特的作用机制，在这个机制下，国家、制度和阶层被赋予了与前者不同的地位和作用。这其中最为突出的一点就是，制度作为一个整体，由国家选取的发展战略所决定。

将制度体系与发展战略选择联系在一起，完全基于当代中国的基本国情。一方面，从制度变迁依赖的社会环境来看，新中国成立以后全国处于一个封闭而庞大的计划系统内，旧的制度体系完全依赖于国家力量一手建立并赋予其正常运转的各项社会条件。这样一种调控模式使其即便已经处于低效率甚至不稳定的状态下，自身也没有变革的能力。我国的劳动力市场建立和不断完善过程，伴随的是各种体制乃至基本经济制度的变迁，除了中央政府的各个决策部门之外，各级地方政府和立

法机关均无权率先"破冰"，即便到了非触底线不可的情势下，也不能以合法的形式摆上台面。另一方面，从国家政权的组织形式来看，能够天然地承担制度变迁的外部推动力量。共产党长期领导下的人民民主专政确保了政权的长期稳固，党的中央领导层形成一个最高决策群体，能够在较短的时间内以较低的成本完成战略决策，党的代表大会将其上升为全党意志，再由全国人民代表大会和国务院各职能部门以法律法规的形式确定下来。强有力的中央政府作为制度推行的后盾，可以最大限度地降低新旧制度更迭过程中的阻力，使其深入人心。

中国改革与发展的特殊性不仅在于以一种全新的制度体系取代旧有的制度体系，还在于不断使这种新的制度体系完成进一步的变革，不断抛弃其中效率降低的制度元素，以适应不断变化的国内外新形势的要求。从新制度主义的视角来看，中国的经济体制改革要摆脱制度变迁中的无效率的路径依赖，也必须要发挥国家的作用。首先，集权体制下国家理性大于私人理性的优势更为明显，国家能够获取更多的信息，通过不断学习、论证、实验，修改在信息不完全情况下建立起来的主观模型和制度安排，抛弃无效率的制度，保留、借鉴一切先进的制度。其次，国家能够发挥所具有的规模经济优势，降低制度创新、设计和实施的成本，提高制度创新的收益，消除制度变迁中的自我强化机制，以新制度的更高收益来抵消、弥补因旧制度被废除而失去的收益，推进制度变迁。再次，国家与全体人民根本利益的一致性，使其在改革的关键时期能够发挥强制性优势，打破无效率制度下形成的利益分配格局，瓦解阻碍制度变迁向高效率方向演进的利益集团，推动制度变迁进入良性循环。最后，对于那些能够或者已经促进了经济增长的制度变迁路径，国家有能力保护它们继续沿着既有的轨道发展下去，防止无效率因素的干扰。[①]

值得注意的一点是，中国的制度体系变迁同时具有强制性与诱致

---

① 黄新华：《中国经济体制改革的制度分析》，厦门大学博士学位论文，2002年，第48页。

性特征。国家发展战略总体目标相对明确，但在制度的实际制定与执行过程中坚持中央政府自上而下的领导、组织和协调的同时，也采取了"渐进"与"试错"的方式，充分发挥了基层单位的主动性与创造性。如表 3.1 所示，中国由计划经济体制向市场经济体制转型的过程历时 30余年，先后经历了四个阶段，并且在某些具体的阶段中还存有更为具体的子阶段，在每个子阶段都留有向前推进和向后调整的余地。并且，国家在改革伊始，并没有急于推动整体性的制度变迁，而是首先选择从改革成本较低、收益较高的某个地区、某个行业作为突破口进行"试点"，成功之后再向全国、各个领域范围推广，进而再推进制度上的变化。以每次较为细微的制度变化进行尝试，一旦失误，则由国家承担相应的政治成本，立即进行相应的政策调整，把损失降到最低，最终达到合理的制度安排。与之相对应的则是，制度体系特别是经济体制在变迁过程当中经历了多次调整，甚至反复，因此不存在一个像 SSA 中较长时期内相对稳定的制度集。

表 3.1 不同阶段的国家发展战略决定不同的经济体制

发展战略（阶段）	经济体制
"突破"：1978 年至 1984 年	计划经济，但强调利用商品交换及价值规律
	计划经济为主，市场调节为辅
"双轨"：1984 年至 1992 年	有计划的商品经济
	国家调节市场，市场引导企业
	计划经济和市场调节的有机结合
"并轨"：1993 年至 2002 年	建立中的市场经济
"单轨"：2003 年至今	完善中的市场经济

二、制度体系对市场主体的约束作用导致分割

制度体系的约束力对劳动力市场分割的塑造是二重的，这个二重性恰恰来源于国内外不同社会历史发展条件所造成的制度取向差异：一方面，在基本经济制度层次上，中国范围内的社会主义公有制与世界主

流的资本主义私有制截然对立，但是在经济体制层次上，市场经济成为中国与世界的共同选择，这种社会制度上的分野及其与体制看似"矛盾"的组合就决定了中国的劳动力市场分割必然采取一种与全世界范围内劳动力市场分割所不同的模式；另一方面，在分割模式的具体表现形式上，经济体制中的各个要素分别对劳动力市场的形成与发展施加着顺应或是限制市场力量发挥的约束作用，这些不同的政治、经济与社会体制的不断更迭与相互结合，辅之以各项不同的机制，鼓励或限制着市场作用的发挥与个人、企业和政府的行为选择，造就出各种具体的分割形态。具体来看，这些体制要素可以被归为政治体制、经济体制与社会体制三大类。

政治体制在分割的形成与发展过程当中具有特殊地位，它既是分割初始形成的执行力量，又是分割继续深入以及形态演化的重要推手。在政治体制中，行政管理体制占有最为重要的地位。行政管理体制是指政府系统内部中行政权力的划分、政府机构的设置以及运行等各种关系和制度的总和，它包括职能定位、权力配置、运行规则和法律保障四个方面。行政管理体制之所以在劳动力市场中发挥重要作用，一是由于各级政府部门在劳动力市场发轫时期的行政指令作用以及发育时期劳动力市场对政府的依赖；二是由于早期政府结构的"条块化"以及宏观调控中时常出现的带有部门、行业偏好的行政干预；三是行政管理体制改革的相对滞后性导致行政部门占有过多资源，甚至在一些领域形成垄断，严重影响劳动力的配置与流动。国内已经有不少学者注意到了这方面的作用，并以"行政分割"的称谓进行研究。①

经济体制在分割的形成与发展过程中占据主导地位，是塑造分割的最直接、最主要力量。对经济体制的考察主要包括企业经营与管理体制，金融、贸易及财税体制，宏观调控体制与收入分配体制四个方面。企业经营与管理体制又是与劳动力市场中居于中心的体制因素，它是企

---

① 苏永照：《我国劳动力市场行政分割研究》，暨南大学博士学位论文，2011年，第27—28页。

业在生产经营活动中所采取的管理模式和管理方法的具体化描述，用以约束和规范企业所有部门及成员的日常生产经营活动。30多年来，我国的企业经营与管理体制经历了根本性的转变，建立起了以企业法人制度为主体，以有限责任制度为核心，以产权清晰、权责明确、政企分开、管理科学为基本特征的现代企业制度。在现代企业制度下，劳动者的能动作用得到了空前发挥，劳动力价值得到了市场的合理认可，竞争与流动开始显现，劳动力市场才具备了真正的意义。金融、贸易以及财税体制构成了制约劳动力市场的外部体制：大量金融机构的设立，投资市场的兴起和金融业务的不断拓展，使企业在横向与纵向迅速扩张，加速了劳动力的分化与流动，金融作为一个独立部门的出现也深刻改变了就业结构；贸易体制伴随着中国加入世贸组织而不断健全，再造了世界劳动力的分工结构，使中国的劳动力向部分产业富集并出现同质化；财税体制本质上是通过对劳动力市场三方的利益进行部分地转移与补偿，达到维持其正常运行的目的。宏观调控体制虽然离不开政府的作用，但已经在越来越大的程度上借助经济手段，发挥市场作用，其主要方式是通过市场参数和经济杠杆，例如利率、税率、汇率、价格等来影响市场的运行和发展，是制约劳动力市场的一个补充体制。收入分配体制包含了初次分配与再分配两方面，初次分配中的工资体制和再分配中的社会保障体制又是两个最重要的体制因素。工资作为劳动力价格的表现形式，直接引导着劳动力市场中的供给与需求，也是分割形成的最后一个制度环节，同质劳动力之间的工资差距在很大程度上反映了劳动力市场的分割程度。社会保障体制则从一个反向的角度加深或削弱工资体制对分割的作用，并且在某些特定的时间和空间的范围内，起到了比工资体制更为显著的作用。整个收入分配体制，是劳动力市场的制度内核，是分割形成与发展的最直接驱动力。

社会体制的作用是完全不能忽视的，在中国特殊的国情条件下，劳动力市场中的许多深层次矛盾就隐藏在社会体制中，社会体制的一个突出的特点就是构成它的各个元素又是紧密结合在一起的，这种特殊性就使它在分割的过程中扮演了潜移默化而又极其关键的角色。涉及分割的社会体制主要包括户籍体制、教育升学体制和就业体制三方面。我国的户籍体制至今仍带有计划时期的浓厚色彩，户籍的二元性、地域性天然地将劳动力按照城乡和地区进行了划分，以户籍为核心的其他社会体制牢牢地制约着劳动力的流动。目前，户籍限制在一些地区部分地放开，而在其他地区仍旧维持着原有态势，甚至在个别大城市被有形或无形地进一步收缩。由于我国地域辽阔，人口众多，以及社会遗留问题的复杂性，户籍体制在短时期内很难改革，对劳动力市场的分割作用仍将长久存在。教育与升学体制和劳动力的培养与发展最为密切，我国教育资源的分布基本沿袭了条块分割的计划思路，资源的分布不均严重制约了劳动力市场在地域上的均衡发展。此外，我国的人才培养与选拔被长期过度模式化、脱离市场导向，特别是以高考为核心的升学体制某种程度上也没有创造出一个公平合理的人才成长环境，这些都进一步加剧了劳动力市场分割。就业体制虽然经历了由就业分配到自主择业的根本转变，但作为一个制度整体仍不完善，并且在户籍和教育升学体制的传导效应作用下，也无法从根本上改变分割的现状。

三、劳动力市场分割催生阶层分化

社会阶层的分化，是中国经济社会转型时期的一个特色。原因在于新中国成立之后的 30 年间，高度集中的计划体制对中国的各阶层进行了一次深入而持久的"洗牌"，只剩下了工人、农民和知识分子三个阶层，之后任何新生阶层的诞生，都是从这三个"原生"阶层中分化而来。劳动力市场分割对阶层的分化作用，既有市场因素，也有非市场因素，既有显性因素，也有隐性因素：工资差距是分割的最直接体现，是最为主要的显性市场因素；工作福利和社会保障也与劳动者实际收入息息相关，是最为主要的隐性市场因素；对社会资源的不平等占有是分割的另一个直接后果，是最为主要的显性非市场因素；而基于分割产生的群体习惯、文化与意识逐步渗透在劳动者当中，成为最主要的隐性非市场因素，如表 3.2 所示。

表 3.2　劳动力市场分割对社会阶层分化的作用因素归类

因素分类	市场因素	非市场因素
显性因素	工资差距	社会资源不平等占有
隐性因素	工作福利与社会保障差异	群体习惯、文化与意识

工资收入目前仍是我国居民的最主要收入来源，根据国家统计局资料显示，改革开放伊始的 1978 年，在我国城镇内部，基尼系数仅为 0.16，农村内部的基尼系数仅为 0.2124[1]，而 2015 年全国居民收入的基尼系数已达 0.462。[2] 不断扩大的整体收入差距突出地反映在工资收入上。从不同部门来看，1985 年国有经济单位、城镇集体经济单位与其他经济单位人均货币工资分别为 1213 元、967 元和 1436 元，2015 年三者分别为 65296 元、46607 元和 60906 元，30 年来国有部门人均货币工资上涨了 53 倍，而集体部门和其他部门只上涨了 47 倍和 41 倍；从不同行业来看，1985 年金融业、住宿餐饮业和制造业的人均货币工资分别为 1154 元、1007 元和 1112 元，2015 年三者分别为 114777 元、40806 元和 55324 元，30 年来金融业人均货币工资上涨了 98 倍，而制造业和住宿餐饮业只上涨了 40 倍和 49 倍；从不同地区来看，位于东部的直辖市上海市、位于中部的湖南省和位于西部的云南省，1985 年城镇单位就业人员人均货币工资分别为 1436 元、1109 元和 1171 元；2015 年三地城镇单位就业人员人均货币工资分别上升至 109174 元、52357 元和 52564 元，30 年间上海市就业人员人均货币工资上涨了 75 倍，而湖南省和云南省的平均工资分别只上涨了 46 倍和 44 倍。[3] 工资差距在引导劳动力流向优势部门、行业以及发达地区的同时，也暗中驱使了它们保护自身的既有利益，排斥外部劳动力流入。当前工资收入差距总体扩大

---

① 国家统计局：《从基尼系数看贫富差距》，《中国国情国力》2001 年第 1 期，第 30 页。

② 国家统计局：《2015 年国民经济运行稳中有进、稳中有好》，2016 年 1 月 19 日，见 http：//www.stats.gov.cn/tjsj/zxfb/201601/t20160119_1306083.html。

③ 国家统计局：《中国统计年鉴 2016》，见 http：//www.stats.gov.cn/tjsj/ndsj/2016/indexch.htm。

的态势，有可能进一步加深劳动力市场在部门、行业与地区之间的分割。单就工资差距而言，已经十分显著，如果再加上工作福利与社会保障方面的差距，考虑到高工资收入往往与优厚的工作福利与较为完善的社会保障相联系，则会将这个差距进一步拉大。例如电力、电信、金融等垄断色彩较浓的行业，大都以各种补贴、加班费、过节费等名目给予职工很高的货币福利，甚至超过工资；一些大型国有企事业单位以各种名义兴建了内部专用的医院、学校、食堂等设施，给予员工及其家属价格低廉甚至免费的后勤服务；一些政府部门借助自身权力，变相为公务员提供廉价住房，以及难以计数的"灰色福利"。而在一些竞争性较强、劳动密集的部门，工人除了"裸工资"以外很难再有任何福利。我国的社会保障体系的覆盖面尽管已经日趋完善，但依然有比较明显的"马太效应"："体制内"就业的职工享受了最为完善的社会保障，而"体制外"就业的职工则有相当一部分享受不到基本的社会保障，特别是广大"农民工"阶层，基本游离于社会保障体系之外。

社会资源既包括有形资源如人力、物力、财力等，也包括无形资源，如技术、知识、组织和关系等，在劳动力市场中，无形的社会资源，尤其是组织和关系资源，作用极其特殊。陆学艺认为，在决定中国社会阶层结构的三种资源（组织资源、经济资源、文化资源）中，组织资源占有最重要的地位。[①] 在劳动力市场中，组织和关系资源的分布又极不均衡，例如公务员以及国有事业单位和社会团体单位的就业人员作为"体制内"核心部门的领导者、管理者，依托庞大的行政系统，掌握着全社会中最主要的组织资源，在社会资源和机会配置中处于优势地位；而广大的产业工人特别是非公有制企业的一线员工，在正常的业务往来中极少有机会接触"体制内"部门的工作人员甚至本部门的上级领导，因此往往没有任何"人脉"可用。长期的劳动力市场分割也会导致不同隔断内的劳动者产生不同的群体习惯、文化和意识。群体习惯是基

---

① 陆学艺：《中国社会阶级阶层结构变迁60年》，《中国人口、资源与环境》2010年第7期，第7页。

于大量劳动者在工作中自发形成的相同或相似的行为特征，位于一个较为低级的层次，群体习惯进一步系统化、抽象化，就形成了群体文化，最终上升为群体意识。群体意识对于不同组织范围内的劳动者具有根深蒂固的影响，在一定程度上甚至能够超越经济和社会因素，成为制约劳动者行为选择的首要力量。群体意识以其天然具有的外部排斥功能，在最高层次上完成了不同阶层之间的分野。

四、不同阶层通过制度变迁对分割施加反作用

阶层分化对劳动力市场分割施加反作用，是通过对制度体系的影响与渗透，再借助制度变迁过程对劳动力市场分割的约束力实现的。之所以形成这样一个独特的作用渠道，在于中国改革与发展进程中的两个事实：一是改革的主要推动力量在于国家一方，而我国人民民主专政的特殊国体决定了执政者必须代表最广大人民的根本利益，是不为某个特定阶层利益所左右；二是中国的制度体系变革是一个渐进而漫长的过程，变革的目标虽然明确，但制度变迁的过程中却有多种途径、多种次序甚至多种强度可供选择，这样一种相对的灵活性就决定了制度体系必然成为各个阶层对劳动力市场分割施加反作用的枢纽。

分化的各阶层对劳动力市场分割的反作用是由正反两方面组成的。一方面，阶层分化诱发出阶层内部的利益保护动机，这一动机促使该阶层在介入制度变迁的过程中施加保守因素，借以维护自身既得利益，客观上使分割进一步强化，阶层趋于固化。另一方面，阶层分化诱发出阶层内部获取更大利益的激励动机，这一动机促使该阶层在介入制度变迁的过程中施加积极因素，希望这一过程更加有利于己方，客观上使分割进一步弱化，阶层更加具有流动性。这两方面的作用都存在于各个阶层之中，但在不同的阶层中这两方面作用的相对大小是不一样的。首先，我国的改革过程中一个鲜明的特色是增量改革，在改革的起始阶段，各个阶层的福利在绝对量上都实现了比较大的增进，但是在相对量上却发生了显著不同的变化。因此各个阶层既存在维护自身既得利益的保护动机，又存在获取未来更大利益的激励动机。其次，改革最大受益的阶层

拥有相对强烈的保护动机，这些阶层掌握着更多的社会经济与政治资源，握有改革的主动权，但也在未来的存量改革中面临着首当其冲的境地，以国家与社会管理者阶层以及国有垄断行业从业者阶层（即俗称的"体制内"阶层）为代表。再次，改革中较小受益的阶层拥有相对强烈的激励动机，这些阶层只掌握少量的社会经济与政治资源，在改革中处于被动地位，原则上是未来存量改革中的受益者，以包含"农民工"在内的产业工人和商业、服务业员工阶层为代表。最后，以非公有制企业经营管理者阶层为代表的一般受益阶层夹在上面两个阶层中间，他们握有一定的社会经济与政治资源，在未来的存量改革中前景不大明朗，因此其保护动机与激励动机大体平衡。

中国劳动力市场分割在未来发展中，最危险的一种趋势莫过于优势阶层中形成若干相对独立的利益集团，在制度变迁中注入消极、保守的因素，甚至阻碍制度变迁的发生，使分割以现有的态势继续深化，最终使阶层分化演变为阶层固化。利益集团是"在社会中提出特定要求，具有共同态度的集团"①，它们"力图对政府、对人口中的某些部分以及整个社会施加影响"②。利益集团的一个突出特点在于其"效用目标"的有限性：它们会向其他社会成员和国家提出要求，但他们一般只就本集团的具体利益和社会地位提出要求和看法。转型时期优势阶层中所形成的利益集团具有结构性利益集团特征，即将政府主导原则内化于组织本身，兼具表达国家意志、公共利益和群体利益的要求，大多内生于政府体制之中，是政府实现社会管理的手段之一。③ 这些利益集团以功能社团型利益集团、行业主管机构型利益集团以及垄断国企型利益集团为代表，在它们依靠与行政权力的特殊关系过分追逐群体利益而明显背离公

---

① ［美］杜鲁门：《政治过程——政治利益与公共舆论》，陈尧译，天津人民出版社 2005 年版，第 41 页。

② ［英］密利本德：《英国资本主义民主制》，博铨、向东译，商务印书馆 1988 年版，第 79 页。

③ 潘秀珍：《利益集团参与我国公共政策制定过程的困境》，《新疆社科论坛》2006 年第 2 期，第 37 页。

共利益、国家利益时，它们又异化为"特殊利益集团"，即通过不正当、非法手段与决策权力建立紧密关系、对政策制定和实施具有实质性影响力的利益集团的趋势。[①] 在劳动力市场中，特殊利益集团的行为突出表现为"裙带式"内部劳动力市场的构建，即通过血缘与特殊社会关系使用劳动力，阻碍其他劳动力流入，并以内部规则取代公平竞争与择优选拔的机制。目前，"裙带式"的内部劳动力市场在某些领域或行业甚至已经演化为职业世袭，如果不加遏制，阶层的流动性必将减弱，阶层固化将不可避免。

最后，劳动力市场分割未来向何种趋势发展，以下几个因素起到决定作用。一是政府必须克服自身利益最大化的取向，这就要求公务员阶层保持廉洁作风，整个"体制内"阶层也须在劳动力市场中保持必要的流动性，并且不断消解本阶层利益集团化的倾向；二是国家在改革继续深入的决策过程中不能被利益集团所绑架，制度的产生过程必须民主化、公开化，执行过程必须公平公正；三是保证不同阶层的劳动者平等参与政治的权利，使他们在制度变迁的过程中都有能力维护自身利益；四是在劳动力市场中必须保持劳动与资本力量的相对平衡与不同阶层劳动者力量的相对平衡，特别是在收入水平上，使劳动收入与资本收入维持在一个合理的相对水平上，也要使不同部门、不同行业的劳动者收入差距维持在一个相对合理的水平上，这也是最根本的决定因素。

第四节　中国劳动力市场分割的二重形态

一、外生形态：SSA 劳动力市场分割四个历史阶段特征

中国劳动力市场分割的二重形态是由中国在改革开放的同时坚持生产资料公有制为主体基本经济制度所决定的。中国在坚持社会主义制

---

① 杨少星：《中国转型时期的利益集团及其治理》，吉林大学博士学位论文，2010 年，第 58 页。

度的前提下实现了由计划经济向市场经济的体制转变，并通过对外开放参与到世界分工体系中来。作为全球化时代下世界市场的重要组成部分，在劳动力市场分割的形态上不可避免地体现出资本主义的一般性。而中国的城乡二元经济社会结构与实施改革开放战略的特殊时间节点，使中国劳动力市场分割在外生形态上将市场经济漫长发展历程中的一般性压缩呈现，同时展现出劳动力市场分割四个历史阶段的特征，而在具体形式上与之又有显著的区别。

在无产阶级化时代一个最显著的特征是，大量纯粹依靠出卖劳动力为生的产业工人逐渐形成。从20世纪90年代初开始，随着我国城市建设与劳动密集型产业的迅速扩张，大量农村剩余劳动力开始涌入城市就业，逐渐发展为完全依靠或主要依靠务工收入生存的"农民工"阶层。同时，在现有的城乡二元户籍体制下，他们无法获取城市户口，却因此保留了农村居民身份和自家承包地，仍旧或多或少地拥有一部分生产资料，不属于严格意义上的"无产阶级"。"农民工"的形成源于20世纪70年代末农村生产经营制度改革对生产率的大幅促进，使得大量农村剩余劳动力在如此短时间内释放出来。除了以"离土不离乡"的形式在乡镇企业中就地转移的部分，越来越多的农村剩余劳动力加入迁徙进城务工的队伍中，他们所从事的行业，大多以劳动密集型为主，随着出口份额在中国经济比重的日益提高，中国的"农民工"逐渐成为世界社会化大生产分工体系内的最基层，成为了世界资本主义体系下的产业工人阶层的一部分。2015年，我国"农民工"的总量已达2亿7747万人①，但目前仍有数量相当的农村剩余劳动力有待转移，加之短期内国际分工格局不会显著改变，因此，"农民工"的队伍在未来一段时期仍将扩大。

从我国"农民工"就业的行业来看，制造业和建筑业占据了主体地位，这两个行业又是劳动密集型行业最典型的代表，尤其是制造业，

---

① 国家统计局：《2015年农民工监测调查报告》，2016年4月28日，见http://www.stats.gov.cn/tjsj/zxfb/201604/t20160428_1349713.html。

对劳动力需求数量大、质量要求不高，生产的产品也大多属于低技术含量、低附加值的低端产品，甚至仅仅进行成品的组装。在这样的生产条件下，对劳动力分工与协作的利用，往往成为提升效率的最主要方式，因此，由整体工人变为局部工人的同质化进程在中国劳动密集型产业起步伊始便拉开了序幕，中国的"农民工"阶层尽管达成了与世界无产阶级同质化阶段完全相同的特征，但没有经历任何基于劳资双方斗争的社会历史过程，很大程度上是外生因素作用的结果。同质化阶段的劳动力市场分割还体现为相对过剩人口与产业后备军的形成，而我国 2010 年前后所经历的"返乡潮"正是其最典型的体现。在 2008 年美国金融危机进一步发展成为世界经济危机之后，"农民工"较为集中的几个行业受到了剧烈冲击，据农业部 2009 年 1 月统计，因无法继续就业而提前返乡的"农民工"数量约 2000 万人以上，占"农民工"就业总量的15% 左右。[①] 这部分失业人口，构成了世界范围内产业后备军的主力。

在 20 世纪 90 年代中期的国有企业产权制度改革浪潮中，建立现代企业制度成为一项最重要的任务。以国有企业为先导，全国大中型企业在实际操作中纷纷以第二次世界大战后欧美国家普遍采用的科层制企业为蓝本进行改造。而在这些国家的实践中，科层制企业正是以契约和官僚控制对劳动力进行约束与分化，从而形成劳动力市场分割。实际上，任何一种来自西方资本主义国家的企业制度都具有二重性，它既体现出现代产权制度的一般特征，也蕴含着资本主义生产关系的特性。[②] 这种一般意义上的"现代企业制度"，在逻辑上是与商品经济一般、市场经济一般同等的概念，它只是一种一般意义上的资本组织形式、企业构造方式，在理论上是可以与特定所有制关系剥离的，它并不要求必须与一定的所有制基础相联系。而在具体层面上，诸如企业的治理结构与组织形式等，则是由现实的某种生产关系、某种产权基础发展而来，科层制

---

① 侯东民等:《从"民工荒"到"返乡潮"：中国的刘易斯拐点到来了吗?》,《人口研究》2009 年第 2 期, 第 34 页。

② 毛立言:《关于现代企业制度的新思考》,《经济纵横》2012 年第 11 期, 第 15 页。

的产生与完善完全是基于资本在企业内部对劳动强化控制的内在要求，是资本主义生产关系的特定产物。因此，这种从属于具体经济制度下的组织形式的引入，在某种程度上造就了一个以企业一线员工为主体的次级劳动力市场。

最后，随着全球化的深入发展，大量跨国公司在改革开放后相继进军中国市场。截至 2015 年，我国已吸收外资达到 1262.67 亿美元①，作为全球研究与开发活动的主要承担者，跨国公司已不仅仅将中国作为生产基地，他们还将一些研发环节也转移到中国境内，以中国本土的员工为基干组建起子公司。但是，跨国公司的总部依然具有绝对的控制力，他们拥有原始的研发平台、完善的专利体系以及发达的信息技术，并且借助互联网等现代化的通讯手段，在投资方向上握有绝对主动权。更重要的一点是，跨国公司总部还具有绝对的人才优势——荟萃了母国乃至全世界最顶尖的技术专家，使技术专家控制下的劳动力市场空间化得以实现。

二、内生形态：两类主要的分割形式

中国劳动力市场分割的内生形态是国家改革开放战略主导下，由根植于国内的体制结构及其变迁决定的。内生形态分为两种：一种是空间维度的分割，以城乡分割和地域分割为代表；另一种是门类维度的分割，以部门分割和行业分割为代表。

城乡分割是空间维度分割的典型形式，它源于计划经济时代的城乡二元体制，城乡不均衡的发展模式使得城市人口与农村人口享受着完全不对等的社会经济文化资源。尤其是在二元户籍体制下，农村人口被牢牢禁锢在农业部门，城乡之间的劳动力流动总体上处于隔绝状态。在20 世纪 70 年代末，政府开始允许知识青年返城以及有限度的户籍"农转非"，之后，逐渐放开农民有条件地进入小城镇务工经商。经过 20 世

---

① 国家统计局：《中国统计年鉴 2016》，见 http://www.stats.gov.cn/tjsj/ndsj/2016/indexch. htm。

纪 80 年代末 90 年代初的几次整顿，城乡之间的流动就业在制度上逐渐走向规范化，但由于受到国有企业下岗职工再就业的影响，农民进城务工直到进入本世纪以后才大规模出现。当前，随着产业结构的升级与城市化的深入，一些中小城市已经允许在本地就业达到一定年限或是拥有一定技能水平的农民进城落户，与此同时，社会保障体制的深入改革特别是社保覆盖面的不断扩大，也使二元户籍体制进一步松动，城乡之间的劳动力市场分割已经大大减弱。但是，由于城乡统一的户籍制度依旧没有完全建立起来，多数农村劳动力和他们的家属得不到城市永久居住的法律认可，加上定居城市的成本不断高企，因此，政策上的局部松动也不可能解决农民进城定居的所有后顾之忧，因而城乡之间的劳动力市场分割状况目前依然存在，并且短时间内不可能完全消除。

地域分割与城乡分割在本质上是一致的，都是给予某个空间范围内的劳动者在就业方面的超经济特权，地域分割不仅包括城乡分割，也包括不同行政区划之间的分割和本地与外地的分割。不同行政区划之间的分割同样源于计划体制，新增劳动力往往只在所属地域内调配，劳动者没有跨区择业的自由，在改革开放后，由于国家采取了地区间不平衡发展的战略，发达地区、沿海地区得到了特有的政策扶持，吸引了大批人才流入，这种分割形式得到了一定程度的消解，但同时，这些地区在优势资源的支持下，使得劣势地区的劳动力进入成本不断增大，竞争力逐渐减弱，劳动力流入在一定程度上被削弱。本地与外地的分割是不同行政区划之间分割的集中反映，它不仅和计划体制相关，也和市场化改革中的地方保护主义相关。一些企事业单位在用工招聘过程中明确要求或变相要求应聘者为本地居民，即使在已招录的员工当中，也给予本地和外来员工有差别的工资和福利待遇。在 90 年代中期的国企职工分流过程中，一些省、自治区、直辖市出于保护本地居民的就业机会，甚至在文件中要求某些部门、行业限制招聘外地劳动力。[1] 在近几年，类似

---

[1]　参见上海市人民政府：《上海市单位使用和聘用外地劳动力分类管理办法》，沪劳就发 [1995] 第 5 号，1995 年 2 月 13 日发布。

的就业地方保护主义在北京、上海、广州等一线特大城市愈演愈烈，本地户籍、生源等先天条件甚至成为在这些地区某些部门或行业立足的唯一"敲门砖"。

　　部门分割是门类维度分割的典型形式，一些文献将部门分割称为"所有制分割"或"体制分割"，严格来讲是欠妥的。部门分割既强调了由于公有制、非公有制的所有制类型不同所造成的分割，也强调了由于行政、市场体制的管理运作方式差异所造成的分割，同时还强调了"所有制"隔断内部由于单位类别不同造成的分割。如果仅在最一般的意义上划分，可以把劳动力市场中所有的部门笼统地划分为"体制内"与"体制外"两大部分。如果在此基础上进一步细化，可以将党政机关、事业单位以及国有企业视为构成"体制内"的三个主要部门；将外资与中外合资企业、集体与混合所有制企业以及私营企业视为构成"体制外"的三个主要部门。部门分割起源于 20 世纪 80 年代末 90 年代初陆续展开的国企改革、人事制度改革与就业体制改革。国有企业通过产权制度多元化，分化出了混合所有制企业和私营企业两个部门，并在之后逐渐让出一般竞争性领域，向优势行业及领域收缩，同时对国民经济的整体控制力进一步增强；党政机关和事业单位在人事招录上开始实行公开考试制度，结束了定向分配，它们握有改革主动权和社会经济资源分配权，前期的改革没有触动这些部门的利益，反而巩固了这些部门从业人员在社会阶层中的优势地位；而分割的终极推手，是 1996 年开始的高校毕业生分配制度逐步退出，高校毕业生作为高端劳动力市场的主体，开始自主择业，实行劳动力供需两方的"双向选择"，无论是"体制内"部门还是"体制外"部门，都形成了一个形式上自由的劳动力市场，并在自身地位与资源差异的基础上形成分割。

　　行业分割与部门分割有很大部分的交集，主要是因为近年来国有经济成分在某些行业中已经形成垄断或近似垄断的地位。它既带有计划经济体制下条块分割的痕迹，又与改革开放后我国的产业政策调整和特殊的市场结构密切相关。劳动力市场的行业分割，除了导致部门分割的因素以外，还来源于行业准入政策或市场准入制度，即政府针对特定经济领域不同主体在货物、劳务和资本等方面进入市场的一种许可制度。作为产业政策的重要内容之一，市场准入标准的确定取决于政府管理经济的方式和意图，它包括两方面的限制：一是针对进入所有经济领域企业的资质，如信誉、资本、技术条件等；二是针对市场结构而言，改革开放前国有企业在某些行业效率低下，这些行业通过放宽市场准入限制，鼓励资质好的非国有企业进入，以增强竞争并提升经济效益。[①] 但是，政府限制非国有经济进入一些行业，这些行业既有一些带有天然垄断性质，也有一些关乎国家经济命脉，由基本经济制度决定了它们的垄断状态。这些垄断行业，凭借市场中的特权获得了高于竞争性行业的收入及福利水平，排斥其他部门的劳动力流入，导致就业机会的不平等，从而产生隔断。

三、二重形态的互动与演变的阶段性

在理清中国劳动力市场分割的四种外生形态和两类内生形态之后，还必须要搞清楚内生形态与外生形态之间是一种怎样的关联，抑或是二者在互动过程中遵循怎样的机制。这种关联或机制又是两方面的。一方面，内生形态的作用为外生形态的出现创造了必要条件。分割的内生形态产生于中国转型期间的复杂国情，是国内制度体系独立作用的结果；分割的外生形态既源于当代资本主义发展的新形势、新特点，也源于这些新形势、新特点对国内劳动力市场的影响和渗透，是全球化进程主导下，世界和国内两种不同的制度体系交互作用的结果。具体来看，以城乡分割为代表的空间维度分割，造就了城乡两种特点截然不同的劳动力，城市劳动力普遍受教育水平和生活水平较高，具有较高的劳动力价值，更易于从事高水平脑力劳动；农村劳动力通常具有极低的受教育水平和生活水平，极低的劳动力价值决定了他们在离开农业生产之后，只

---

① 陈桢：《经济增长的就业效应研究：基于经济转型与结构调整视角下的分析》，经济管理出版社 2007 年版，第 165 页。

能从事技术简单的体力劳动。这样，城乡的劳动力市场分割事实上为"准无产阶级化"的"农民工"出现提供了可能，并使他们在劳动过程中被不断地同质化。以部门分割为代表的门类维度分割，把整个劳动者队伍一分为二，进入"体制内"各部门的劳动者处于国家力量的保护之中，就业稳定并且享有较高的社会福利；"体制外"各部门的劳动者被分离出来，总体上受到市场规律支配，并且和全球化时代的劳动力配置结构接轨，在职业阶梯和就业地域上被一步步分化。另一方面，外生形态在发育成熟后对内生形态产生反作用，对内生形态进行消解的同时引起内生形态的变异。具体来看，处于"准无产阶级化"与同质化双重趋势下的"农民工"阶层在城市和发达地区的就业日趋常态化，客观上要求他们在城市定居下来并具有市民身份，使城乡劳动力市场之间的分割界限日益模糊，但是"农民工"特别是新生代"农民工"市民化之后依旧缺乏身份上的认同，在劳动力市场中仍将处于一个不利的隔断。分割化与空间化状态下的劣势隔断不断发展壮大，将对优势隔断特别是"体制内"部门构成竞争与挑战，使其被迫更多地去除行政因素，客观上减弱国家力量对这部分劳动者的保护力度，但同时也逆向激励变异的分割形态从中产生。从本质上讲，这是两种制度体系之间不可调和的矛盾作用于劳动力市场的必然结果。

内生形态与外生形态的互动机制造成了它们在时间范围内大体上相互对应的同时，还体现出一定的阶段性演变特征。这种阶段性演变，部分地来源于内生与外生具体形态出现的先后次序，也来源于内生与外生形态相对地位的变化和二者之间的主要表现形式。如图 3.2 所示，单从二重形态出现的历史次序来看，农村改革在前，城乡之间的劳动力流动率先开始，跨越城乡边界的劳动力市场也最先形成，因而城乡分割（地域分割）较早出现，与农民进城就业密切相关的准无产阶级化、同质化也较早出现；以国有企业改革为核心的城市改革在后，部门与行业之间的劳动力流动较晚开始，横跨门类的统一的劳动力市场较晚形成，因而部门分割（行业分割）较晚出现，与企业组织和行业地理布局密切相关的分割化、空间化亦较晚出现。如果将两类内生形态与和它们相对应的外生形态并联，并结合其各自出现的历史次序、相对地位和主要表现形式来看，中国劳动力市场分割形态演变的总体进程可以比较清晰地归为三个阶段：

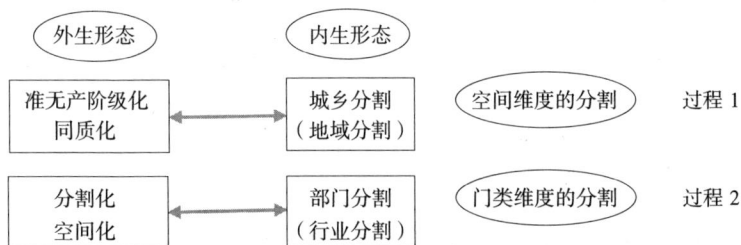

图 3.2 劳动力市场分割的二重形态及其互动

第一阶段从 1978 年开始，以家庭联产承包责任制的出现为标志，它代表了农村经营体制的根本性转变，开始以生产力的快速发展解放农村剩余劳动力，到 1993 年结束。这一阶段的分割体现出完全的内生形态，同时，由于对外开放尚未全面展开，因此外生形态仍在孕育之中，图 3.2 中的"过程 1"表示了这一阶段的特征，它代表了中国劳动力市场分割的初始形态。

第二阶段从 1993 年开始，以党的十四届三中全会通过《中共中央关于建立社会主义市场经济体制若干问题的决定》为标志，它代表了计划与市场开始并轨，劳动力在社会各个部门、各个行业之间开始按照市场规则进行配置，到 2002 年结束。这一阶段的分割体现出内生形态主导、外生形态成长的特征，也表现为图 3.2 中"过程 1"持续、"过程 2"出现并开始发展，它代表了中国劳动力市场分割的成熟形态。

第三阶段从 2002 年开始，以稍早时的中国加入世界贸易组织以及稍晚时的党的十六届三中全会通过《中共中央关于完善社会主义市场经济体制若干问题的决定》为标志，它代表了中国市场开始与世界市场并轨，劳动力资源配置的市场化进一步深入，这一阶段一直延续到现在。这一阶段的分割体现出内生形态主导，外生形态进一步成长，并对内生形态产生冲击、消解的特征，也表现为图 3.2 中"过程 1"持续并趋于减弱、"过程 2"进一步发展，它是中国劳动力市场分割的变异形态。

接下来，我们对分割的形成机制的研究将由"静态"视角转入"动态"视角，开始对分割形态演变的三个阶段逐一进行分析。

第四章　中国劳动力市场分割的初始形态

中国劳动力市场分割的初始形态，在劳动力市场尚未形成的计划经济时代就已开始孕育。在新中国成立之初的 30 年里，面对落后的国内现状与严峻的国际形势，中国选择了优先发展重工业与进口替代的赶超战略，并构建起适应于这一战略的经济社会制度体系，从而形成了以城乡二元体制为基础的劳动力计划调配模式。劳动力计划调配为这一时期国家的积累作出了巨大贡献，但自身也存在着深刻矛盾，终于在其弊端日益显现的 20 世纪 70 年代末开始解体。与此同时，我国选择了改革开放的总体发展战略，在改革开放初期，既服从计划需要，也适应市场规律的制度体系逐渐取代原有的制度体系，中国的劳动力市场开始进入发育过程，劳动力市场分割的内生形态开始展现。本章旨在探讨三个问题：一是中国劳动力市场分割的内部渊源究竟在哪里，哪些制度因素支撑起分割赖以存在的初始外部环境？二是在劳动力市场的培育阶段，国家对促进劳动力流动进行了哪些尝试，对分割的形成有何作用？三是在实证层面上对这一时期劳动力市场城乡分割进行测度，并对旨在培育劳动力市场的政策措施效果进行检验。

第一节　改革开放前的劳动力计划调配

一、实施劳动力计划调配的历史必然性

新中国成立后，开启工业化，实现由贫穷落后向富裕发达的历史转变，成为全国上下最为紧迫的任务。在工业化道路的选取上，出现了

两个截然不同的选项：一是完全遵循"农、轻、重"自然顺序的"演进型"工业化，它依靠个人或私有企业发动，以提高生产率为目的，依靠市场机制进行调节，发展速度、产业进化、产品选择与要素配置均由市场运作实现，起步于发展消费品工业，逐渐向发展重工业推进，并统筹国内与国际两个市场；二是颠倒上述自然次序的"革命型"工业化，它由国家发动，排斥私人参与，以实现快速积累为目的，以中央计划代替市场机制进行资源配置，以城市为主导，优先发展重工业并实行贸易保护政策达到自给自足。[1] 中国共产党在当时特殊的历史背景下，选择了后者，并在此基础上形成了以"赶超"为特征的发展战略。所谓赶超战略，特指采取扭曲产品和要素价格的办法和以计划制度代替市场机制的制度安排，提高国家动员资源的能力，以突破资金极为稀缺的比较劣势对资金密集型产业发展的制约，使资金密集型产业能够在很低的起点上得以发展，进而通过短时间内的突飞猛进，使产业结构达到先行发达国家水平的战略，它由优先发展重工业和实施进口替代两部分组成。[2] 在赶超战略的引导下，我国在政治、经济、社会领域构建起了一整套完备的计划体系，劳动力计划调配成为最为重要的一环。劳动力的计划调配具有以下特征：一是国家包揽全社会劳动者就业，农村范围内以务农为主，城市范围内则由国家统一分配安排工作，个人无须自谋职业；二是企业、事业与党政机关部门均采取基于"单位"的单一固定化用工方式，不允许随意招工，也不允许随意辞退，一旦进入某个单位就业，就等于拥有"铁饭碗"；三是对劳动力在不同地区及不同部门之间的余缺调剂和调配，由劳动部门按照用工计划统一安排；四是统一工资标准，干部和工程技术人员实行职务工资制，工人普遍实行八级工资制，并严格按照标准实行；五是实行城镇居民就业优先，限制农村劳动力进城就

---

① 胡鞍钢：《中国政治经济史论（1949—1976）》（第 2 版），清华大学出版社 2008 年版，第 98 页。

② 林毅夫等：《赶超战略的再反思及可供替代的比较优势战略》，《战略与管理》1995 年第 3 期，第 1 页。

业，只有城镇劳动力供给严重不足的情形下才有所放松。

劳动力计划调配的实行，和它所属的计划经济体制一样，具有历史必然性。从宏观上看，劳动力作为当时中国经济建设中最为重要的生产要素之一，势必和整个国民经济发展所要求的资源配置方式相一致，而后者的选取，又是和当时的赶超战略相匹配，取决于中国工业化伊始的国内、国际客观条件。一方面，中国经历长期战乱，经济发展起点十分低下，工业基础十分薄弱且畸形发展；虽然拥有丰富的人口资源，但人力资本严重短缺，人口与自然资源矛盾尖锐；巨大的二元社会与地区差异造就了发展完全不平衡的城乡与地域经济水平。这些都使得中国无法在短时间内通过产业结构的自然发展实现"演进型"的工业化，迫切的富强愿望也使得国家不大可能承受经济社会自然演进带来的长期继续处于贫穷落后状态的发展成本。另一方面，中国作为新生的社会主义大国，从诞生之日起就受到世界帝国主义列强的敌视与包围，以美国为首的西方资本主义国家对新中国在经济上实行长期的封锁和禁运，使中国无法从发达国家获得资金与技术支持；此外也出于保卫国家安全、巩固人民民主专政、防止敌对势力渗透的目的，中国也只能选择自力更生而非自由开放。这些因素再加上意识形态的作用，中国的经济建设对苏联的理论和模式无可避免地产生依赖，自然会走上苏联曾经采用并且在当时证明比较成功的"革命型"工业化道路。从微观上看，劳动力采用计划调配也的确促进了国民经济计划的顺利实施，是短时间内达成快速积累的不二选择。首先，国家对全社会就业的包揽从某种程度上达到了对人力资源最大限度的利用，名义上消灭了失业现象，也消灭了失业带来的经济社会成本；从劳动者角度出发，他们也能够全身心地投入工作中并获得相对稳定的工资与福利，能够相当程度地促进效率的提升。其次，对工作按照部门、行业、工种与岗位不同进行有针对性的计划配置，最大限度地控制了劳动力无序流动，也消灭了由此产生的无谓的社会资源浪费，这样做虽然不能百分百人尽其才，但至少把人员与职位间不匹配所产生的摩擦成本降到了最低。再次，固定的用工与工资福利制度避免了劳动力在相同部门不同单位或同级单位不同部门之间的流动，在人力资本存量普遍不高的情况下也能够一定程度上促进劳动者技能与生产力的改进，使企业培养出一大批业务骨干和熟练工人，同时又能大大降低管理成本。最后，城乡二元的劳动力就业模式从根本上保证了工业化所需的资金积累。留有大量充足的劳动力从事农业生产，使得国家能够通过"剪刀差"压低农产品价格源源不断地获取收益，支撑起庞大的工业体系建设；加上 20 世纪 50 年代早期中国的粮食产量十分低下，当时还没有大规模的粮食征收制度，限制农民进城就业在保证粮食供给的同时也产生了降低城市人口粮食需求的双重效果。①

二、劳动力计划调配的制度根基：户籍、就业分配与工资福利

劳动力计划调配并非一个自上而下的独立存在的体系，它的有效运转，依赖于其他各个经济、政治与社会体制的存在，这一系列体制因素主要包括户籍、就业分配与工资福利三方面。户籍制度塑造出城乡二元的劳动力流转特征，实现了劳动力以城乡为界限的分隔，是达成劳动力计划调配的基础制度；就业分配制度最终完成对全社会范围内劳动力的行政配置，是达成劳动力计划调配的核心制度；工资福利制度在城市的各个部门内完成了对劳动力在价值上的划分，并且把劳动者冻结在特定的岗位等级和工作单元范围内，是达成劳动力计划调配的辅助性和补充性制度。

新中国成立之初，为了保证赶超战略的实施，中国实行了城乡二元的户籍制度。城市劳动就业制度、城市倾斜的社会保障制度、基本消费品供应的票证制度和排他性的城市福利体制均与之配套。②1951 年 7 月，经政务院批准，公安部颁布实施《城市户口管理暂行条例》。③《条例》规定，户口管理一律由人民公安机关执行。户口变动时，户主须按

---

①   D. Perkins and S. Yusuf, *Rural Development in China*, Baltimore：Johns Hopkins University Press, 1984, pp.23-28.

②   蔡昉等：《劳动力流动的政治经济学》，上海三联书店 2003 年版，第 2—3 页。

③   公安部：《城市户口管理暂行条例》，1951 年 7 月 16 日公安部公布，2004 年 9 月失效。

规定办理手续。其颁布实施标志着在新中国城市户口管理制度的建立。1955年6月，国务院发出了《关于建立经常户口登记制度的指示》，着重解决农村的户口登记管理问题。[①] 该文件规定，全国户口登记行政由内务部和县级以上人民委员会的民政部门主管，从而在形式上建立起了覆盖城乡的户口管理制度。户口制度真正成为限制城乡人口流动的工具是在1958年至1978年这20年间。新中国成立初期，城镇人口的增加，加剧了粮食供应的紧张，也使城镇的住房、交通、就医、就学、就业等问题越来越突出，从而对经济和社会造成很大压力。从20世纪50年代后期开始，中央多次出台类似文件，严格控制城乡间人口迁移，特别是极力限制农民向城市迁移并落户，同时先后发动了几次政治色彩浓厚的大量城市居民迁入农村的逆城市化运动。为了保证这一举措，中央对同户口相关的农产品建立起统购统销制度，供应上同人们的户口挂钩，并发放布票、油票、糖票等相应的票证，实行定期定量供应。作为农村居民，自产粮成为主要粮食来源，即便来到城镇，也必须自带粮食，或是按农村粮食统购统销的规定换取地方粮票或全国通用粮票。城乡居民福利待遇的不平等还体现在就业与社会保障差别的出现。1950年开始在全国农村进行的土地改革运动，使得一定区域范围内每个农村居民分得相同面积的土地，实际上把农村劳动力限定在本地第一产业就业。1952年，中央人民政府、政务院发布的《关于劳动就业问题的决定》要求，国营、私营企业需要雇佣人员要预先提出用人单位和待遇，由劳动部门审查，并由劳动局所属的劳动力调配机构统一介绍，在指定的失业人员中选择，不经批准，不得自由招雇。并特别规定不得到外地或乡村招雇，严格制止从农村招工。[②] 同年，劳动部全国总工会颁布《中华人民共和国劳动保险条例》，规定全国广大职工在生、老、病、死、伤、残，暂时或永久地丧失劳动能力时，可以得到生活保障。同时，他们供养的

---

① 国务院:《关于建立经常户口登记制度的指示》，1955年6月9日国务院全体会议第十一次会议通过，1955年6月22日发布。

② 《建国以来重要文献选编》(第3册)，中央文献出版社2011年版，第252—260页。

直系亲属也可享受到一定的保险待遇。① 而农村居民的福利和社会保障制度建设始终没有提到各级政府的议事日程。至此，中国劳动力的城乡隔离效应开始不断显现并日趋强化。

对劳动力的就业分配主要是面向各级学校的毕业生而言。从新中国成立后到 1983 年，国家劳动部门对各级学校毕业生长期采取"统包统配"的就业分配政策。"统包统配"即根据学校的属性，由各个学校的主管部门统一分配。中央部委下属各级学校的毕业生统一由该部委分配到下属各单位，地方院校的毕业生统一由地方政府分配到本地下属单位。通常的做法是由人事部门根据本届毕业生人数及下属单位的需求情况，制订毕业生分配方案，分别下达到学校和用人单位，再由学校制定具体的分配计划，把某个学生分配到某个用人单位。毕业生通常按照户籍所在地进行分配，多数被分配回原籍工作，原则上无法跨地区、跨部门分配。毕业生和用人单位之间互不了解，但是必须服从主管部门下达的分配计划。② 劳动力就业分配也伴随着对劳动力在不同地区及不同部门之间的余缺调剂和调配，这也是由劳动部门统一计划实施的。企业招收工人、技工学校招收学生，必须由劳动部门统一安排；企业劳动力的余缺调剂，主要由产业主管部门在本系统内负责调剂解决，出于避免同类职工相向调动和远距离调动产生的浪费，此类调剂由劳动部门进行地区平衡；各地区之间的劳动力调剂，由劳动部门统一组织进行；此外，各地区各部门都要根据国家批准的劳动计划，编制本地区和本部门的劳动力平衡计划，使劳动力调配有计划地进行。③ 这种分配、调配的优点在于：一是维护了国家计划的稳定性与权威性，一定程度上缓解了人才领域的供需矛盾；二是在各类人才总体紧缺的情况下，保证了国家重点建设单位以及边远、艰苦地区的人才需求；三是分配方法简单、速度

① 《建国以来重要文献选编》（第 2 册），中央文献出版社 2011 年版，第 51—66 页。

② 杨德广：《中国大学毕业生就业制度变迁分析》，《当代青年研究》1997 年第 Z1 期，第 9 页。

③ 李亚伯：《中国劳动力市场发育论纲》，江西财经大学博士学位论文，2003 年，第 33 页。

快、没有复杂的中间环节，不影响毕业生的正常学业。但是也由此产生了由于专业不对口导致的人力资源浪费，以及学校教育体制改革长期滞后等负面作用。

工资福利制度从直观上看和劳动力计划调配没什么联系，但其通过划分劳动力价值与稳定劳动者生产生活秩序，是计划调配得以实现并延续的重要补充措施。多年来，国有企事业单位奉行基于年资而非绩效的统一工资标准，客观上减少了初始调配中的阻力并大大降低了管理成本。[1]1956年，国务院发布了《关于工资改革的决定》[2]，在全国范围内进行了历史上规模最大的工资改革。这次改革有以下几个主要内容：一是取消了原有的工资分制度，在全国范围内统一实行货币工资制。二是调整和改进了工资关系。根据各产业在国民经济中的重要性及技术复杂程度、劳动条件的差异等因素，调整了产业间的工资差距，在产业内部企业之间，以及在同一企业内部的不同工种间，规定了不同的工资标准。三是改进了企业职员和工人的工资等级制度。企业干部和工程技术人员实行职务工资制，同一职务划分为若干等级，根据个人的德、才、资情况评定相应的等级；工人实行8级工资制，按技术等级进行考工升级。四是改进了国家机关和事业单位的职务工资等级制度，采取了由30个等级组成的、一职数级上下交叉的"一条龙"形式的工资标准。五是根据各地物价及生活水平的不同，将全国划分为不同的工资区，建立了工资区类别制度。这次工资改革，基本上形成了计划时代传统的工资制度，从这次改革直至1976年，期间尽管曾经出现过一些反复，但这一制度一直被保留下来，也没有进行调资升级，工资水平基本上处于冻结状态。[3]工资与福利的"互补搭配"出现也绝非偶然，在赶超战略与短缺经济的背景下，全行业工资水平必然低下，为了

---

① J. Knight and L. Song, *Towards a Labour Market in China*, Oxford：Oxford University Press, 2005, p.16.

② 《建国以来重要文献选编》（第8册），中央文献出版社2011年版，第319—323页。

③ 李亚伯：《中国劳动力市场发育论纲》，江西财经大学博士学位论文，2003年，第33页。

维持一定的生活水平，就需要依靠"高福利"进行弥补。福利是基于以"单位"为特征的工作组织形式出现的。中国的"单位"并非一个严格意义上的经济组织，而是一个社会机构，或者更具有"社区"的特征，也是福利发放的最基层单元。① 单位内部的工作福利分为两类：一类是为职工及其家属提供的后勤与生活保障，如住房、幼儿入托、食堂、上下班交通补贴、冬季取暖补贴、产假、家庭生活困难补助等；另一类则是无形的就业与职业保障，比如"铁饭碗"的就业潜规则、以职工子弟学校名义出现的职业教育机构以及子女"顶替"父母在原单位就业的形式。②

三、劳动力计划调配造就了分割的原生形态

劳动力计划调配虽然在计划经济体制下发挥了相当重要的积极作用，但其固有的内在缺陷也日益明显地表现出来。一是人为堵塞农民的非农就业渠道，造就了城乡之间隔绝的状态。从世界范围内看，发展中国家城乡之间的劳动力流动，主要是从农村到城市，而中国在赶超战略下恰恰是反其道而行之。从 20 世纪 50 年代中期开始，国家对农民进城日益加紧限制，甚至在某些特殊时期通过行政命令或政治运动往农村疏散城市人口，使得中国的城镇人口比重在 1957 年至 1978 年的 22 年间仅仅增长了 2.53 个百分点，并且在许多年份呈下降趋势。③ 农村人口进城就业的渠道仅剩两条：要么通过报名参军，等待复员后进行转业分配；要么通过高考接受高等教育，以知识分子的身份由国家分配就业。无论哪个渠道，最终能够在城市工作并落户的农民也是少之又少。不仅如此，在农村部门之内，国家利用户籍制度把劳动力限制在某一人民公

---

① J. Knight and L. Song, *Towards a Labour Market in China*, Oxford：Oxford University Press, 2005, p.20.

② J. Knight and L. Song, *Towards a Labour Market in China*, Oxford：Oxford University Press, 2005, p.16.

③ 国家统计局：《中国统计年鉴 1996》，见 http：//www.stats.gov.cn/tjsj/ndsj/information/zh1/c011a。

社及其所属的生产大队和生产小队，由生产队统一进行调度、指挥和管理。农民的大部分时间只能用于公社和生产队组织的集体劳动，各种私人生产经营活动几乎被取缔殆尽。这样一种明显带有城乡差别的就业政策实际上把农民摆在了国家实现积累的链条中最为被动的一环，并且剥夺了农民向非农产业索取经济剩余的权利，既违背产业发展和城市化的客观规律，也挫伤农民的生产积极性，农业生产率长期没有实质性提高，广大农村长期处于落后状态。二是排斥劳动者与用人单位之间的自由选择，导致人力资源严重浪费。人身自由是社会主义最基本的价值诉求，实现人身自由的前提是确保劳动力归劳动者本人所有，然而在劳动力计划调配模式下，劳动力的产权也采取了与生产资料公有制相适应的制度安排，使劳动者事实上不能自由占有和支配属于自己的劳动力，被剥夺了就业的自主选择权与决策权，无法根据个人的意愿和特长选择岗位。同样，用人单位尽管能够如实反映自身的劳动力需求状况，却无法控制劳动力的质量，只能被动接受劳动人事部门的配置，而后者由于受到信息不对称的影响，很难对每个劳动者的才能和偏好了如指掌。因此，分配的结果往往是劳动者被分配的工作同自己的理想、专业、特长不对口，用人单位接收的劳动者同自己亟须的人才类型不匹配，人不能尽其才，才不能尽其用。久而久之就会挫伤劳动者和用人单位双方的积极性，抑制劳动者技能和潜能的发挥，造成人才浪费。三是没有从业过程中劳动力的退出机制，致使效率低下，冗员严重。这种状态又是两方面的：一方面，劳动者自己不能自由选择辞职。劳动者在分配中往往被"一配定终身"，不仅享受有保障的工资，还有各种有形或无形的福利待遇，劳动者辞职便意味着工资与福利的丧失，并且没有相应的社会保障跟进。这样就客观上鼓励劳动者牢牢占据现有工作岗位，既不敢自愿失业，也不敢另谋职业。另一方面，用人单位特别是企业也不能自由辞退劳动者。在国家出于保障全社会人民基本生活而排斥正常失业的政策环境下，企业主动承担起了劳动力"蓄水池"的角色。在"利润全上缴，盈亏全报销"的制度下，企业对劳动力的需求是无限的，即使暂时不需要，等到企业扩大生产的时候也会产生需求，因此也不愿裁员。① 四是缺乏必要的激励措施，客观上鼓励劳动者怠工偷懒。激励与惩罚机制的缺位同工资制度密切相关。计划体制下的工资制度完全排斥劳动力的价格形态，企业没有决定工资水平、形式以及差别的权力，工资与效益及劳动者个人贡献脱节，造成平均主义和"大锅饭"的分配制度，再加上几乎没有实行过劳动考核和调级增资，使得工资长期维持在低水平。国有企业在计划时期并非完全没有激励措施，但这些激励往往停留在一些先进称号等个人荣誉上，缺少物质奖励，更没有将其与工资收入挂钩。"干多干少一个样，干好干坏一个样"必然不会激励劳动者努力工作，反而起到了奖懒罚勤的逆向激励作用，助长了在岗闲暇行为。从另一个方面看，企业不用自负盈亏，也自然不关心由职工偷懒造成的效率损失，更无必要去开发一套针对在岗闲暇的惩戒措施，即便存在这样的措施，也不愿全力执行。这样的工资与激励机制，不仅给企业带来效率损失，也抑制了劳动者的流动与职业发展倾向。五是在社会上造成了以"单位"为主体的"邦国割据"。"单位"一词直到现在仍然代表人们对工作机构的称呼，在计划经济年代，单位并非完全作为经济机构而存在，它更大程度上是一个各种功能俱全的社会组织，并带有浓厚的行政管理色彩。多年以来，单位是中国城市社会结构的基本单元，成为联系国家和社会成员的纽带，而单位制则成为中国城市管理的基本模式。国家和政府对全体社会成员，按照国家所倡导的行为规范和价值取向进行整合和控制，只需要通过控制其隶属的单位就可以实现国家计划和目标。另一方面，单位在贯彻国家整合控制的意志的同时也使得单位成员对单位产生了全面依附。② 这种依附，不仅体现在成员享受到的一切工作福利、生活福利甚至家属子女的生活与发展，都源自单位本身，也体现在成员在整个社会计划体系中的归属感与归宿感。单位对成员的控制与成员对单位

---

① 徐长玉：《中国劳动力市场培育研究》，中国社会科学出版社 2009 年版，第 74 页。

② 何重达、吕斌：《中国单位制度社会功能的变迁》，《城市问题》2007 年第 11 期，第 48 页。

的依附，使单位演变成一个个相互独立的"邦国"，成为计划经济条块分割的副产品。

　　劳动力计划调配造就了分割的原生形态。"原生形态"意指在劳动力市场形成的初始节点，分割所呈现的特殊状态。从城乡格局来看，城乡二元的劳动力配置模式隔断了农村人口进城的渠道，在跨越城乡和地区的劳动力市场形成之后，这种隔断性因素依然在起作用，逐渐发展为劳动力市场分割的第一种内生形态——城乡（地域分割）；从城市内部的格局来看，单位"邦国"体制下，劳动者和单位的硬性搭配、一岗终身以及平均化的工资分配把劳动者隔断在单位内部，在城市劳动力市场形成之后，分配就业的体制逐渐瓦解了，但其他的体制因素依然存在或仍在缓慢瓦解的过程中，它们和市场环境下的另一些体制因素综合作用，逐渐发展为劳动力市场分割的第二种内生形态——部门（行业分割）。随着改革开放的起步，农村内部的劳动力市场开始形成，城市内部的劳动力市场也在孕育中萌发，劳动力市场的城乡二元分割首先登上历史舞台，成为了分割的初始形态。

第二节　劳动力市场的发育与分割初始形态的形成

一、改革开放启动对劳动力市场的客观需求

　　20 世纪 70 年代末，中国实现了改革开放这一发展战略上的伟大转变，开始由赶超战略逐渐向比较战略过渡。这一发展战略选择上的变更，与赶超战略实施近 30 年后最终失败密切相关。从整体上看，赶超战略压抑了市场的作用，相对价格不能反映资源稀缺的程度，导致了宏观层次上产业结构高度扭曲和微观层次上的资源配置缺乏效率。具体来看，人为主观地提高储蓄和投资水平，在实践中并不构成经济增长的决定因素；农业在计划体系内被过度地抑制，没有改造成为增长的引擎；贸易保护主义导致了各个生产部门长期的技术落后，反而是自由贸易中初级产品的相对价格并没有出现恶化；政府直接干预经济不仅没有带来

效率的改进，也没有提高人民的生活水平。[1] 赶超战略的失败，其中一个重要的方面，就是位于社会经济运转枢纽环节的劳动力计划调配体系没有达到促进经济增长的效果。而根本原因，也正是在于劳动力计划调配从根本上违背特定历史阶段的经济规律，否认劳动力的商品属性，排斥劳动力的价格形态，现实中没有实行按劳分配，更不可能激发劳动者的积极性，带来效率上的提升与技术上的进步。1957 年至 1977 年的 21 年间，中国名义 GDP 从 1068 亿元上升到 3201.9 亿元，增长不到 2 倍；人均名义 GDP 仅从 168 元上升到 339 元，增长仅 1 倍；1978 年城镇居民和农村居民的恩格尔系数仍然高达 57.5% 和 67.7%，生活水平依然很低。[2] 如果考察工资收入情况，1957 年至 1977 年的 21 年间，这一数值由 264.7 元上升到 407.2 元，增长仅 53.8%，甚至有 6 个年份负增长；如果单从消费水平来看，1977 年的社会消费率（7.1%）甚至还不及 1952 年的水平（7.3%）。如此低的工资水平和消费水平不可能带来劳动者生活上实质的改善，必然不会促进效率的提高。据统计，1957 年至 1977 年，在业劳动者以货币形式计量的生产率仅由 382 元 / 人上升到 672 元 / 人，平均每年增长大约只有 3%。[3]

必须要指出的一点是，赶超战略的失败并没有立即导致比较战略的确立；相反，这两个战略的转换经历了相当长的过渡期，并且至今尚未结束。在这一时期，改革开放成为战略转变的核心内容。国家决策层实行改革开放，很大程度上是一次被动的调整：旧有发展战略没有达到预期目标，支撑这一战略的制度体系在十年"文化大革命"的冲击下支离破碎，整个社会经济体系濒临崩溃，到了非改不可的境地。当时选择改革开放的发展战略，最紧迫的任务是恢复农业、工业生产的增长，尚未形成较为明确的经济结构、产业发展目标，甚至还没有城市化的战略

---

[1] 林毅夫等：《赶超战略的再反思及可供替代的比较优势战略》，《战略与管理》1995 年第 3 期，第 4—5 页。

[2] 国家统计局：《中国统计年鉴 1996》，见 http://www.stats.gov.cn/tjsj/ndsj/information/zh1/c011a。

[3] 国家统计局：《中国统计年鉴 1988》，中国统计出版社 1988 年版，第 51 页。

构想。使农业、工业生产短时间内恢复增长，就必须在农村和城市范围内解放生产力，除了最大限度地调动物质资源外，客观上也需要国家逐步建立起一个跨越城乡、区域、部门与产业界限的劳动力市场，实现人力资源的有效流转。从直观上讲，劳动力市场的构建，是解决当时计划经济体制下农村和城市范围内剩余劳动力过度积累，实现经济快速增长的必然要求。一方面，中国的就业人口总量由 1952 年的 2.07 亿增加到 1978 年的 4.01 亿，增加了近 2 亿；第一产业从业人员数量同期由 1.73 亿增加到 2.83 亿，增加了 1.1 亿，城乡二元的户籍体制使农村吸纳了近 2/3 的劳动力，但是 1952 年至 1978 年农业产值年平均增长率还不及 3%[①]，全要素生产率甚至整体上处于不断下降的态势。[②] 因此，很容易得出农业生产中存在劳动力增加所带来的规模不经济的结论，亟须将这部分过剩的劳动力进行转移。另一方面，我国非农产业就业人口在同一时期快速膨胀，由 0.34 亿增加到 1.18 亿，增加了 2.5 倍，而以国有企业为主的工业部门在"人浮于事"的状态下，"在职失业"亦相当普遍。据世界银行估计，劳动力计划调配下国有企业在职剩余劳动力占到了全部职工人数的 20%—30%[③]，严重的冗员状况在边际生产力递减规律的作用下使生产率大打折扣。另外，20 多年来各种政治运动制造成大量城市人口往边远农村逆向迁徙，随着 20 世纪 70 年代后期这些政治运动的结束，其中大多数人选择返回城市就业，进一步增加了城市的劳动力供给。因此，再按照旧有的计划调配体系解决新增劳动力的就业问题，事实上已经无助于各部门效率的提高与经济增长，客观上需要创造出一个全新的劳动力配置方式，把城乡各个部门中剩余的劳动力解放出来，同时创造新的就业机会，才能从根本上扭转长久以来国民经济增长缓慢的局面。

---

① 国家统计局：《中国统计年鉴 1992》，中国统计出版社 1992 年版，第 56、97、101 页。

② 林毅夫：《中国经济专题》，北京大学出版社 2008 年版，第 94 页。

③ 余永跃：《中国劳动力资源配置的体制变迁：历史回顾和文献评述》，《中国人口科学》2006 年第 6 期，第 86—87 页。

二、促进劳动力市场发育的制度准备

中国劳动力市场的发育，始于 20 世纪 70 年代末启动的由计划经济向市场经济的转轨过程。到 1992 年正式提出建立社会主义市场经济体制之前的这一段时间，国家在改革开放的战略指引下，开始搭建并行于计划经济体制的市场经济制度体系。尽管这一制度体系仍旧从属于计划体制，并且处于试验阶段，但它完成了宏观制度层面的准备工作，从而奠定了中国劳动力市场发育的初步基础。在经济体制的整体定位上，陈云在 1979 年 3 月首先提出"以计划经济为主，市场调节为辅"的思想。[1]1982 年 9 月，党的十二大报告指出，市场调节是必需的、有益的，对于部分产品的生产和流通要由市场来调节，让价值规律自发地起调节作用。[2]1984 年 10 月，党的十二届三中全会通过的《中共中央关于经济体制改革的决定》进一步提出了有计划的商品经济理论[3]，并在之后的 1987 年 10 月党的十三大报告中，将其解释为计划与市场内在统一的体制，并确立了"国家调节市场，市场引导企业"的总体运行机制。[4]在此后，尽管在这一问题上出现过争论和反复，最终仍然朝着市场取向发展。

具体到农村部门来看，构建劳动力市场的根本在于解放农业生产中的剩余劳动力，而在不触动城乡二元结构的前提下，释放这部分剩余劳动力必须要依靠制度变革带动农业生产率提升，家庭联产承包责任制就恰好承担了这一角色。林毅夫基于博弈论提出，人民公社制导致的无效率在于农民的退出权被剥夺，家庭联产承包责任制反其道行之，使农民退回到了以户为单位的分散生产状态。[5]1978 年开始，中央开始实行包产到组，并于次年开始包产到户的试验，并于 1981 年开始在全国范

---

① 《三中全会以来重要文献选编》（上），人民出版社 2011 年版，第 63 页。

② 《十二大以来重要文献选编》（上），人民出版社 2011 年版，第 18 页。

③ 《十二大以来重要文献选编》（中），人民出版社 2011 年版，第 55—57 页。

④ 《十三大以来重要文献选编》（上），人民出版社 2011 年版，第 22—30 页。

⑤ J. Lin, "Collectivization and China's Agricultural Crisis in 1959-1961", in *Journal of Political Economy*, Vol.98, No.6, 1990, pp.1228-1252.

围推广，并辅之以提高农产品收购价格、恢复农村集贸市场和长途贩运等措施。这种基于家庭和集体"统分结合""双层经营"的农村家庭联产承包责任制，本质上是实现土地所有权和经营权分离，将土地的经营权划归农民所有，并重新确立农民独立经营的主体地位，实行联产计酬的分配方式。这种土地制度的变革充分调动了农民生产的积极性，农业年均增速由 1952 年至 1978 年的 2.9% 提高到 1978 至 1984 年的 7.7%，如果将增长的总量进行分解，制度变迁对产出增长的贡献高达 46%。[①]

具体到城市部门来看，构建劳动力市场的一个前提在于激发企业的活力，赋予其独立经营主体的地位。在此期间进行的企业经营体制改革正是这样一种尝试。1979 年 7 月，国务院先后出台了《关于扩大国营工业企业经营管理自主权的若干规定》[②] 等五个文件，赋予了企业在计划、销售、劳动人事、工资奖金等方面一定的自主权，并以提高经济效益为目的，推行了以"责、权、利"紧密结合的内部管理体制，一部分新增利润被划归企业用作奖励基金、福利基金或是发展基金，在此基础上又相继推出"拨改贷、利改税"。1984 年 10 月党的十二届三中全会明确提出根据所有权与经营权适当分开的原则，进一步扩大国有企业的生产经营自主权。实现企业"自主经营、自负盈亏"的相对独立的主体地位，具有自我改造和自我发展能力，成为具有一定权利和义务的法人。[③] 在"两权分离"的指导下，企业承包经营责任制于 1985 年开始实施，之后又实行了"包死基数、确保上缴、超收多留、歉收自补"的办法[④]，到 1990 年，已在绝大多数国有工业企业得到落实。总体上看，企业经营体制改革确实达到了激励效果，并使得效率提高了，但是在推广过程中缺乏必要的监督措施，致使国家作为所有者的收益蒙受了一定损失。

---

① 林毅夫：《中国经济专题》，北京大学出版社 2008 年版，第 152 页。

② 国务院：《关于扩大国营工业企业经营管理自主权的若干规定》，1979 年 7 月 13 日发布，2001 年 10 月 6 日废止。

③ 《十二大以来重要文献选编》（中），人民出版社 2011 年版，第 52—54 页。

④ 《十三大以来重要文献选编》（上），人民出版社 2011 年版，第 79—86 页。

　　除此之外，跨越城乡、地区之间的劳动力市场形成，需要增进劳动力的流动性。旨在增进或间接达成劳动力流动的制度改革或调整包括以下几个方面。一是恢复高考，高级劳动力由农村到城市之间的正常流动渠道再次畅通，尽管在之后一段时间里高校毕业生还是以国家分配就业为主，但是高考作为一个打破城乡隔离就业、实现人才流动的缺口一直保持了下来。二是城乡二元户籍制度开始松动。从 1980 年起，国家放宽了对专业技术人员在城镇落户的限制，并且逐步认可了农民进城从事个体经营，亦即不迁移户口前提下的人口流动；1984 年国家同时开始试点允许务工经商以及从事服务业的农民通过"自理口粮"到小城镇落户，成为"准城镇居民"。[①] 三是创办了一系列经济特区与开放区，先后开放了绝大多数沿海港口城市，并于 20 世纪 90 年代初开放了一大批沿边及内陆城市。在这些开放区内，通过各种优惠政策与服务，大量引进外资，创办多种所有制企业，利用其先进技术和管理经验带动全国范围的经济发展。特区与开放区经济的快速发展，使这些地区劳动力需求激增，间接地为劳动力打破城乡与地域界限，向东部沿海及发达地区的流动产生出巨大的拉力。

三、培育农村和城市劳动力市场的制度建构

　　从改革开放伊始到 20 世纪 90 年代初的这段时间，是中国劳动力市场的培育与形成期。它的一个鲜明特点是，劳动力市场的培育和形成基本上被限定在农村与城市各自范围内。农村的劳动力市场最先形成，以乡镇企业的兴起带动劳动力大量脱离直接的农业生产，进入企业成为工人为标志。城市的劳动力市场发育则较为迟滞，党政机关与企事业单位基本上沿袭了劳动力计划调配体制，仅在国有企业内部实行了旨在化解这一僵化体制的一系列制度措施。同时，随着各种非公有制经济登上历史舞台，个体户、私营企业与"三资企业"的出现，在国有部门以外构建起了一个初具规模的劳动力市场，但是总体来看，城市内部统一的劳

---

① 《十二大以来重要文献选编》（上），人民出版社 2011 年版，第 371 页。

动力市场还没有形成。

　　农村劳动力市场的形成，很大程度上得益于国家在制度上肯定了乡镇企业的经济地位，并以各种政策措施扶持其发展壮大。乡镇企业的前身是人民公社时期的社队企业。从 1979 年开始，国家改变了严格限制农民从事非农业经营的政策，开始允许农民从事家庭副业和非农业生产，并给予过剩的农业劳动力合法地转向社队企业的自由。同时，城市中的各种企业在计划控制之下逐渐有了一些对其超过生产计划部分的产品进行支配的权力，从而使得一部分生产要素从计划的缝隙流入市场并最终进入社队工业，从而使得社队工业的产品和服务流入城市企业成为可能，为被排斥在政府计划外的农村非农产业发展提供了机会。党的十一届四中全会首先提出利用社队企业的生产能力，发展农副产品加工，并利用城市工厂的设备技术进行必要的工业生产，对产、供、销采取各种形式同各级国民经济计划相衔接，并实行低税或免税政策。①1983 年中央"一号文件"中明确指出，社队企业是集体所有制经济，应该在体制改革中鼓励其健康发展。1984 年的中央"四号文件"中，将社队企业名称改为乡镇企业，并将其定位为国民经济的一支重要力量，是国营企业的重要补充。这些文件的出台奠定了乡镇企业发展的政策基础。至此，我国形成了发展乡镇企业的一个高潮。

表 4.1　1978—1991 年中国乡镇企业发展概况

指标 \ 年份	企业总数（万个）	从业人员数（万人）	增加值（亿元）	利润总额（亿元）	税金总额（亿元）
1978	152.4	2826.6	208.3	95.5	22
1979	148	2909.3	228.3	111.6	22.6
1980	142.5	2999.7	285.3	126.3	25.7
1981	133.8	2969.6	321.5	122.3	34.3
1982	136.2	3112.9	374.4	128.1	44.7

①　《三中全会以来重要文献选编》（上），人民出版社 2011 年版，第 167 页。

指标 \ 年份	企业总数（万个）	从业人员数（万人）	增加值（亿元）	利润总额（亿元）	税金总额（亿元）
1983	134.6	3234.6	408.4	136.7	58.9
1984	165	3848.1	633.2	155	79.1
1985	1222.5	6979.0	772.3	247.1	137
1986	1515.3	7937.1	873.2	328.9	177.1
1987	1750.3	8805.2	1416.4	381.1	221.8
1988	1888.2	9545.5	1742	649.7	250.3
1989	1868.6	9366.8	2083.2	675.1	288.2
1990	1873.4	9264.8	2504.3	683.5	312.8
1991	1908.7	9613.6	2972.1	814.8	365.1

资料来源：农业部乡镇企业局：《中国乡镇企业统计资料（1978—2002）》，中国农业出版社 2003 年版，第 1—17 页。

从表 4.1 中可以看出，从 1978 年至 1991 年的 13 年中，中国乡镇企业得到空前发展。企业总数由 152.4 万个增加到 1908.9 万个，增加了 11.5 倍；从业人员由 2826.6 万人增加到 9613.6 万人，增长了 2.4 倍；增加值、利润总额和税金总额分别增长了 13.3 倍、7.5 倍和 15.6 倍。更加难能可贵的是，乡镇企业以"每年都是百分之二十几的增长率"，"解决了占农村剩余劳动力百分之五十的人的出路问题"[①]。为中国劳动力市场的培育作出了突出贡献。乡镇企业之所以迅猛发展，除了充分利用市场规律，受到政策上的扶持之外，也和激发劳动者的积极主动性密切相关。企业生产经营的自主权相对较大，在分配上经营者与劳动者的经济利益结合得比较紧，企业上下都具有提高效益的动力。特别是 20 世纪 80 年代初期，在借鉴农村家庭联产承包责任制的成功经验的基础上，在企业内部广泛推行承包制，主要采取了利润分成、利润包干、超额分成等形式，试图明晰乡镇集体和企业之间的权、责、利，取得了相当不错的整体效果。

[①] 《邓小平文选》第三卷，人民出版社 1993 年版，第 238 页。

　　城市劳动力市场的培育，首先体现在国有部门人事及工资制度的调整与国家就业政策的转变。第一，在这一时期，国有企业内部普遍开始实行劳动合同制的用工制度改革。从 1980 年开始，上海、广东等地率先试行劳动合同制，到 1983 年年底，全国所有省区市均开始试行劳动合同制。在此基础上，国务院于 1986 年 7 月同时发布了包括《国营企业实行劳动合同制暂行规定》在内的劳动用工制度改革的四个重要文件，明确规定国有企业新招工人统一实行劳动合同制，至少在形式上实现了劳动力供需双方的双向选择。[1] 到 1992 年，国有经济单位和集体经济单位的合同工数量已分别达到 2058 万和 399 万，分别占到全部职工总数的 18.9% 和 11%。[2] 第二，与劳动合同制的实行相配套，国务院同时颁布了《国营企业招用工人暂行规定》以及《国营企业辞退违纪职工暂行规定》，给予企业相对更为灵活的劳动力招录与处置权力。它们明确要求企业在招工时要"面向社会，公开招收，全面考核，择优录用"，并在七种违纪情况下可以辞退职工。这两项规定在形式上使当时的国有企业具备了一定的劳动力市场主体特征，是对劳动力计划配置方式的突破。[3] 第三，在工资制度上，原有僵化工资体制也开始变得较为灵活。1985 年 1 月，国务院颁布了《关于国营企业工资改革问题的通知》，规定国营大中型企业实行职工工资总额同企业经济效益挂钩的办法，国家对企业工资开始实行分级管理的体制，不再统一安排企业职工的工资改革和调整。[4]6 月，中共中央和国务院颁布了《关于国家机关和事业单位工作人员工资制度改革问题》的通知，在上述单位内部开始实行以职务工资为主要内容的结构工资制，并且建立了正常的晋级增资制度和分级

① 《十二大以来重要文献选编》（下），人民出版社 2011 年版，第 27—44 页。

② 国家统计局：《中国统计年鉴 1996》，见 http://www.stats.gov.cn/tjsj/ndsj/information/zh1/c011a。

③ 《十二大以来重要文献选编》（下），人民出版社 2011 年版，第 35—39 页。

④ 国务院：《关于国营企业工资改革问题的通知》，国发 [1985] 2 号，1985 年 1 月 5 日发布。

管理体制。①工资制度的改革初步打破了以平均分配为特征的传统工资制度，企业在员工收入分配中获得了一定自主权，工资开始逐渐同岗位特征和劳动效率相联系，并发挥一定的劳动力资源调节作用。第四，就业分配体制也开始松动。一方面，由于知青返城就业带来的安置压力，中央于 1980 年召开的劳动工作会议上提出了新的"三结合"劳动就业方针，即提倡在国家统筹规划的指导下，实行劳动部门介绍就业、自愿组织起来就业和自谋职业相结合。这一方针把原来由国家包揽就业变为国家、集体、个人一起开拓就业门路，形成了劳动力配置的"双轨制"。另一方面，在高校毕业生的分配方式上，也采取了指令性计划与指导性计划相结合的办法，在指导性计划的落实中，普遍采取供需双方见面的方式，使"统包统配"状态下的专业不对口情况大大下降。第五，劳动力中介机构迅速发展，在 20 世纪 80 年代中期之后，以劳动服务公司为代表的职业介绍服务机构开始大量涌现，截至 1993 年年末，全国 28 个省区市已建立包括职业介绍所、人才交流中心在内的各种劳动力市场中介组织 1.8 万个，其中劳动部门建立 1.5 万个。②这些中介机构的出现，为劳动力供需双方提供了交易场所和渠道，是城市劳动力市场发育的一个重要标志。第六，作为对上述措施的一个重要补充，劳动保障制度改革也全面展开。1986 年和 1991 年，国务院分别颁布了《国营企业职工待业保险暂行规定》③和《关于企业职工养老保险制度改革的决定》④，在全国实行了待业和养老保险等费用的社会统筹制度，建立起了社会保障体系的雏形。这项改革减轻了国有企业在单位体制下兴办社会事业的负担，也缓解了日后体制内失业人员的生存压力，为日后统一的劳动力市场构建创造了条件。

---

① 中共中央、国务院：《关于国家机关和事业单位工作人员工资制度改革问题的通知》，中发〔1985〕9 号，1985 年 6 月 4 日发布。

② 徐长玉：《中国劳动力市场培育研究》，中国社会科学出版社 2009 年版，第 83 页。

③ 《十二大以来重要文献选编》（下），人民出版社 2011 年版，第 40—44 页。

④ 国务院：《关于企业职工养老保险制度改革的决定》，国发〔1991〕33 号，1991 年 6 月 26 发布。

表 4.2　1978—1992 年城镇私营企业和个体经济从业人数

时　　间	人数（万人）
1978	15.0
1980	81.4
1985	450.1
1986	483.1
1987	568.8
1988	659.3
1989	648.2
1990	670.5
1991	759.5
1992	837.9

资料来源：国家统计局：《中国统计年鉴1996》，见 http://www.stats.gov.cn/tjsj/ndsj/information/zh1/c011a。

与国有企业和党政机关、事业单位不同的是，个体经济、私营经济和外资经济等非公有制经济成分在这一时期城市范围内迅猛发展，个体户以及在私营企业、三资企业就业的劳动者数量迅速增长，在非公有制范围内已经形成了真正意义上的劳动力市场（见表4.2）。新中国成立之后曾经存在大量的个体经济成分，但是经过所有制的改造和历次政治运动，到改革开放前几乎濒临灭绝。1976 年年底，全国城镇个体工商业者仅剩 19 万人。[①]1979 年，国务院提出，可以根据市场需要，批准一些闲散劳动力从事修理、服务和手工业的个体劳动。1982 年宪法明确了国家保护个体经济的合法的权利和利益。随着此后一系列政策的出台，被长期压抑的个体经济在 80 年代出现迅速的增长，到 1990 年，全国城镇个体经济的从业人员已经增加到 614 万人。[②] 私营企业的起步与

[①]　刘雪明：《1966—1976 年我国个体私营经济政策述评》，《当代中国史研究》2006 年第 5 期，第 49 页。

[②]　李昆：《中国个体经济：30 年的变化与发展》，《四川大学学报》（哲学社会科学版）2010 年第 6 期，第 109 页。

个体户相比则显得较为曲折,直到 80 年代初,私营企业发展受制于雇佣人数的多少,在名义上仍旧不合法。这一时期的私营经济以"个体工商户""专业大户""雇工企业"等形式混迹于个体经济当中,或者在"合作经营组织""集体企业"的名义下从事生产经营活动。直到 1987年 1 月,中共中央《把农村改革引向深入》的决定中,才首次肯定了私营经济,认为在商品经济的发展中,在一个较长的时期内,个体经济和少量的私营经济的存在是不可避免的。[①] 此后,党的十三大正式肯定了私营经济的合理性和合法性,私营经济一定程度的发展,有利于促进生产,活跃市场,扩大就业,更好地满足人民多方面的生活需求,是公有制经济必要的和有益的补充。至此,私营企业正式褪去个体经济外衣登上历史舞台。据不完全统计,截至 1991 年年底,全国有私营企业 10.8万户,投资者 24.14 万人,雇佣劳动者 159.8 万人,注册资本金总额 123亿 1689 万元。[②] 特别值得一提的是,这一时期加入个体户以及私营企业从业队伍的人员不止是游离于城市边缘阶层的外来农民、无业青年、回乡知青和退休人员等,高额投资回报和良好的市场前景吸引了大量的国有企事业单位从业人员甚至公务员以辞职的形式"下海"加入这一劳动力市场中。同时,以中外合资经营企业、中外合作经营企业、外商独资经营企业为代表的"三资企业"获得合法经济地位后,在国家产业政策以及各种招商引资的优惠条件引导下也获得了空前发展,这些企业 80%以上集中在劳动力资源富集的东部沿海省份,解决了大量本地劳动力的转移和就业的同时,也吸引着高级人才和知识分子向东部发达地区流动。1983—1991 年间,通过三资企业的形式,我国实际利用外资年均增长27%。1991 年年底,已登记注册的三资企业达 37215 家,注册资金 460亿美元。20 世纪 90 年代早期,三资企业的从业人员已经突破 1000 万。[③]

---

① 《十二大以来重要文献选编》(下),中央文献出版社 2011 年版,第 178 页。

② 张埠义、明立志:《中国私营企业发展报告 (1978—1998)》,社会科学文献出版社1999 年版,第 42 页。

③ 俞毅:《我国三资企业的发展现状及改进对策》,《商业经济与管理》1995 年第 4 期,第 26—29 页。

四、分割的初始形态：城乡二元分割

这一时期劳动力市场分割的形成，既在于旧有体制的惯性作用，也在于新的制度体系尚未完整确立并发挥其约束效果。随着劳动力市场在农村和城市的相继兴起，劳动力市场分割的原生形态开始瓦解。在内生形态上，城乡二元分割成为这一时期劳动力市场分割的典型形态；同时，由于这一时期我国对外开放程度极其有限，分割的外生形态尚在孕育过程中，没有呈现。城乡二元分割，顾名思义，指的是空间地理意义上基于城市和农村之间有形或无形的界限的劳动力市场分割形态，它的前身是城乡完全隔绝的原生形态。城乡分割与城乡隔绝所不同的是，前者与后者相比，在城乡之间至少在名义上拥有较为自由的劳动力流动渠道。为什么会形成城乡分割呢？从根本上讲，这是由根植于转型期间的特殊经济社会环境中的渐进发展战略决定的。在"摸着石头过河"的政策取向下，城乡统一的劳动力市场形成仍然需要相当长的时间实现，既需要足够的时间为制度体系自上而下的调整做准备，也需要一个自然的过程培育市场主体，使它们逐步适应市场规则并独立生存下去。从现实因素考虑，20世纪80年代的经济发展水平也不足以支撑一个跨越城乡边界的劳动力市场。长期低水平的经济增长使当时的物质生活依然处于相对较为贫乏的状态，在生产资料甚至生活资料的配置上做不到完全依赖市场进行，尤其是食品的计划配给供应，直到20世纪90年代初才陆续取消。一旦大量的劳动力走出农村进入城市谋生，将引起生活资料的严重短缺和各种社会矛盾。因此，城乡二元分割是国家在培育统一劳动力市场过程中所采取的一种权宜之计。具体来看，城乡分割是同时借助两种形式实现的。一是通过大力发展乡镇企业，以"离土不离乡、进厂不进城"的模式把农业部门的剩余劳动力就地转移到工业部门；二是在城市部门内部继续维持相当程度的劳动力计划调配，农村劳动力即便进城，也无法通过正规渠道就业。户籍制度在分割的执行中扮演了重要角色。尽管二元户籍制度已经有所放松，但"农转非"的指标依然受到总量控制，仅占当地非农人口比例的0.15%—0.2%，而且以返城知青、高级知识分子和技术人员为主，普通农民几

乎无法实现身份上的转变。① 即便国家认可他们通过办理暂住证的形式进城经商务工，由于各种生活福利和社会保障仅与城镇常住户口相联系，他们也无法长久地在城市生存下去。并且，在1989年至1991年间，出于当时的经济政治形势需要，国家甚至相继出台一系列文件，对农民进城再次进行了限制。总体而言，这段时间从农村到城市的单向劳动力流动开始显现，但受到强烈抑制。

城乡二元分割带来的结果体现在四个方面。首先，城乡二元分割维持了由计划体制向市场体制过渡阶段经济社会发展的平稳，在提高农民收入、促进产业转移等方面发挥了积极效果，并且为城市部门内劳动力市场的形成争取了时间，也创造了一个较为有利的外部环境。其次，不得不提的是，城乡二元分割的实质是以打破农村劳动力在农业和工业之间隔离的状态换取城市和农村之间隔离的延续。在实施的初期，农民得到了相对更为理想的工作环境和比单纯从事农业劳动更高的收入，无疑能够形成良好的效果，但是把农民束缚在乡镇企业的做法从根本上违背了城市化的发展规律，也割裂了工业化与城市化的内在联系，是必然不能持久的。乡镇企业在经历了1984年至1988年的高速增长期后，从1989年开始即陷入了停滞阶段，这固然和同时期政治风波下全行业各领域的治理整顿相关，但是从20世纪90年代初之后，乡镇企业再也没有出现20世纪80年代中期高速发展的局面；乡镇企业吸纳农村剩余劳动力的数量，也在20世纪80年代末期趋于停滞，就业人员占农村劳动力比重也出现下降，并且在20世纪90年代之后没有再次出现快速增长（如表4.3和图4.1所示）。再次，城乡分割引发无序就业的状态在一定程度上对户籍制度改革起到了倒逼作用，使得农民进一步获得更多进城就业的自由。如图4.2所示，尽管在这段时期农民在乡镇企业就业获得了较高且快速增长的工资收入，但随着20世纪80年代中后期开始的"下海潮"带来个体经济和私营经济的繁荣，在乡镇企业打工的收入与

---

① 陈金永：《中国户籍改革和城乡人口迁移》，见蔡昉、白南生主编：《中国转轨时期劳动力流动》，社会科学文献出版社2006年版，第42页。

在城镇非公有制部门工作的收入差距不断拉大，这时，在乡镇企业就业已经不再有吸引力。因此，大量农民在国家政策不支持的情形下依然选择进城谋生，形成了20世纪80年代末的"民工潮"，大量农民涌入催生出一些基层城镇的户口买卖的现象。① 到20世纪90年代之后，这种不可逆转的趋势最终使国家在二元户籍制度的基础上开辟了第三类"本地有效"的城市户口，并赋予其一定的利益和权利，劳动力市场的城乡二元分割开始弱化。

表4.3 三个不同时期中国乡镇企业各项指标的年均增长率

时间段＼增长率	增加值增长率（%）	从业人员人数增长率（%）	利润总额增长率（%）
1979—1983	12.3	2.8	5.7
1984—1988	17.0	26.7	33.1
1989—1991	16.5	−0.8	6.5

资料来源：农业部乡镇企业局：《中国乡镇企业统计资料（1978—2002）》，中国农业出版社2003年版，第1—17页。表中各时间段数据经过测算得出。

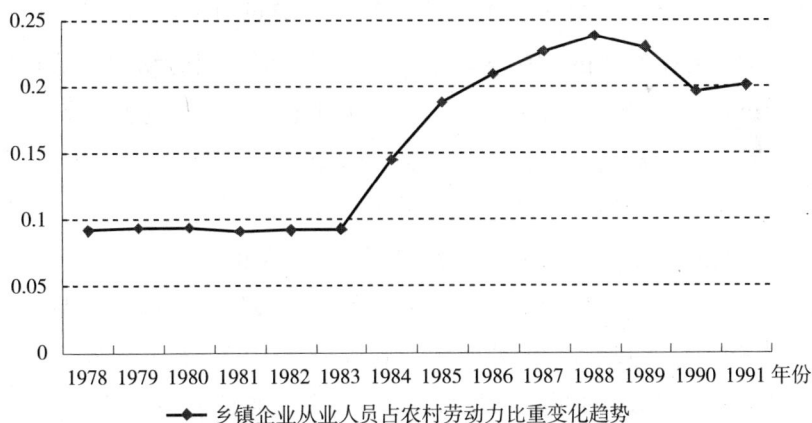

图4.1 乡镇企业从业人员占农村劳动力比重变化趋势（1978—1991）

资料来源：国家统计局：《中国统计年鉴2001》，见http://www.stats.gov.cn/tjsj/ndsj/2001c/e0504c.htm。

① 陈金永：《中国户籍改革和城乡人口迁移》，见蔡昉、白南生主编：《中国转轨时期劳动力流动》，社会科学文献出版社2006年版，第52页。

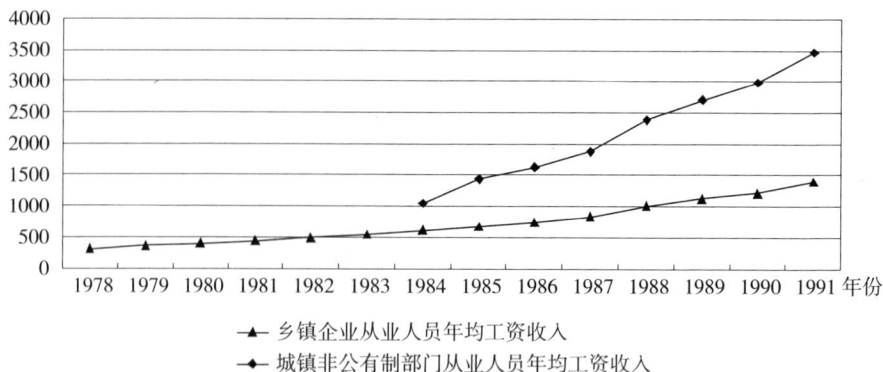

图 4.2 乡镇企业从业人员年均工资收入与城镇非公有制部门
从业人员年均工资收入增长趋势（1978—1991）

数据来源：农业部乡镇企业局：《中国乡镇企业统计资料（1978—2002)》，中国农业出版社 2003
年版，第 5、17 页；以及国家统计局：《中国统计年鉴 2001》，见 http：//www.stats.gov.
cn/tjsj/ndsj/2001c/e0504c.htm。

　　最后，在城乡二元分割的状态下，农村范围内仍旧积累了大量农业剩余劳动力和数目相当的初级、半熟练工人，这些劳动者大多日后进入城镇务工，逐渐发展成为兼具农民和工人双重身份的流动就业群体，并与中国外向型经济的发展紧密结合在一起，催生出劳动力市场分割的外生形态；大量的乡镇企业在经历了 20 世纪 80 年代末到 90 年代初的停滞阶段后，逐渐通过产权改革成为私营企业，并随着城市化特别是小城镇的兴起，加入城乡一体的劳动力市场当中，成为吸收劳动者就业的主力军。同时，城乡二元分割随着户籍制度改革的深入在空间意义上逐渐弱化，但同时也衍生出以城市二元分割为代表的新的内生形态，它源于在城市就业的流动人口与常住人口在身份上依旧存在的差异，前者或是由于没有本地城市户籍，或是由于仅具有过渡性的城镇"蓝印户口"而被称为"准市民"，他们在就业中依然处于不利地位，集中在低收入行业和条件艰苦、流动性强的工作岗位，逐渐形成一个类似于二元劳动力市场理论中的次级劳动力市场隔断。

第三节 对城乡二元分割的若干实证分析

囿于其方法上的局限，实证分析不能充当印证劳动力市场分割存在、衡量分隔程度以及寻求分割的根源和形成机制的唯一工具。但它在特定的研究范围内具有直接化、精确化等其他方法无可比拟的优势。因此，对于以计量经济分析为主体的实证分析在这一课题内的运用，要以辩证的观点看待其结果，将其与矛盾分析、结构分析结合起来，科学地融入整体的唯物辩证法框架之中。对于从 20 世纪 70 年代末到 90 年代初这段时间分割的实证研究，由于时间的久远与数据资料的限制，本节仅能选取某一个最具有代表性的年份的全国范围的横截面数据集进行计量分析。整个分析过程将沿着如下思路展开：首先，我们按照奥尔（D. Orr）的研究思路[①]，根据全体有效样本户籍状态的差异构建出度量劳动力市场城乡二元分割指数，并对省（自治区、直辖市）一级的分割程度进行量化并进行横向比较，总结出其中的规律；其次，在布林德（A. Blinder）、奥萨卡（R. Oaxaca）对于工资歧视的研究中所使用的工资差异分解法的基础上[②]，对城市和农村两组样本中纯粹基于人力资本因素所形成的工资及收入差距进行剥离，以检验是否存在仍然无法解释的差距部分；最后，如果确实存在非人力资本因素对工资及收入差距的贡献，则进一步地对两组样本中的工资形成机制进行考察，判断二者是否存在显著的差异，并对可能的原因进行探讨。

本节实证研究所采用的数据来自 1988 年国家统计局农调总队

---

① D. Orr, "An Index of Segmentation in Local Labor Markets", in *International Review of Applied Economics*, Vol.11, No.2, 1997, pp.229-247.

② A. Blinder, "Wage Discrimination: Reduced Form and Structural Estimates", in *The Journal of Human Resources*, Vol.8, No.4, 1973, pp.436-455; R. Oaxaca, "Male-Female Wage Differentials in Urban Labor Markets", in *International Economic Review*, Vol.14, No.3, 1973, pp.693-709.

和中国社会科学院经济研究所共同开展的"中国家庭收入项目调查"
（Chinese Household Income Project Survey，CHIP），旨在研究中国城市
与农村的收入分配状况，调查内容主要包括：收入、消费、就业、生产
等有关方面的情况，包括个人调查和住户调查两部分。其中个人调查数
据涵盖了全国 28 个省、自治区、直辖市的 51352 位农村居民和 31827
位城市居民，涉及的变量包括了个体特征、就业、工资、收入四个方面
共数十个。在剔除未就业以及工资与收入数据缺失的样本后，总共得到
有效样本 21344 个，其中农村样本 2488 个，城市样本 18856 个。在各
个变量的构造上，进行了如下的变动：一是鉴于该调查中居民的受教育
状况采取了以数值区间段的定性形式，出于分析的简便将其统一取该区
间段年限的平均值进行赋值，使其具有离散的数值形式，并按照 7 岁上
学、毕业即工作的假设生成工作经验的数值变量。二是农村调查没有将
补贴、福利等项目从工资中进行剥离，为研究的精细化造成了一定困
难，因此我们把计入补贴、福利在内的工资笼统视为"工资"项，并在
此基础上加入非经常性收入、其他现金收入以及折算为货币的实物收入
形成"收入"项，并对城市样本进行相同处理，统一用年工资、年收入
的形式表示。三是对样本的就业部门、行业以及岗位特征进行了合并归
类，并仅提取若干具有研究价值的特征进行变量构造，使之更为简洁明
晰。城乡两组样本各个变量的特征总结如表 4.4 所示：

表 4.4　1988 年 CHIP 农村居民与城市居民有效样本各个变量特征统计描述

个体特征变量	农村居民 共 2488 个样本		城市居民 共 18856 个样本	
	均值	标准差	均值	标准差
年龄	34.62982	12.65264	38.2677	11.62172
性别	.6905145	.4623745	.5221403	.4995228
受教育年限	8.018891	3.166224	10.66866	2.726812
工作经验	19.61093	13.63602	20.59903	12.06762
是否为中共党员	.14791	.3550821	.2359336	.4245922

个体特征变量	农村居民 共 2488 个样本		城市居民 共 18856 个样本	
	均值	标准差	均值	标准差
是否为少数民族	.0377814	.1907054	.0365382	.1876299
年收入对数	6.504144	1.639651	7.167757	1.07818
年工资对数	7.041003	.6383131	7.358809	.4727473
从业特征变量	频次	比例（%）	频次	比例（%）
国有企业	348	13.99	13921	73.83
集体企业	1045	42.00	3628	19.24
私营企业	161	6.47	75	0.40
三资企业	12	0.48	66	0.35
其他	922	37.06	1166	6.18
第一产业	968	38.90	1375	7.29
第二产业	1142	45.90	8826	46.81
第三产业	378	25.20	8655	45.90
是否具有干部身份	361	14.51	1154	6.12
是否为企业主	69	2.77	150	0.80
是否为技术人员	55	2.21	2827	14.99
是否为合同工	307	12.34	—	—
是否为办公室文员	—	—	4218	22.37
是否为长期正式工	—	—	17307	91.78

一、基于 Orr Index 对各地区城乡二元分割水平的测度

奥尔在估算美国 59 个地区劳动力市场的过程中首次运用了指数化的方法。[①] 在构建出劳动力市场"分割指数"的基础之上，便可以对不同地域内劳动力市场对于某个或某些分割性因素造成的影响进行横向比

[①]　D. Orr, "An Index of Segmentation in Local Labor Markets", in *International Review of Applied Economics*, Vol.11, No.2, 1997, pp.229-247.

较。但特别需要指出的是，这个分割指数刻意规避了所谓的"加总性问题"，即由于劳动力控制机制仅仅在厂商一级被创造出来，如果将这些微观数据打乱并简单加总，就会失去某些细微但明显的特征。特别地，鉴于在全国一级的宏观层次上，劳动力市场的某些机制无法用函数形式表现出来，因此研究者往往退而求其次，在尽可能加入行业与职业特征（如 SIC 码）差异的同时，仅仅对州（省、自治区或直辖市）、县（地级市、区）乃至更小范围内的劳动力市场分隔程度进行估算。20 世纪 70 年代末到 90 年代初中国劳动力市场分割的典型特征有二：一是由于城乡之间人口流动极为有限，劳动力市场分割体现出鲜明的地理（区域）界限；二是分割的制度性因素源于城乡二元户籍状况。这样，按照这种方法进行估计就显得较为简便可行。

首先，把农村和城市两部分样本合并，仅保留与人力资本相关的三个变解释量，包括受教育程度、工作经验和工作经验的平方项（分别以 edu、exp 和 exp^2 表示），以及"是否为男性"（以 $male$ 表示）的虚拟变量以消除性别差异的影响。用年收入对数作为被解释变量构造形式如下的 Mincer 收入回归模型：

$$\ln income^0 = \beta_0^0 + \beta_1^0 male + \beta_2^0 edu + \beta_3^0 exp + \beta_4^0 exp^2 + \varepsilon^0 \quad (4.1)$$

对该方程进行估计并计算 $\varepsilon^0 = y^0 - \hat{y}^0$，其中，$y^0 = \ln income^0$。然后在式（4.1）的基础上加入"户籍状况"的虚拟变量（以 hrs 表示），构造出另一个收入回归模型：

$$\ln incom^1 = \beta_0^1 + \beta_1^1 male + \beta_2^1 edu + \beta_3^1 exp + \beta_4^1 exp^2 + \beta_5^1 hrs$$
$$+ \beta_6^1 hrs \cdot edu + \beta_7^1 hrs \cdot exp + \beta_8^1 hrs \cdot exp^2 + \varepsilon_1 \quad (4.2)$$

对该方程进行估计并计算，其中 $\varepsilon^1 = y^1 - \hat{y}^1$，$y^1 = \ln income^1$。两个模型的残差绝对值的差 $|\varepsilon^0| - |\varepsilon^1|$ 表示户籍变量对收入回归模型残差的消减水平，便可以侧面地反映出城乡分割对 ln income 能够解释的程度。因此，可以构建如下的城乡奥尔分割指数：

$$Orr\ Index = \frac{1}{\bar{y}^1}\frac{1}{N}\sum\left\|\left|\varepsilon^0\right| - \left|\varepsilon^1\right|\right\| \times 100$$

其中，N 为样本数，$\bar{y}^1$ 为式（4.2）所估计的年收入对数的均值。按照人力资本理论，在信息充分的条件下，具有相同人力资本特征的劳动力应当获得相同的工资收入。如果户籍状况不构成影响收入水平的重要因素，那么这个变量对方程（4.1）的改进作用应当很小，亦即两组残差之间就不会存在显著的差异，Orr Index 的值就越小，反之则越大。从本质上讲，这一指数是从样本平均的户籍因素可解释的收入部分占全部可解释收入的比重来测量劳动力市场城乡分割的程度。在整个模型的构建上，除了使用不同于奥尔所使用的分割变量并赋予其全新的解释以外，我们按照钱雪亚等人的做法①，在未知户籍变量影响方式的情况下，同时在截距项和斜率项上考虑这一变量对收入决定的影响，避免仅考虑后者而可能引起的偏差，并使其取值在 0—100 之间，具有更为直观的表现形式。全国各个省、自治区、直辖市的城乡分割指数估计结果如表 4.5 所示：

表 4.5 1988 年全国各省、自治区、直辖市劳动力市场城乡分割指数估算结果

地区 / 指标	N	$\bar{y}^1$	$\sum\|\varepsilon^0\|-\|\varepsilon^1\|$	奥尔分割指数
全国	21344	7.0904	—	—
东部	9330	7.1261	—	—
中部	8563	7.0676	—	—
西部	3452	7.0504	—	—
北京市	1050	7.1656	74.3898	0.989
天津市	123	7.0873	3.0131	0.346
河北省	—	—	—	—
山西省	2102	7.0518	118.7145	0.801

① 钱雪亚等：《城镇劳动力市场城乡分割的程度与特征——基于浙江数据的经验研究》，《统计研究》2009 年第 12 期，第 23—31 页。

地区／指标	N	$\bar{y}^1$	$\sum\|\,\|\varepsilon^0\|-\|\varepsilon^1\|\,\|$	奥尔分割指数
内蒙古自治区	19	7.2373	1.0852	0.789
辽宁省	1983	7.3131	97.5856	0.673
吉林省	—	—	—	—
黑龙江省	40	6.9418	3.5267	1.270
上海市	203	6.7690	3.5837	0.261
江苏省	2906	6.7658	862.7395	4.388
浙江省	—	—	—	—
安徽省	1855	7.1476	64.3524	0.485
福建省	—	—	—	—
江西省	—	—	—	—
山东省	65	6.8771	2.0456	0.458
河南省	2268	7.0045	143.9338	0.906
湖北省	2142	7.1180	70.9336	0.465
湖南省	50	6.6020	8.2471	2.498
广东省	2423	7.4723	170.9763	0.944
广西壮族自治区	—	—	—	—
贵州省	23	6.7529	5.1456	3.313
云南省	1943	7.2252	16.7201	0.191
四川省	144	4.0768	12.9630	2.208
西藏自治区	—	—	—	—
陕西省	—	—	—	—
甘肃省	1248	7.1533	24.0651	0.270
宁夏回族自治区	—	—	—	—
青海省	—	—	—	—

表 4.6　有效样本超过 1000 的 10 个省市城乡分割指数以及当年的人均名义 GDP

地区 / 指标	奥尔分割指数	人均名义 GDP（元）
北京市	0.989	3892
山西省	0.801	1168
辽宁省	0.673	2285
江苏省	4.388	1891
安徽省	0.485	1026
河南省	0.906	910
湖北省	0.465	1216
广东省	0.944	1926
云南省	0.191	845
甘肃省	0.270	905

资料来源：国家统计局：《中国统计年鉴 1990》，中国统计出版社 1990 年版，第 38、91 页。数据经由测算得出，GDP 由国民生产总值近似代替。

单位：元

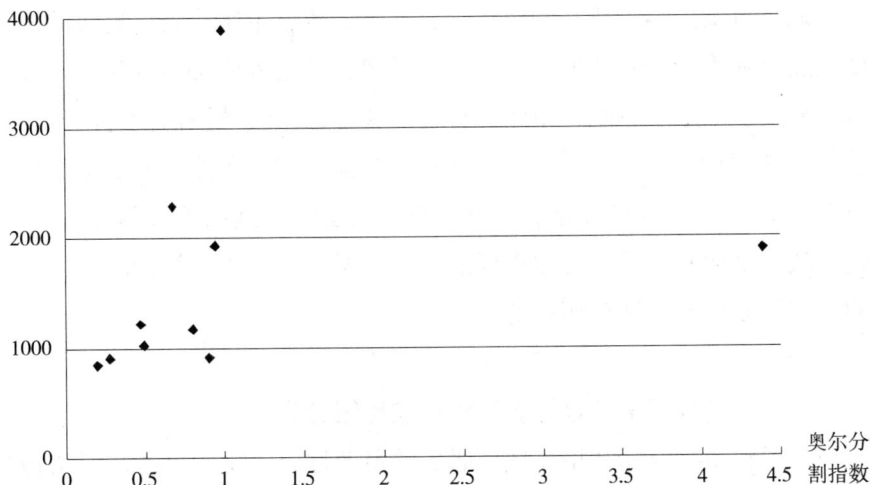

图 4.3　北京等 10 省市 1988 年城乡分割指数（横轴）与
人均名义 GDP（纵轴）分布散点图

限于有效样本在各个地区之间的分布极不均衡，并且推断可能各地区在数据录入方法上存在很大的出入，河北、吉林、浙江等10个省份在城市的数据集中没有有效样本①，并且天津、内蒙古等8个省、自治区的有效样本数基本上在200个以下，得出的分割指数无法具有充分的可信度。因此我们仅选取有效样本数超过1000的北京、山西、辽宁、江苏、安徽、河南、湖北、广东、云南、甘肃10个省、自治区、直辖市的估计结果（如表4.6所示），这些结果相较而言具有更高的可信度。如果我们将城乡分割指数与各省市1988年的人均名义GDP进行对比，在图4.3所呈现的二维散点图中可以较为明显地发现大体上人均名义GDP较高的地区也具有较高的城乡分割指数，人均名义GDP较低的地区也具有较低的城乡分割指数，从而很容易判定：从横向上看，劳动力市场城乡分割程度和地区经济的发达水平大体呈正相关关系。这一结论的含义也十分明显，亦即经济发达程度越高，城镇居民就越能获得比农村居民更多的收入，如北京、广东、江苏等东部沿海地区，在改革开放的过程中始终位于前列，这些地区最先开始市场机制的构建和尝试，并与自身独特的区位优势和政策倾斜作用结合起来，也是最先富起来的地区，城镇范围内多种所有制经济十分活跃，也就带来比农村更快的经济增长速度和收入增长速度。反之，如甘肃、云南等西部边远省份，在改革开放过程中起步较晚，市场发育程度较低，城镇范围内没有出现空前繁荣带来的收入快速增长，因而维持了较低的城乡差距。最后，仍要提及的一点是，Orr Index是完全基于收入差距构建起来的分割指数，仅能够从一个侧面反映劳动力市场的分割状况，对于机会结构的差异造成的分割是完全没有解释作用的。

二、对城乡工资与收入决定机制的比较分析

考虑到20世纪80年代城乡居民的财产性收入微不足道，而实物收入又占有比较重要的地位，因此在建立回归模型时我们分别以城市居民

---

① 按照数据资料所附的代码手册中的省份编码无法在城市数据集中找到这10个省份的数据，疑似为数据收集过程中的技术失误或漏洞。

和城乡居民的年工资和年收入为被解释变量，并同样以这两个变量的对数形式为被解释变量，4 个模型进行对比，以增强整个工资、收入形成机制的可信度。估计结果分别如表 4.7、表 4.8 所示：

表 4.7　1988 年城市居民工资与收入回归模型估计结果

变量	模型 1 以年工资为 被解释变量	模型 2 以年工资对数 为被解释变量	模型 3 以年收入为 被解释变量	模型 4 以年收入对数 为被解释变量
是否为男性	156.21764*** (13.356904)	.09263879*** (.00618711)	190.51856*** (14.040286)	.12475935*** (.0092953)
经验	49.620567*** (1.7097859)	.03810239*** (.00087699)	53.885809*** (1.7972639)	.04397412*** (.00118983)
经验的二次项	−.71057433*** (.03815375)	−.00053143*** (.00002077)	−.79426034*** (.04010582)	−.00086867*** (.00002655)
受教育年限	22.49549*** (2.8483691)	.01996258*** (.00137491)	24.558226*** (2.9941007)	.00132507 (.00198226)
是否为党员	133.56022*** (17.68933)	.05708277*** (.00830236)	139.29344*** (18.594372)	.07437029*** (.01231016)
是否为少数民族	−67.179395* (33.444867)	−.0283653 (.01543577)	−72.096792* (35.156011)	−.03231457 (.02327399)
国有企业	853.47638*** (59.754886)	.42414694*** (.03597521)	828.92515*** (62.812134)	2.0997541*** (.04158293)
集体企业	674.61704*** (60.343265)	.29548752*** (.03614953)	647.81965*** (63.430617)	1.9709105*** (.04199233)
私营企业	157.02941 (113.10036)	−.06899633 (.08389751)	530.05873*** (118.88693)	1.1158631*** (.07870554)
三资企业	1991.3902*** (118.11827)	.89390397*** (.05896673)	1950.7996*** (124.16157)	2.5801348*** (.08219745)
第二产业	181.40449*** (40.433917)	.09076377*** (.02028083)	197.54681*** (42.502644)	.42422311*** (.02813775)
第三产业	166.27622*** (40.368438)	.06754298*** (.02027874)	190.69242*** (42.433815)	.40369829*** (.02809203)
是否有干部身份	191.91199*** (31.283701)	.09511889*** (.01432779)	191.68926*** (32.884274)	.19048882*** (.02177049)

变量	模型 1 以年工资为 被解释变量	模型 2 以年工资对数 为被解释变量	模型 3 以年收入为 被解释变量	模型 4 以年收入对数 为被解释变量
是否为企业 主	24.890587 (75.325699)	−.01049371 (.03667324)	−59.459758 (79.179599)	−.21557209*** (.0524185)
是否为技术 人员	130.43175*** (22.215529)	.08009431*** (.01020911)	131.25267*** (23.352145)	.14782287*** (.01546002)
是否为文职 人员	56.795832** (18.03918)	.04575933*** (.00825277)	57.79361** (18.962122)	.08312263*** (.01255532)
是否为正式 工	680.54005*** (45.708309)	.3968757*** (.0222192)	657.12951*** (48.04689)	.87992813*** (.031808)
截距项	−926.2234*** (51.467972)	5.7215909*** (.03512698)	−907.36939*** (54.101236)	3.476114*** (.03581626)
Adjusted R^2	.27398314	.32730455	.26098406	.69148372
RMSE	860.57574	.38773792	904.60551	.59886676

显著性水平：* p<0.05；** p<0.01；*** p<0.001。

表 4.8　1988 年农村居民工资与收入回归模型估计结果

变量	模型 1 以年工资为 被解释变量	模型 2 以年工资对数 为被解释变量	模型 3 以年收入为 被解释变量	模型 4 以年收入对数 为被解释变量
是否为男性	146.40489* (68.869834)	.10943995*** (.03177956)	154.92764* (71.001638)	−.09247386 (.06801381)
经验	21.917878** (6.7110675)	.01838577*** (.00327502)	24.795661*** (6.9188026)	.01675183* (.00662765)
经验的二次 项	−.38225172** (.13195757)	−.00025467*** (.00006815)	−.41329377** (.1360422)	−.00043649*** (.00013032)
受教育年限	22.789403 (11.637745)	.01657136** (.00560147)	24.788415* (11.997981)	.04057505*** (.01149309)
是否为党员	−61.442784 (94.654313)	−.07663408 (.04386146)	−31.862324 (97.584253)	.28635877** (.0934778)
是否为少数 民族	400.14207** (155.01894)	−.01618482 (.06862387)	317.24667* (159.81742)	.170282 (.15309212)

变量	模型 1 以年工资为 被解释变量	模型 2 以年工资对数 为被解释变量	模型 3 以年收入为 被解释变量	模型 4 以年收入对数 为被解释变量
国有企业	506.10097*** (111.30114)	.25738561*** (.05045054)	510.09201*** (114.74636)	.90791024*** (.10991771)
集体企业	518.68569*** (80.092307)	.16665332*** (.03791993)	585.01288*** (82.571492)	1.0751068*** (.07909679)
私营企业	392.5287** (145.89294)	.12268444 (.06527561)	385.36263* (150.40892)	.84081694*** (.14407955)
三资企业	1807.9547*** (430.90154)	1.0012438*** (.18064908)	1745.3668*** (444.23972)	1.7671608*** (.42554561)
第二产业	190.2488* (87.010525)	.1261053** (.04235431)	151.31626 (89.703858)	.48834456*** (.08592902)
第三产业	246.33611* (102.77392)	.05355615 (.04752425)	197.16979 (105.95519)	.45365778*** (.10149648)
是否有干部身份	84.094748 (112.16882)	.09122778 (.05021086)	97.101996 (115.6409)	.29675793** (.1107746)
是否为企业主	301.74095 (202.20395)	.21961968* (.08870081)	304.59293 (208.463)	.2961936 (.19969064)
是否为技术人员	671.475** (209.46682)	.05175463 (.09097471)	655.61538** (215.95068)	.28447022 (.20686323)
是否为合同工	142.70354 (97.953045)	.05821156 (.0422425)	101.24621 (100.98509)	.35279386*** (.09673553)
截距项	144.02467 (138.28604)	6.3874976*** (.06823778)	230.76083 (142.56656)	5.033265*** (.1365672)
Adjusted R^2	.06823834	.08041796	.06517094	.22069722
RMSE	1465.6713	.6121093	1511.0398	1.4474536

显著性水平：* $p<0.05$；** $p<0.01$；*** $p<0.001$。

　　首先比较劳动者的个体特征变量系数：性别在城市和农村两组样本中对工资及收入都起到明显作用，男性劳动力的工资及收入显著高于女性，相较而言，城市组性别系数高于农村组，并具有更高的显著性水平。经验以及经验的二次项在两组样本的四个回归模型中均显著，但是城市组模型 1 和模型 3 中经验的系数分别为 49.62 和 53.89，而农村组模型 1 和模型 3 中经验的系数分别为 21.92 和 24.80，不及前者的一半，由此可以得出，对于工作经验或年资的回报，城市组显著高于农村组。城市组与农村组四个回归模型中受教育年限的系数十分接近，但是农村组的系数在模型 1 中不显著，在模型 3 中只具有 5% 的显著性水平。此外，具有党员的政治身份也能够显著增加城市组样本的工资及收入水平。接下来的就业特征变量系数在两组样本之间差异明显：从就业单位的所有制成分来看，城市组国有企业、集体企业工资及收入溢价显著高于农村组，特别是前者，模型 1、模型 3 的系数均高出 300 以上，除个别结果外，私营企业、三资企业在城市组的溢价也显著高于农村组。但值得注意的是，就业的产业特征变量（第二产业、第三产业）系数在两组之间的差异并不明显，并且在农村组的个别模型中不显著。最后，岗位特征差异在两组模型中表现出的作用不尽相同：在城市组的 4 个模型中，具有干部、技术人员、文职人员、正式工身份都能够带来工资及收入水平的显著上升，而具有企业主的身份一项系数的符号则不确定；在农村组的 4 个模型中，具有干部、企业主、技术人员、合同工身份能够带来工资及收入水平的增加，但只在个别模型中显著。

通过梳理以上城乡两组回归模型的结果，可以总结出城乡劳动力工资与收入决定机制上存在三个方面的差异：一是城市劳动力市场能够给予明显高于农村劳动力市场的人力资本回报，主要体现为基于劳动者工作经验的回报上。其原因主要在于城市的企事业单位在当时具有普遍较高的工资水平，并且在全国统一的级别工资制度的框架内，职业生涯内能够不断得到正常的调资晋级，这是多数乡镇企业所不具备的。二是城市劳动力市场中，在各种所有制企业就业基本上都能获得显著高于农村劳动力市场的工资及收入；并且在非农产业就业也可以有可观的溢价，而农村劳动力市场的非农产业溢价不明显。考虑到当时城市中公有制企业占据绝对多数，以及乡镇企业有相当一部分仍处于第一产业的实际情况，这一结论也不难理解。三是对于一些特殊的技术、能力的个体特征，在城市劳动力市场中基本都能够获得明显的溢价，而在农村劳动力市场则相反。它可以从侧面反映出两个劳动力市场在基于绩效的分配机制上或许存在明显差异，城市劳动力市场的分配机制中，可能更多地考虑到给予领导能力、脑力劳动以及技术等方面更为优厚的回报，而农村劳动力市场的分配机制显得更具有平均主义色彩。为了进一步验证这个可能的结论，下面我们对城乡两组样本的工资与收入方程进行Blinder-Oaxaca 分解。

三、城乡工资与收入方程的 Blinder-Oaxaca 分解

布林德、奥萨卡在研究工资差异的过程中开创了"分解法"，即对两组样本的工资差异分为"可解释的"和"不可解释的"的两部分：前者可以归因于诸如受教育水平和工作经验等生产力特征的不同；而后者则是一个纯粹的残差项，无法归因于任何决定工资水平的变量，因而经常被用作一种衡量所谓"歧视"的手段，当然，也可以归咎于任何无法观测到的因素。

Binder-Oaxaca 分解具有双重分解（two-fold decomposition）和三重分解（three-fold decomposition）两种形式。[①] 在最一般的三重分解中，基于线性回归模型

$$y_l = X'_l \beta_l + \varepsilon_l, \quad E(\varepsilon_l) = 0, \quad l \in \{u, r\} \tag{4.3}$$

其中，y 是年工资对数向量，X 是由一个常数项以及基于人力资本的个体特征变量（受教育水平、工作经验以及工作经验的平方项）组成的向量，β 则包含斜率参数与截距项，ε 代表随机误差，u 和 r 分别代表城市和乡村两组子样本，这样，组间工资差异的均值可以表示为

$$r = E(y_u) - E(y_r) = E(X_u)' \beta_u - E(X_r)' \beta_r \tag{4.4}$$

鉴于 $E(y_l) = E(X'_l \beta_l + \varepsilon_l) = E(X'_l \beta_l) + E(\varepsilon_l) = E(X_l)' \beta_l$。式（4.4）可以进

---

① B. Jann, "The Blinder-Oaxaca Decomposition for Linear Regression Models", in *The Stata Journal*. Vol.8, No.4, 2008, pp.453-479.

一步变换为如下的形式：①

$$r = \left[E(X_u) - E(X_r)\right]' \beta_r + E(X_r)' (\beta_u - \beta_r) + \left[E(X_u) - (X_r)\right]' (\beta_u - \beta_r) \quad (4.5)$$

式（4.5）共有三部分组成：第一项为

$$endowments\ effect = \left[E(X_u) - E(X_r)\right]' \beta_r$$

表示"禀赋效应"或"禀赋差异"，其含义为，如果农村居民具有同城市居民相同的人力资本特征，他们的工资将平均上升多少；第二项为

$$coefficierts\ effect = E(X_r)' (\beta_u - \beta_r)$$

表示"系数效应"或"系数差异"②，其含义为，如果将城市居民的系数（劳动力价格）应用于农村居民的现有人力资本特征时，农村居民的工资将平均上升多少；第三项为

$$interaction\ effect = \left[E(X_u) - (X_r)\right]' (\beta_u - \beta_r)$$

表示"交互效应"或"交互差异"，没有具体的经济含义，但是它代表了前两项的联立效应。二重分解具有更为简洁的表现形式。对式（4.4）进行另一种形式的变换得到

$$r = \left[E(X_u) - E(X_r)\right]' \beta_r + E(X_u)' (\beta_u - \beta_r) \quad (4.6)$$

式（4.6）共有两部分组成：第一项为

$$quantity\ effect = \left[E(X_u) - E(X_r)\right]' \beta_r$$

表示"数量效应"或"数量差异"，它是可以由两组预测值的差异来解释的；第二项为

$$discrimination\ effect = E(X_u)' (\beta_u - \beta_r)$$

表示"歧视效应"或"歧视差异"，它通常无法进行解释，既可以用"城乡劳动力市场存在基于户籍的歧视"一言以蔽之，也可以归为其他无法观测到的变量的潜在影响。

---

① Jones F. and Kelley J., "Decomposing Differences Between Groups: A Cautionary Note on Measuring Discrimination", in *Sociological Methods & Research*, Vol.12, No.3, 1984, pp.323-343.

② 有的文献也将其称作"价格效应"或"价格差异"，参见曲兆鹏：《城市劳动力市场二元分割与工资差异的演变——来自转换回归模型和工资差分解方法的证据》，《北京工商大学学报》（社会科学版）2014年第4期，第26—33页。

表 4.9　1988 年 CHIP 城乡总体基于人力资本的工资及
收入回归模型的布林德 – 奥萨卡三重分解结果

变　量	模型 1 以年工资对数为被解释变量	模型 2 以年收入对数为被解释变量
总体比较		
乡村组	7.041003*** (.014209)	6.5041439*** (.0328909)
城市组	7.3588086*** (.0035489)	7.1677566*** (.0078522)
总差异	− .31780566*** (.0146455)	− .66361272*** (.0338152)
禀赋差异	− .14060248*** (.006652)	− .12479606*** (.0164604)
系数差异	− .23350866*** (.0191606)	− .42807187*** (.0449943)
交互差异	.05630548*** (.0135067)	− .11074479*** (.0333941)
禀赋差异		
受教育年限	− .08750812*** (.0038377)	− .02068855** (.0068195)
经验	− .05212282*** (.0131189)	− .10260088*** (.0298892)
经验的二次项	− .00097154 (.008279)	− .00150663 (.0387869)
系数差异		
受教育年限	− .11471542* (.0560377)	.81244349*** (.1241546)
经验	− .49041029*** (.0645766)	− 1.8737194*** (.1483768)
经验的二次项	.1690983*** (.0361229)	1.2841308*** (.0844518)
截距项	.20251876*** (.0590372)	− .6509268*** (.131846)

变　量	模型 1 以年工资对数为被解释变量	模型 2 以年收入对数为被解释变量
交互差异		
受教育年限	.02557338* (.0125145)	−.20180056*** (.0312493)
经验	.0301774*** (.0085481)	.08980855*** (.0270692)
经验的二次项	.0005547 (.0047283)	.00124722 (.0321086)

显著性水平：* p<0.05；** p<0.01；*** p<0.001。

表 4.10　1988 年 CHIP 城乡总体基于人力资本的工资及
收入回归模型的布林德－奥萨卡双重分解结果

变　量	模型 3 以年工资对数为被解释变量	模型 4 以年收入对数为被解释变量
总体比较		
乡村组	7.041003*** (.0141957)	6.5041439*** (.0328665)
城市组	7.3588086*** (.0035487)	7.1677566*** (.0078517)
总差异	−.31780566*** (.0146325)	−.66361272*** (.0337913)
可解释部分	−.13396483*** (.006536)	−.12673392*** (.0163277)
未解释部分	−.18384082*** (.0150952)	−.53687879*** (.0341954)
可解释部分		
受教育年限	−.08460312*** (.0039483)	−.03697701*** (.0088908)
经验	−.04845859*** (.012257)	−.08844488*** (.0258758)
经验的二次项	−.00090313 (.0076961)	−.00131203 (.0337771)

变 量	模型 3 以年工资对数为被解释变量	模型 4 以年收入对数为被解释变量
未解释部分		
受教育年限	− .09204704* (.0445345)	.6269314*** (.1124141)
经验	− .46389713*** (.0627277)	− 1.7980668*** (.1587028)
经验的二次项	.16958458*** (.0366149)	1.2851834*** (.1076682)
截距项	.20251876*** (.061232)	− .6509268*** (.1492388)

显著性水平：* $p<0.05$；** $p<0.01$；*** $p<0.001$。

表 4.9 和表 4.10 分别是 1988 年"中国家庭收入项目调查"城乡两组有效样本合并后，对基于人力资本的工资及收入回归方程分别进行三重和双重 Binder-Oaxaca 分解的结果。表 4.9 显示城市组的年工资对数平均值为 7.36，农村组为 7.04，农村与城市工资对数总差异约为 − 0.32；城市组的年收入对数平均值为 7.17，农村组为 6.50，农村与城市收入对数总差异约为 − 0.66。在模型 1（以年工资对数为被解释变量）中，总差异分解出的禀赋差异、系数差异和交互差异分别为 − 0.14、− 0.23 和 0.06，并且均在 1‰ 的水平上显著；在模型 2（以年收入对数为被解释变量）中，总差异分解出的禀赋差异、系数差异和交互差异分别为 − 0.12、− 0.43 和 − 0.11，并且均在 1‰ 的水平上显著。由此可以判断，无论是在工资还是在收入差距上，系数（劳动力价格）差异占据了主要位置，禀赋差异处于次要位置，交互差异最为次要且符号不确定，亦即这个差异主要是由于城乡劳动力的报酬结构差异或工资与收入形成机制差异所引起，而农村居民由于受教育年限及工作经验的劣势引起的差异也在发挥一定作用，但不如前者明显。如果将三项差异按照变量进一步细分，则可以发现两个模型中受教育年限和经验对禀赋差异都存在细微却显著的影响；在构成系数差异的主要来源中，来自经验的作用较受教育年限的作用更为明显。由此我们可以进一步推测：城乡劳动力的报酬

结构差异，集中地体现为对劳动力年资回报的不平等，即就业年限越长的劳动者，在城市工作就能够获得比在农村工作越高的回报。表 4.10采用另一种分解形式得出了与之类似的结论。在对总差异的分解中，不可解释的部分在模型 3（以年工资对数为被解释变量）、模型 4（以年收入对数为被解释变量）中分别占到 58% 和 81%，并且各个差异部分均在 1‰ 的水平上显著，表示明确存在无法观测到的非人力资本因素在起主要作用。在可解释的部分中，受教育年限和经验均存在细微却显著的影响；在不可解释的部分中，包括截距项在内的所有估计值均显著，但经验的作用在两个模型中均占据主要地位。因此，通过 Binder-Oaxaca分解，我们最终得出了一个强有力的结论：城乡居民工资收入的差异，主要来源于隐性的、非人力资本因素所决定的劳动力报酬结构的差异。劳动力报酬结构的差异，在此后的两个时期中，伴随着工资和劳动力市场体制改革的深入得以继续保留并有所发展，成为引致劳动力市场分割的一个重要因素。

第五章 中国劳动力市场分割的成熟形态

中国统一的劳动力市场形成于从 20 世纪 90 年代初到 21 世纪初的这 10 年左右的时间，这段时间，中国劳动力市场分割的成熟形态开始展现。在经历了最初的试验并取得成功之后，改革开放逐渐向宽领域、高层次迈进，成为引领国家发展战略的主旋律。在进一步对外开放、推进工业化、城镇化的战略目标指引下，社会主义市场经济体制从确立走向完善，一个形式上统一、竞争、开放的劳动力市场在户籍、人事、就业等制度改革的基础上开始建立。这些制度上的倾向性、过渡性与不完整性对劳动力市场各个主体共同施加着约束作用，一方面使中国劳动力市场分割表现出准无产阶级化、同质化的外生形态，另一方面表现出城市二元分割和部门分割两种相互独立的内生形态。其中，城市二元分割由初始形态中的城乡二元分割衍生而来，部门分割是本阶段新生的分割形态，它鲜明地以所有制形式表现出来。在内生、外生二重分割形态的作用下，一些新生的劳动者阶层应运而生，开始为之后分割形态的演变注入新的动力。本章主要围绕四个问题展开研究：一是本阶段中国劳动力市场分割形成背后的国家发展战略是什么，它们如何影响了劳动力市场的制度建构？二是构成二重分割形态的制度因素是什么，它们是如何被整合为一体并发挥约束作用的？三是内生和外生形态分别表现出怎样的具体特征，由此带来了劳动者阶层怎样的分化？四是对这一时期内生形态的分割进行实证分析。

第一节 改革开放全面展开对劳动力市场的催化

一、出口导向型经济的发展

早在 1978 年党的十一届三中全会上，对外开放就作为一项国家的重大发展战略被提出来。但在改革开放的最初十余年间，我国的对外开放仅仅停留在引进外资和技术、组建"三资"企业和开设特区以及开放沿海及沿边若干城市等政策层面上，对外经济实际上发展较为缓慢。一方面，我国受到传统社会主义经济理论的束缚，对所谓和平演变的担忧比较多，严重制约了开放的步伐；另一方面，当时我国还处于严重的短缺经济之中，不仅没有产品可以出口，而且也因为没有外汇而无法进口，导致国际贸易发展迟缓；再者，我国刚从封闭性经济形态中走出来，才开始迈进国际社会，吸引外资的法律体系和基础设施都不健全，导致资本项目下的国际收支处于很微弱的状态。直到20世纪90年代初，我国的经济发展总体来看仍旧属于内向型发展战略，即以进口替代实现工业化的发展战略，生产和贸易的基本格局大体表现为出口初级产品，进口中间产品、资本品和耐用消费品，国内非耐用日常消费品工业能依靠计划配给大致满足国内市场的需求。在这样的局面下，国际贸易对于我国国民经济的贡献，始终没有占据重要地位。如图 5.1 所示，从 1978 至 1993 年的 15 年间，我国的国际贸易收支大体维持在平衡的局面，后期虽有三年的连续顺差，但是波动十分剧烈。

从党的十四大之后，我国从根本上改变了内向型发展战略，选择了以出口导向为依托的外向型发展战略，对外经济才开始得以快速发展，国际收支中的国际贸易和国际资本流动才开始在规模上有了起色。外向型发展战略，是指面向国际市场，积极参与国际分工、国际交换和国际竞争，通过扩大进出口、利用外资、引进技术，来促进产业结构优化和实现经济全面增长。出口导向，则进一步在此基础上利用国外资源并开拓国内市场，以生产出口型产品带动本国经济发展，以出口的增长

单位：亿元

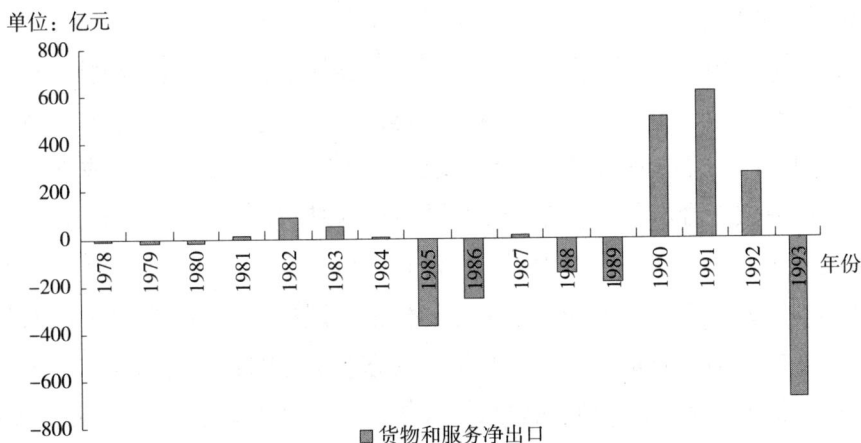

图 5.1　1978—1993 年我国货物和服务净出口总额变动趋势

资料来源：国家统计局：《中国统计年鉴 2001》，见 http://www.stats.gov.cn/tjsj/ndsj/2001c/e0504c.htm。

带动本国经济增长的战略模式。具体来看，则是在继续进口中间品、资本品和耐用消费品的同时，把重点放在劳动密集型的非耐用日常消费品产业的升级换代，将这些产业的产品打入国际市场，改变原来主要依赖初级产品出口的格局。在 20 世纪 90 年代初到 21 世纪初的 10 年左右时间，出口导向的战略特征突出体现为充分利用国内资源，争夺和占领国际市场。[1] 这是由当时我国特殊国情，尤其是禀赋状况所决定的。第一，我国资本要素较为匮乏，内资和外汇均严重短缺，非常需要借助国际资本形成新的投资来源；第二，我国国内非资本要素相对丰裕且具有相对明显的价格优势，如劳动力、土地以及资源产品价格都比较便宜；第三，我国经济发展水平还很低，人民生活还普遍达不到小康水平，因而国内市场购买力十分有限，仅靠国内投资和消费难以短时间内拉动经济快速增长。

执行出口导向型的发展战略，客观上需要在较短的时间内形成一个规模较大的劳动力市场。并且，这个形成过程不同于 20 世纪 80 年代末城市、农村劳动力市场政策引导下的诱导发育，是更加具有市场经济

---

① 魏杰：《30 年中国对外开放战略的变革》，《理论前沿》2008 年第 10 期，第 9—10 页。

环境下灵活竞争、自发引导等一般特征的过程。首先，比较优势支配下的国际分工体系中，我国处于类似于"底层"的位置，资本和技术要素缺乏，但劳动要素极其丰富。在计划经济时期的劳动力计划调配体制下，城市和农村都积累的数量庞大的剩余劳动力，尤其是在农业部门内，随着农业经营体制变革带来生产率的快速提高，剩余劳动力进一步快速积累，已无法在农村内部吸收消化，亟待释放。同时，劳动要素优势的发挥，不仅在于劳动力数量上的积聚，还在于劳动力价格的相对低廉，亦即劳动力质量较低，这又是由两方面决定的：一是从这部分劳动力的生活成本来看，他们主要来自农村，生活水平普遍不高，因此劳动力再生产的费用极低；二是这部分劳动力的人力资本存量极其贫乏，大部分农村人口仅处于完成或接近完成义务教育水平，能够接受较低的工资，也符合劳动密集型出口产业的基本要求。其次，出口导向型经济要求企业承接国际市场，与其他同质企业进行竞争，在国内就必须作为市场主体，独立、自由地进行决策，在劳动力资源的配置上比一般企业更为自由灵活，易于采取合同制等契约形式完成劳动力的雇佣，企业与劳动力双方的主体地位更为凸显，劳动力的供给和需求的作用须得到发挥。再次，出口导向型经济部门内部，需要执行较为灵活的劳动力定价机制，这也只能依靠劳动力市场做到。这些部门内的企业，具有劳动密集的显著特征，多从事一些技术含量不高的成品、半成品制造甚至完全的人工装配，劳动力是主要的生产要素，企业利润直接取决于劳动力成本的高低，因而对工资的变动更为敏感，劳动力市场的调节作用能够引导它们进行资源的有效配置。最后，这种灵活性的机制特征也决定了劳动力市场在很大程度上外生形成，而非在传统计划体制所控制范围内演化而来，我国制度变迁的渐进取向，使得公有制企业无法一步做到完全由市场力量支配，因此非公有制企业将在劳动力市场中占据相当势力。

二、产业结构优化与升级

工业化从外延上讲，是指工业或第二产业占国民经济比重不断上升的过程。它可以直观地由两个方面表现出来：一是工业增加值占国内生产总值的比重不断上升；二是工业就业人数在总就业人数中比重不断上升。工业化从内涵上讲，则是指通过怎样一种工业内部的结构或布局来实现工业占国民经济主导地位的过程。它同样可以由两个方面表现出来：一是工业部门内部各个组成部分产值占工业总产值的比重；二是这些组成部分吸纳的就业人数占工业就业总人数的比重。工业化和产业结构升级是相互联系、相辅相成的，工业化是产业结构升级过程中的一个必经阶段。而在中国改革开放的经济转型期，工业化与产业结构升级具有内涵上的一致性，即二者在优化工业部门的内部结构上具有交集。而产业结构优化升级具有比工业化更为高远的战略目标，它不仅要求从数量和结构上发挥工业部门对整个国民经济的主导作用，还要求服务业或第三产业不断发展壮大，成为经济增长的新兴支柱。

改革开放之前，我国执行了重工业优先发展的工业化战略，为此付出了巨大代价：人为改变产业结构的自然演进顺序造成农轻重比例失调，严重制约了人民生活水平的提高；同时，重工业具有极高的资本有机构成和极低的周转率，为保证对重工业的投入，大量的劳动力被禁锢在农业部门得不到释放，严重阻碍了产业结构的进一步升级。从20世纪70年代末开始，国家开始对工业化战略进行调整，纠正了工业化发展的混乱次序，更加注重轻工业、重工业的比例协调，通过压缩基本建设以及改造重工业为轻工业服务等措施，使轻工业占工业总产值的比重，由1978年的43.1%上升到1990年的49.4%[①]，这一短板得到了平衡。进入20世纪90年代后，我国由工业化初期转向工业化中期，在工业化战略上开始了新的探索，把工业化的进一步深入和产业结构的优化升级有机统一起来，这主要体现在四个方面：一是振兴传统产业，全面提升重工业特别是国有工业企业的效率。以重化工业为代表的传统产业的增长，长期以来主要靠要素的追加投入来实现，造成了巨大的资源浪费和产能失调。在重化工业部门中，国有大中型企业又占有举足轻重的

---

① 国家统计局工业交通统计司：《中国工业经济统计年鉴1991》，见 http：//tongji.cnki.net/kns55/Navi/YearBook.aspx？id=N2006010071&floor=1。

地位，但是国有工业企业的效率一直以来较为低下，国有工业总产值的增速也大大低于其他类型工业总产值的增速以及工业总产值增速（如图 5.2 所示），以国有工业企业为突破口提升整个工业部门的效率势在必行。二是在工业门类布局上进行调整，大力发展面向国际市场的加工工业和制造业。工业门类布局的调整，是基于 20 世纪 80 年代出现的地区间工业布局高度雷同的现象，为了避免同质竞争造成过剩，也是为了在工业部门内寻找新的增长点。随着出口导向战略的提出，加工工业迅速崛起，在其带动下，出口制造业亦迅速崛起。三是大力发展技术密集型产业，支持新兴产业特别是高新技术产业的发展。技术密集型产业又称为知识密集型产业，依赖复杂先进而又尖端的科学技术进行工作和生产，长期以来我国主要产业部门的技术结构没有发生根本性变革，在核心技术上仍存有明显空白，高技术产品长期依赖进口。发展技术密集型产业是实现工业增长由量变转向质变的必由之路。四是大力推动以服务业为主体的第三产业发展，使总体产业结构趋于协调。直到 20 世纪 90 年代初，我国的三次产业结构分布依然不尽合理，第一产业占 GDP 比

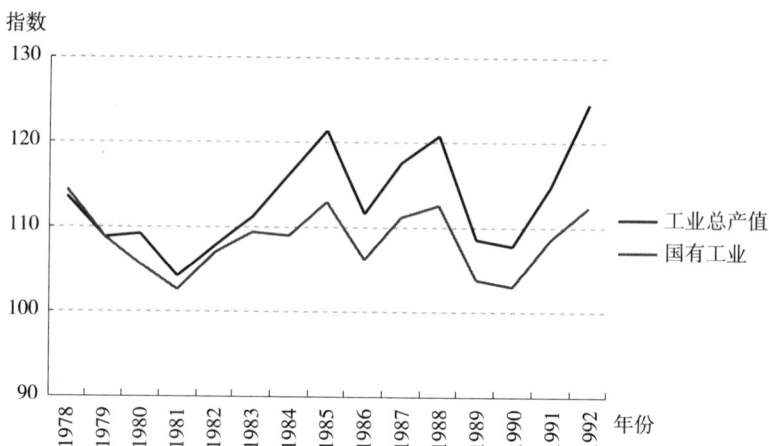

图 5.2　1978—1992 年我国工业总产值与国有工业产值指数变动趋势（以上一年为 100）

资料来源：国家统计局：《中国统计年鉴 1996》，见 http://www.stats.gov.cn/tjsj/ndsj/information/zh1/l041a。

重依然高达 21.8%，第三产业占 GDP 比重为 34.8%①，虽然与改革开放之初相比有了很大提升，仍然亟待进一步发展。

单位：%

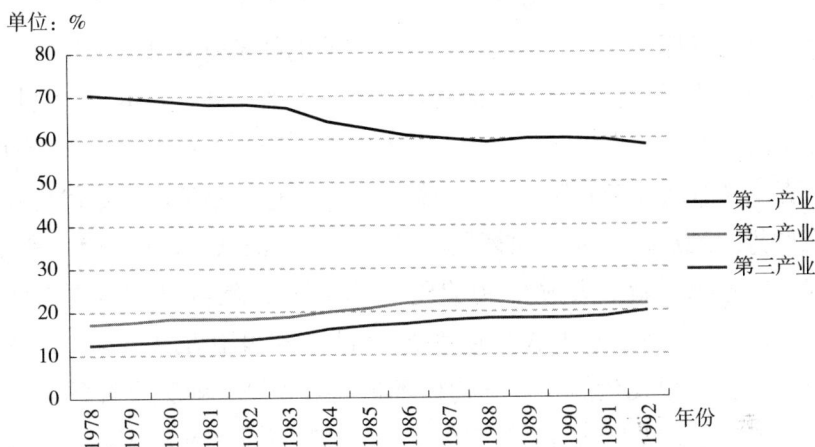

图 5.3　1978—1992 年三次产业的就业比例构成趋势

资料来源：国家统计局：《中国统计年鉴 2013》，见 http://www.stats.gov.cn/tjsj/ndsj/2013/indexch.htm。

　　这一阶段工业化的深入调整和产业结构的优化升级，也客观上要求打破原有的就业结构，形成一个统一的劳动力市场。首先，工业部门的效率瓶颈，在很大程度上源自国有工业企业内部普遍存在的冗员现象。劳动力计划调配体制在 20 世纪 80 年代有了一定程度上的突破，但是这种人力资源的非市场配置在国有部门内依旧占统治地位，在工资分配上缺乏激励，也缺乏部门岗位之间的流动机制，严重制约了整个工业部门的技术创新。因此，在国有部门进行市场取向改革，引入劳动力竞争、流动机制、打造一支高素质的工人队伍，成为提升效率的关键。其次，工业门类布局上的调整也需要市场机制对劳动力资源进行二次配置。一方面，在原有的体制范围内，企业在不同行业间进行调整，牵涉到劳动力的再就业，而劳动力资源的重新整合过程将直接与市场对接，

---

① 国家统计局：《中国统计年鉴 2013》，见 http://www.stats.gov.cn/tjsj/ndsj/2013/indexch.htm。

更加面向企业需求；另一方面，诸如加工工业和出口制造业等劳动密集型产业的蓬勃发展，需要打破旧有的二元就业结构，直接将其他部门尤其是农村的过剩劳动力吸收过来。再次，高新技术产业的发展更加需要劳动力市场发挥人才聚合的功能。传统产业的技术密集度较为低下，对劳动力的素质没有较高要求，而高新技术产业的发展，在本质上是技术和知识向生产力的直接转化过程，特别需要人力资本的大量投入。而我国一直以来对高校毕业生的"统包统分"显然已经不适应产业优化升级的新形势。最后，从以就业衡量的三次产业比例来看，如图 5.3 所示，我国的农业部门就业人数在 20 世纪 90 年代初依然占到 60% 左右的极高比例，第三产业的就业人数在整个 20 世纪 80 年代虽有所提高，依然不到 20%，与现代化的产业结构极不适应。以服务业为主导的第三产业，对劳动力的吸收能力十分强大，也是新增劳动力和高级劳动力的主要流向。第三产业不断壮大的内在趋势也必然要求一个开放统一的劳动力市场形成，为其发展注入动力。

三、对小城镇发展模式的探索

城市化和城镇化是两个相互联系但又有所区别的概念。广义的城市化指人口经济活动由乡村转向城市，同时生产要素由农业转向非农产业的过程。从量的规定性看，它意味着农村地域不断转化为城市地域，农村人口不断转化为城市人口；从质的规定性看，它是城市的先进生产力、现代文明不断向农村传播与扩散，农村不断被城市"同化"的过程。[①] 城镇化是指农村人口向城镇转移，第二、三产业向城镇聚集，从而使城镇数量增多、规模扩大、现代化和集约化程度提高的过程，也是指城市文明、城市生活方式、城市价值观念向农村扩散、渗透的过程。[②] 城镇化

---

① 周加来：《城市化、城镇化、农村城市化、城乡一体化——城市化概念辨析》，《中国农村经济》2001 年第 5 期，第 41 页。

② 王格芳：《科学发展观视域下的中国城镇化战略研究》，山东师范大学博士学位论文，2013 年，第 4 页。

是特殊历史阶段的产物，是我国城市化历史进程中的一种过渡模式，是
我国城市化的起始阶段。我国选择由城镇化向城市化的渐进发展战略，
主要是基于我国极不平衡的城乡二元经济社会条件，以及总体经济发展
水平较低，人口众多而城市基础设施建设严重滞后、承载力有限的特殊
国情。自改革开放起的 10 余年间，国家对城镇化依然采取"总体限制、
局部松绑"的整体思路，希望通过"离土不离乡"的方式转移农村剩余
劳动力，就地完成农业向工业的产业升级。这一思路的确促成了乡镇经
济的空前繁荣，并且带动了大量农业人口实现了非农就业，但是农村工
业化的巨大成果并未充分地反映到城市化进程上来，作为乡镇企业发
展依托的小城镇人口的增长在这 10 余年间的城市化进程当中仍扮演了
一个次要的角色，与乡镇企业所转移的农村剩余劳动力的巨大成就相比
极不协调。到 20 世纪 90 年代初，我国城市化率仍不及 30%，大大落
后于同等条件的发展中国家水平，而城镇人口总数中，乡镇人口所占比
例，基本没有变化，甚至略有降低（如图 5.4 所示），这种二元结构内
不打破空间隔离局面的发展必然不能持久。

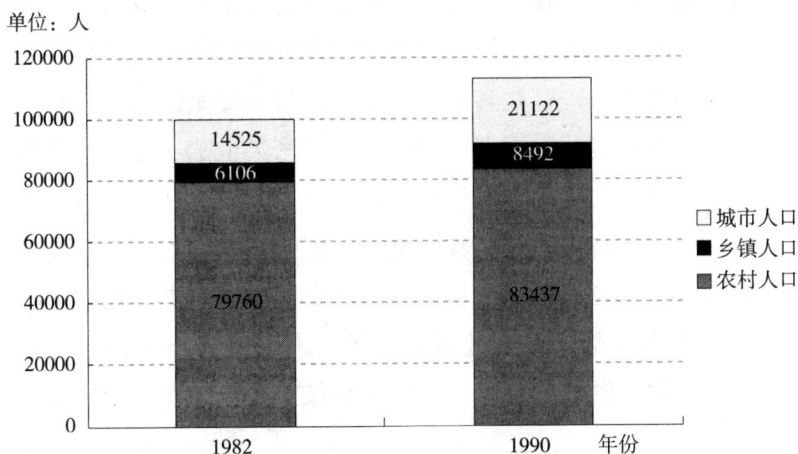

图 5.4　第三次、第四次全国人口普查（1982 年、1990 年）人口数量与构成示意图

资料来源：国家统计局：《中国统计年鉴 1996》，见 http://www.stats.gov.cn/tjsj/ndsj/information/zh1/l041a。

进入 20 世纪 90 年代后，我国逐渐明确了以发展小城镇为主的阶

段城市化战略目标。在 1990 年 4 月开始实施的《城市规划法》中，首次明确提出在严格控制大城市规模的同时，合理发展中等城市和小城市。[①] 而在 1993 年 11 月党的十四届三中全会所通过的《中共中央关于建立社会主义市场经济体制若干问题的决定》中，则又进一步指出："加强规划，引导乡镇企业适当集中，充分利用和改造现有小城镇，建设新的小城镇。"[②] "九五"计划进一步提出，"加强乡村基础设施建设，有序地发展一批小城镇，引导少数基础较好的小城镇发展成为小城市"，"逐步形成大中小城市和城镇规模适度，布局和结构合理的城镇体系"[③]。小城镇战略的实行，既具有可行性，又非常有必要。首先，乡镇企业在整个 80 年代保持了快速增长，但是布局极为分散，80% 以上分布在自然村落，自身的分工协作难以展开，缺少基础设施的支持和科教文卫的扶持，难以形成规模优势和竞争力。但乡镇企业的快速发展为小城镇提供了现实基础，只要经过布局的合理调整，并加强新建企业的规划，就可以不需大量投资促成小城镇的建立。其次，城市经济部门的产业结构升级，一方面需要发展新兴产业，另一方面又需要落后、欠发达地区把技术含量和附加值相对较低的产业承接过来，保证较为完整的产业链，小城镇恰好扮演了这一角色。城市部门转移而来的资金和技术为小城镇发展注入动力，只要利用得当，这些转移产业就能成为小城镇的经济增长点。最后，出口导向型经济的发展催生出一批劳动密集型加工企业和制造业企业，这些企业需要大量成本较低的劳动力。小城镇往往以其自身独特的区位优势，极为便利地就近吸收大量农村剩余劳动力，并且避免了在大中城市选址造成的高额固定成本，为这些企业发展提供了理想空间。

小城镇作为改革开放后的新兴地带，不仅要求建立一整套全新的劳动力市场体制机制，并且以小城镇向小城市迈进的发展目标更要求小

---

① 《中华人民共和国城市规划法》，中华人民共和国第七届全国人民代表大会常务委员会第十一次会议 1989 年 12 月 26 日通过，1990 年 4 月 1 日起施行。

② 《十四大以来重要文献选编》（上），中央文献出版社 2011 年版，第 468 页。

③ 《十四大以来重要文献选编》（中），中央文献出版社 2011 年版，第 820 页。

城镇劳动力市场作为城乡劳动力市场的联通环节，保证其运转的持续性和高效性。首先，小城镇经济部门内乡镇企业、中小企业占绝大多数，竞争激烈，产品的技术含量和附加值不高，要想突破规模上的瓶颈，必须依靠市场力量进行包括劳动力在内的各种资源整合。劳动力的定价机制，也必须更加反映供给和需求的波动和企业的盈利状况。其次，小城镇的特殊身份和经济上的活跃地位决定了劳动力市场的各项体制机制也具有一定的特殊性，与农村和城市劳动力市场的体制机制均有所不同，过渡色彩更加明显，即便是全国统一的制度性特征，在小城镇的空间范围内也有着极为多元的表现形式，各种政策的执行具有较强的灵活度和伸缩性。最后，小城镇的出现直接打破了传统的城乡二元经济社会格局，作为承接农村剩余劳动力转移、暂时缓解人口空间范围内大规模流动的平台，它要求劳动力市场的两个主体——企业和劳动者，具有相当程度的稳定性，特别是对于劳动者而言，如果不能在城镇定居下来并且（至少在某种程度上）改变自己农民的身份，他们向大城市的无序流动根本无法控制。

第二节　迈向统一劳动力市场的制度建构

一、二元户籍格局下派生的小城镇户籍制度

随着 20 世纪 90 年代市场经济的空前活跃，我国城镇外来人口迅速增加，特别是乡镇企业劳动者数量持续增加，使外来人口产生了落户城镇的强烈需求。同时，小城镇的发展使商业、运输、饮食等服务性行业也吸引大量的农村剩余劳动力输入，伴随着同期粮食统购统销制度走向终结和生活资料的日渐充裕，大多数城镇也逐渐有能力使这部分人定居下来，成为城镇人口。另一方面，传统计划体制下义务教育和就业等"隐性福利"同户籍严格绑定的体制却没有改变，拥有城镇户籍，便可以从根本上使流动人口稳定下来。从国家的角度来看，有序地放开对城镇的落户限制，尤其是对小城镇的落户限制，既有利于减轻 20 世纪 80

年代后期产生的农村人口向大中城市盲目流动的消极影响，也能够遏制一些地区买卖户口的乱象。而在这段时间内，国家对于大城市以及特大城市的落户限制依旧十分严格，尽管也做出了一些形式上的改变，诸如在绝大多数地区取消了额度限制，但相应地设立了相当高的落户门槛。因此，户籍制度的调整重点在于原有城乡二元格局下派生出的小城镇户籍体制。

当地城镇有效户口（又称"蓝印户口"）政策是这一时期中央政府在小城镇落户政策改革方面的一个重要探索。公安部在 1992 年 8 月草拟了《关于实行当地有效城镇居民户口制度的通知》，以征求各部门和地方政府的意见。从当年 10 月起，广东、浙江、山东、山西、河北、上海等十多个省、自治区、直辖市先后以省（市）政府名义下发了实行当地有效城镇居民户口的通知，并着手试行。[1] 当地有效城镇居民户口政策实施的范围主要是小城镇（不包括城关镇），以及国务院或省级政府批准建立的经济特区、经济技术开发区、高新技术产业开发区，重点是县城以下的集镇。在城镇投资兴业的外商亲属，企业所聘用的管理人员、生产骨干及其直系亲属以及经批准在城镇购买住房的国内居民及其直系亲属等七类人员具有办理"蓝印户口"的资格。之后的 1997 年 5 月，公安部发布《小城镇户籍管理制度改革试点方案》。根据此方案，持有农村户口、在小城镇已有合法稳定的非农职业或者已有稳定的生活来源，而且在有了合法固定的住所后居住已满两年的居民，都可以办理城镇常住户口。这一范围扩大到了从农村到小城镇务工或者兴办第二产业、第三产业的人员，小城镇的机关、团体、企业、事业单位聘用的管理人员、专业技术人员以及在小城镇购买了商品房或者已有合法自建房的居民和与之共同居住的直系亲属。[2] 与此同时，国家也逐渐允许地方

---

① 严士清：《新中国户籍制度演变历程与改革路径研究》，华东师范大学博士学位论文，2012 年，第 104 页。

② 参见国务院：《批转公安部小城镇户籍管理制度改革试点方案和关于完善农村户籍管理制度意见的通知》，国发 [1997] 20 号，1997 年 6 月 10 日发布。

政府根据自身情况控制城镇户口数量。2001 年 3 月，国务院批转了公安部《关于推进小城镇户籍管理制度改革的意见》，该意见明确了县级市市区、县人民政府驻地镇及其他建制镇内有合法固定的住所、稳定的职业或生活来源的人员及与其共同居住生活的直系亲属，均可根据本人意愿办理城镇常住户口，并将已有的小城镇办理的"蓝印户口"、地方城镇户口、自理口粮户口等统一登记为城镇常住户口。① 至此，"蓝印户口"和其他形式的"小城镇户口"开始退出历史舞台，中央政府也不再用"农转非"的方式来控制城镇人口，并将管理城镇户口的权力完全转移给地方政府。城乡二元的户口分类也就不再有用，仅在一些统计文献中存在类似的形式而已。②

　　小城镇户籍体制从形式上打破了多年存在的城乡二元户籍格局，为农村人口大规模定居城镇提供了最基本的制度保障，促进了跨越城乡地理边界的统一劳动力市场的形成，促进了这一时期中国农村的城镇化和现代化。但是，小城镇户籍作为一种内生于二元户籍格局的过渡性体制，最后仅是在形式上终结了城乡户籍差异，却没有改变户籍差异带来的经济地位和计划结构上的不平等，它的出现，在赋予劳动者一定权利和机会的同时，仍旧约束着他们在劳动力市场中的选择行为。首先，实施这一过渡性体制的地方只限于小城镇和一些中小城市，政策的执行松紧程度也各不相同，如果当地户口附带的城市福利很少，落户政策就比较宽松。特别是在小城镇，尽管改革的动机最为强烈，但是因为城市规模和发展水平的局限，户口的"含金量"也最小。而对于农民在城镇落户后进一步向更发达地区或大城市进一步流动的机会，仍然限制重重，摆脱不掉旧有二元结构的窠臼。其次，诸如"蓝印户口"的获取，在许多地方需要缴纳一大笔数额不等的费用，作为本地的"城市增容费"，

---

① 参见国务院：《批转公安部关于推进小城镇户籍管理制度改革意见的通知》，国发[2001] 6 号，2001 年 3 月 30 日发布。

② 陈金永：《中国户籍改革和城乡人口迁移》，见蔡昉、白南生主编：《中国转轨时期劳动力流动》，社会科学文献出版社 2006 年版，第 52 页。

这种做法事实上造成了城镇户口的商品化，并且在某种程度上得到中央的默许①，使得城镇户口只对有足够支付能力的劳动者开放，实际上使劳动者自己承担了城市公共服务的成本，造成了新的不平等。最后，小城镇户籍拥有者名义上拥有和本地常住居民相同的权利和利益，但实际上他们更多地被视为"临时性"居民或"预备"居民，享受到的城市福利或多或少都带有一定折扣，并且不能向其他城市迁移户口。这种身份地位上存在的不平等，依旧会使他们在劳动力市场中遭到可能的歧视。

二、面向市场的国有企业劳动人事及工资制度

在社会主义市场经济体制建立伊始，国有企业仍旧在全社会企业构成中占据着绝对比重。在改革开放以来，国有企业陆续经历了经营管理体制和人事工资制度上的几次调整，但始终没有建立起真正面向市场的制度体系。为了把国有企业真正改变为政企分开、独立运作并广泛参与竞争的市场主体，成为带动经济增长的主力军，就必须使其积极参与到劳动力市场的构建过程，在劳动人事及工资制度上进行深度改革，打造一支高素质、高效率的职工队伍。在这一方面，国有企业在当时主要面临三大问题：一是普遍存在严重的冗员问题，造成经营效益和生产效率长期低下，企业面临被"吃穷拖垮"，已经到了非改不可的地步。二是劳动力管理体制混乱，职工自上而下权责不明，在一些情况较为严重的企业，对劳动力的控制几近失灵，严格的管理规章和效率指标成为软约束，失去应有效力。三是工资收入的平均主义分配模式依旧存在，没有建立起有效的奖惩机制和激励机制。原有的职工"八级工资制"框架下无法使工资与效率密切挂钩，企业负责人的工资也不反映企业的盈亏状况。

多项研究表明，20 世纪 90 年代中期，国有企业从业人口数量约为

---

① 陈金永：《中国户籍改革和城乡人口迁移》，见蔡昉、白南生主编：《中国转轨时期劳动力流动》，社会科学文献出版社 2006 年版，第 50—52 页。

7000 万，冗员已达到企业职工总数的 15%—30%，甚至可以在减员三分之一的情形下不影响生产。^①国有企业裁撤冗员的方式大体分为两种：一种是直接释放，另一种是间接释放。对于直接释放而言，有相当一部分企业采取了开办实体公司、拓展新业务、在政府引导下实施再就业项目和转业工程，对富余员工进行技能教育、培训、转岗等形式，实现分流或再就业；也有许多企业采取"买断工龄"的形式与员工协议解除劳动合同，按照一定的标准以货币形式一次性地支付给职工个人一笔补偿款，此后与企业彻底脱离，自谋职业。间接释放包括停薪留职、提前退休和内部退养等形式。停薪留职是指对于资历较老的一部分员工，以保留其身份待遇换取职工离开单位，从事政策上允许的个体经营；提前退休和内部退养皆是针对临近退休年限、已经不具备再就业能力的老员工实行的，通过提供形式多样的福利补偿或支付部分生活费用，使其就此退出劳动力市场。对于劳动力管理体系的重构，一方面是按照 1995 年1 月正式生效的《中华人民共和国劳动法》规定，明确了劳动合同制的基本劳动用人制度，并推广到所有企业、全体员工，并在此基础上建立起了面向市场的双向选择的劳动用工模式，企业根据自身经营战略、组织结构、现有人员状况等决定所需要的劳动者，劳动者则根据自身的综合素质、特长、兴趣爱好等选择可以进入的企业^②；另一方面，则是在"政企分离"的基础上打破企业职工的干部、工人的身份界限，用各个方面指标全面考核和公开选拔企业领导和管理人员，特别是对于各层次、各部门的负责人，实行推行竞聘上岗、优胜劣汰的方式，明确其对应的权利与责任，并在聘用过程中加入约束机制，进而在企业内部自上而下建立起"以责定岗"为基础的统一的员工制度。在工资收入上，国有企业也进一步完成了工资形态的转换，实现了工资的职能化、岗位化。1992 年，劳动部颁布了《岗位技能工资制实行方案》，开始推行职

① 辛作义、冯进路：《冗员、政府干预与国有企业技术创新的实证分析》，《河南大学学报》（社会科学版）2003 年第 1 期，第 97 页。

② 《十四大以来重要文献选编》（上），中央文献出版社 2011 年版，第 773—790 页。

185

能和职务的结构工资。它包含职务基本工资与职能基本工资、业绩工资（奖金）和各种补贴津贴，既使员工能力的提高直接与工资挂钩，又体现了不同职位间的工资差异。①2000 年，劳动与社会保障部进一步颁布了《进一步深化企业内部分配制度改革的指导意见》，提出建立以岗位工资为主的基本工资制度，提倡推行各种形式的岗位工资制，进行科学的岗位设置、定员定额和岗位测评，以岗定薪。工资形态进一步向"岗位效益工资""岗位薪点工资"以及"岗位等级工资"为中心的岗位工资形态转换。对于企业经营者实行"年薪制"，强化工资收入的激励约束作用，并相应提高了关键性管理、技术岗位和高素质短缺人才岗位的工资水平。②

国有企业的劳动人事及工资制度改革基本上实现了国有企业从原有的行政单位向市场主体的转型，使劳动力市场的范围最终突破了所有制的界限，也是生产要素市场化改革迈出的关键一步。从效果来看，这套面向市场的制度体系在促进国有企业改革、提升效率方面起到了积极的推动作用，但是也在另一方面制约着劳动力市场向更为深度、更广层次的整合。首先，国有企业裁撤掉大量冗员，由于"减员"以"增效"为目的，被裁汰的普遍是生产能力不高的员工。这些员工或是由于先天身体因素，如年龄偏大、健康状况欠佳等，或是由于自身的受教育水平相对较低、缺乏技术专长等后天因素，使他们在市场竞争中完全处于劣势，严重制约了他们再就业。甚至对于部分劳动者，由于就业相对较晚造成身份上的差异，在下岗的福利获取上也大大少于其他员工，在再就业的起点上也出现了严重的不平等。③ 这样就造成了一个以下岗职工为主体的弱势就业群体，他们在劳动力市场中处于边缘地位，相当一部分

① 劳动部：《关于进行岗位技能工资制试点工作的通知》，劳薪字 [1992] 8 号，1992 年 1 月 7 日发布。

② 劳动和社会保障部：《关于印发进一步深化企业内部分配制度改革指导意见的通知》，劳社部发 [2000] 21 号，2000 年 11 月 6 日发布。

③ J. Knight and L. Song, *Towards a Labour Market in China*, Oxford：Oxford University Press, 2005, p.118.

人的就业长时间得不到保障。其次，国有企业经过改革获得了相对独立的人事自主权，间接地催生了此后一直存在的用工"双轨制"。用工"双轨制"的核心是以编制为限制，编制内员工称为"正式工"或"固定工"，可被长期任用，与企业形成稳定、规范的劳动关系，在工作时间、工资收入、工作环境、社会保险、职业发展等方面较高规格的标准；而对于编制外的"非正式工"或"临时工"，则只有较短的合同期，劳动关系很不稳定，工资收入与工作福利均无法与前者相提并论。用工"双轨制"既与国有企业的本质属性严重冲突，也不符合市场竞争的基本原则，成为一种异化的劳动关系。再次，在处理下岗工人再就业的过程中，就业地方保护主义在各地纷纷抬头，严重制约了外地劳动力、农村劳动力的正常流动。例如，北京市政府把实施再就业工程与对外地民工采取更加严格的限制政策统一起来，旨在减少流入城市的外地劳动力。[1] 上海市政府也于同期颁布类似规定，"对单位使用、聘用外地劳动力按供需状况进行总量调控"[2]。最后，国有企业在改制过程中并不彻底，很多福利并没有实现市场化，而是在剥离过程中以各种形式保留了下来，再加上和同行业非公有制企业相比业已存在的工资收入差距，使劳动者在就业或再就业过程中产生了严重的体制选择偏好，制约了劳动力市场的均衡发展。

三、党政机关及事业单位人事制度的深入调整

党政机关和事业单位长久以来就是相对封闭和独立运作的"体制内"部门，与劳动力市场基本绝缘。由于基本上完全依靠国家财政拨款维持运转，在这些部门就业的劳动者也可被视为"财政供养人口"。一般认为，相对于我国的经济发展水平和政府所提供的公共服务水平，我国以财政供养人口为标准衡量的政府规模较大，而且保持了较快的膨胀速

---

① 蔡昉等：《户籍制度与劳动力市场保护》，《经济研究》2001 年第 12 期，第 47 页。

② 上海市人民政府：《上海市单位使用和聘用外地劳动力管理暂行规定》，沪劳力发 (93) 74 号，1993 年 12 月 18 日。

度。[1] 到 1992 年，在国家机构、各级党政机关和社会团体的就业人数已达 1148 万，公务员占人口比例已达 0.98%。[2] 到 1998 年，财政供养人口达 3843 万，财政供养率（即总人口与其政府财政供养人员的数量之比）高达 32.5[3]，国家财政支出的行政管理费用多达 1326.77 亿元。[4] 公务员队伍的过于庞大，结构也出现不合理状况，某些政府部门过于臃肿，行政效率低下，无法适应市场经济社会对"服务型政府"的要求。而事业单位也在大一统的干部人事制度制约下积弊重重：国家长期包办事业单位的运营，使其沦为政府机构的附属物，在行政化的体系下既无独立的人事处置权，也缺乏科学合理的组织管理制度，不能有效调动工作人员尤其是专业技术人员的工作积极性，也在一定程度上存在机构臃肿、人员超编的现象，大多数单位对财政严重依赖，在市场环境中无法独立运行。为了促使各级党政机关和事业单位在新形势下转变自身定位，就必须使其与全国统一的劳动力市场对接，实现自身人员配置的合理与优化。

对于党政机关部门，一方面，在 1993 年和 1998 年进行了两次大规模的机构改革。1993 年的改革中，国务院组成部门由 42 个调整为 41 个；直属机构由 19 个调整为 13 个；办事机构由 9 个调整为 5 个；非常设机构由 85 个减少到 26 个。1998 年的改革中，国务院的组成部门由 40 个减为 29 个，机关人员由 312 万人减为 116 万人，压缩了一半；省级政府工作机构由平均 55 个减少为 40 个，平均减少 20%；人员平均精简 47%，共减编 714 万人。[5] 在 21 世纪初，国务院进一步压缩了组成部

---

[1] 袁飞等：《财政集权过程中的转移支付和财政供养人口规模膨胀》，《经济研究》2008 年第 5 期，第 70 页。

[2] 李利平：《中国公务员规模问题研究》，南开大学博士学位论文，2010 年，第 148 页。

[3] 程文浩、卢大鹏：《中国财政供养的规模及影响变量——基于十年机构改革的经验》，《中国社会科学》2010 年第 2 期，第 86—87 页。

[4] 国家统计局：《中国统计年鉴 1999》，见 http://www.stats.gov.cn/yearbook/indexC. htm。

[5] 程文浩、卢大鹏：《中国财政供养的规模及影响变量——基于十年机构改革的经验》，《中国社会科学》2010 年第 2 期，第 85 页。

门，并启动以转变政府职能为核心的新一轮机构改革，将政府职能集中于"经济调节、市场监管、社会管理和公共服务"四个方面。另一方面，根据 1994 年 6 月颁布的《国家公务员录用暂行规定》，国家公务员考试录用制度正式建立起来[①]，并于当年 9 月，国务院办公厅等 30 个部门举行了首届中央国家行政机关公务员录用考试。1995 年 4 月，人事部统一规范了公务员录用考试的内容、水平和标准，大大加快了公务员录用考试的科学化、规范化进程。自此，公务员考试录用制度在全国全面实施和推行，"凡进必考"和"公开、平等、竞争、择优"的招录原则得到贯彻，各级党政机关部门也从而获得了更为独立的人事权力。与之相补充的另一措施，则是自 1993 年起的政府部门与事业单位工资制度脱钩，前者开始实行职级工资制，并在此后的数年内先后 5 次提高工资标准，形成了较为正常的工资增长机制。对于事业单位，在这一时期最显著的变化就是建立了以聘用制为基础的用人制度。2000 年 7 月，中组部、人事部出台了《关于加快推进事业单位人事制度改革的意见》，对事业单位人事制度改革作了具体部署，一方面，取消了事业单位原有的行政级别，不再按行政级别确定事业单位人员的待遇，并在分类管理的基础上进一步扩大事业单位的人事管理自主权，建立起用人方面的自我约束机制；另一方面，以竞争激励的原则全面推行聘用制度，通过签订聘用合同明确用人单位和劳动者双方的责任、权利和义务，人事管理由身份管理向岗位管理的转变，并且在选拔任用中引入竞争机制，实行直接聘任、招标聘任、委任等多种形式。与此同时，事业单位的工资制度也根据经费来源的重新划分进行了大幅调整，全额拨款的事业单位实行目标任务与奖金挂钩；自收自支的事业单位实行工资总额与承包指标挂钩；差额补贴或削减一定比例事业费的单位，则实行承包指标或目标管理指标。并且在个人收入分配中引入激励机制，通过津贴和奖励等形式增加了浮动工资比例，使个人报酬与其实

---

① 人事部：《关于印发〈国家公务员录用暂行规定〉的通知》，人录发 [1994] 1 号，1994 年 6 月 7 日发布。

际贡献紧密联系。①

党政机关和事业单位人事制度的深层调整使劳动力市场范围突破了最后一块传统计划体制保护下的"坚冰"，形式上统一、开放、竞争的劳动力市场从此形成。这一系列改革是这一时期实现三大发展战略目标，经济部门以市场为导向全面转型的必要补充，并且在中国特殊的政治制度和社会管理体制下，对经济增长释放出了较为显著的间接驱动作用。然而这些制度在使劳动力市场范围空前扩大的同时，也使这些部门产生了规避竞争、自我封闭的动机。第一，在国有企业改制重组，大量员工下岗失业的大环境下，党政机关和事业单位受到相对较小的影响，即使一些单位被裁撤，职工也基本上都以较高的待遇实现了分流，而改革后的党政机关和事业单位仍具有明显的"铁饭碗"色彩，没有建立起相应的流出机制，因而在这些部门的就业仍然受到了国家保护，这种特殊的"职业稳定性"使其逐渐占据劳动力市场的顶层位置。第二，从工资收入上看，公务员保留了原有的工资体制并实现了大幅加薪，事业单位从业人员的工资结构变得较为灵活，但是考虑到大部分事业单位由国家财政全额拨款，其收入也普遍被认为比企业员工更为稳定，并且二者一般都能够产生不同程度的"灰色收入"，因而在这些部门就业显得更有吸引力。第三，也是在这一时期，国家开始破除旧有的单位兴办福利体制，企业部门首当其冲，原有的福利项目被大量剥离，交由社会独立运作。而党政机关和事业单位受冲击相对较小，特别是在一些党政部门，一些福利项目如住房等依旧被隐蔽地保留了下来，使劳动者在这些部门工作的实际收入大大增加，从而更有意愿排斥外部劳动力进入。第四，尽管在形式上这些部门的招录更加公开化、透明化，公务员招录还形成了统一的考试制度，但是由于这些部门自身在招录过程中拥有了更为灵活的自由处置权，因此也就为日后"暗箱操作"的腐败行为埋下了种子。

---

① 中共中央组织部、人事部:《关于加快推进事业单位人事制度改革的意见》，人发[2000] 78 号，2000 年 7 月 21 日发布。

四、以自主择业为导向的就业与再就业制度

全国统一劳动力市场的形成，从劳动力的使用者一方即用人单位来看，无论是政府机关还是各类企事业单位，都拥有了比较自主的用人选择权；从劳动者一方出发，也需要把它们从传统的国家包揽、分配就业的体制束缚中解放出来，使它们成为自主择业的劳动力市场主体。这就涉及对两部分劳动者就业制度的市场化改革：一是在 20 世纪 90 年代初仍旧大体上由国家统包统分的高校毕业生；二是在 20 世纪 90 年代国企转制过程中失业的下岗职工。

1993 年，中共中央、国务院印发的《中国教育改革和发展纲要》明确提出毕业生就业制度改革的目标，即改革高等学校毕业生"统包统分"和"包当干部"的就业制度，实行少数毕业生由国家安排就业，多数由学生"自主择业"的就业制度。[①]1997 年，教育部《普通高校学校毕业生就业工作暂行规定》进一步提出，供需见面和双向选择活动是落实毕业生就业计划的重要方式。即以毕业生自主选择工作单位，用人单位择优选择毕业生为基础，以用人单位之间和毕业生之间的优胜劣汰为主导，充分调动供需双方的积极性，使毕业生流动到较合适的工作岗位上。实行招生"并轨"改革学校的毕业生在国家就业政策指导下，在一定范围内进行自主择业。[②]2000 年，教育部决定将毕业生就业"派遣证"改为"报到证"，标志着"双向选择、自主择业"高校毕业生就业制度最终确立，分配就业在形式上彻底消失。自此，我国建立起比较完善的由学校和有关部门推荐、学生和用人单位在国家政策指导下面向劳动力市场的毕业生就业制度，实现了高级人才就业新旧体制转轨。为了配合高校毕业生自主择业体制的顺利运行，一方面，国家同时建立了毕业生需求信息、就业咨询指导、就业介绍等社会中介组织，充分利用现代信息手段，积极向用人单位和毕业生提供有关情况，为毕业生就业提供

---

① 《十四大以来重要文献选编》（上），中央文献出版社 2011 年版，第 63—64 页。

② 教育部：《普通高校学校毕业生就业工作暂行规定》，教学［1997］6 号，1997 年 3 月 24 日发布。

信息、技术指导；另一方面，国家全面建立起非义务教育阶段的收费制度，并建立相应的奖学金、助学贷款制度，鼓励学生按照个人的能力、条件接受教育并参与市场竞争，在招生体制上也启动了"并轨"改革，国家的任务招生计划和调节性招生计划开始合并为统一的招生计划，在同一省、自治区、直辖市内实行统一录取标准。

在20世纪90年代中期，受城镇新增劳动力骤增以及国企大量职工下岗影响，失业人口和总体失业率迅速上升。为了缓解下岗和失业职工的再就业压力，劳动部在1993年年底提出了再就业工程计划，并于次年初开始在30个城市试点，1995年4月经国务院办公厅批准在全国范围内实施。① 主要政策包括利用各种就业服务设施和培训、安置基地，通过职业指导，为下岗和失业职工介绍职业信息及求职方法，通过开展转业训练，提高他们的再就业能力；通过提供求职面谈和工作试用，促进双向选择；通过兴办劳动就业服务企业，组织开展生产自救；通过政策扶持、鼓励，支持失业职工和企业富余人员组织起来就业或自谋职业。在这一过程中，多个地区自发形成了诸如"再就业服务中心"的社会组织，由企业和社会力量共同托管，所需资金由政府、社会和企业三方面共同筹集。"再就业服务中心"的主要工作，包括提供职业培训、职业指导、组织劳务输出、办理社会保险、保障基本生活和帮助实现职工再就业等一条龙式的服务，效果明显。1998年6月，中共中央、国务院下发了《关于切实做好国有企业下岗职工基本生活保障和再就业工作的通知》，在制度上将再就业服务中心组织体系正式确立下来。② 当年，国有企业下岗职工有603.9万人进入再就业服务中心，占下岗职工总数的99%，进入中心的下岗职工中，已有80.5%的人签订了基本生活保障和再就业协议，93.2%的人领到了生活费，其中实现再就业的有

---

① 劳动部：《关于印发〈再就业工程〉和〈农村劳动力跨地区流动有序化——"城乡协调就业计划"第一期工程〉的通知》，劳部发〔1993〕290号，1993年11月3日发布。

② 《十五大以来重要文献选编》（上），中央文献出版社2011年版，第347—356页。

309 万人，再就业率超过 50%。①

自主择业的就业和再就业体制，使劳动者得以自由支配劳动力，成为真正意义上的市场主体。双向选择的就业和再就业体制在形式上实现了完全的自由开放，但却在不均衡发展的市场环境中引发了劳动力资源配置一定程度上的失衡。第一，高校毕业生作为劳动力市场中的精英群体，在从业方向上呈现出三个鲜明特征：一是大规模流向受改革影响普遍较小的政府机关和事业单位，谋求较为稳定的工作环境和职业发展空间；二是大规模流向金融、信息技术等新兴产业，并更倾向于进入国有企业，谋求更高的收入；三是大规模流向东部沿海发达地区、大城市及特大城市，谋求更高的生活水平。这些选择行为在国家一系列调节性政策的抵消作用下依然表现得十分强势，助长了优势部门、行业及地区劳动力市场对外排斥力的产生。第二，劳动者自主择业在劳动力要素相对充裕的环境下，事实上形成了一个买方市场。用人单位在招聘过程中占据主动，因此在掌握劳动者个人信息不完全的情况下，以劳动者学历的高低为录用标准逐渐成为普遍做法。具有高等教育文凭的劳动者逐渐被吸收到高收入、高福利的岗位中，而学历层次较低的劳动者只能被迫从事低收入且不稳定的工作。第三，通过再就业服务中心的渠道实现再就业的劳动者，往往无法获得较之前更为理想的工作岗位，特别是国企下岗职工，再就业之后只能进入其他所有制部门，从事个体经营或者以"非正规就业""灵活就业"的形式出现，在收入和福利上普遍较之前有所降低，这样的局面也大大降低了跨部门的劳动力流动。② 第四，再就业工程在操作中，主要面向的群体是国企下岗职工，而对于其他部门的失业者和进城务工的农民，不仅无法享受到类似的待遇，反而在某种程度上受到排斥，使他们在劳动力市场中处于更加不利的地位。

---

① 程连升：《中国五十年反失业政策研究（1949—1999）》，中国社会科学院研究生院博士学位论文，2000 年，第 68 页。

② 胡鞍钢、赵黎：《我国转型期城镇非正规就业与非正规经济（1990—2004）》，《清华大学学报》（哲学社会科学版）2010 年第 3 期，第 111—119 页。

五、一个不均等的外围"制度群"

促成劳动力市场分割的核心制度来自直接影响劳动力交易双方选择行为的人事、收入分配、择业及再就业制度。而一系列外围制度同样也起到了间接作用，这个"制度群"主要包括了教育和升学、社会保障以及法律保障三个部分：其中教育和升学体制造成的机会不平等间接影响了劳动者人力资本积累的差异；社会保障体制覆盖的局部性和不均衡性间接造成了劳动者实际收入的"马太效应"；法律保障的不完善甚至在某些劳动者群体中缺失间接地加剧了部门、行业和不同就业群体的差异化。

中国的教育资源分布严重不均衡，优质教育资源供给长期处于严重不足状态，而在一些落后地区，甚至缺乏最基本的教育资源，这种局面在改革开放后的教育和升学制度的作用下被进一步放大。首先，我国的义务教育资源的布局完全沿袭了条块划分的模式，严重缺乏有效整合。中小学生被要求按照家庭所在地就近入读，很难被允许跨区择校，在师资配置上也出现倾斜：一些"重点学校""实验学校"往往拥有更优越的教学条件，在新的人事制度下吸纳师资也更有优势；一些农村、西部偏远地区的中小学发展本就步履艰难，在自主择业时代更是师资严重流失，从而陷入困境。其次，在户籍制度出现松动之后，一些公立学校特别是教育质量好的城镇中小学，开始在地方政府的默许之下允许学生以缴纳"赞助费"的形式择校入读，在一些大城市的高中，甚至突破招生计划，把缴纳"赞助费"和录取分数线绑定在一起。数额不菲的"赞助费"使普通家庭难以承受，也加剧了教育成本对不同群体的分化。再次，我国的高校招生体制仍旧带有地区分割的计划特征。尽管高考在招生形式上具备了公平性，但由于实际录取学生采取分省定额划线录取的办法，各省市区的录取定额并不是按照考生数量平均分布的，而是按计划体制下形成的优先照顾本地考生的准则，因此出现同一份考卷情况下各地录取分数线却呈现极大差异。少数发达省份和几个直辖市占有了全国绝大多数重点高校，这些地区的考生较其他考生更容易被录取，并且进入重点院校就读。最后，20世纪末开始的高等教育收费制度同样出现了标准不合理、配套措施不完善的问题，学费上涨过快，部分院校学费过高，各种奖助补贴也没有及时跟进，造成了相当一部分大学生特别是农村籍大学生的生活困难，甚至因此放弃学业。

自 20 世纪 80 年代中期我国开始社会保障制度改革以来，社会保障制度已经由计划经济条件下的国家负责、单位包办、封闭运行的制度安排，转向社会主义市场经济条件下的责任共担、社会化的保障体制。然而，我国社会保障制度尚处于转型过程之中，由于自身体系的不完善、制度的不健全，不仅尚未全面地发挥出其缩小差距、化解矛盾、促进社会公平和实现共享发展成果的功能作用，反而使部门、群体之间不均衡的社会保障力度加重了实际收入的不平等，表现出明显的"马太效应"。我国社会保障资源布局的城市化取向属于典型的社会保障歧视性政策，直接导致了社会公共资源分配的不公平，长期以来城市居民不仅享有种类健全的社保项目，并且总体上的保障力度也逐年加大；而传统社会保障制度的"就业、保险与福利"耦合的制度设计将占中国人口绝大多数的农村人口排斥于正规社会保障体系之外，即便在少数有能力建设农村社保试点的地区，也无法提供健全的社保项目并保障资金支持，再加上农村居民收入普遍偏低，自身并无太大参保积极性。即便仅从城市范围内来看，整个社保制度也存在结构失调和设计缺陷：一方面，党政机关和各类事业单位仍旧生存在传统的全覆盖模式下，即便在不断改革的影响下，依然在整个社会范围内最为健全，而大部分转制后的企业则没有将各类社会保障及时跟进，诸如养老保险、医疗保险、失业保险等存在大量制度缺口，更无法保证大量下岗职工参保的连续性；另一方面，特别是对于一些保险类项目，由于其权利和义务的不对等性，极易引起企业和个人的短视行为，造成巨额的社保资金缺口和政府支付危机，政府作为终极责任人，缺乏行之有效的社保资金运作机制，助长了将其非法挪用的腐败行为。

法律保障是维护劳动者就业的各项基本权利，保证劳资双方地位平等的最基本渠道，1995 年 1 月开始施行的《中华人民共和国劳动法》虽然填补了我国长久以来劳动立法的空白，但是在具体规章的制定上仍存在明显滞后，在一些地区和部门执法力度也尚显不够，这些都使得大量处于弱势地位，特别是以非正规形式就业的劳动者的各项合法权益极易受到侵害。首先，以季节性、阶段性以及非全日制形式就业的各种临时工与季节工在私营企业部门内大量出现，这些人在"灵活就业"时，往往没有签订劳动合同，或仅是以口头的方式结成松散的雇佣关系，他们在没有无条件稳定的劳动关系下随时有可能被辞退。大部分工人文化素质较低、法律意识淡薄，在遭受到侵害时也无法通过法律手段维权，即便维权，也缺乏法律援助机构进行施助。其次，一些用人单位侵权行为频发。部分劳动者的工作条件普遍较差，人身安全和身体健康得不到应有的保障，不仅如此，他们的劳动报酬普遍过低，一些企业公然违反"同工同酬"的法规，给予他们歧视性工资待遇。在以建筑业为代表的一些资金周转期较长的行业内，工资拖欠现象极其严重，而在一些私营企业，克扣工资、非法超时劳动、侵占休息日的违法行为也屡禁不止。最后，劳动执法力量仍旧相对薄弱，也缺少科学有效的执行机制。比如在处理违反最低工资标准支付劳动报酬的案件时，劳动执法监察部门的监督检查力度显得尤为不够，在处理日益增多的劳动争议案件时，"先裁后审、仲裁前置"的解决方式将很大一部分劳动争议阻挡在法律救济之外，执行效率极低。

第三节　分割由初始形态向成熟形态的演变

一、外生形态：准无产阶级化与同质化出现

在这一时期，中国通过出口导向的发展战略快速融入世界市场，在出口加工和出口制造企业就业的生产工人，由此跻身于庞大的全球分工体系之中，他们身处中国劳动力市场，却在更为广泛的世界劳动力市场中扮演重要角色，成为资本主义生产关系向全世界范围扩张过程中新增的无产阶级部分，但是由于他们身份上的特殊性，资本主义劳动力市场分割四个阶段特征之一的无产阶级化并没有在严格意义上表现出来，

因而仅以"准无产阶级化"冠之。原因在于这部分工人绝大多数是由农民脱离之前的农业生产转化而来，仍然拥有农业户口但已经成为离开土地从事非农经济活动的雇佣劳动者。从职业身份上来说，他们是工人，但从户籍身份上来说，他们仍然是农民；也可以从劳动力使用方式的角度来理解，"工人"表明了私人雇佣关系下劳动力使用方式，也就是劳动力商品化，"农民"则表明了传统经济下劳动力使用方式，与私人雇佣关系相对。之所以说他们不属于真正意义上的无产阶级，是因为当事人拥有土地，尽管只是土地的使用权（事实所有）。从这个视角来看，一方面他们可以选择出卖劳动力，但却拥有退出而从事传统经济的生产资料；另一方面则由传统经济下劳动力使用方式向劳动力商品化的过渡。① 因此，这种劳动力市场中两重身份的更迭就只能形容为"准无产阶级化"或"半无产阶级化"，与仍旧处于传统农业部门及其附属的工、商、运输、服务等部门的劳动力相区别。从另外一层含义上讲，"准无产阶级化"又表明了这部分劳动者劳动力使用与劳动力再生产的分离，即一个"拆分型"的劳动力再生产模式：他们的工资只相当于部分劳动力商品价值，要维持劳动力再生产还需要农业收入或是其他劳动收入来弥补。即便在他们能够在城市和东部新兴工业地带找到工作的最好的情形下，他们的工资收入也多半只是包括了他们自身劳动力再生产的费用。由于拥有土地，他们对工资的要求往往不高，收入中赡养老人、抚育后代、居住、教育甚至医疗等的费用，大多并未包括在他们的工资收入之内，而是交给他们在农村地区的家乡来承担。②

　　从出口导向企业对这部分劳动者的生产过程的控制来看，也带有资本主义早期的同质化特征。这些企业大多技术含量不高，带有劳动密集特征，大量依靠劳动力小范围内的聚集，发挥分工与协作带来的优势

---

① 孟庆峰：《半无产阶级化、劳动力商品化与中国农民工》，《海派经济学》2011 年第 1 期，第 144—146 页。

② 潘毅、任焰：《农民工的隐喻：无法完成无产阶级化》，《政治经济学工作坊》（未刊稿）2008 年第 11 期。

进行生产，通过发挥巨大的劳动连续性与劳动强度以及劳动条件使用上的更大的节约创造剩余价值，因而控制权从工人手里转移到企业主手里是非常必要的。为了在越来越少的劳动时间内生产出越来越多的产品，企业主不断改进生产方法和提高机器的效率，通过类似于泰勒制或科学管理方法的应用，以及对熟练工人的管理达到这一目标。这一过程会引起企业内劳动分工的不断细化，工人的劳动被分解为一般的、不断重复的各种标准化动作。流水线生产的出现使手脑的分离、概念和执行的分离达到了极为严格的程度，管理部门取得了对装配速度的绝对控制，工人的劳动强度达到了非常高的程度，劳动"成为管理部门所指挥的生产过程的一种客观要素"①。劳动者在技术上最终在技能上被一步步拆解成为"局部工人"，实现了同质化过程中对劳动者"去技能化"，成为低技能的、可互换的劳动力。工人由于缺乏技能，不能进行改善作业的活动，同时也被剥夺了在开发创新中进行技术改进的机会，使其完全处于被支配地位。再加上中国在 20 世纪 90 年代初以来极其特殊的农村剩余劳动力供给弹性近似为零的状况，这种同质化特征就愈加明显。中国的出口导向企业在缺少技术创新和产品开发的大背景下，产品的附加值极低，并且相互近似甚至雷同，依靠与国内外同类企业打"价格战"维持生存。国际市场的行情波动，很容易就传导到国内的劳动力市场，当处于世界经济周期性的萧条或经济危机期间，相当一部分工人就会失业，这种失业是周期性的，但又不至于使其彻底无法生存，因为他们可以返回农村，依靠自家承包地从事农业生产，又变回农民。尽管如此，他们就业的脆弱性和不稳定性伴随着传统农业生产相对收益的降低，使其依旧可以被视为相对过剩人口或产业后备军。

二、内生形态 I：城乡二元分割向城市二元分割演变

在 20 世纪 90 年代初之前，劳动力市场分割的内生形态集中表现为城乡二元分割。城乡二元分割一方面表明了劳动力市场分割具有空间意

---

① [美]布雷弗曼：《劳动与垄断资本》，方生等译，商务印书馆1979年版，第152页。

义上较为明晰的界限，即城乡之间缺乏劳动力的流动；另一方面，造成这种流动性缺失的原因主要在于城乡二元户籍制度下对劳动者就业安排的不同。进入 20 世纪 90 年代中期，随着城乡二元户籍制度的进一步松动，大量农村居民在很大程度上可以较为自由地进入城市自谋职业，空间意义上的城乡二元分割界限开始日趋模糊，并且在绝大多数城镇和相当一部分中小城市，他们也拥有了带有过渡色彩的城镇户籍身份。因此，从这一时期开始，城乡二元劳动力市场分割逐渐演变为城市二元劳动力市场分割，尽管后者不再表现为一部分劳动者难以进入某一区域就业，但是它的形成仍旧是基于劳动者来源地的差异所导致的身份上的不同，即是否拥有本地常住户籍或有别于过渡性户籍的正式户籍。

城市二元分割指在城市劳动力市场上形成的界限分明的本地工和外来工两类劳动力所组成的二元就业结构。在这种格局下，外来劳动力即便在素质技能上同本地劳动力没有什么不同，却从事着与本地劳动力相比收入更低、更不稳定、劳动条件更差的工作，或是从事相同的工作却享受与本地劳动力不一样的待遇。和前面提及的城乡二元分割类似，城市二元分割也带有非常明显的制度性特征。为保护本地劳动力就业的特权，城市政府部门成立专门机构（诸如"外来劳动力管理所"等），出台专门政策，对不同劳动力的使用进行详细规范。之所以实行保护本地劳动力的措施，一个比较有说服力的解释是，转型时期户籍制度下与短缺相联系的定量配给制和住房、医疗甚至优先就业等福利分配依旧存在，使得城市居民享有一种相对于农村居民的特权，是户籍制度的受益者。因此，农村劳动力转移到城市特别是正规部门就业，意味着构成对城市居民特权的冲击，会引起后者的不满甚至抵制。城市居民对外来劳动力持有消极态度，自然具有寻求政策保护的要求。他们或者通过投票倾向表达，选举出更关心本地居民利益的人大代表，进而使地方政府政策越来越倾向于维护本地居民的特权；或者是通过抱怨，主要是通过报纸、电台、电视等舆论工具，以及各种场合表达某种情绪，而新闻媒体恰好可以把本地居民对外地劳动力与其竞争就业岗位的抱怨，与城市政府对社会稳定的高度关注结合起来。而作为政治收益最大化的主体，地方政府既要获取最广大居民的支持，也需要化解由他们带来的潜在的政治压力，把政治成本降到最低。因而顺应本地居民的意愿，通过保护性（同时也是歧视性）的就业政策对本地居民的意愿做出正面反应，变相排斥外地居民在本地城市就业，在职业、岗位或是部门内部阻碍劳动力流动，成为经济转轨时期地方政府的一种政治安全保障。①

实现城市二元分割的政策性措施主要包括三类：一是通过配额在总量上控制外来工就业的数量，比如在政策上规定外来工只有领取了务工证、暂住证等方有进入城市就业的资格，而这些证件又有数量上的限制。特别是在失业较为严重的城市，更是严格控制下岗待工人员和较为集中系统使用外地务工人员的数量，例如，北京市劳动局曾要求下岗待工人员达到10%的企业，原则上不准招用外地务工人员。② 二是向雇佣外来工的单位或外来工本人收取各种费用。事实上，收取各种费用可视为一种征税行为，可以提高外来工在城市就业的成本，增加本地工竞争的相对优势，有效地阻止一部分外来工的进入。除此之外，对外地劳动力或流动人口的证件管理，形式复杂、手续繁复、费用高昂，达到了相当严格的程度，进一步增加了雇佣外来工的成本。三是通过设置限制外地劳动力进入的行业和工种，在一定范围内构建完全排外的劳动力市场。这些行业和工种，往往也都是具有较高收入、工作较为稳定、福利待遇较高的行业和岗位。外来劳动力无法以正式身份进入城市就业，或是无法承受正规就业带来的高额成本，或者无法进入某些行业或岗位，从而使他们更多地以非正规就业形式存在，或是以"临时工"等非正式身份在正规部门就业，集中于一个类似于二元劳动力市场理论所提出的"次级劳动力市场"隔断内。

---

① 蔡昉等：《户籍制度与劳动力市场保护》，《经济研究》2001年第12期，第42—43页。

② 北京市劳动局：《关于办理1997年〈就业证〉有关问题的通知》，京劳就发［1997］12号，1997年1月11日发布。

三、内生形态 II：基于所有制差异的部门分割出现

在这一时期新出现的另一种内生分割形态是部门分割。在全国统一的劳动力市场构建过程中，党政机关、事业单位以及各种所有制企业普遍拥有了较为独立的劳动人事权，劳动者也拥有了择业的自主选择权，可以通过各种入职的选拔机制进入不同部门就业。部门分割在很大程度上不是基于劳动者身份上的差异而存在的，这种分割主要体现的是不同部门内劳动者权利地位、收入分配以及各种福利上的不平等所引起的流动性缺失。一般地，学术界倾向于按照劳动者就业部门的所有制属性来确定分割的界限：多数研究按照是否属于国有制笼统地分为"体制内"劳动力市场（各级党政机关、事业单位与国有企业）与"体制外"劳动力市场（非国有企业）的二元分割；也有的进一步按照单位属性的差异将"体制内"市场中的党政机关、事业单位和国有企业进一步区分开，与非国有企业一道形成多元分割。为了能够准确反映大多数学者赋予"体制"的确切含义，本书采用"部门分割"这一称谓。而部门与部门之间的差异，主要体现在单位的所有制形式差异上，同时又能反映出相同所有制条件下由其他属性造成的差异。

造成这种分割的原因首先是在转轨过程中，不同部门的政治、经济地位不同："体制内"的各个部门在社会主义市场经济体制下仍旧处于核心、主体地位，直接处于国家力量的保护之中。尤其是各级党政机关，直接掌控体制改革的方向和裁量，在市场化改革过程中几乎没有受到冲击，优势地位更加凸显；事业单位名义上从行政体系中被切分开来，实际上仍旧带有强烈的行政色彩，在经济上也没有完全脱离各级财政，尽管受到一定冲击，但是冲击较小；国有企业完成了市场导向的转型，受到了较为剧烈的影响，但是随着经营不善的国有企业相继完成转制或破产，剩余的国有企业在市场竞争中依旧占据质的优势，并且有国家财政为后盾，因此依旧部分地处于国家力量保护之下；而各类非国有企业特别是数量众多但规模有限的民营企业，总体上则处于市场力量的支配下，实际上无法获得与国有企业对等的地位，而且面临着相对税费较重、融资难、行政歧视、法规缺失等问题，缺少有利的经营环境，在

市场机制中处于劣势，并实际处于部门金字塔底层。其次，从各部门劳动者的就业保障来看，党政机关岗位是名副其实的"铁饭碗"；事业单位中绝大多数没有建立起淘汰退出机制或者有类似机制但很少执行，在很大程度上也可以视为终身岗位；国有企业的终身就业模式在一定程度上被打破，但是对于劳动合同制的执行普遍很到位，至少在合同期内，劳动者的就业是绝对稳定的，并且在一段时间（试用期）后，具有正式身份的劳动者往往能够得到一份长期的固定合同；而在非国有企业，劳动合同制的执行很不到位，许多企业往往不愿与职工签订正式的劳动合同。据统计，2003 年，私营企业的劳动合同签订率仅有 30.5%。[1] 劳动合同制度的缺失不仅使劳动关系处于一种无序状态，而且法律赋予职工的基本权益也难以得到保障。再次，从收入分配上来看，党政机关仍执行等级工资制度，并且在本阶段实现了工资的大幅上涨；事业单位的浮动工资比重有所增加，但与企业相比仍然较为稳定并且更有保障；国有企业的工资分配变得相对灵活，但是对于保留下来的大中型国有企业，一般能够维持较好的效益，因而总体工资水平依旧相对稳定、差距较小；而非国有企业特别是私营企业，工资的绝对水平相对较低，增长相对较慢，尽管外资、三资企业的工资水平对非国有企业平均工资水平明显向上拉动，但整个部门内整体收入分布较为离散，差距很大。并且在一些中小企业，还普遍存在工资与劳动强度不匹配、欠薪以及大量与收入相关的劳资纠纷，由于非国有部门工人组织的相对缺乏，工人维权十分艰难。最后，从各种社会保障、保险等福利项目来看，国有单位存在包括住房、医疗、教育、养老等在内完善的"社会保障体系"，对于各种社会保险，也一般能够依法按时足额缴纳。而"体制外"劳动力市场中社会保障体系虽已建立但仍不规范、不完善：私营企业往往出于自身利益，缺乏为职工缴纳各种社保项目的动机。到 2003 年，私营企业（不含个体企业）职工失业保险参与率仅为 28.8%，远远低于国有企

---

[1] 沈琴琴等：《和谐劳动关系与民营企业发展——加强劳动者权益保护、构建和谐劳动关系》，《中国劳动关系学院学报》2007 年第 1 期，第 7 页。

业。[1]而作为劳动者一方，即便是在制度健全的情况下能够参与各种社保项目，也往往由于就业单位和地点的不确定以及现行的积累和偿付体制的限制，逐渐丧失参与各种社会保障和社会保险的兴趣。

第四节　劳动者阶层的分化与整合

一、从属于世界市场的产业工人阶层形成

从属于世界市场的产业工人，是改革开放后特别是20世纪90年代以来各种非公有制外向型企业蓬勃发展背景下产生的新兴就业群体。从隶属的空间范围来看，他们是"世界工厂"一线的生产工人，直接面向国外的消费者需求，为其生产或加工产品，因而他们从属于世界市场，并在全球的分工体系中位于最底层位置；从隶属的生产关系来看，他们又是世界资本主义生产关系链条中的雇佣工人，尽管生活在中国这样一个社会主义国家，但是在经济关系上他们不占有生产资料，依靠出卖自身的劳动力而生存，处于被国外、国内资本家双重剥削的地位。特别要指出的一点是，在各种公有制、混合所有制外向型企业中的工人，在空间上同样从属于世界市场，但是在最基层的生产关系上仍旧从属于社会主义或者至少在一定程度上从属于社会主义，因而他们有别于这个群体，因而也不构成分割的纯粹外生形态下产生的产业工人阶层。这部分产业工人的来源主要有两部分：大部分是新近加入劳动力市场的农村剩余劳动人口，小部分是再就业的下岗职工和原国有企业整体转制后的在岗职工。

作为世界产业工人队伍的重要组成部分，他们尽管同社会化大生产相联系，但由于诸多历史和现实原因，他们还与资本主义社会中典型的产业工人存在着相当大的差异。一方面，他们尚未形成工人阶级意

---

[1]　平新乔：《民营企业中的劳动关系》，北京大学中国经济研究中心工作论文，2005年，No.C2005001。

识。由于他们当中多数人刚刚由农民身份转化而来，短暂的非农业劳动尚不足以改变他们原有的这种小农意识，加上普遍的科学文化素质低下，使其对工人阶级的阶级性质和历史使命一无所知。他们所希冀的仅仅是一份可以养家的工作，或者仅仅是想在农闲时节或自家农业劳动已经饱和的情况下以额外的方式实现自身的劳动力价值，没有职业身份转换的思想准备。加之进厂就业时间有限且缺乏稳定性和连续性，因此他们还不可能产生工人阶级意识。另一方面，他们尚不具有产业工人所应当具有的那种组织性和纪律性。改革开放以来社会文明的发展进步和制度体制的变迁，已经改变着中国农民的生产方式和生活方式，催生出他们的现代行为模式。然而，人们行为模式的转换同社会变迁并不是同步的，往往表现出一定的历史惯性。这种历史惯性的存在并发生作用，使得传统行为模式远未淡出。尽管他们程度不同地接受了现代城市文明特别是工业文明的熏陶，参与了社会化大生产的实践，但这毕竟还只是初步的，他们的科学文化知识积累和素质技能仍然有待提高，这种简单的、低技能的劳动尚不能锤炼出他们的组织性和纪律性。这种身份的特殊性、意识与行为转换的漫长性，就决定了他们在世界资本积累中还无法发挥出自身的能动作用，从而使推动资本积累的劳动力市场分割停留在较为低级的阶段特征中。

从属于世界市场的中国产业工人阶层又产生在一个特殊的历史时代：世界范围内，新科技革命已经完成，以电子计算机为代表的智能技术不仅遍布于世界各国的生产领域，也深入普通民众的日常生活。同时，随着世纪之交以互联网技术为代表的又一次科技革命全面展开，智能技术不仅进一步高级化、复杂化，并且借助新的媒介形式加速向世界范围传播，获取、掌握甚至应用新一代生产技术与组织管理方式的成本大大降低，包括劳动关系在内的社会关系在新技术的影响下加速变革。普通的劳动者，同样有机会在较短的时间内接触到新技术、新科学知识，掌握先进的劳动技能，并且享受到科技革命带来的生活方式改变和生活质量的提高。中国在 20 世纪末较短的时间内实现了计算机普及率的飞速提升和互联网的应用，国家对信息技术和信息技术产业发展的扶持力度也前所未有，中国工业生产的信息化、智能化发展正好迎头赶上，并且大体与世界同步。信息技术对中国劳动者素质技能的改变无疑是巨大的，尽管中国的产业工人阶层整体素质不高，但是以计算机和互联网为代表的信息技术能够在较短的时间内具有填平群体之间知识鸿沟的能力，他们将在更短的时间内接触并掌握到信息和智能手段，使他们的科学文化素质和技能水平更快地提升。这样，他们将更快地融入产业工人角色并且在将资本积累过程中激发出阶级意识、组织性和纪律性，并且能够更积极地参与到维护自身阶层利益的活动中来，从而使推动资本积累的劳动力市场分割向更高级的阶段特征演变。

二、城乡流动就业阶层的兴起

城乡流动就业阶层，是我国工业化和城市化进程在时间上高度重合的产物，是市场经济力量对传统的城乡二元结构消解过程中催化的特殊阶层：从他们的来源或者成分上看，他们来自广大农村地区，具有农民身份，还保有包括土地在内的农业生产资料，并且一定程度上还能够通过传统方式的农业活动维持自身劳动力的再生产；从他们从事的职业和生活方式来看，他们已经告别第一产业，集中在工业、建筑业和各种服务业工作，并且已经转变为城市人口的生活方式，成为城市现代化的一分子；从他们的居住和活动范围来看，他们大半时间居住在城市但往往不固定在某一城市，没有城市户籍的市民身份，因此仍旧往来于农村与城市以及不同城市之间，流动就业是他们在劳动力市场中最鲜明的特征。

据国家统计局农调总队 2003 年对全国 31 个省、自治区、直辖市的抽样调查，我国农村外出务工的劳动力已达 11390 万人，外出务工劳动力占农村劳动力比重的 23.2%；其中，农村常住户外出务工的劳动力 8960 万人，举家在外务工的劳动力 2430 万人，所有外出流动就业农民有 80% 以上进入了城镇[①]；中西部多数省区跨地区流动就业的农村劳动

---

① 国家统计局农村社会经济调查总队：《2003 年农村外出务工劳动力 1.1 亿人》，《调研世界》2004 年第 4 期，第 11 页。

力人数，已经超过了在当地乡镇企业就地转移的人数。在农民收入构成中，来自非农产业的比重已经接近 1/2，工资性收入比重则超过 1/3，工资性收入对农民收入增长的贡献率达 60%—80%。[①] 这个阶层中，年龄结构又以 15 岁至 34 岁的青年为主，并且占据了绝大多数；受教育程度亦普遍不高，集中到小学到初中、中专水平；行业分布较为广泛，但又主要集中在制造业、建筑业、批发和零售贸易及餐饮业以及社会服务业等四个行业；职业分布较为松散，但主要集中在商业服务业人员生产设备操作人员两种类型。[②] 流动就业的农民工资收入与城镇居民相比，又是普遍偏低的。2000 年，各行业用就业数量加权的平均工资水平为9371 元，工资率最低的农林牧渔业、批发和零售贸易服务业、采掘业、建筑业和制造业等五个行业中，流动就业群体就业比例高达 82.5%，而在工资率最高的交通运输仓储及邮电通信业、房地产业、电力煤气水生产和供应业、金融保险业，以及科学研究和综合技术服务业五个行业中，城乡流动就业群体比例仅占 5.1%。[③]

除了位于城市二元劳动力市场的次级隔断内，城乡流动就业阶层还广泛受到各方面的排斥与歧视。在经济上，高度分割的劳动力市场大量存在侵害他们诸如劳动报酬权、休息、休假权等基本权利的现象，同工不同酬、欠薪、超时超负荷劳动、工伤等层出不穷；在求职、就业、管理等方面遭遇到的不平等待遇如农村劳动力进入城镇就业的总量控制、职业、工种的限制和先城市后乡村的保护性就业安排、强制性收取管理费、用工调节费等亦比比皆是；城市居民能够普遍享受的住房、医疗、教育、养老等社会保障对于他们而言相对陌生，即便在一些已经展开试点的城市，社保资金的缺乏和配套措施的不完善也将他们事实上拒之门外。在政治上，他们缺少工会组织等自治社团，或代表他们利益的

---

① 韩俊：《棋子·边缘人·产业工人》，《农业经济问题》2004 年第 8 期，第 38 页。

② 王德文等：《迁移、失业与城市劳动力市场分割——为什么农村迁移者的失业率很低》，《世界经济文汇》2004 年第 1 期，第 42—43 页。

③ 王德文等：《迁移、失业与城市劳动力市场分割——为什么农村迁移者的失业率很低》，《世界经济文汇》2004 年第 1 期，第 44 页。

合法的政治组织，也缺乏充当利益表达的工具和途径；由于程序上的限制和缺乏关注，他们基本上被排斥在城市的政治生活以外，连基本的选举权和被选举权也得不到保证；同时，他们几乎没有参与影响其生活的决策与管理活动的机会，事实上没有参与制定规则、制度的权利，是名副其实的弱势群体。在文化上，他们既受到传统文化、落后的农村生活方式和陈旧价值观念的束缚，囿于自身文化素质低下，无法完全接受并融入现代科学文化氛围和发达的城市生活，更无法短时间内形成现代城市居民的价值观，更何况他们还屡屡遭到城市居民的偏见和歧视，大众媒体的一些消极舆论和片面误导更是加剧了这种偏见和歧视，从而他们经常处于经历心灵上的震撼与孤独、迷茫与痛苦。在社会上，城乡流动就业阶层正经历一个社会关系的重构过程，他们离开乡土社会之前主要位于以地缘和血缘关系为基础的初级关系网络之上，需要再次建构出以工具理性为取向的初级关系与次级关系网络。而他们当中绝大多数人在再建构社会网络的过程中会受到不同程度的限制和排挤，再加上他们不了解城市运作的法则，不懂、不敢抑或是不愿与城市居民交往，使他们无法建立起与城市居民相融合的生活圈子。[1] 这种不利的社会处境，加上他们自身较为低下的素质技能和不断扩张的庞大数量，使其既有打破劳动力市场分割的强烈愿望，又缺少改变现状的力量。他们将在一段相当长的转型时期内继续停留在次级隔断，在社会阶层结构中处于被动地位。但是通过他们自身素质技能的积累和市场经济体制的日趋完善，他们能够在未来越来越多地主动参与到社会各个领域的建设中来，有助于他们更好地维护自身权益，在平等开放的市场环境中缩小和其他社会阶层的差距。

三、"体制内"与"体制外"阶层的形成

"体制内"和"体制外"是一组带有些许歧义的阶层称谓。"体制内"阶层通常指在国有单位范围内就业的劳动者，包括各级党政机关公

---

[1]　李爱芹：《农民工阶层的社会排斥研究》，《晋阳学刊》2007年第2期，第48—49页。

务员、各类事业单位在编人员和国有企业员工；"体制外"阶层通常泛指在国有单位以外的其他部门就业的劳动者，主要包括各类非国有制企业的从业人员和个体从业人员。这种区分的标准本应是劳动者所在部门的所有制隶属关系，而不是具有强烈模糊含义的"体制"。即便从体制的角度去讲，鉴于各种非公有制经济也是社会主义市场经济的重要组成部分，"体制外"劳动者也应是社会主义市场经济体制内的重要组成部分，同"体制内"的劳动者一样，是中国特色社会主义事业的建设者。"体制内"与"体制外"的分野，实际上在于对劳动力使用、管理、评价和补偿的各种体制、机制上。这种分野的形成，是市场取向的改革中不同部门差异化的劳动人事和收入分配制度造成的："体制内"部分在一定程度上保留了计划时代中的人事体制和分配形式；而"体制外"部分由原来的"体制内"分化而来，并且大量融入了内生于市场环境下的组成要素，基本上采取了面向市场的运作方式，对劳动力的使用更加灵活，分配上也更加注重效率。

2002 年，全国城镇就业人员为 24780 万人，其中国有单位就业人员 7163 万人，占城镇总就业人员的 28.91%，构成了"体制内"阶层。其中国有单位在岗职工共计 6923.8 万人，它包括了各级党政机关公务员 1033.3 万人、各类事业单位在编人员 2508.5 万人和国有企业职工 3381.9 万人，分别占国有单位职工总数的 14.92%、36.23% 和 48.85%。"体制外"阶层包括了城镇集体单位从业人员 1122 万人、股份合作制单位员工 161 万人、联营单位员工 45 万人、有限责任公司员工 1083 万人、股份有限公司员工 538 万人、私营企业员工 1999 万人、港澳台资企业员工 367 万人、外资企业员工 391 万人、个体从业人员 2269 万人以及一部分以其他形式就业但未统计在内的劳动者，他们占城镇总就业人员的 71.09%。宽泛地讲，"体制外"阶层还包括了绝大多数乡村就业人员，包括了各类乡镇企业员工 13288 万人、各类私营企业 1411 万人和个体经营者 2474 万人。从这两个阶层的收入上看，2002 年，国有单位职工平均货币工资为 12869 元，其中国有及国有控股企业职工平均货币工资为 12602 元；城镇集体单位职工平均货币工资为 7667 元，其他形式的企业部门职工平均货币工资为13212元。在其他形式的企业部门中，股份合作单位、联营单位、有限责任公司、股份有限公司及其他五类单位职工平均货币工资低于国有及国有控股企业，而股份有限公司、港澳台资企业和外资企业三类企业职工平均货币工资高于国有及国有控股企业。鉴于股份有限公司、港澳台资企业和外资企业从业人员总量仅为1296万人，占城镇"体制外"就业总人数的16.25%，由此不难发现，"体制外"阶层的劳动者工资收入分布更为离散，并且拥有一小部分高收入劳动者，但是绝大多数劳动者的货币工资收入显著低于"体制内"阶层的劳动者。①

　　"体制内"与"体制外"阶层的分野除了在工资数量上能够较为明显地表现出来之外，在各个方面亦有广泛而显著的形式。在经济上，"体制内"阶层的劳动者就业更为稳定、收入也更有保障并且一般具有稳定增长的机制，在收入的形式上除了货币收入之外，往往还具有形式多样的实物收入或以单位发放的有价消费券等形式存在的"准货币收入"，一些公务员还能拥有数量不等的"灰色收入"，并且，他们能够享受到最完善的社会保障，医疗、住房、教育、养老等社会福利进一步地补偿了他们的非货币收入；而"体制外阶层"的劳动者就业相对不稳定，失业率较高，收入波动较大，在某种程度上还无法保证正常增长，在收入的形式上出现了两极分化，企业主和经理人员往往在具有工资收入的同时还具有财产性收入，而广大员工则一般只有货币形式的工资收入并且是"裸工资"，在社会保障方面差异亦较大，一些大型企业员工能够享受到较为完善的社会保障项目，但是对于大多数中小企业员工而言，社会保障存在不同程度的缺失，加入各种社会保险也有很大困难。在政治上，"体制内"阶层具有更高的政治地位，政治权利能够得到充分保障，并且能够依靠各种形式的行政隶属关系扩展自身的政治资本和社会影响力，公务员本身即为国家行政人员，享有相当的政治特权，而

---

① 国家统计局：《中国统计年鉴2003》，见 http://www.stats.gov.cn/tjsj/ndsj/yearbook 2003_c.pdf。

事业单位从业人员也可以利用和行政机构的密切关系谋求部分特权，国企职工的特权相对较少，但是依然保留了同行政部门的裙带关系，拥有潜在的政治资源；"体制外"阶层的政治地位相对较低，甚至一定程度上不被社会承认，也缺少可以为自己"正名"的身份，他们同行政部门较为疏远，也没有直接的利益关系，因此经常受到不平等的政治待遇。在文化上，"体制内"阶层本身就具有相对较高的受教育程度和科学文化素质，在接受、传播、利用各种信息、知识和其他文化资源上具有主动性；而"体制外"阶层受教育程度和科学文化素质相对较低，一般只是被动地接收各种文化资源，除少数人之外，他们很难融入先进的、主流的文化生活中。在社会上，"体制内"阶层拥有强烈的优越感，并且一般掌握了广泛的"人脉"或社会资源，能够建立起较为复杂的社会关系网络，并且更易于利用社会关系进行各种活动；而"体制外"阶层往往被社会群体所疏远，很容易笼罩在"低人一等"的阴影之下，他们的社会资源极其有限，在社会活动中更倾向于使用正式渠道达成目标。

"体制内"和"体制外"阶层的分野，是我国建立社会主义市场经济体制之后，强化劳动力市场分割的一股最主要驱动力量。"体制内"阶层的各种特权、福利（或者经济上的垄断租）极易使他们成为维系并进一步加深部门分割的保守势力，而"体制外"阶层相对较低的社会地位，各种资源的相对匮乏和劳动者素质技能的局限使他们无力改变这种处于劣势隔断的被动局面。但又不得不提的是，作为引领社会进步，特别是维护社会主义政权和最广大人民根本利益的社会群体，"体制内"阶层又具有克服自身保守倾向、积极变革从而缩小阶层鸿沟的强烈动机，"体制外"阶层也随着改革的深入进一步扩大，并且成分逐渐多元化，逐渐有能力维护自身利益，并且为破解部门分割做出自己的不懈努力。

第五节 对城市二元分割和部门分割的若干实证分析

对中国劳动力市场形成期的分割实证研究与发轫期的实证研究相比更为复杂，原因在于分割更多地融入了个人在劳动力市场中的选择行为，以工资收入差距度量的劳动力市场分割程度，也更多地体现了劳动者之间的机会结构差异，而不单单是不同隔断内工资收入决定机制所造成的"事后效应"。本节的实证研究将沿着以下的次序展开：首先针对特征较为鲜明的城市二元劳动力市场，对本地居民和外来居民的收入决定机制进行比较分析，之后聚焦到集中特定类型的职位上，分析这两组群体就业过程中对于不同职位的取得有何差异，最后我们对以不同职位间的"歧视"定位的城市二元劳动力市场分割，采取对两组群体收入差异进行 Brown 分解的方法进行剥离和测度。接下来针对基于所有制差异的部门分割，采用两组间隔 7 年的面板数据分别进行部门间收入差距的 Blinder-Oaxaca 分解与收入决定机制的回归分析并对结果进行比较，然后对新加入劳动力市场的城镇居民择业的部门倾向进行分析。

本节所采用的数据来源于"中国家庭收入项目调查"（Chinese Household Income Project Survey，CHIP）中 1995 年的城镇居民个人收入调查、2002 年的城镇常住居民个人收入、消费与就业调查和城乡流动居民个人调查三部分。其中 1995 年的城镇居民个人收入调查样本来自国家统计局每年进行的城镇住户抽样调查大样本，抽样采取了按收入水平排序的等距随机抽样方法，最终包括 6868 个城市住户（21533 个家庭成员），涵盖了个人的社会经济特征、个人全年现期收入等数十个变量；2002 年的两部分数据直接取自于该课题组 2002 年年末在农村地区和城镇地区分别进行的问卷调查，在问卷结构和变量设计上更为多样化、复杂化：城镇居民个人收入、消费与就业调查包含 151 个变量、20632 个观察值；城乡流动居民个人调查包含 76 个变量、5327 个观察值，这也是全国范围内针对城乡流动居民的首次大规模、非官方的收入调查。1995 年和 2002 年 CHIP 的数据质量较 1988 年有了显著提高，有利于进行阶段性的比较实证分析。

一、城市二元劳动力市场的收入决定机制和职位获得比较

城市二元劳动力市场的分割，是基于劳动者来源地不同所造成的户籍（身份）的差异。一般来说，拥有本地城镇常住户籍的居民在劳动力市场中占据优势，更容易获得收入较高、工作稳定且福利较好的职位；而以暂住身份从业的非本地居民则在劳动力市场中处于劣势，往往集中于收入较低、工作不稳定且福利较差的职位。2002 年 CHIP 课题组特地在往期问卷调查的基础上，首次实施了城乡流动居民个人收入调查，将其与当年的城镇常住居民个人收入、消费与就业调查数据一并提取，剔除工资收入缺失的样本，最终得到本地居民有效样本 10047 个，外来居民样本 3361 个，表 5.1 对两组居民的个体特征变量和主要的从业特征变量进行了统计比较。比较中不难看出，外来居民总体上较城镇居民更年轻，男性比例更高，已婚的比例亦较高；本地居民总体上具有大大高于外来居民的受教育水平、工作经验（以年表示）和职业培训时间（以月表示），并且有更多的居民拥有党员身份；值得注意的是相当一部分外来居民是依靠各种人际关系找到现有工作的，而本地居民的这一比例很低；此外，显而易见的是本地居民的日均工作时间仅为外来居民的 2/3，但以对数形式表示的工资率却比外来居民高出近 1 倍。表 5.2 总结了两组居民获得现有工作的方式：一半以上的本地居民经由政府安排或"顶替"，亦有将近 1/4 的居民通过公开考试、就业部门中介、报纸招聘与个人寻找等市场化的形式求职，仅有 9% 的居民经由私人关系介绍就业，选择自己独立经营的比例也仅占 5%；而外来居民仅有极少数通过政府安排或"顶替"就业，但是经由公开考试、就业部门中介、报纸招聘渠道的比例亦很低，大部分通过私人介绍、自己寻找或自己独立经营实现就业，而后者占到 43% 的比重，成为外来居民就业的主要途径。

表 5.1 2002 年 CHIP 在业城镇本地居民和外地居民
个体特征与从业特征变量统计比较

个体特征变量	本地居民 共 10047 个样本		外来居民 共 3361 个样本	
	均值	标准差	均值	标准差
年龄	40.53847	9.240256	34.68586	8.764062
性别	.5559869	.4968803	.5673907	.4955114
受教育年限	11.41346	2.998482	7.917959	2.773152
工作经验	20.19329	9.659351	7.044332	5.059185
接受培训时间	1.549318	4.869768	.8741446	4.193879
是否已婚	.8818553	.3227955	.8949717	.3066355
是否为中共党员	.2887429	.4532007	.0333234	.1795064
是否动用关系求职	.0881855	.2835786	.2609342	.4392095
每天工作小时数	6.170531	1.736198	9.952304	2.821001
小时工资对数	1.518733	.7257084	.7834448	.699371
从业特征变量	频次	比例（%）	频次	比例（%）
政府机关	893	8.89	—	—
事业单位	2230	22.20	—	—
国有企业	3408	33.92	237	7.05
集体企业	696	6.93	122	3.63
私营企业	1201	11.95	721	21.45
外资、三资企业	219	2.18	19	0.57
个体经营及其他	1400	13.94	2261	67.30
企业负责人	42	0.42	—	—
办事人员	—	—	79	2.35
领导干部	1057	10.52	14	0.42
职业技术人员	2118	21.08	134	3.99
办公室文员	2044	20.34	—	—
服务人员	6568	65.37	666	19.82
熟练工人	1883	18.74	—	—

从业特征变量	频次	比例（%）	频次	比例（%）
非熟练工人	978	9.73	—	—
工业工人	—	—	122	3.63
商业工人	—	—	248	7.38
建筑业工人	—	—	103	3.06

表5.2　2002年CHIP在业城镇本地居民和外地居民获得工作的方式统计比较

获得工作的途径	本地居民 共10047个样本		外来居民 共3361个样本	
	频次	比例（%）	频次	比例（%）
政府安排	5382	53.57	9	0.27
顶替	531	5.29	9	0.27
公开考试	814	8.10	23	0.68
就业部门介绍	346	3.44	35	1.04
报纸招聘	230	2.29	37	1.10
私人介绍	886	8.82	877	26.09
自己寻找	1111	11.06	903	26.87
自干个体、私营	502	5.00	1440	42.84
其他	245	2.44	28	0.84

　　表5.3以小时工资（工资率）对数作为被解释变量分别对城镇本地居民（模型1、2）和外来居民（模型3、4）的收入决定方程进行回归，在解释变量的设置上也做出了差异化的安排：模型1、3在选取个体特征变量的同时选取了基于工作单位性质的从业特征变量；而模型2、4在选取个体特征变量的同时选取了基于工作岗位性质与劳动者身份的从业特征变量。结果显示，外来男性居民的收入溢价大大高于本地居民，工作经验的边际回报也明显高于本地居民，但受教育水平的边际回报却显著低于本地居民，具有党员身份能够显著增加本地居民收入，但对于外来居民则不明显。相对于其他部门，本地居民在党政机关、事业单位以及国有、集体、私营、外资与三资企业就业均能得到显著的正溢

价，而外来居民仅能在私营、外资与三资企业就业得到显著的正溢价，但在系数上明显小于本地居民，在集体企业就业的溢价为正，但不显著，在国有企业就业的溢价甚至为负。此外，本地居民具有企业主、领导干部、职业技术人员以及办公室文员的身份能够带来显著为正的收入溢价，外来居民具有领导干部、职业技术人员身份亦能带来正的收入溢价，但系数大大低于本地居民，从事工业、建筑业的收入溢价亦显著为正，但从事服务业却显著地降低了收入水平。从这组收入回归模型的估计结果中，可以得出三个较为清晰的结论：一是在收入结构上，对人力资本积累的回报模式略有不同，对先天人力资本积累（受教育水平）的回报上，本地居民高于外来居民，而对后天人力资本积累（工作经验、年资）的回报上，外来居民高于本地居民。二是不同类型的单位对于两组居民带来的收入溢价是不同的，总体而言对本地居民的溢价高于外来居民，可以推断出外来居民或许受到工资上的歧视，特别是国有企业对外来居民产生负的溢价，其中或许还包含有对外来居民职位特征上的不利因素。三是劳动者不同的身份对城镇居民基本上也都能带来正的收入增加，对于外来居民则未必，在个别行业和个别身份下，能够降低甚至显著降低劳动者收入，这也进一步提示我们在劳动者的职位特征中，或许可以进一步找到相关线索。

表 5.3　2002 年城镇在业本地居民和外来居民收入回归模型估计结果

解释变量	本地居民收入回归模型		外来居民收入回归模型	
	模型 1	模型 2	模型 3	模型 4
是否为男性	.102256*** (.01299711)	.07993022*** (.0133709)	.22169921*** (.02350373)	.1921708*** (.02361433)
受教育年限	.06541548*** (.00234127)	.05816779*** (.00253447)	.05606951*** (.00416368)	.053145*** (.053145)
工作经验	.02587283*** (.00250054)	.02506429*** (.00251128)	.04494424*** (.00579259)	.04355245*** (.0057915)
工作经验平方项	−.00020976*** (.00006173)	−.00021543*** (.00006212)	−.00125977*** (.00026732)	−.00121094*** (.00026686)

解释变量	本地居民收入回归模型		外来居民收入回归模型	
	模型 1	模型 2	模型 3	模型 4
是否为党员	.09713721*** (.01546386)	.06686027*** (.01603074)	.06093208 (.06378004)	.03120275 (.06350395)
党政机关	.45507075*** (.02856912)			
事业单位	.5455563*** (.0224341)			
国有企业	.35727554*** (.0203946)		−.04947726 (.0451255)	
集体企业	.08630275** (.02923787)		.0782371 (.06101622)	
私营企业	.2862861*** (.0247423)		.09973749*** (.02809392)	
外资、三资企业	.64981091*** (.04578486)		.41451547** (.15125772)	
企业负责人		.41103627*** (.10020402)		
办事人员				.1433065 (.07556027)
领导干部		.51976042*** (.03368396)		.38971488* (.17536094)
职业技术人员		.53900039*** (.02923556)		.166164** (.05928705)
办公室文员		.42785545*** (.02870356)		
服务人员		.05214053 (.03010369)		−.11059105*** (.02937238)
熟练工人		.33015968*** (.02830106)		
非熟练工人		.17084174*** (.03139139)		

解释变量	本地居民收入回归模型		外来居民收入回归模型	
	模型 1	模型 2	模型 3	模型 4
工业工人				.22943589*** (.06082163)
商业工人				−.07717245 (.04430023)
建筑业工人				.30681327*** (.06636062)
截距项	−.06723272 (.03809638)	.05090376 (.04311106)	−.03461087 (.04297171)	.03373364 (.04372629)
Adjusted R2	.25572774	.24748238	.11991628	.13253944
RMSE	.62607746	.62953588	.65550989	.65079188

显著性水平：* p<0.05；** p<0.01；*** p<0.001。

表 5.4　2002 年 CHIP 在业城镇本地居民和外地居民职位特征统计比较

职位特征变量	本地居民 共 10047 个样本		外来居民 共 3361 个样本	
	频次	比例（%）	频次	比例（%）
企事业单位固定职工	5099	50.75	16	0.48
长期合同工	2123	21.13	163	4.85
临时工或短期合同工	1137	11.23	856	25.47
无合同员工	752	7.48	—	—
私营、个体经营人员及其他	936	9.32	2326	69.21

　　表 5.4 对本地居民和外来居民的职位特征进行了统计比较。为了分析上的简便，我们将职位特征变量分别压缩到 5 种和 4 种，通过表 5.4 可以清晰地发现截然相反的特征：本地居民大多集中于企事业单位固定职工和长期合同工两类，仅有一小部分属于私营、个体经营人员及其他类；而绝大多数外来居民属于私营、个体经营人员及其他类，即便是单位职工，多数也属于临时工或短期合同工。我们将私营、个体经营人员及其他类提取出来作为参照组，以除此之外的几种职位类型作为被解释

变量，以劳动者的个体特征和人力资本特征变量，加上"是否动用关系求职"这一虚拟变量一起作为解释变量，分别对两组居民样本进行如下的多元 Logit 回归模型，以分析这些影响职业需求和供给的变量如何影响个人 i 从事职业 j 的概率 P_{ij}：

$$P_{ij} = \text{Prob}\left(y_{ij}\right) = \frac{e^{\beta'_j x_i}}{\sum_{k=1}^{J} e^{\beta'_k x_k}}, i = 1, \cdots, N; j = 1, \cdots, J \tag{5.1}$$

其中，N 为样本量大小，J 为职位数量，x_i 是一个影响供需因素的外生变量向量。

表 5.5　2002 年城镇本地居民和外来居民职位获得多元 Logit 回归模型估计结果

职位类型以及解释变量	本地居民的职位获取模型		外来居民的职位获取模型	
	系数及标准差	边际效应	系数及标准差	边际效应
企事业单位固定职工				
是否为男性	.05518261 (.07468824)	.0532279	.48982401 (.54062434)	.0021942
是否已婚	− .55355126*** (.14325853)	.0674717	− .63920388 (.6798706)	− .0018763
受教育年限	.30295429*** (.01297045)	.0435894	.48737365*** (.09056215)	.0022207
工作经验	.15061554*** (.01574401)	.0175263	− .04434915 (.1045148)	− .0000158
工作经验平方项	− .00166744*** (.00039231)	− .0001869	.00397869 (.0040811)	.0000119
接受培训时间	.05079523*** (.01399246)	.0038666	− .49270785 (.37359704)	− .0024957
是否动用关系求职	− .74405677*** (.15116778)	− .265542	1.2212741* (.540216)	.0018016
截距项	− 3.4360684*** (.2146892)	———	− 9.2558163*** (1.290424)	———
长期合同工				
是否为男性	− .1008471 (.0798581)	− .0047299	.12623162 (.17618393)	.0024548

职位类型以及解释变量	本地居民的职位获取模型		外来居民的职位获取模型	
	系数及标准差	边际效应	系数及标准差	边际效应
是否已婚	−.95381555*** (.14862669)	−.0507851	−.56377115* (.24990693)	−.011562
受教育年限	.13452586*** (.01340693)	−.012895	.23145233*** (.03333404)	.0079991
工作经验	.12793617*** (.0168033)	.0047527	−.08167997* (.03657984)	−.0015926
工作经验平方项	−.00193781*** (.00042179)	−.0001638	.00477362*** (.00143654)	.0001354
接受培训时间	.0542226*** (.01433831)	.0029025	.02032841 (.01202769)	.0014618
是否动用关系求职	−.06571117 (.15087729)	.001529	2.1262114*** (.17271858)	.0531223
截距项	−1.3314924*** (.21803748)	—	−4.6614889*** (.42690558)	—
临时工或短期合同工				
是否为男性	−.43802742*** (.09100742)	−.0334046	.16010352 (.09288332)	.0215577
是否已婚	−1.3499146*** (.15361181)	−.0629277	−.7181088*** (.13775034)	−.099243
受教育年限	.11616584*** (.01530948)	−.0061093	.10825231*** (.01710309)	.0117032
工作经验	.01116088 (.01778165)	−.0086347	−.10977469*** (.02366297)	−.0153376
工作经验平方项	.00060283 (.00045706)	.0001658	.00402663*** (.00110576)	.0005269
接受培训时间	.01141881 (.0172605)	−.0027781	−.02021353 (.01447125)	−.0026789
是否动用关系求职	1.5726074*** (.13956043)	.1511376	2.2058178*** (.09498283)	.2989619
截距项	−.41806732 (.23424444)	—	−1.5632667*** (.21282516)	—

职位类型以及解释变量	本地居民的职位获取模型		外来居民的职位获取模型	
	系数及标准差	边际效应	系数及标准差	边际效应
无合同员工				
是否为男性	−.48401015*** (.10150163)	−.0246892		
是否已婚	−1.1120939*** (.17244909)	−.0231162		
受教育年限	.06332841*** (.01674586)	−.007569		
工作经验	.0244127 (.01993864)	−.0044755		
工作经验平方项	.00033866 (.00050738)	.0000861		
接受培训时间	.0303233 (.01757018)	−.0003711		
是否动用关系求职	1.85899*** (.14399541)	.1171736		
截距项	−.65347648* (.2583705)	—		
私营、个体经营人员及其他	参照组		参照组	

显著性水平：* p<0.05；** p<0.01；*** p<0.001。

　　表 5.5 报告了估计结果，参照组的系数被标准化为 0，故略去，该表在报告系数、方差的同时也报告了更加具有实际意义的解释变量对职位取得概率的边际效应，边际效应在两组样本间的比较，从而便于得出较为清晰的结论。结果显示，性别对于本地居民成为固定职工和长期合同工没有显著影响，但是性别为男性会显著降低他们成为临时工、短期合同工或无合同职工的概率，已婚的婚姻状况会显著提高他们成为固定职工的概率，同时显著降低他们成为其他三类职工的概率；性别对于外

来居民职位的获取没有显著影响，已婚的婚姻状况会降低他们成为所有三类职工的概率，因此年纪稍长的外来居民更易于从事个体独立经营。人力资本积累更易于使本地居民获得固定职工的职位，降低他们成为另三类职工的概率，这一结论较为明显，几乎所有的系数均显著；而人力资本积累对于外来居民的影响较为轻微并且复杂，在获取两类正式职位的系数上，与本地居民相比影响十分微小，先天积累（受教育年限）的增加能够显著提升他们获得所有三类职位的概率，但是后天积累（经验）的增加却轻微地降低了获得所有三类职位的概率。接受职业培训对本地居民获取固定工和长期合同工两类职位有显著的正向作用，而对外来居民的作用不显著。最后，求职中动用社会关系可以显著提高本地居民获得两类非正式职位的概率，同时显著降低获得两类正式职位的概率；对于外来居民而言，动用社会关系可以显著提升获取所有三类职位的概率，特别是当获取临时工或短期合同工的时候，是否找人请托甚至具有决定性作用。通过梳理上述结果，不难发现造成两组居民职位获取分布上截然相反的原因，极有可能在于职位之间存在着针对二者的"歧视"或分割性因素，下面的 Brown 分解法，便将这种因素从构成二者收入差距的因素集中剥离出来。

二、对本地居民与外来居民收入差异的 Brown 分解

布朗（R. Brown）等人在 Blinder-Oaxaca 分解的基础上提出了一种方法，专门研究男女就业部门不同对性别工资差距的影响，解决了前者无法考虑劳动者个体在部门选择方面的缺陷。[①] 该方法的应用可以从性别差异进一步拓展到任何基于个体特征变量的"事前差异"或"前定差异"上，这里我们把这种"前定差异"设定为劳动者就业前的身份差异，即本地居民或是外来居民。运用 Brown 分解法，在研究两组居民

---

① R. Brown et al., "Incorporating Occupational Attainment in Studies of Male-Female Earnings Differentials", in *The Journal of Human Resources*, Vol.33, No.1, 1980, pp.3-28.

样本的收入差距时，不仅可以考虑到两组居民收入决定机制的不同，还可以考虑到两组居民职位选择机制的差异。

Brown 分解法包括以下几个步骤：首先，把本地居民和外来居民的收入表示成各个职位就业概率和平均收入的乘积之和；其次，使用 Mincer 收入回归方程估计各职位的本地居民和外来居民收入；再次，使用多元 Logit 回归方法估计两组居民的职位选择机制；最后，模拟无"歧视"情况下的收入机制和职位选择机制。下面用公式来表达上述思路：[1]

$$
\begin{aligned}
\overline{w}_l - \overline{w}_m &= \sum_j \left(p_j^l \overline{w}_j^l - p_j^m \overline{w}_j^m \right) \\
&= \sum_j p_j^m \left(\overline{w}_j^l - \overline{w}_j^m \right) + \sum_j w_j^l \left(p_j^l - p_j^m \right) \\
&= \sum_j p_j^m \left(\overline{x}_j^l \beta_j^l - \overline{x}_j^m \beta_j^m \right) + \sum_j \overline{w}_j^l \left(p_j^l - \widetilde{p}_j^m \right) + \sum_j \overline{w}_j^l \left(\widetilde{p}_j^m - p_j^m \right) \\
&= \sum_j p_j^m \left(\overline{x}_j^l - \overline{x}_j^m \right) \beta_j^l + \sum_j p_j^m x_j^m \left(\beta_j^l - \beta_j^m \right) + \sum_j \overline{w}_j^l \left(p_j^l - \widetilde{p}_j^m \right) \\
&\quad + \sum_j \overline{w}_j^l \left(\widetilde{p}_j^m - p_j^m \right)
\end{aligned}
\tag{5.2}
$$

其中，$\overline{w}_i$ 表示收入对数的平均数，$\overline{w}_j^i$ 为各职业的平均收入，p_j^i 为各职业的就业概率，$I=1$，m 分别代表本地居民（local）和外来居民（migrant），$\widetilde{p}_j^m$ 表示如果外来居民受到本地居民的同等待遇时，在各部门的就业概率。这样，总收入差距在式（5.2）中被分解成 4 部分：$\sum_j p_j^m \left(\overline{x}_j^l - \overline{x}_j^m \right) \beta_j^l$ 为职业内可以解释的收入差距；$\sum_j p_j^m x_j^m \left(\beta_j^l - \beta_j^m \right)$ 为职业内无法解释的收入差距；$\sum_j \overline{w}_j^l \left(p_j^l - \widetilde{p}_j^m \right)$ 为职位间可以解释的收入差距；$\sum_j \overline{w}_j^l \left(\widetilde{p}_j^m - p_j^m \right)$ 为职位间无法解释的收入差距。这种职业内和职业间无法解释的收入差距也可以视为劳动力市场中对城镇本地居民有

---

[1] 葛玉好、赵媛媛：《工资差距分解方法之述评》，《世界经济文汇》2011 年第 3 期，第 113—114 页。

利、对外来居民不利的"歧视"。① 对于职业间的"歧视"而言，可以在一定程度上视为城乡二元劳动力市场的分割程度，职业间"歧视"在总收入差距中所占的比重，也就一定程度上反映了劳动力市场分割的收入效应。利用表 5.4 中划分好的职位类型，最终得到如下的分解结果：

表 5.6　城镇就业本地居民和外来居民收入差距的 Brown 分解结果

总收入差距	0.7250	100.00%
职业内可观测的技能差异造成的差距	0.1522	20.99%
职业内"歧视"（或不可观测因素）造成的差距	0.1938	26.73%
职业间可观测的技能差异造成的差距	0.1605	22.14%
职业间"歧视"（或劳动力市场分割）造成的差距	0.2198	30.32%

从表 5.6 中可以清晰地看出，一方面，无论是职业内还是职业间，基于劳动者本地还是外来身份的"歧视"造成的收入差距均显著高于可观测到的技能差异所造成的收入差距，这说明劳动者的生产力差异与劳动者受到的不公平待遇相比在形成收入差距上始终处于次要位置；另一方面，职业间因素造成的收入差距大于职业内因素造成的收入差距，说明劳动力市场以不同职业特征分化已经到了相当的程度，而职业间"歧视"，抑或是劳动力市场分割造成的收入差距又在职业间收入差距中占将近 60%，在总收入差距中占 30%，也从某种程度上说明了基于劳动者身份"前定差异"的劳动力市场分割在本世纪初已经成为引起本地居民和外来居民收入差距的最主要原因。

三、部门收入决定机制比较与收入差距的变动趋势

下面，我们转向对部门间劳动力市场分割的实证研究。为了分析的直观与简便，我们把部门笼统地归为"体制内"与"体制外"两类：

① 孟昕、张俊森：《中国城镇的双层劳动力市场——上海城镇居民与农村移民的职业分割与工资差距》，见蔡昉、白南生主编：《中国转轨时期劳动力流动》，社会科学文献出版社 2006 年版，第 147—166 页。

前者包括党政机关、事业单位以及国有及国有控股企业；其余类型的部门全部归为"体制外"。首先，我们依然从收入决定机制入手，观察从1995年到2002年这7年间两个部门的收入决定机制发生了怎样的变化。我们分别提取1995年和2002年CHIP数据中的城镇居民收入、消费与就业数据集，按照居民就业部门属于"体制内"还是"体制外"进行划分：1995年的数据经过整理得到"体制内"样本6058个，"体制外"样本7031个；2002年的数据经过整理得到"体制内"样本6531个，"体制外"样本3516个。各个变量的统计特征归纳详见表5.7和表5.8：

表 5.7 1995 年 CHIP 在业城镇"体制内"和"体制外"
劳动者个体特征与从业特征变量统计比较

个体特征变量	"体制内"共 6058 个样本		"体制外"共 7031 个样本	
	均值	标准差	均值	标准差
年龄	41.17481	11.52373	39.26109	9.440513
性别	.5676791	.4954393	.5122298	.4999215
受教育年限	11.50527	3.071267	10.47071	2.914328
工作经验	21.45046	10.86333	18.34727	9.718674
是否已婚	.8922086	.3101423	.8489761	.3581231
是否为中共党员	.348795	.4766283	.1592719	.3659815
每天工作小时数	5.910942	1.031001	6.749241	2.252543
小时工资对数	1.101499	.5939174	1.225192	.7780958
从业特征变量	频次	比例（%）	频次	比例（%）
企业负责人	10	0.17	16	0.23
领导干部	1015	16.75	503	7.15
职业技术人员	1784	29.45	1030	14.65
办公室文员	1512	24.96	1111	15.80
熟练工人	907	14.97	1826	25.97
非熟练工人	499	8.24	1631	23.20

表 5.8　2002 年 CHIP 在业城镇"体制内"和"体制外"
劳动者个体特征与从业特征变量统计比较

个体特征变量	"体制内"共 6531 个样本		"体制外"共 3516 个样本	
	均值	标准差	均值	标准差
年龄	41.22615	9.057051	39.54886	10.94829
性别	.5795437	.49367	.4842839	.4997885
受教育年限	11.92099	2.919576	9.828898	2.828493
工作经验	21.18711	9.480288	19.63496	9.912695
是否已婚	.899556	.3006142	.8590528	.3479919
是否为中共党员	.3584443	.4795802	.1730906	.3783525
每天工作小时数	5.858981	1.276247	6.240227	1.305245
小时工资对数	1.676763	.6426154	.7821078	.7180587
从业特征变量	频次	比例（%）	频次	比例（%）
企业负责人	9	0.14	33	0.94
领导干部	914	13.99	143	4.07
职业技术人员	1670	25.57	448	12.74
办公室文员	1584	24.25	460	13.08
熟练工人	1254	19.20	629	17.89
非熟练工人	576	8.82	402	11.43
服务人员	443	6.78	795	22.61

从两张表中可以发现，无论是 1995 年还是 2002 年，"体制内"劳动者总体而言都拥有比"体制外"劳动者更高的受教育年限、工作经验，前者工作时间明显较短，但收入却大大高于后者，特别值得注意的是，"体制外"劳动者的总体受教育水平，在 7 年间绝对地下降了。从从业特征分布来看，"体制内"劳动者集中于职业技术人员与办公室文员两类，"体制外"劳动者则基本集中于各类工人和服务人员。以小时工资对数（工资率）为被解释变量，各个个体特征变量和从业特征变量组为解释变量，对 1995 年、2002 年两个年份的"体制内"和"体制外"城镇在业劳动者收入回归模型进行估计，得到结果如表 5.9 所示：

**表 5.9　1995 年、2002 年在业城镇"体制内"和
"体制外"劳动者收入回归模型估计结果**

解释变量	1995 年		2002 年	
	"体制内"	"体制外"	"体制内"	"体制外"
是否为男性	.07315442*** (.01472251)	.11934971*** (.01631843)	.05402402*** (.01540387)	.12976628*** (.02471621)
受教育年限	.02905876*** (.00260474)	.03672438*** (.00315566)	.04858022*** (.00297534)	.0648871*** (.0046161)
工作经验	.04995174*** (.00241984)	.05836058*** (.00275637)	.03039075*** (.00301356)	.01495354*** (.00448732)
工作经验平方项	−.00075296*** (.00005302)	−.0009668*** (.00006575)	−.00035328*** (.00007213)	2.258e-06 (.00011812)
是否为中共党员	.04020448* (.01712395)	.14709733*** (.0230792)	.06225176*** (.01711618)	.03443348 (.03557896)
企业负责人	.10843295 (.17143019)	.21875167 (.1625836)	−.04733146 (.20292993)	.49038906*** (.1258485)
领导干部	.13143792*** (.03594601)	.14662994*** (.03978865)	.3257277*** (.0682031)	.36172308*** (.06881667)
专业技术人员	.13552848*** (.0332047)	.20526776*** (.03190414)	.32787919*** (.06633128)	.47291874*** (.0460229)
办公室文员	.07024752* (.03295881)	.08345548** (.029794)	.21457942** (.06609244)	.35541207*** (.04483816)
熟练工人	.12526628*** (.03509259)	.02597046 (.02690384)	.1493711* (.06632832)	.20263499*** (.0402866)
非熟练工人	−.09019622* (.03871084)	−.02620829 (.02718336)	−.04077553 (.06862168)	.13004578** (.04528384)
服务人员	—	—	−.06861309 (.06989959)	.00112974 (.0382577)
截距项	−.01539706 (.04815138)	−.38908343*** (.04562079)	.38862472*** (.0782219)	.02104769 (.06947155)
Adjusted R2	.18984829	.18862685	.19268791	.18722749
RMSE	.53339965	.64349837	.5773935	.70148364

显著性水平：* p<0.05；** p<0.01；*** p<0.001。

从横向对比来看，两个年份"体制内"都具有显著低于"体制外"的性别（男性）溢价，显著低于"体制外"受教育水平的边际回报，但在工作经验的边际回报上，1995 年"体制外"略高于"体制内"，而 2002 年则相反。从职业特征上看，成为领导干部、职业技术人员、办公室文员和熟练工人都能显著增加"体制内"和"体制外"劳动者的收入水平。从纵向比较来看，对于涵盖先天和后天形成的人力资本总溢价，7 年间"体制内"的组别基本持平，但"体制外"的组别却显著下降了。而对于四类优势职位领导干部、职业技术人员、办公室文员和熟练工人，"体制外"的收入溢价上升较"体制内"更快。因此我们可以初步判定：这段时间内"体制内"与"体制外"在收入差距的结构上有可能发生了变化。

表 5.10　1995 年、2002 年城镇"体制内"与"体制外"部门间基于人力资本的收入回归模型的布林德－奥萨卡三重分解结果

变　量	1995 年	2002 年
总体比较		
"体制外"组	.78893725*** (.00861)	1.225192*** (.0131271)
"体制内"组	1.102389*** (.0076733)	1.6767629*** (.0079533)
总差异	−.3134518*** (.011533)	−.45157084*** (.0153485)
禀赋差异	−.08905004*** (.0060537)	−.1666169*** (.0073156)
系数差异	−.19318085*** (.0118114)	−.26673194*** (.0162707)
交互差异	−.0312209*** (.006858)	−.018222 (.0093433)
禀赋差异		
受教育年限	−.06416864*** (.0043255)	−.10705905*** (.0058632)

变　量	1995 年	2002 年
经验	−.09524854*** (.0105024)	−.09050046*** (.0108134)
经验的二次项	.07036713*** (.0078186)	.03094261*** (.0082164)
系数差异		
受教育年限	.20455774*** (.0417448)	.17271823** (.0597721)
经验	.18336506* (.0786427)	−.34606282** (.1169269)
经验的二次项	−.08680973 (.0490184)	.21805982** (.0758546)
截距项	−.49429392*** (.0551883)	−.31144717*** (.0792415)
交互差异		
受教育年限	−.02977855*** (.0061471)	−.02101259** (.007325)
经验	−.01575167* (.006936)	.04638492** (.0160124)
经验的二次项	.01430931 (.0081688)	−.04359433** (.0154947)

显著性水平：* $p<0.05$；** $p<0.01$；*** $p<0.001$。

　　接下来我们用 Blinder-Oaxaca 三重分解法分别对 1995 年和 2002 年"体制内"与"体制外"部门间的收入差距进行分解。表 5.10 的估计结果显示，两组劳动者的总体收入差距在 7 年间显著地扩大了。在对总差距分解中得出，两组劳动者禀赋差异的贡献上升了约 1 倍，系数差异上升了约 37%，系数差异仍旧在总差异中占据主要地位，但影响下降了。在禀赋差异中，1995 年先天禀赋（受教育水平）占次要地位的局面在 2002 年发生了逆转，在系数差异中，结论却相对模糊，1995 年系数差异的形成主要归因于截距项的作用，2002 年系数差异的形成也加入了经验的作用。因此我们可以在总体上做出判断：以收入水平衡量的部门劳动力市场分隔程度在这段时间内显著地上升了，但是由于不可观测因素（或者对不同劳动者"歧视"）引起的分割绝对地上升了，但与效率（生产率）因素相比又是相对地下降了，整个劳动力市场的工资结构正在向效率导向型转变。

四、城镇新就业劳动者不同部门工作获得比较

考虑到在这一阶段，我国已经形成了形式上统一开放的劳动力市场，对劳动力市场分割的研究，可以加入对不同劳动者在劳动力市场中的不同选择行为的考察，从劳动者机会结构的差异来解释分割的形成。因此，我们单独把 2002 年城镇居民就业与收入的数据集提出，为了最大限度排除早期劳动力计划配置带来的估计偏误，我们仅选取在现工作岗位工作不到 5 年的样本按照"体制内"与"体制外"的组别进行归类。表 5.11 对两部门的样本个体特征变量进行了统计比较。"体制内"劳动者总体上更为年轻、男性和中共党员的比例更高，但已婚比例更低，工作经验和接受职业培训时间亦较长。特别地，2002 年 CHIP 在调查居民择业渠道上设置了数个关键问题，我们根据劳动者是否凭借求助于他人的"社会关系"求职以及求助者的类型，生成了"关系强度"的关键变量。① 我们分别以"体制内"工作取得（以"体制外"工作取得为参照组）与"体制外"工作取得（以"体制内"工作取得为参照组）为被解释变量，以性别、婚姻状态以及若干人力资本类型的变量为解释变量，分别进行二元 Logit 回归，估计结果整理如表 5.12 所示：

---

① 在变量"关系"强度的赋值设计上，对于"在求职中未求助他人"赋值为 0；求助者为"亲戚"、"同学"、"同事"、"其他"分别赋值 1、2、3、3；求助者为"党员"、"非党员"分别赋值 5、0；求助者为"干部"和"一般人员"分别赋值 10、0；与求助者关系"不太密切"、"一般"、"比较密切"、"很密切"分别赋值 1、2、3、4，各项赋值横向叠加得到"关系"强度的数值。

表5.11 2002年CHIP 5年内新就业城镇居民分部门个体特征变量统计比较

个体特征变量	"体制内"共478个样本		"体制外"共490个样本	
	均值	标准差	均值	标准差
年龄	26.16318	6.834257	28.30204	10.62806
性别	.4790795	.5000855	.4265306	.4950782
受教育年限	13.03766	2.835579	11.65102	3.227985
工作经验	2.970711	1.549728	2.518367	1.655588
接受培训时间	.7594142	2.808094	.4918367	2.469639
是否已婚	.2531381	.4352649	.3163265	.4655173
是否为中共党员	.1004184	.300872	.0510204	.2202642
"关系"强度	1.717573	5.16943	1.520408	4.419305

表5.12 2002年城镇新就业居民"体制内"与"体制外"
部门工作获得二元Logit回归模型估计结果

职位类型 解释变量	"体制内"工作取得		"体制外"工作取得	
	系数及标准差	边际效应	系数及标准差	边际效应
是否为男性	.17068725 (.13591247)	.0426367	−.49900903** (.15398589)	−.0917037
是否已婚	.10197451 (.16891561)	.0254865	−.05569884 (.18978175)	−.010185
受教育年限	.15554135*** (.02475928)	.0388716	−.01802552 (.09056215)	−.0032757
工作经验	.41618164* (.17626492)	.1040087	−.23217233 (.02599144)	−.0421916
工作经验平方项	−.04685768 (.03163827)	−.0117103	.02185869 (.20283094)	.0039723
接受培训时间	.02693257 (.02670882)	.0067308	−.02813497 (.02552231)	−.0051128
是否动用关系 求职	.01326878 (.01397969)	.003316	−.03167786* (.01444045)	−.0057567

职位类型 解释变量	"体制内"工作取得		"体制外"工作取得	
	系数及标准差	边际效应	系数及标准差	边际效应
截距项	−2.7669446*** (.40237055)	—	2.1076081*** (.43204478)	—

显著性水平：* p<0.05；** p<0.01；*** p<0.001。

结果显示，性别和婚姻状态对取得"体制内"工作无显著的正向作用，但是受教育年限、经验以及接受培训时间对取得"体制内"工作均有正的边际效应，动用关系求职具有正的边际效应，但不显著；而性别为男却能显著降低获得"体制外"工作的概率，受教育年限、经验以及接受培训时间对取得"体制外"工作均有负的边际效应，但不显著，而动用关系求职却具有显著的负效应。综上可以得出，"体制内"和"体制外"工作的取得更大程度上决定于劳动者的人力资源禀赋，而社会关系也能够起到一定作用，但相对而言比较微弱。

第六章　中国劳动力市场分割的变异形态

进入 21 世纪后，中国劳动力市场逐渐步入成熟期，劳动力市场分割的二重形态也在之前的基础上经历了进一步的发展演变，表现形式也更为多样化、复杂化。改革开放的发展战略不断向纵深推进，在外延和内涵上不断充实：经济增长由出口主导向出口、消费和投资协调发展转变；工业化更加注重效益、发挥技术创新和实现可持续发展；与之配合的城市化进程也明显加速。新时期中国发展战略经历的重大转变使劳动力市场更加繁荣，也更为高效，在户籍、人事和工资制度上的建构也进一步朝着开放统一的方向发展。但是，改革的不彻底和滞后所带来的各种弊端也始终通过制度力量制约着劳动力市场的健康发展，连同市场自身的作用一道，使得分割在局部范围内、局部领域内深化、畸形化：在外生形态上，准无产阶级化、同质化的进程仍在继续但已开始逐渐减弱，分割化与空间化开始出现，呈现四种形态并存的奇特状况；在内生形态上，城市二元分割总体弱化但局部强化，并且嬗变出新的表现形式，部门分割的行业化色彩日益明显。分割的发展演变一方面使得劳动者阶层出现泛化趋势，旧有的单纯依托部门、职业特征划分的阶层界限日益模糊，各阶层之间的整合趋势加强；另一方面又使得各个阶层特别是优势阶层不断固化，底层向上的流动日益困难。各个阶层又都在劳动力市场中对制度变迁施加着不同的反作用，在改革进一步深化的大环境下，未来的劳动力市场分割会存在迥然不同的发展趋势，也决定着社会主义市场经济实践的最终归宿。这一章将主要沿着以下的线索展开：首先是这一阶段我国的发展战略经历了怎样的调整，这种调整对劳动力市场的发展产生了何种影响？其次是在劳动力市场的制度建构上又有了哪些新的变化，这种制度上的约束作用在什么地方能体现出与以往的不同？分割的二重形态又出现了何种新的表现形式？再次是分割对劳动者阶层产生了怎样的新作用以及各个阶层的劳动者对分割施加着怎样的反作用？最终会导致分割向何处发展？最后，同前面一样，我们将选取几个有意义的问题进行实证研究。

第一节　改革开放向纵深推进对劳动力市场的引导

一、投资、出口和消费相协调的结构调整

20 世纪 90 年代，我国选择了以充分利用国内资源，争夺和占领国际市场为基本特征的出口导向战略，创造了改革开放以来经济最为稳定、持续的高速增长。净出口的迅猛上升快速形成了贸易顺差，使外资大量地流入了我国，因而非常有效地增加了外汇储备，同时又使我国劳动力市场空前繁荣，创造了更多的就业机会，大大提高了居民收入。从当时的国际国内形势来看，这样的战略选择是比较科学的，但是，这种较为单一的出口拉动经济增长的模式不能持久：一方面，长久的贸易顺差造成国际收支严重失衡，过多的外汇流入使得央行因为外汇占款过大而导致货币供给过多，从而出现了流动性过剩，使得包括消费品价格、投资品价格、资产价格在内的价格全面上涨，引发了国内经济严重失衡，出现了通货膨胀、经济过热和经济泡沫的压力；另一方面，我国维持了长时间 10% 左右的高速增长，使得每年消耗的资源量非常巨大，资源产品价格的不断上涨与劳动力成本上升相伴随，一步步压缩着出口产品的价格优势空间，要素效率的提升缓慢也加剧了国内资源紧缺的局面。因此，适时改变这种战略，以内涵更为丰富、结构更为协调的经济发展取代单一出口驱动型的经济增长势在必行。

在 21 世纪初，我国即围绕经济发展方式的转变开始了新一轮的战略调整。党的十七大明确提出要在需求结构上，促进经济增长由主要依

靠投资、出口拉动向依靠消费、投资、出口协调拉动转变，实质上完成了从利用国内资源，争夺和占领国际市场到整合国际资源，开发国内市场的开放战略的战略转换。① 这一战略仍旧属于外向战略范畴，但是展现了更为丰富、更为科学的内涵，它将国际与国内两个市场统筹在一起，继续发挥比较优势的同时，更加注重国内市场的发育和拓展，旨在为增长注入更为持久的动力，也能够引导资源更为科学的配置。推动国民经济的"三驾马车"在顺序上的重新调整，关键在于提升消费在经济增长中的地位。但实际上，本世纪初以来消费率持续走低、对经济增长贡献没有大幅度提升；投资率却呈不断上升的态势，仍旧是经济增长的主要支撑力量。从图6.1中可以发现，我国的消费率自21世纪初以来的高于60%下降到2012年的不足50%，而投资率在此期间上升了10余个百分点。图6.2更为直观地显示出消费对经济增长的贡献，自2000年以来大体呈现下降态势，而投资对经济增长的作用则更为坚挺，特别是2005年以来，我国净出口表现开始疲软，并且在近年来经历了世界金融危机的严重影响，贡献明显减弱，正是由于投资的强劲增长，才大

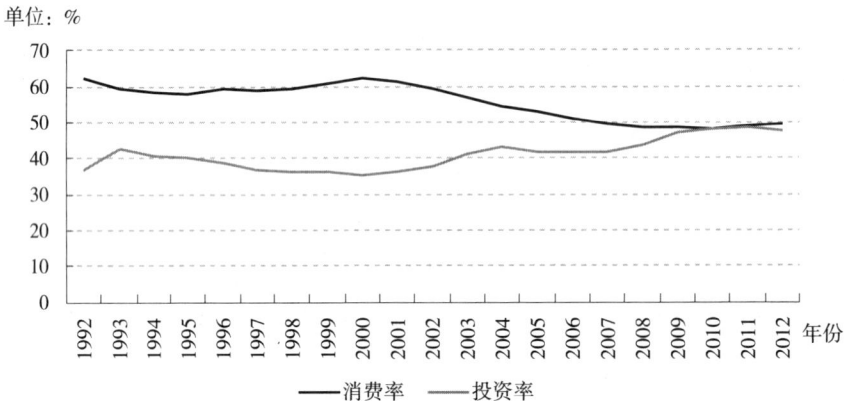

图6.1 1992—2012年我国消费率与投资率变动走势

资料来源：国家统计局：《中国统计年鉴2013》，见http://www.stats.gov.cn/tjsj/ndsj/2013/indexch.htm。

---

① 魏杰：《30年中国对外开放战略的变革》，《理论前沿》2008年第10期，第10—11页。

单位：%

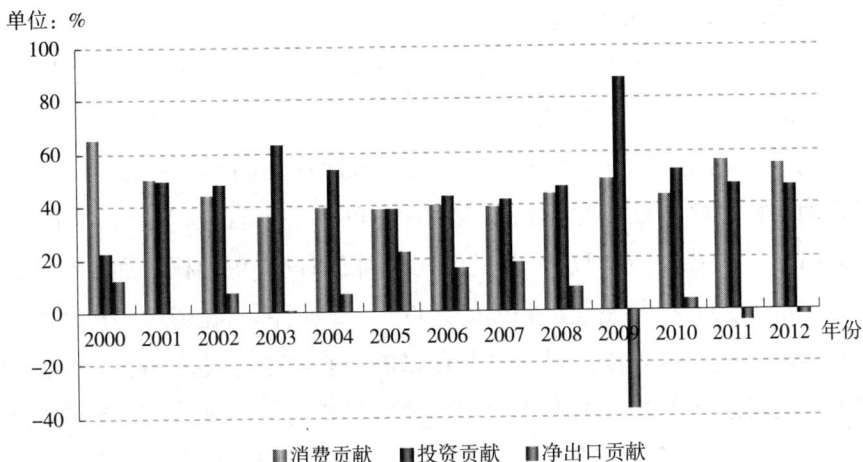

图 6.2　2000—2012 年消费、投资、净出口对经济增长贡献

资料来源：国家统计局：《中国统计年鉴 2013》，见 http：//www.stats.gov.cn/tjsj/ndsj/2013/indexch.
htm。

体上抵消掉净出口对经济增长的负面影响。为什么近期对消费的提振作用并不明显呢？除了金融危机带来的外部冲击之外，更深层次的原因在于政府拥有配置资源的绝对权力，刺激需求在根本上依赖于投资特别是政府投资的介入。并且，我国现阶段的特殊国情使得以基础设施为代表的固定资产投资占据总投资的主体地位，只有基础设施的改进，其他的惠及民生的投资项目才能够展开，而固定资产投资的周期又相对较长，短时间内投入激增，却无法收到立竿见影的效果。再加上我国多年来立足于"稳增长、保就业、控风险"的总体宏观经济目标，投资往往扮演着"终极拯救者"的角色。2013 年，我国固定资产投资与 GDP 之比高达 76.7%，而这个比例在"十一五"期间是 59.5%，"十五"期间是 41.58%，而普遍认为若这一比例长期超过 50%，则意味着经济增长对投资的过度依赖。[①] 除了"投资依赖症"之外，在我国消费结构中，政府消费支出也占据了重要地位，政府消费支出占据最终消费支出的比

[①]　网易财经：《李毅中：2013 年固定资产投资占 GDP 比例高达 76%》，2014 年 7 月 30
日，见 http：//money.163.com/14/0730/14/A2DIFEJD00255399.html。

例，从 2002 年的 26.1% 逐渐上升到 2012 年的 27.3%。[①] 政府消费支出对于改善民生、拉动经济增长作用更为直接有效，但也从侧面表明了居民消费的实际作用十分有限。

出口拉动转向消费拉动，事实上变为投资驱动的发展战略，对中国劳动力市场格局的变化起到了极为深远的影响。首先，从劳动力市场的部门格局来看，由于政府握有发展决策权和投资主动权，通过投资的引导作用加强了对国民经济整体的控制力，政府部门在劳动力市场中的主导作用也随之进一步凸显，由此带来的潜在收益亦随之增长，势必更加为劳动者趋之若鹜；国有企业作为政府投资的首要承接方，特别是数额巨大的民生投资，主要流向国有经济领域，因此中央企业与各级国有企业享有最多的益处，并且相对降低了他们在市场中的运作风险，使得国企部门的就业环境变得更为优越；而以私营企业为代表的"体制外"部门受益相对较少，并且受到政府作用排挤市场功能、国有经济排挤民营经济的"双重挤出效应"，特别是对于中小企业解困、大量吸纳就业的作用十分有限。其次，从劳动力市场的行业格局来看，基础设施投资需要能源、资源与原材料的大量消耗，能源、资源、基建等行业中，国有企业又占据了绝对的份额，这些行业的产品往往由国家定价销售或直接干预市场价格，即便在近几年中出现了一定的产能过剩，也能最大限度地降低亏损。因此，这些行业的扩张刺激了对劳动力的需求，并且实现了收入的较快上升。最后，从劳动力市场的地区格局来看，大规模的投资项目基本集权于中央，因而地方经济的差异性和各地区所遇到的困难往往会被忽视，各地方政府不会因为发展状况的不同而获得不同的保增长的资源，加上 20 世纪末税制改革使得地方政府手中可用的资源有限，因此不同区域劳动力市场的"马太效应"更加明显：在引导作用的刺激下，劳动力更加集中于东部发达地区和大城市，从而不利于劳动力市场的全面均衡发展。

---

① 国家统计局：《中国统计年鉴 2013》，见 http：//www.stats.gov.cn/tjsj/ndsj/2013/indexch. htm。

二、以技术创新、节能高效为特征的产业导向

我国的工业化战略在 20 世纪经历了重大调整之后，为国民经济持续快速增长作出了极其重要的贡献，经过十余年的发展，国内的工业体系日臻完善，布局也趋于合理，产业结构升级也在有条不紊地进行。在工业化进一步深入展开的同时，旧的发展战略下各种矛盾和弊端也随之浮现。这些矛盾和弊端主要体现在两个方面：一是我国的技术创新遭遇瓶颈。外向型经济主导下，我国制造业和加工业长足发展，但是长期陷入了依靠成本优势维持生存的恶性循环，企业的技术研发能力普遍不足，产品技术含量不高，同质化比较严重，在国际市场中无法创造出明显的价格优势，甚至依靠与国内同类企业的"价格战"维系自身地位。同时，我国对外开放的政策环境吸引了大量外资流入，国外资本纷纷在中国本土建立生产基地，一定程度上促进了对国外生产技术的引进与吸收，但是，对于核心技术和最为前沿的高新技术的流入，受到国外企业严格限制，形成了针对我国的技术壁垒，中国的技术创新能力在总体上并没有在这个过程中获得足够的成长，自主研发能力的缺失与外资依赖的耦合严重阻碍了产业升级的持续。二是能耗连年高企，资源、能源出现紧张局面，生态环境恶化严重，计入资源生态成本的工业效益仍然比较低下。一方面，我国人均资源禀赋越来越少，而工业化与城镇化加速发展的驱动下，资源消耗连年上升，资源、能源短缺的矛盾日益突出；另一方面，我国资源的利用效率却极为低下，经济增长方式仍旧相对粗放，主要工业行业的单位产品能耗大大高于发达国家水平，工业生产中水资源的利用率与矿产资源总体回收率远远落后于世界先进标准。与此同时，工业化造成的环境污染与生态退化在世纪之交进一步凸显：京津冀、长三角与珠三角地区光化学烟雾污染和高浓度的臭氧污染频繁出现；全国主要河流湖泊水体污染、富营养化严重；油田、矿区及重污染企业周边植被破坏、土壤退化明显。2004 年我国因环境污染造成的经济损失已达 5118.2 亿元，占到当年 GDP 的 3.05%。[①]

---

① 国家环保总局、国家统计局：《中国绿色国民经济核算研究报告 2004》，《环境经济》2006 年第 10 期，第 15 页。

因此，进入 21 世纪后，我国开始调整工业化战略，在产业导向上更加注重技术创新和节能高效。党的十七大报告提出了提高自主创新能力，建设创新型国家的总体战略要求，并且提出要加大对自主创新的投入，着力突破制约经济社会发展的关键技术。① 近年来，在国家的大力扶持下，研究与开发的投入，尤其是企业的研发投入空前增加了（如表 6.1 所示），企业在科技创新中的主导作用大大增强；与此同时，我国发展起一批具有核心竞争力的新兴先导产业如信息技术、重型装备制造等，并且在多个领域实现了自主知识产权重大科技成果的产业化，形成了信息、生物、能源、环保等高技术产业化专项并培育若干大规模的新兴高技术产业群体，形成了世界范围内高技术产业发展的局部优势和部分领域的主导地位；高技术服务业也蓬勃兴起，在宽带互联网技术的带动下，通过优化通信基础设施，邮政、金融、物流、文化、教育、卫生、旅游等传统服务业的水平和质量大大提升。同时，党的十七大报告正式提出建设资源节约型、环境友好型社会，在工业领域要提高资源利用效率，以更少的资源消耗、更低的环境污染，获取更大的经济和社会效益，保障经济社会可持续发展。为此，我国一方面大力开展节能减排工作，实现了"十一五"期间单位国内生产总值能耗降低 20% 左右、主要污染物排放总量减少 10% 的阶段目标，并且提出"十二五"期间单位国内生产总值能耗在"十一五"基础上进一步降低 16%；另一方面，开始了以淘汰落后产能为抓手的二次产业布局，逐步将钢铁、电力、有色金属、石化、轻工等行业中生产设备、生产工艺以及技术水平低于行业平均水平的企业关停，加速实现传统工业化向新型工业化的转变。

表 6.1　规模以上工业企业科技活动基本情况

指　标	2004 年	2009 年	2011 年	2012 年
R&D 活动企业数（个）	17075	36387	37467	47204
R&D 人员全时当量（万人年）	54.2	144.7	193.9	224.6

---

① 《十五大以来重要文献选编》（上），中央文献出版社 2013 年版，第 17 页。

指　标	2004 年	2009 年	2011 年	2012 年
R&D 经费支出（亿元）	1104.5	3775.7	5993.8	7200.6
R&D 经费支出与主营业务收入之比（%）	0.56	0.69	0.71	0.77
R&D 项目数（个）	53641	194400	232158	287524
有效发明专利数（个）	30315	118245	201089	277196

资料来源：国家统计局：《中国统计年鉴 2013》，见 http://www.stats.gov.cn/tjsj/ndsj/2013/indexch.htm。

技术创新、节能高效的工业化战略与整合国际资源、开发国内市场的结构调整战略对劳动力市场的格局变化起到了十分相似的作用，主要体现在部门和行业两个维度上。从部门上看，国有企业凭借强大的资金和技术优势，迅速成为科技创新、自主研发的主力军，技术创新往往需要持续的巨额投入，并且在一定程度上需要国家的政策扶持，而这方面又是大多数国有企业所具有的天然优势，随着国有企业逐渐退出一般竞争领域，向国民经济的关键领域逐渐集中，开始形成事实上的垄断地位，这些领域往往又是各个领域技术创新的突破口，因此国有企业的技术优势日趋明显，并藉此转化为国有部门的经济优势，丰厚的劳动收入很容易形成劳动力卖方市场。而以私营部门为代表的大多数中小企业无力独自开展研发工作，在整体的技术创新过程中处于被动地位，无法实现盈利能力质的突破，并且在淘汰过剩产能、实现节能减排的总体战略下首当其冲地被清理掉，为国有企业和大企业腾出市场空间，使自己数量上的优势也进一步萎缩，更加剧了这些企业的生存困境，也在很大程度上刺激了劳资矛盾的发生。从行业上看，高新技术行业在这一波战略调整中获得了最为广泛的经济和社会资源，而与之密切相关的高端制造业、信息、通讯、网络、金融、物流、教育科研等行业迅猛发展，这些行业大多起步较晚，有的甚至基础比较薄弱，但是在巨大的投资和高涨的市场需求的刺激下，短时期的快速扩张使其成为吸纳劳动力就业的几个主要行业；而传统工业、低端制造业和某些高能耗行业的发展受到了不同程度直接或间接的抑制，产值上升缓慢，尽管这些行业仍旧维系着巨大的就业人口，但收入上的相对劣势已经开始挤压它们在劳动力市场的发展空间。

三、新型城市化模式的建立

自 20 世纪 90 年代以来，我国执行了以小城镇为主要特征的过渡性城市化战略，总体上获得了比较积极的成果，无论是城镇人口数量和城镇人口比重，均有了快速的提升（如图 6.3 所示）。但是，这一战略定位在农村的中小集镇和县级小城市，从根本上来讲不可能长期适应我国经济社会快速变迁的大环境，在步入 21 世纪后必将迎来又一次调整。首先，中国的城市水平依然滞后。2000 年，中国的城市化率仅为36.06%，不仅低于世界上同等经济发展水平国家，也与自身工业化程度和经济发展水平不协调。按照世界各国经济发展的一般规律，工业化起步以后，工业化与城市化应该同步发展、互相促进，且城市化水平要高于工业化水平。而中国 20 世纪末工业化水平已达 50%，与城市化之间布局严重不合理，并且改革开放以来中国的城市化率年平均增长不到1%，远低于人口的自然增长率。[①] 其次，小城镇建设挤占了大量宝贵的

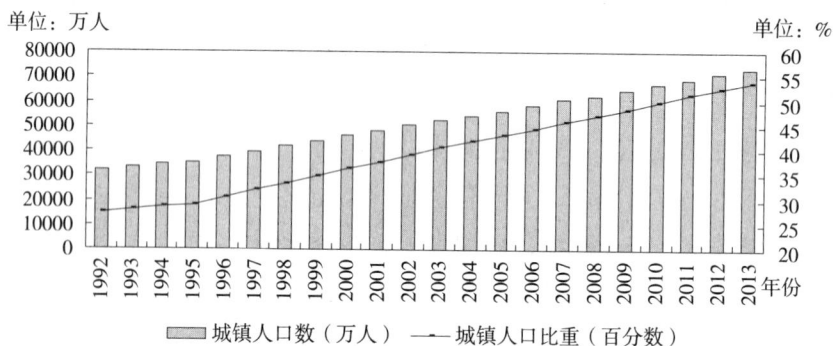

图 6.3　1992—2013 年我国城镇人口数量与城镇人口比重增长趋势

资料来源：国家统计局：《中国统计年鉴 2014》，见 http://www.stats.gov.cn/tjsj/ndsj/2014/indexch.htm。

---

①　王骏：《关于中国城市化战略若干问题的思考》，《北京大学学报》（哲学社会科学版）2003 年第 4 期，第 120—121 页。

土地资源，由于征地成本较低，土地的利用率始终无法提高，基础设施的低层次重复建设十分普遍。据统计，中国 10 万人口规模以下的小城市和建制镇人均用地为 117.83 平方米，而 200 万人口以上的特大城市人均占地为 52.21 平方米，不及前者的一半。① 再次，伴随乡镇企业发展而来的城镇化也造成了严重的环境污染。乡镇企业对资源、能源的需求巨大，而经营方式普遍较为粗放，也没有治理环境的相应能力，造成我国的环境污染问题由城市迅速向农村扩散，形成了难以治理的大范围、区域性的污染。最后，城市化水平低下和过于缓慢，严重地制约了国民经济的发展和产业结构的调整，一方面难以启动规模巨大的农村消费市场，从而带动内需，促进经济持续增长；另一方面也妨碍了第三产业的发展，不利于知识经济条件下的产业结构现代化。

自党的十六大开始，我国的城市化战略开始了新的转变，由重点发展小城镇转变为新型城市化，既统筹城市和农村关系，注重大、中、小城市的协调发展，又将城市化和现代化的内涵有机结合在一起，赋予了城市化更为鲜明的时代意义。新型城市化坚持实现可持续发展战略目标，坚持实现人口、资源、环境、发展四位一体的互相协调，坚持实现农村与城市的统筹发展和城乡一体化，坚持实现城乡公共服务的均质化，以城乡之间和城际之间获取财富和分享财富的机会平等为标志，逐步达到减缓和消解城乡二元结构达到社会和谐的城市化之路。② 按照上述战略，未来中国新型城镇化建设，将遵从"公平共享""集约高效""可持续"三个原则，按照"以大城市为依托，以中小城市为重点，逐步形成辐射作用大的城市群，促进大中小城市和小城镇协调发展"和"统筹城乡、布局合理、节约土地、功能完善、以大带小的原则，促进大中小城市和小城镇协调发展"的要求，推动城镇化发展由速度扩张向质量提升"转型"。在东部地区，优化提升京津冀、长三角和珠三角城

① 赵春音：《城市现代化：从城镇化到城市化》，《城市问题》2003 年第 1 期，第 7 页。
② 牛文元：《中国新型城市化战略的设计要点》，《中国科学院院刊》2009 年第 2 期，第 132 页。

市群，逐步打造更具国际竞争力的城市群；在中西部资源环境承载能力较强的地区，培育壮大若干城市群。在此基础上，优先发展区位优势明显、基础条件较好的中小城市，有重点地发展小城镇，把有条件的东部地区中心镇、中西部地区县城和重要边境口岸逐步发展成为中小城市。新型城市化之所以和小城镇战略有本质上的区别，就在于它的最终落脚点是基本公共服务均等化基础上的城乡统筹发展，旨在着力推进城乡在基础设施、产业布局、公共服务、劳动就业、社会保障、社会管理及行政管理的一体化，使广大农民平等参与城市化、现代化进程，共享改革发展成果，最终改变当前中国传统的农村与城市二元经济结构，真正改变农民的生活与行为方式，让整个社会经济运行效率全面提高。

新型城市化的全面展开广泛而深远地改变了中国的劳动力市场，强有力地促进了劳动力市场的包容化、现代化、区域和城乡一体化。首先，新型城市化在质和量两个维度对城市劳动力市场进行了重新定位。从量上看，城市人口和城市化率将以更快速度上升，城市劳动力市场的范围将进一步扩大，将会有更多的农民脱离传统农业，进入城市工作，农民的流入或是由于耕地的征用，或是由于城市基建、服务业的兴起；从质上看，农民在进入城市劳动力市场的同时也将伴随着由农民到市民的身份转化，将使他们更多地享有市民的基本权利，更广泛地融入城市生活，劳动力市场将更为包容，基于劳动者身份的歧视将进一步降低。其次，新型城市化在使得城乡界限进一步模糊的同时，也加强了劳动力市场的开放性与竞争性。以行政等级划分的地域趋于瓦解，大、中、小城市之间的劳动力流动开始加速，劳动力由中小城市向大城市的集中也不可避免。特别是在东部发达地区的一些特大城市，高级劳动力的持续进入也使得竞争日益激烈。新型城市化战略并没有排斥大城市甚至特大城市的发展，而是根据城市发展的客观规律对其进行规划和引导。最后，城市发展的集群效应使得劳动力市场呈现出较为明显的区域化特征，并且根据地理空间的不同呈现出一定的梯度效应。东部地区成为劳动力市场最发达的区域，而京津冀、长三角、珠三角等城市群的兴起又使得这些次区域的劳动力输入更加频繁，成为最为活跃的劳动力市场；

中部地区和西部地区则成为劳动力的主要输出地，尤其是一些经济发展较为落后的人口大省成为净输出地，而中西部地区也兴起了诸如成渝、关中等城市群，这些城市群逐渐成为承接东部发达地区产业转移、劳动力资源二次配置的主要区域。

第二节　劳动力市场深入调整中的制度建构

一、大中城市户籍制度改革的多样化探索

我国城市化进程在进入 21 世纪之后明显加速，以小城镇建设为重点的过渡性城市化战略逐渐转变为统筹城乡发展，促进大中小城市布局协调的新型城市化战略。与城市化密切相关的新一轮户籍制度改革也呼之欲出。我国在 20 世纪 90 年代初开始的小城镇户籍制度改革使二元户籍壁垒开始破裂，但是，小城镇落户的基本放开并不能促进城市化产生质的飞跃：小城镇的市场范围和发展空间与各级城市相比，仍然过于狭小；小城镇进一步向城市发展，又受到各种政治、经济条件的制约。与大中城市的高水平现代化相比，许多小城镇仅仅停留在农村向城市过渡的最边缘，小城镇居民也亟待进一步市民化。与此同时，我国的许多大中城市在这一阶段却吸收了众多来自农村的新增劳动力就业，这些劳动力逐渐定居或半定居在城市中，由于我国仍旧对大中城市的户籍在总体上实行严格管制，他们当中的绝大多数人由于从事简单的低技能劳动而无法获得城市户口，因而也就无法摆脱掉农民的身份，无法在城市稳定地工作和生活，各种与户籍相关的福利待遇更是与之绝缘，这样的体制从长远来看不利于城市的繁荣与和谐。最后，随着中国经济与世界接轨，融入全球化进程，中国发达地区的大城市、特大城市在承载力有限提升的同时，仍然不可避免地出现快速扩张，特别是随着服务业地位的上升，这些大型城市将成为吸纳劳动力尤其是各类高技术人才就业的主要场所。因此，我国户籍制度的调整，必然要开始向大中城市倾斜。

大中城市户籍制度改革在实践中产生了三种不同的路径：第一种路

径是在城市范围内建立新的户籍形式，然后向单一的城市户籍过渡，如上海市推出的"城市外来人口居住证制度"。符合一定条件的外来劳动者可以办理一种有别于城市户籍和农村户籍的"居住证"，通过居住证这一特定的识别方式，持证人能够享受到与自身条件挂钩的城市福利，达到一定条件后，持证人可以申请转为城市常住户口。2013 年 6 月，上海市出台《上海市居住证积分管理试行办法》，进一步完善了以居住证为凭证换取城市福利的实施办法，居住证积分制度的实质是将其个人情况和实际贡献转化为一定的分值，达到一定分值后，可享受相应的城市公共服务和福利，当持证人的条件所能换取的福利与城市人口享受的城市福利基本无异时，也就顺理成章地将居住证转为上海市户籍，实现外来人口到上海市常住人口的转变。[①] 第二种路径是通过降低城市落户的门槛，以城市户口来消化吸收农业户口以达到户籍一元化之目的。例如，石家庄市自 2001 年启动了"户改新政"，对落户条件大大放宽：对于投靠落户只要有合法固定住所，不再有年龄等限制；务工人员落户只要工作满 1 年；投资落户不再有投资额度和固定住所的限制；购房落户不限制面积并且不附带其他条件；毕业生落户取消了指标限制，只要有单位接受即可。此后，石家庄市进一步取消了"农转非"计划指标管理及其户口审批，具有合法固定住所、稳定职业或生活来源就具备基本落户条件，使落户门槛进一步降低。在此基础上，2008年，石家庄市开始允许具有合法固定住所和稳定职业、收入的农民工及其配偶、未成年子女办理落户，并对农民工中的劳动模范、先进工作者和高级技工、技师以及其他有突出贡献者放宽条件，优先落户。这一系列措施在显著增加了非农业人口数量的同时，也促进了劳动力向中心城区的聚集。[②] 第三种路径是直接将辖区内农村居民、城市居民统一登记

---

① 参见上海市人民政府：《关于印发〈上海市居住证积分管理试行办法〉的通知》，沪府发 [2013] 40 号，2013 年 6 月 13 日。

② 严士清：《新中国户籍制度演变历程与改革路径研究》，华东师范大学博士学位论文，2012 年，第 129—130 页。

为"居民户口"。所有居民在户籍登记和称呼上不再有区别，然后逐步实现福利待遇的均等化。这种"统筹模式"以重庆市最为典型，具体的改革分为户口登记和户口迁移两个方面。在户口登记方面，采取分阶段、有步骤的方式，逐步取消现有农业户口、非农业户口的性质，打破户口二元结构，实施城乡一体化的户口登记制度，并将辖区内原有的农业户口和非农业户口统称为重庆市居民户口。在户口迁移方面，按照宽严有度、分级承接的原则，分阶段、分区域积极引导农村居民向城镇转移落户。城乡统筹户籍制度改革的实质是以户口登记制度消除农业户口和非农业户口的差异，逐步以户口迁移政策实现社会福利和公共服务的城乡一体化。[①]

大中城市户籍改革的启动与小城镇落户的全面放开紧密相连，户籍制度在新世纪的社会经济环境下继续存在着，但是作为维系城乡二元体制，制约农村人口向城市流动、农业人口进入非农产业就业的工具，其影响力已经大大减弱了，这种约束作用逐渐转向控制中小城市人口向大城市、特大城市流动。依靠"统筹模式"将城乡居民合二为一的做法最为直接便捷，但是必须以巨大的潜在承载能力为前提：重庆市的探索之所以成功，在于其依托中心城区拥有数量众多的中小城市构成城市群，并且农业人口总量较少；而郑州市在同一时间采取了类似的做法却导致城市短期内规模恶性膨胀，最终不堪重负被迫停止。当前具备重庆这样条件的城市，并不是很多，因此这种模式不可能推广。降低城市落户门槛和过渡性居住证的做法更为普遍，但是对于前者而言，往往是因为城市自身规模仍然较小，或者位于特大城市的辐射范围，即便是逐渐放开落户，也不会出现劳动力流入的骤增；而基于记点积分的居住证仍然导致一些劳动者对城市的付出与其享受的待遇不匹配，与城市化的目标背道而驰，并且事实上为进城落户设置了高门槛。例如，上海市居住证转入常住户口实施头3年仅有8600

---

① 李育林、张玉强：《新型城镇化背景下的大城市户籍制度改革模式研究：基于广州、上海和重庆的比较》，《湖南广播电视大学学报》2014年第3期，第65页。

余人入户。① 大中城市户籍改革的困难，更深层次的原因在于社会保障和各种福利仍然没有同户籍脱钩，而有户籍的大城市居民享有相对较高的公共服务水平，大城市公共资源和服务相对稀缺的状况使他们在一定意义上成为既得利益者，导致很多人对改革加以抵制。

二、国有企业工资与福利制度的畸形化

经历了 20 世纪 90 年代的全面改革，国有企业逐步建立起一套面向市场的人事和工资制度，成为劳动力市场构建重要的参与者之一。为了减少亏损，从而确保国有资产的保值和增值，从 1999 年开始，我国启动了国有经济布局上的调整，进一步收缩国有经济的战线，缩小国有企业的经营范围，使国有资本从一般性的竞争领域逐渐退出，集中于对国民经济发挥重要作用的战略性领域和关键部门。在之后应对世界金融危机的过程中，国家为了拓宽非公有制经济发展的市场空间，鼓励民间资本向多个领域投资，进一步推动国有企业从一般竞争性领域适当退出，并且明确国有资本投资重点在于关系国家安全和国民经济命脉的重要行业和关键领域。在布局调整的同时，国有资本对国民经济的控制力也在进一步加强，在重要资源开发、基建、交通、高科技制造等支柱领域，实现了独资或绝对控股。

布局的优化调整和总体控制力的增强大大提升了国有企业的经营效益，使其在国民经济的部门收入分配格局中已经占据了优势地位，而国有企业的治理结构和分配体制的弊病则使得工资和福利在一定程度上偏离效率和公平的导向，出现了"畸形化"的苗头。从治理结构来看，一方面，企业内部的法人治理结构不健全、不完善，尽管有各级国资委代表国家行使出资人权利，但是国有企业产权所有者实际上处于缺位状态，委托—代理关系仍旧比较模糊。按照我国《公司法》规定，国有企业股份制改革时需建立企业董事会、经理层和监事会"三权分立"的架

---

① 严士清：《新中国户籍制度演变历程与改革路径研究》，华东师范大学博士学位论文，2012 年，第 157 页。

构，在公司治理各主体之间形成制衡关系。① 但实际上董事会和监事会对经理层的监督和约束作用十分微弱，加上行政级别上的不对等，掌握实际决策权的经理层，很大程度上可以对包括工资分配在内的许多问题自行裁决。2001 年发布的《关于深化国有企业内部人事、劳动、分配制度改革的意见》又实际在制度上取消了对国有企业工资奖金上限的控制，给予了国有企业管理层自主定薪的权利，在某种程度上造成国有企业收入分配各自为政的局面，缺乏有效的监督和必要的规范。② 另一方面，国有企业面临的特殊外部环境使竞争性产品市场、资本市场以及经理人市场缺乏有效运作。没有合理的外部约束机制，特别是由于国有产权的流动受到诸多限制造成产权主体变动非常困难，几乎仅仅靠行政命令完成，资本市场上国有股份长期"一股独大"，事实上处于非流通状态，使之缺乏资本市场的有效约束，加上经理层由行政任命，不会充分面临市场压力和被替换的威胁，也就比其他类型企业的经理人更易于追求自身利益最大化。他们在经营企业的同时，自然会产生内部人控制的动机，将企业的一部分利润通过各种貌似合法的途径转变为职工的收入来维持个人的威望和职权，最终形成虚高的工资福利。如果仅从企业内部的分配体制来看，也存在诸多不合理之处，最为突出的问题在于国有企业管理层尤其是高级管理层收入的绝对数量过高，而且与普通国企职工相比，收入差距过大，既背离效率原则，也违反公平取向。随着近年来国有企业高管薪酬从固定工资逐渐转向年薪制，并辅之以经理人持有股票期权的做法以强化激励作用，但实际上这些激励机制并没有很好地与企业的经营状况相结合，同时又缺乏一个较为全面合理的经理人业绩评价体系，很容易使企业管理层收入和职工总体收入水平严重脱节。据统计，自 2003 年起国企高管的人均薪酬以每年 26% 的增速持续增长，

① 《中华人民共和国公司法》，1993 年 12 月 29 日第八届全国人民代表大会常务委员会第五次会议通过，1994 年 7 月 1 日起施行。

② 国家经贸委、人事部、劳动和社会保障部：《关于深化国有企业内部人事、劳动、分配制度改革的意见》，国经贸企改 [2001] 230 号，2001 年 3 月 13 日发布。

在 2007 年增速更是高达 46.64%，短短 4 年由 16.81 万元达到 38.49 万元，部分企业中层干部年薪甚至超过 100 万元。与此形成鲜明对照的是，当年 99% 的中央企业年均工资都在 5 万元以下，而且没有一家企业年平均工资超过 10 万元。① 除此之外，国有企业在改制中对企业福利的剥离并不彻底，一些形形色色的福利制度和福利项目被以各种名义隐蔽地保存了下来：一些大型国有企业变相筹建远低于市场价位的"半福利"住房或发放巨额住房补贴；更多的企业通过各种购物卡消费、公产私用、汽车购置税减免或团购减免、旅游消费及延伸费用报销、企业财务报表操作化、规避税收的变相津贴拆分发放等方式将职工的各种日常消费福利化；更有一部分企业违规将产品低价向员工出售、放任员工参与企业的期权发放、股权转让、利率贴现和基金分红，使企业福利越来越偏离实际意义，更具有"灰色收益"的特征。

从整体上看，国有企业畸形化的工资与福利制度对劳动力市场的正常运行产生了消极影响。首先，这种工资分配形式部分地脱离了企业的实际经营状况，起不到应有的激励作用，间接地滋生了职工的偷懒行为。国有企业与其他所有制企业相对过大的收入差距和丰厚的隐性福利收益进一步减弱了职工自愿离职的动机，如果企业的考评和淘汰机制也同时失效，就等于退回到了改革前的无流动状态。其次，超额的工资和福利收益很容易形成企业内部乃至行业内部的"利益集团"，将维护企业内部职工利益（甚至不法利益）放在与经营企业并重的地位，甚至会为了满足个别经理层人员的一己私利牺牲企业的长远利益。这种现象很容易反映在新增劳动力的招聘和录用环节上，在一些老企业，子女"顶替"就业的现象死灰复燃；另有很多企业在人事招聘或晋升环节设置各种"潜规则"，以期继续达到"内部人控制"的局面。最后，国有企业扭曲的分配制度从全局上破坏了劳动力市场各部门之间的均衡发展，部门溢价和非效率回报连同原本就存在的优越的职业发展环境，进一步刺

---

① 李祥茂、王轶昕：《国有垄断企业收入分配探析》，《经济体制改革》2011 年第 6 期，第 101 页。

激新增劳动力，尤其是以高校毕业生为主体的高级劳动力向国有部门涌入。劳动者对国有企业趋之若鹜，一方面加剧了企业在招录环节的各种腐败行为，另一方面也扰乱了劳动力资源的科学合理配置，并客观上造成了一定程度的人力资本浪费。

三、公务员收入的规范和隐性化

进入 21 世纪之后，针对党政机关部门依旧存在的分配秩序紊乱、资金来源不规范，公务员制度内工资水平偏低、职务工资过度平均化以及工资管理体制与财政管理体制不协调等问题，2006 年，我国进行了新一轮的公务员工资制度改革。首先，通过全体公务员实行全国统一的职务与级别相结合的工资制度，取消了基础工资和工龄工资，使工资结构更加简化；其次，实行级别与待遇适当挂钩，增强级别在工资中的激励功能，解决不提升职务也能提高待遇的问题；再次，建立了工资正常增长机制和工资调查制度，实现了工资调整的制度化、规范化；最后，进一步清理规范了各种津贴补贴项目，解决了地方、部门、单位在国家规定的工资政策之外自行发放津贴补贴问题。通过这次改革，在岗公务员的平均工资水平有所提升，继续保持了高于在岗事业单位和企业单位职工的平均工资水平，在增长速度上与在岗事业单位职工平均工资近似。[①] 同时，从中央到地方各级党政机关的工资标准实现了进一步规范化，并适度拉开了差距，例如北京市实行的"3581"制度（即乡科级、县处级、厅局级、省部级职务公务员月工资收入总体达到 3000 元、5000 元、8000 元、10000 元水平）。[②] 但是，整体上看，公务员显性收入不断规范化，但是隐性收入的问题依然没有得到很好的治理。

隐性收入之所以始终在公务员收入中占据重要地位，部分原因在

---

① 林胜：《我国公务员收入分配问题研究》，福建师范大学博士学位论文，2012 年，第 77—83 页。

② 北京市委办公厅、市政府办公厅：《关于清理整顿本市机关津贴补贴奖金规范国家公务员收入的通知》，京办发 [2004] 21 号，2004 年 7 月 1 日发布。

于党政机关的部门特殊性，在中国自上而下集权的体制下，行使着绝大多数社会管理职能，并且在社会主义市场经济的大背景下，掌握着相当的经济资源与社会资源，对经济社会的运行具有绝对的控制力，更容易产生寻租收益；另一部分原因在于经过历次改革后，公务员工资水平总体上仍然依靠行政指令调控，不能完全做到同全社会的经济状况和收入水平相适应，特别是各种名目的补贴、奖金被裁撤之后，货币工资僵化的特点进一步凸显，某些基层地区、基层单位的公务员工资过低且增长相对缓慢，甚至抵不过物价上涨幅度，这时，隐性收入作为一种"补偿性差异"出现，自然成为公务员依赖的收入来源。首先，从非工资货币收入来看，除去以非法形式收受或侵吞的现金之外，最重要的部分莫过于各种社会保障以及社会保险收入。从20世纪90年代起，原有的单位保障制逐渐被打破，原来由单位支配的各种保障资金以"五险一金"的形式上缴有关机构统一支配。由于这段时间里，许多企业因经济效益不佳而拖欠或少缴各种基金，或是出现长期拖欠退休职工的工资、职工的医疗费长期难以报销等情形。与之相比，党政机关、事业单位则基本不存在拖欠各种社保基金的现象，公务员的社保福利收入明显高于社会平均水平。其次，公务员的各种实物收入也相当丰厚。在各种实物收入中，住房又占据了绝对份额，1998年住房市场化改革以来，福利分房虽已被明令禁止，但公务员系统内部变相的福利分房却一直没有停止过。在改革之前，党政机关的住房条件本就比较优越，在改革过程当中又以极低的价格出售给职工；在改革完成后，一些单位或是通过低价团体购买商品房，或是通过内部私自筹集资金自建住房，或是以"经济适用房"的名义建造，然后通过非法交易或挪用等形式变相为职工分配福利住房，支出的成本一般远远低于市场价格。一些国有企事业单位也纷纷效仿，一时间这种不透明、不公开、不面向社会的"内部福利房"在某些地区甚至占据了新增商品住房的大半份额。① 除此之外，交通、通讯工具也是公务员尤其是有一定级别的公务员从单位免费获得的重要实

---

① 杨继绳：《再谈公务员福利分房》，《炎黄春秋》2010年第9期，第40—42页。

物来源，尤其是以财政专项支出显示的公务用车的巨大耗费，实际上相当一部分在为公务员公车私用埋单。最后，如果再来看无法以货币和福利度量的"无形收入"，即不同职业因工作条件、稳定性和风险度、社会地位、升迁机会等方面的差异，在我国目前的各种职业中，公务员的"无形收入"无疑是最高的。公务员拥有舒适的工作条件，稳定的就业环境和收入来源；不用考虑失业问题，普遍拥有晋升机会，并且很容易成为各级领导；在社会上也拥有较高的地位和声望，很容易发展出个人的社交网络，积累更多的社会资本。

公务员收入的形成，越来越多地依赖这种非正式的制度安排。正因如此，公务员看似不算太高的纯工资收入，往往使人产生一种劳动力市场中公务员并不优于企事业单位职工的错觉；也正因如此，公务员在劳动力市场中的实际地位，仍然稳步上升，成为大多数劳动者心目中最理想的职业。一方面，党政机关部门在不断缩减机构和人员编制的大趋势下，对新增劳动力的需求逐渐缩小，而倾向于进入党政机关就业的劳动者数量却越来越多，尤其是各级高校毕业生中，报考中央和地方各级公务员的人数连年上升，大量硕士和博士毕业生也不断加入其中，抬高招录门槛的同时，也造成了巨大的人力资源浪费，极大地扭曲了劳动力资源的合理配置，也助长了"学而优则仕"庸俗风气的泛滥。另一方面，巨大的供需缺口天然地为党政机关自身开辟了又一块寻租空间。公务员面向社会公开择优招聘的程序极易被某些腐败行为操控，近年来人事招录的违法违规行为层出不穷，社会关系乃至血缘关系有可能成为决定劳动者是否能够进入公务员队伍的"敲门砖"，这样就极大地破坏了劳动力市场开放有序、公平竞争的规则。

四、灵活就业制度和保障性工资制度的确立

灵活就业是伴随着劳动力市场的灵活性不断增强，所出现的各种不同于传统就业形式的总称，主要包括了在各类企事业单位以非正规形式有偿提供劳务的活动，以及以家庭生产、自雇佣等形式存在的就业。劳动力市场的日益完善，使得劳动参与率不断提高，劳动力在地区、行

业、企业之间自由流动不断增强，出现灵活就业是劳动力市场趋于完善的一个积极信号。但是，灵活就业在出现伊始往往缺乏正规劳动协议的保障，因而灵活就业的劳动者，极易成为劳动力市场中的弱势群体。为了加强对这些弱势劳动者的权利保障，我国于 2007 年 6 月 29 日通过了修订后的《劳动合同法》，并于次年 1 月 1 日实施，明确规定了用人单位自用工之日起即与劳动者建立劳动关系，应当订立书面的劳动合同。① 到 2013 年末，全国企业职工劳动合同签订率已达到 88.2%。② 一系列灵活就业制度也在劳动合同制的基础上逐渐完善，最为典型的便是劳务承包和劳务派遣。

劳务承包实际上是一种企业之间对劳动力使用权的有偿让渡行为，在劳务承包中，承包企业从发包方获得项目及承包费用，赚取利润并为劳动者发放劳动报酬。劳务承包制度广泛地存在于我国的建筑行业中，并与劳务分包和劳务转包相伴随。前者又称为劳务作业分包，指的是施工总承包企业或者专业承包企业将其承包工程中的劳务作业发包给劳务分包企业完成的活动；后者则是指已经承揽到工程的企业既不行使承包人的管理职能，也不承担经济技术责任，再次将部分或全部的劳务作业发包给其他劳务分包企业完成的活动，是一种违法行为。在《劳动合同法》的制度框架下，完全能够确定发包、承包方的权利和义务，保障劳动者的合法权益。但我国当前的建筑业市场，由于相关法规细则尚显疏漏，违法转包屡禁不止，在一些建筑工程甚至出现"层层转包、雁过拔毛"的奇特状态。转包现象越盛行，劳动合同的签订和履行难度就越高，各级承包单位就越容易推脱应尽责任，经过层层转包之后最终劳动者面对的往往是没有资质的包工头，建筑作业的利润本已十分微薄，最终成为建筑工人的工资更是所剩无几，而且缺乏劳动合同保障，经常出

---

① 《中华人民共和国劳动合同法》，2007 年 6 月 29 日第十届全国人民代表大会常务委员会第二十八次会议修订通过，2008 年 1 月 1 日起施行。

② 人力资源和社会保障部：《2013 年度人力资源和社会保障事业发展统计公报》，2014 年 5 月 29 日，见 http://www.mohrss.gov.cn/SYrlzyhshbzb/zwgk/szrs/tjgb/201405/t20140529_131147.html。

现欠薪、开发商或包工头携款潜逃的案件。不仅如此，由于工程建设的特殊性，资金链断裂的情形也时有发生，工人极易陷入"无处讨薪、无处追责"的窘境。劳务派遣是近年来兴起的灵活就业制度，它是指劳务派遣单位作为用人单位，按照用工单位的需求，招募劳动者，并与之签订劳务合同，建立起劳动关系，同时依据自身与用工单位的协议，收取一定服务费用，将劳动者派遣到用工单位，使其在用工单位的统一安排和管理下提供劳动的一种用工形式。用工单位与劳动者之间只有使用关系，而没有劳动合同关系；派遣单位和劳动者只有劳动合同关系，而没有使用关系。因此，劳务派遣也是对劳动力使用权的转移。劳务派遣突破了企事业单位传统意义上的固定用工模式，有利于企业降低成本、提高经营效率；但另一方面，尽管劳动者的各项权利能够通过劳动合同得以反映，但也为其带来了各种消极影响。一是同工不同酬的现象十分严重，在单位编制以内的正式员工，多数承担的是管理性、指导性工作，享受着较高的工资待遇和各种福利，而派遣工往往从事的是艰苦、繁重、高替代性工作，工资却低很多，受派单位的一些福利往往也享受不到。二是劳务派遣工的权利缺乏有效的保障机制，由于我国劳动保障的总体法制还不健全，劳务派遣实际运作中许多细节仍旧无章可循，导致各派遣机构在具体协议内容和标准上做法不一，责任问题尤其是争议事件缺少解决途径，这些漏洞都极易导致派遣单位或受派单位变相侵害劳动者权益的事件发生。

建立保障性工资制度的出发点同样是保证广大劳动者尤其是弱势劳动者享有基本的劳动报酬。保障性工资制度主要包括工资正常增长制度和集体协商制度。"十二五"规划纲要明确提出按照市场机制调节、企业自主分配、平等协商确定、政府监督指导的原则，形成反映劳动力市场供求关系和企业经济效益的工资决定机制和增长机制。[①] 长期以来，我国工资总额占 GDP 的比重一直在 0.11—0.12 的低位徘徊；就业

---

① 《中华人民共和国国民经济和社会发展第十二个五年规划纲要》，2011 年 3 月 16 日，见 http：//news.xinhuanet.com/politics/2011-03/16/c_121193916.htm。

人员人均工资占人均 GDP 的比重在 2003 年之后也持续下降；工资和劳动生产率的变动趋势更是严重脱节。① 此外，不同部门、行业、地区之间的收入差距也在进一步拉大，工资过低严重制约了部分劳动者生活水平的提高。具体来看，工资正常增长制度目前已经在三个方面铺开：一是各地区在近年来不断完善最低工资标准，并且根据收入和物价水平的变动趋势将这一标准动态化；二是一些党政机关、事业单位和部分国有企业陆续出台了本单位内部的工资浮动管理规则，根据经济发展、财政状况、工效分档、预算分解等定期调整员工的工资水平；三是工资指导线、劳动力市场工资指导价以及人工成本预警等配套性制度也在相应建立或完善。但是工资正常增长机制仍然难以在各种非公有制企业落实，一些劳动密集型行业的非公有制企业工资过低、增长停滞的状况仍旧十分普遍，部分企业还存在违反最低工资标准的情况。工资集体协商制度是工资正常增长制度的必要补充，早在 2000 年 11 月，劳动和社会保障部就颁布了《工资集体协商试行办法》，提出职工代表与企业代表就企业内部的工资分配制度、工资分配形式和工资收入水平进行平等协商，在协商一致的基础上签订工资协议的方针，当出现本单位利润增长、劳动生产率提高、当地政府工资指导线提高、本地区城镇居民消费价格指数增长四种情况之一，职工都可以提出涨薪要求。② 截至 2007 年年底，除港澳台地区外，我国其他的 31 个省区市均建立了工资集体协商制度，全国签订工资专项集体合同的企业由 2003 年的 29.3 万家增加到 2007 年的 62.2 万家，工资集体协议覆盖的职工人数由 2002 年的 2740.4 万人增加到 2007 年的 3968.6 万人。③ 但是，在现存的体制结构下，工资集体协商制度还存在诸多矛盾和问题：工会作为工人群体的利益代表，长

---

① 根据历年中国统计年鉴数据资料计算得出。

② 参见人力资源和社会保障部：《中华人民共和国劳动和社会保障部令第九号》，2000 年 11 月 8 日，见 http://www.mohrss.gov.cn/gkml/xxgk/201407/t20140717_136256.htm。

③ 张留禄：《完善我国工资集体协商制度研究》，《上海经济研究》2009 年第 12 期，第 69 页。

期以来在劳资纠纷的处理过程中处于缺位状态。在管理体制上，工会受企业直接领导，一旦介入劳资纠纷的处理，工会往往更偏向企业的利益；部分企业、职工对工资集体协商在认识上还不到位，一些企业对签订工资集体协议不理解、不合作，借故拖延，一些企业在主观上不积极主动，抱着无所谓的态度，在客观上形不成合力，导致这一制度建设没有形成广泛的群众基础；再者，现行的相关规定多属于部门行政规章，刚性约束力还不强，工资集体协商的推行又是非强制性的，为最后落实增添了不小难度。

　　无论是劳动合同法还是保障性工资制度，对劳动力市场的约束作用都没有完全发挥出来，对弱势劳动者的保护还很不到位。从我国当前的市场状况来看，资本要素相对比较稀缺，而劳动要素则相对丰裕，文化水平、技术能力较低的劳动力仍然占据了主体地位，劳动力集中的企业往往又面临着成本上升、利润减少的双重压力，客观上造就了这些制度较为严峻的实施环境。劳务承包和劳务派遣作为市场经济环境下促进劳动要素合理配置的手段，由于缺乏完善的法律法规进行监管，在许多情况下被强势的企事业单位滥用，使劳动者在市场交易中的地位进一步下降，利益受到损失，背离了保护弱势劳动者的初衷。以工资正常增长和集体协商为代表的保障性工资制度尚未完善，也尚未覆盖到全行业领域，在实施过程当中也由于各种客观情况遭遇了诸多困难。在今后一段相当长的时间内，我国劳动力市场总体供大于求的局面不会改变，如果任由其发展，众多灵活就业的劳动者不仅和其他劳动者之间的收入差距会进一步拉大，他们也将越来越难以实现正规就业。

第三节　分割由成熟形态向变异形态的演变

一、外生形态：分割化与空间化形成并与准无产阶级化、同质化共存

　　进入 21 世纪后，我国仍有大量农村剩余劳动力流向城市就业，从单一的农民身份变为既保有农民身份，又兼具产业工人身份的"农民工"，他们多在劳动密集型行业从事简单的体力劳动，有相当一部分在出口型制造业中就业，仍构成这一时期中国劳动力市场准无产阶级化进程的主力军。从数量上看，尽管许多学者估算结果各异，但是比较一致的结论是在进入 21 世纪的头 10 年里，农村剩余劳动力转移达到了最高峰，剩余劳动力在某些地区已经呈现出枯竭态势，整体上转移进度正在逐渐趋缓。目前我国农村仍有不少于 1 亿的剩余劳动力存量，排除各种外部偶发性因素的影响，按照现有的速度，至少还需 5 年至 10 年甚至更长的时间才能完成转化。[①] 从农村内部状况来看，以农业机械化的深入推广为特征，农业劳动生产率进一步提高，传统农业在多数地区开始向现代农业过渡，土地经营权流转试点工作在许多地区开始施行并在一定范围内推广开来，农业生产资料和土地资源得到进一步整合，在一些地区已经实现了产业化经营，粮食生产在自然灾害频发的情况下，总体趋向好转，这些因素都使得第一产业所需的劳动力进一步下降。从城市发展状况来看，城市数量增加，城建面积扩张迅速，在占用了大量农业生产用地的同时，也创造出了更多的就业机会，尤其是建筑业、商业零售业、服务业的发展繁荣，使城市部门继续保持了对农村剩余劳动力的拉力。从外向型产业，尤其是制造业发展状况看，在金融危机爆发前的年份中，制造业扩张迅猛，吸收外资也大体保持上升态势，出口交易额猛增，带动了制造业部门对新增劳动力的大量需求，客观上营造了有利于农村剩余劳动力转移的大环境。但是，随着 2008 年世界金融危机的爆发和蔓延，我国的出口型制造业受到很大冲击，农村部门的剩余劳动力在数量连年锐减的同时，年龄结构也开始发生变化，因此，尽管未来一段时间里，农村剩余劳动力的非农就业转移还存在一定的潜力，这一进程必将逐渐趋缓并最终结束。

在这段时间里，劳动力市场中的同质化更加明显地表现了出来。同质化之所以出现进一步发展，原因在于我国的外向型产业仍然具有典

[①] 童玉芬等：《未来20年中国农村劳动力非农化转移的潜力和趋势分析》，《人口研究》2011 年第 4 期，第 55—64 页。

型的劳动密集特征，技术含量很低，提高生产率的主要途径仍旧在于提高劳动强度基础上的、依托流水线作业的分工与协作的相互配合。在一些大型生产组装企业，工人的劳动强度被一步步提高，工作日被任意或变相延长，剥削十分严重。例如在富士康的"血汗工厂"，生产线中每一位工人的每一个动作都被事先规定好，将工人像一个零件一样固定在生产线当中，通过将活人与机器绑定，使人的灵活性与机器的高效率联合起来，从而创造出更高的产量，这样的劳动过程使工人感到无聊、厌烦、空虚和压抑。此外，企业对生产进度制定出了极其严苛的要求，生产管理人员根据订单情况和员工的生产效率来分派工作产量和计划，形成正式的工作产量指标，并且将员工的加班时间也计入在内，一旦任务按期完成，管理部门马上认定效率还有提升空间，于是安排更高的生产进度指标，在订单激增的日子里，产量指标甚至每天增加。而且，富士康的工厂内部实行"准军事化"的管理体制，管理人员经常毫无人性地打骂、侮辱、随意处罚一线工人。[①] 终于在这些因素的作用下，富士康在 2010 年连续出现 10 余起员工不堪忍受巨大压力而跳楼自杀的悲剧。同质化的另一个表现形式——农民工的失业现象，也在这一时期尤其是世界金融危机爆发后，开始大规模出现。据统计，全国 1.3 亿外出农民工中，大约有 15.3%，即超过 2000 万农民工因全球金融危机而失业或无法实现就业。[②] 在长三角、珠三角等重点劳务输入地，大量农民工提前返乡，他们由于在家乡依然保留了承包地和农业生产资料，因此在工业部门失业的同时，可以回乡继续从事农业生产。同质化还间接催生出就业不足的"副产品"：在经济形势稍有好转之后，由于工资收入过低，甚至相对低于农民工在家乡务农或创业的收入，导致劳动密集型行业在相当长时间内出现了"用工荒"和"招工难"并存的奇特局面。

---

① 程平源等：《"囚在富士康"：富士康准军事化工厂体制调查报告》，《青年研究》2011年第 5 期，第 60—74 页。

② 陈锡文：《约 2000 万农民工失业，须直面相关社会问题》，2009 年 2 月 2 日，见 http://www.caijing.com.cn/2009-02-02/110051988.html。

作为一种劳动力市场分割全新的表现形式，分割化的出现和我国企业治理结构的变迁密切相关。自 20 世纪 90 年代中期开始，以科层制为代表的现代企业组织制度开始进入中国。首先尝试治理结构改革的是当时的国有企业，按照西方现代企业制度的模式，糅合出国有企业的领导制度和民主管理制度等公司治理结构方面的新探索，按照"产权清晰、权责明确、政企分开、管理科学"的原则对国有企业进行公司制改造。之后，各类非国有企业也纷纷效仿，发展起类似的治理结构。这种结构突出的特点是，在企业内部，在保留"老三会"（即党委会、职工代表大会和工会）的基础上，又建立了"新三会"（股东大会、董事会和监事会）统筹内部决策与监督事务，在此之下，科层制由"委托—代理"的形式逐级建立。从垂直角度来看，科层制下的层级组织结构主要有三种：第一种是控股公司结构；第二种是集中的、按职能划分部门的结构；第三种是多分支单位结构，即事业部制。我国的大型企业现在均已采用事业部制。事业部制以企业总部与中层管理者之间的分权为特征，建立若干分公司即事业部，也即按产品或地域设立的半自主的利润与责任中心。各分公司通过下设的职能部门来协调生产经营活动，在它们之上设有总办事处。总办事处一方面监督、协调各分公司的活动，另一方面负责整个企业的资源分配。这样就使政策制定和行政管理两项职能实现了分离，高层经理因此得以摆脱日常经营活动，集中精力从事长远的战略决策。在进入 21 世纪后，传统的企业层级组织在知识经济条件下开始了网络化的改造，用网络结构来补充层级结构，使二者相得益彰。层级结构支持着组织活动的有序性，而网络则促进着组织的适应性，使科层制进入了更高级的发展阶段。科层制的引入将数量相当的企业员工编入企业的管理层，经理层以各种激励和责任机制实现对其的控制，再由管理层的员工直接对一线工人进行管理。随着越来越多的企业逐渐远离直接生产领域，在一些企业，管理层的员工俨然已占据主体地位，但这并没有改变他们总体上依然处于被控制、被分化的局面，而经理层控制、分化各级员工的具体形式，也日趋间接化、隐蔽化和复杂化。

空间化作为一种伴随着信息化、网络化出现的分割形式，在我国出现稍晚于分割化，但二者大体上仍处于一个时期并紧密结合在一起。空间化直接产生于资本在一定空间范围内乃至全世界的重新布局，具体到中国的实际情况，有两种不同的表现形式：其一是国外资本在全球范围内谋求重新布局，使原本在中国境内的投资撤走，转而流向国外；其二是国外资本或国内资本在中国境内谋求重新布局，从一个地区转移到其他地区。国外资本由国内流向国外，原因很多，最主要的原因在于降低生产成本，维持利润。中国在全球价值链分工中处于最底端，大部分外资企业是加工贸易型出口企业，不少企业技术含量不高，也不具备规模优势。当本国出现了增长减速、消费下降等衰退现象，会进一步导致对中国进口需求的萎缩，进而减少乃至撤离投资。中国劳动力成本低廉的优势近年来也受到东南亚其他国家的强力挑战，即便中国具有更优于其他国家的投资环境，出于降低成本的考量，一些外资企业依然会选择撤离。此外，金融危机的发展在直接影响外资重新布局的同时，也使得中国政府更加注重结构转型、技术创新，实现外资优惠向国民待遇的回归，加上对劳动者日益严格的保护措施，潜在导致跨国公司盈利预期下降，使其产生撤资动机。无论是国外资本还是国内资本，在国内进行投资的重新布局一般都遵循产业梯度转移的规律，由沿海地区向内陆地区转移，由发达地区向次发达地区转移。一些劳动密集型企业更加看重我国中西部地区富集的、低成本的农村剩余劳动力，而一些工业企业则更加看重资源的价格优势和各种优惠政策，以及日趋发达的国内交通体系。例如富士康集团从 2010 年开始即筹划内迁，来规避珠三角地区日益上升的劳动力成本，计划将主要生产基地搬出广东，大部分生产线从深圳等南方沿海城市迁往华中和华北，其中在河南省投资建设规模为 30 万人的工厂，在天津也有上万人规模的生产线建设规划。① 资本布局的重新调整，实质上是资本对劳动力价值上升的抵制，是生产剩余价值，维持利润并实现自身积累的本性的体现。资本撤离不仅意味着某个

---

① 马巾坷：《富士康转嫁高成本，拟转苹果生产至华北、华中内陆地区》，2010 年 6 月 29 日，见 http://www.eeo.com.cn/2010/0629/174038.shtml。

地区的直接附属于它的劳动者的群体性失业，同时也意味着为这些劳动者提供生活资料的企业无法继续生存，将更多的劳动者并入失业队伍，大大加深了资本力量对劳动者的控制和分化。

二、内生形态 I：城市二元分割的两种变异

随着我国城市化进程的加快和户籍制度改革的进一步深入，进入 21 世纪以来，多数大中城市都陆续放开了农民进城就业以及落户的限制，而户籍制度的一元化，在某些地区也已经悄然开始：旧有的农村户口和城镇户口称谓上的差异不复存在了，城市户籍的管理也逐渐科学化、统一化。基于劳动者城乡户籍身份差异的城市劳动力市场二元分割逐渐淡化，二元分割的表现形式也发生进一步演变：一方面是特大城市户籍计划管理体制下常住就业人口和流动就业人口之间的分割；另一方面是固定、正规就业制度下的劳动者与灵活、非正规就业制度下的劳动者的分割。

党的十八届三中全会正式提出了推进农业移转人口市民化的总方针，逐步把符合条件的农业转移人口转为城镇居民。在户籍制度改革方面采取了差别化的形式：全面放开建制镇和小城市落户限制，有序放开中等城市落户限制，合理确定大城市落户条件，严格控制特大城市人口规模。实际上在数年以前，大多数地区就已经主动全面放开了中小城市落户的限制，一些大城市也大大降低了落户门槛。但由于此时城市化已进入高级阶段，以前的由农村向城市的人口流动模式逐渐过渡到农村、中小城市向大城市、特大城市的人口流动模式。尤其是中国加入世贸组织以后，东部地区的几个特大城市迅速膨胀。特大城市对劳动力需求巨大，但其发展又不断迫近各种资源以及各种城市基础设施承载能力的极限。因此，特大城市对于外来劳动者的就业以及落户始终没有完全放开，这其中当然也有政府部门保护本地居民就业和福利、维护地方稳定的考虑。正是在这种情况下，特大城市往往优先考虑高学历人才和高技能劳动者就业并落户，对于更多的劳动者，尽管在特大城市就业能够获得更高的工资收入并且享受到现代化的生活便利，但是户口与各种排他性城市福利相挂钩的政策使它们在住房、子女教育、医疗等方面依然无法享受到本地居民待遇，往往这些成为制约他们职业生涯进一步发展的关键因素，最终使他们当中的大多数人集中在一个类似于次级劳动力市场的隔断内。最为典型的例子当属近年来北京等一些特大城市出现的"蚁族"现象。北京作为全国政治、经济、文化中心，拥有众多高校，也是各级毕业生就业的首选地，而北京在劳动力需求不断扩张的同时，城市发展也遭遇了资源、环境、空间等全方位的瓶颈，市民与非市民之间福利差距巨大，对于毕业生落户只能实行不断紧缩的计划指标分配，造成了相当一批毕业生在京就业后无法得到户口。北京的房价在十几年间一路飙升，也促使北京市推出了面向本市居民的廉租住房、经济适用房等一批住房补贴项目。本地劳动者的住房压力大大减轻，而对于没有户口的毕业生而言，则背上了沉重的房租负担，只能以各种形式如蚂蚁般"蜗居"或"群居"。购房的压力间接地限制了他们的职业选择空间，多数人被迫在更长的时间内从事竞争激烈、高强度和高压力的工作（尽管收入不一定低于本地劳动者）。况且，在保护本地居民就业的政策环境下，许多"体制内"更为稳定、收入更有保障、职业前景较好的工作岗位仅招聘具有北京户籍的毕业生，这样就进一步挤压了"蚁族"的生存空间。

　　灵活、非正规的就业制度对劳动力市场的分割，是通过降低劳动者的就业保障，增加收入、福利方面的各种风险、不确定性，并且潜在地增加劳动者维护自身合法权益的成本实现的。与之相对应的则是各种传统的固定、正规就业制度安排下的工作岗位，他们往往具有正式编制，能够在较长时期的合同安排下存在，某些岗位甚至在一定程度上仍然具有"铁饭碗"的色彩，这些岗位通常也向劳动者提供更优厚的工资和福利。灵活、非正规的就业制度存在的基础是劳动力市场整体的供大于求，在一些层次较低，所需技能较为简单的岗位中，往往轻而易举就能招聘到大量劳动者，由此催生出大量劳务承包公司、派遣公司这样的中间机构；此外，一些"体制内"部门在机构精简的大背景下却不断承担着越来越多的工作任务，于是纷纷在用工"双轨制"的基础上通过"人才派遣"的形式满足劳动力需求。建筑工人是非正规就业制度安排下处于次级劳动力市场隔断劳动者的典型代表，他们当中的大多数人并没有与发包公司或最高一级的承保公司签订有效的劳动合同，仅仅是同直接与自己打交道的包工头有口头上的约定。也正是由于这种关系，他们按时领取足额工资通常是没有保障的，一线建筑工人很少能按月领到工资，通常是包工头每月预支工人几百元左右的零花钱，称为"生活费"，有些工人甚至连生活费都不能按时领取。工人的工资要等到年底结账或工程完工后才可能拿到，如此，欠薪便成了建筑业的一种常态。除此之外，由于总包和分包方不是建筑工的直接雇主，在遇到工伤事故以及资金链断裂的情况下，由于分包环节的阻隔，这种不对等关系使得处于分包链上方的分包商承担很小的风险，并可以将风险向下端转移，因而导致分包链条最底端的工人利益更加难以保障，资方可以轻而易举地逃避责任，工人们很难得到应有的赔付和补偿。派遣工人则是灵活就业制度安排下处于次级劳动力市场隔断劳动者的典型代表，他们虽然处于有效劳动合同的保障之下，但是在派遣单位和用工单位双重隶属的就业关系同样使他们在工资和福利上产生一定的风险。据中华全国总工会的《国内劳务派遣调研报告》显示，2011 年，全国派遣工总数已达到6000多万，占职工总人数的20%[1]，而他们当中绝大多数人受到了诸多不平等待遇，最突出的问题便是同工不同酬。此外，这种双重隶属关系使得用工单位在一定程度上转嫁了法律责任，间接刺激了用工单位和派遣单位非法用工、侵害派遣工合法权益的行为，如超时劳动、剥夺假期、扣发奖金以及社保缴纳"走下线"，等等。此外，用工单位的工会往往也排斥派遣工人加入，使他们没法形成集体维权的合力，因此往往在各类劳动争议案件中处于绝对劣势。

三、内生形态 II：部门分割的强化与行业化

进入 21 世纪以来，以各级党政机关、事业单位和国有企业为代表

---

[1] 管亚东：《全国劳务派遣工达 6000 万，派遣工与正式工收入差距最多达 4—5 倍》，《深圳商报》2012 年 3 月 6 日。

的"体制内"部门改革进一步深化。从机构规模和职位总数来看，整个国有部门内部的就业人数大规模减少，占全社会就业人数的比例也相对下降了。1997年，我国城镇就业人员总数为14668.9万人，国有单位就业人员数为10765.9万人。[①] 2002年，二者分别为10557.7万人和6923.8万人。国有单位就业人数净减少3842.1万人，国有单位人员数占城镇就业人员总数的比例由73.4%下降到65.6%。[②] 而到了2007年，城镇就业人员总数回升到12024.4万人，但国有单位就业人员数却进一步下降到6423.5万人，净减少500.3万人，国有单位人员数占城镇就业人员总数的比例亦进一步下降到53.4%。[③] 从国有部门内部的就业人员内部构成来看，10年间，国有企业职工数量由7131.1万人下降到2553.2万人，减少了64.2%；而党政机关和事业单位人数略有增加。值得注意的是，党政机关在2003年和2008年又进行了两次机构改革，国务院组成部门由29个减少到27个，减少了4个正部级机构，特别是2008年的"大部制"改革，将不少机构进行了有效合并。因此，整个党政机关的权利集中化趋势进一步加强，特别是新成立的一些机构如国家发展和改革委员会、国有资产监督管理委员会等集中地握有重大决策权。同时，国有企业数量上的减少伴随着质量上的不断加强，一些企业逐渐发展成为同行业的"排头兵"，伴随着国有资产布局的调整，国有企业逐渐退出一般竞争性领域，转向控制国民经济命脉的重点领域和关键行业，盈利能力进一步加强，这些都助长了"体制内"部门在劳动力市场中的强势地位。自2003年以来，报考各级公务员的热度持续上升。以中央及国家公务员考试为例，2003年，共有5400个职位公开招录，吸引了12.5万人报名并最终通过审核，招录比例为6.25%；到

---

① 国家统计局：《中国统计年鉴1998》，见 http://www.stats.gov.cn/tjsj/ndsj/information/nj98n/E5-1C.htm。

② 国家统计局：《中国统计年鉴2003》，见 http://www.stats.gov.cn/tjsj/ndsj/yearbook 2003_c.pdf。

③ 国家统计局：《中国统计年鉴2008》，见 http://www.stats.gov.cn/tjsj/ndsj/2008/indexch.htm。

2010 年，共有 9275 个职位公开招录，通过审核的报名人数则达到了创纪录的 144 万人，招录比例下降到 1.69%，在个别部委的热门职位，甚至出现了几千比一的报考录取比例。① 不少高校毕业生，甚至研究生和博士生，纷纷加入"国考"大军，还间接催生出了异常繁荣的各类教育辅导市场。与公务员考试的权威、透明、公开和相对的公平公正与激烈竞争相比，事业单位和国有企业则成为违规招聘的"重灾区"。大多数企事业单位拥有相对独立的人事决定权，招聘的形式、范围和具体要求设置也更为随意，这就为一些单位人事部门滥用权力、暗箱操作预留了空间，同时，一些考生出于规避公务员考试的激烈竞争，纷纷把目光投向这些单位，催生出大量腐败行为。特别是对于应聘者资格的设置，由于我国还未对国有企事业单位有统一的执行规定，导致许多单位都存在着报考资格的滥设，把很多有意愿也有能力的求职者拒之门外。同时，一些企事业单位缺少或者未有效地执行亲属回避制度，使其逐渐发展成按照"内定"人选进行岗位要求设置的"萝卜招聘"这种畸形。

部门分割的行业化始于 21 世纪初开始的国有资产布局的战略调整，为了提升国有企业效益及其对国民经济的控制力，以质的优势取代量的优势，实质性地加强公有制的主体地位，国有资本开始陆续向控制国民经济运行行业转移，逐渐在一些行业内占据绝对支配地位。这些行业都具有明显的自然垄断性：它们拥有规模经济与范围经济特征，由一家或者少数几家企业来生产经营更具有成本合理性，资产专用性极强，主要分布在基础设施领域或前沿高科技领域。同时，国有企业控制下的这些行业又具有行政垄断性：尽管处于市场竞争环境下，但受到政府部门和机构公权力的绝对保护，运行不受市场规则的限制。同时，这些行业普遍保留了过去计划经济体制遗留下来的特征，限制和排斥国外资本以及民营资本进入，与政府部门之间存在千丝万缕的联系，两者间维系着不可打破的利益链条。这些垄断性行业之所以能够不断巩固其优势地位，

---

① 华图教育：《2003 年—2012 年国家公务员考试报名人数与录取人数比例统计》，2012 年 9 月 13 日，见 http://www.huatu.com/2012/0913/365894.html。

就在于它们和竞争性行业之间日益扩大的收入差距，造成这个收入差距的原因，除国有企业普遍存在的治理结构缺陷以外，还在于国家缺乏统一规范这些行业垄断利润的制度安排，即便存在一些行政指令，企业一方也完全能够依靠自身的经济实力和行政级别来制约其落实，这其中最为突出的问题在于国有垄断企业上缴利润比例长期过低。1994 年，我国实行的分税制改革为减轻国企负担，将暂停向国企收缴利润作为一项过渡性措施，直到 2007 年国家才做出恢复征缴国有企业利润的决定。同年 12 月，根据财政部、国资委发布的《中央企业国有资本收益收取管理暂行办法》，对不同类型国有企业上缴盈利的比例作了具体的规定，中央企业上缴比例为税后利润的 10%。① 尽管颁布了这一《办法》，但由于存在执法不严的情况，多数国有企业实际上缴的红利却还达不到《办法》中所规定的比例。2010 年，国有企业实现利润将近 2 万亿元，实际上缴国家的红利只有 440 亿元，上缴比例仅为 2.2%，远远小于最低比例 5% 的规定。② 在上缴红利过低的同时，这些企业往往在工资总额的确定上又随意安排，使其部分甚至完全与企业经营状况脱钩，甚至部分企业还以亏损为缘由，向政府索取更多的补贴，或是向公众变相抬高产品价格来维持自身的收入增长。这样就导致了这些行业的收入分配状况与整个社会的总体收入分配格局严重脱节。例如我国近 10 余年来劳动报酬在初次分配中的比重大体呈持续下降态势，但是某些垄断性行业如电力、燃气及水的供应业，职工工资总额占本行业增加值的比重在 2004 年至 2010 年间反而年均增长 6.6%。如果再比较人均收入水平，也能轻易地发现垄断性行业大多明显高于竞争性行业，并且维持了更快的增长速度。研究显示，垄断行业与非垄断行业之间的平均收入差距在1996 年仅为 4249 元，到 2011 年两者间平均收入差距扩大至 31842 元，

---

① 参见财政部、国资委：《关于印发〈中央企业国有资本收益收取管理暂行办法〉的通知》，财企 [2007] 309 号，2007 年 12 月 11 日印发。

② 曲哲涵：《国企红利，近 2 万亿元何处去》，2011 年 2 月 21 日，见 http：//finance.people.com.cn/GB/13962056.html。

平均每年增加 43%。[①] 行业间收入差距的不断扩大，成为劳动力市场行业分割的最直接动力。

第四节　劳动者阶层的泛化、整合与固化

一、产业工人阶层的扩大与成分多元化

劳动力市场分割的发展演变进一步地对 20 世纪 90 年代中国各阶层的劳动者进行着分化与整合，原有的界限清晰的阶层格局开始动摇，劳动者的职业身份、收入水平以及社会地位之间的对应关系在一定程度上模糊的同时，继续保留了下来，使得新的阶层格局部分地出现了固化态势。在典型意义上的产业工人出现之后，产业工人队伍进一步扩大，日趋密切的对外经济关系使得劳动力市场的关系网络空前复杂化，许多不同部门、行业的劳动者也逐渐成为产业工人队伍中的一员，与此同时，产业工人队伍的单一化结构也开始改变。

首先是产业工人的人数明显增加了，并隶属于多种所有制成分和单位类型。从城镇范围内来看，就业单位类型为非公有制股份有限公司、有限责任公司、私营企业、三资企业的劳动者数量在 2003 年分别为 1261 万人、592 万人、2545 万人和 863 万人，到 2013 年分别为 6069 万人、1721 万人、8242 万人和 2963 万人，分别增加了 3.8 倍、1.9 倍、1.4 倍和 2.4 倍；从农村范围内来看，就业类型为私营企业的劳动者数量也由 2003 年的 1754 万人上升到 2013 年的 4279 万人，增加了 1.4 倍。当然产业工人队伍中还包括了大多数国有企业、集体企业的劳动者，尽管数量上有所下降。[②] 第二个显著的特点是产业工人的文化水

---

① 王倩：《中国行业垄断与收入分配差距问题研究》，山东大学博士学位论文，2014 年，第 34—36 页。

② 国家统计局：《中国统计年鉴 2014》，见 http://www.stats.gov.cn/tjsj/ndsj/2014/indexch. htm。

平和素质技能整体提升了，但是内部差距巨大。在业人口的人均受教育年限由 2000 年的 8.0 年增加到 2010 年的 9.1 年，在业人口中具有大专及以上文化程度的劳动者数量由 2000 年的 3343 万人增加到 2010 年的 7555 万人，占在业人口比例由 4.7% 提高到 10.1%；具有高中文化程度的在业劳动力数量在同期也由 9067 万人增加到 10424 万人，占在业人口总量的比例由 12.7% 增加到 13.9%；各类专业技术人员数量在同期增加了 1049.7 万人，占在业人口的比重提高到 6.8%，逐渐成为产业工人的中坚力量。然而，一线生产工人（生产运输设备操作人员及有关人员）中，拥有大专及以上文化程度的劳动者数量在这 10 年里仅增加了 597 万，所占比例由 2% 上升到 5%；拥有高中文化程度的劳动者数量仅增加了 699 万人，所占比例却从 21% 下降到 18%。[1] 第三个显著特点是产业工人的产业、行业以及职业分布发生了根本变化。从产业分布上看，已经由以第二产业为主转变为以第三产业为主，第三产业已经成为最主要的就业领域。从行业分布上看，逐渐由农林牧渔业、重工业向制造业、商业、服务业转移，由物质生产领域向非物质生产领域转移。科教、文化、体育卫生、社会服务等行业和交通、邮电、商业、金融、房地产等行业从人员比例逐年增加，尤其是电子、信息咨询服务等新兴行业增长极为迅速。从职业分布上看，以脑力劳动为代表的白领工人占在业人口比例逐步提高，以体力劳动为代表的蓝领工人占在业人口比例则相应下降。2000 年至 2010 年，我国白领岗位占在业人口比例从 10.5% 上升到 12.9%，同期蓝领岗位占在业人口比例从 89.5% 下降到 87.1%。[2] 第四个显著的特点是产业工人内部的收入差距逐渐拉大。从收入分配方式上看，工人的收入由原来单一的按劳分配向按劳分配与按生产要素分

---

[1]　徐坚成、张爽：《我国在业人口受教育程度变动情况及未来展望》，见上海市社会科学届联合会编：《中国梦：道路·精神·力量——上海市社会科学界第十一届学术年会论文集》，上海人民出版社 2013 年版，第 130 页。

[2]　徐坚成、张爽：《我国在业人口受教育程度变动情况及未来展望》，见上海市社会科学届联合会编：《中国梦：道路·精神·力量——上海市社会科学界第十一届学术年会论文集》，上海人民出版社 2013 年版，第 142—143 页。

配结合转变，工资收入一成不变的僵化形式不复存在，劳动者的绩效成为分配的最主要依据。从收入构成上看，劳动收入依然在其总体收入中占据主要地位，但是财产性收入的比重亦有所提高。除工资收入外，一部分工人已经拥有了数量相当的财产甚至生产资料，不再是典型意义上的无产者：如一些工人拥有房产并将其出租获取租金；一部分工人通过投资股市成为小股东，特别是一些高级管理人员，在企业中拥有股权，既是高级脑力劳动者，又成为典型的资产所有者。从收入内部对比来看，不同行业、部门、地区产业工人之间的工资决定机制和增长变动各不相同。由于受教育程度、智力体力方面的差异以及就业方式、就业行业不同等方面的原因，工人之间的收入差距越来越明显。最后，产业工人作为一个阶层，思想观念、价值取向也发生了差异化的转变。由于产业工人队伍内部人们所处的经济地位、社会地位不同，改革受益程度不同，文化层次和综合素质不同，必然引起产业工人阶层思想上相应的变化，进一步的分化在所难免。改革开放给人们树立了竞争意识、时效意识、民主和法律意识，劳动力市场主体与行为方式的多样化，决定了工人的价值取向将从一元向多元化发展，他们对理想的追求更多地落实到注重工作、学习与生活中各种具体价值目标的实现上来，这样就产生了阶层进一步分化的深层动力。

产业工人阶层的多元化发展趋势使这一阶层出现泛化，形成了反作用于劳动力市场分割的多重作用。工人队伍中逐渐出现了专门行使发明创造、指挥协调职能的群体，多以企业的技术人员或中下级管理者身份出现。他们的工作比较稳定，收入较高，社会交往和社会参与程度较高，有较好的受教育培训的条件和一定的文化水平，生活比较优越，在本部门具有一定权力和政治地位并且支配着一定的经济资源，对劳动力市场具有极强的影响力。同时，他们也在科层制的企业组织下处于被支配地位，存在着继续向上发展、实现自我价值的迫切愿望。因此，他们作为工人，对分割的反作用是两重的：一方面希望在现有的职能分工体系下继续维持自身的优势地位；另一方面又有能力限制这种分割化、空间化的格局，使整个劳动者群体的利益要求更加凸显。工人队伍中更多的依旧是从事体力、半体力劳动的生产工人，一般文化知识层次不高，只占有少量的社会组织资源，社会参与度和竞争能力较低，社会地位相对较低。他们当中一部分人拥有相对稳定的工作，基本的工资来源能够保证基本的生活需要，对于分割同样有一定程度上的依赖，同时也希望分割走向弱化，改善自身生活；另一部分工人则处于绝对弱势地位，位于社会边缘状态，社会地位最低，没有稳定收入，生活处在贫困之中，他们打破分割的动机最为强烈，在一个更加注重公平取向的社会制度环境下，有可能成为制约分割进一步发展的重要力量。

二、"中间阶层"的整合与壮大

"中间阶层"是以劳动者的收入状况为标准定位的不同阶层的集合，抑或称为由"中等收入群体"组成的阶层，"中间阶层"又不同于"中产阶级"，后者更强调对一定数量生产资料和家庭财产的占有。"中等收入"是国家统计局在调查统计我国居民收入情况时使用的"收入五等分法"基础上产生的：以收入的多少为标准，将城市家庭划为低、中、高三个收入群体，中等收入群体则相对地在低收入群体之上，在高收入群体之下。据统计，2009 年，我国城市中等收入群体的规模已经达到 2.3 亿人，约占城市人口的 37%；其中，北京、上海的中等收入群体的规模分别达到46% 和38%。[①]"中间阶层"已经成为我国各地区、各部门、各行业劳动者汇集而成的一个新兴阶层。

"中间阶层"可以被定义为"以从事脑力劳动为主，靠工资及薪金谋生，具有谋取一份较高收入、较好工作环境及条件的职业能力及相应的集团消费能力，有一定的闲暇生活质量；其对劳动、工作对象拥有一定的支配权；具有公民、公德意识及相应修养的社会地位分层群体"[②]。"中间阶层"的形成是劳动力市场的流动与分割共同作用的结果。劳动

---

① 杨玲玲：《当代中国的中等收入群体探析》，《中共中央党校学报》2013 年第 2 期，第 69—70 页。

② 陆学艺：《中国社会阶层研究报告》，社会科学文献出版社 2001 年版，第 8—10 页。

收入是我国居民收入的最主要来源，劳动力市场的形成使得劳动者可以更为自由地选择工作机会，以竞争和效率为原则的市场机制使劳动力资源在流动中得到最优配置，劳动者获得了与其科学文化水平素质技能相对应的收入，打破了计划体制下严格的收入等级格局，并使在其基础之上的阶层秩序逐渐瓦解，相当一批普通劳动者通过勤劳而致富，汇聚到更高的社会层次。同时，劳动力市场在形成过程中，分割的作用也一步步滋长，拥有城市户籍的劳动者在有利的政策环境下拥有比农村劳动者更具优势的机会结构，从而获得更多的收入，进入公有制部门就业的劳动者得以免受市场改革力量的负面冲击，保有更为稳定的工作和更优厚的薪金福利，因此，多数劳动者能够从底层脱颖而出，与劳动力市场分割带来的排他受益不无相关。目前，"中间阶层"具有以下五个鲜明特征，也正基于此，它们的发展壮大将成为推动整个社会进步的决定力量。第一，"中间阶层"是我国经济建设的主要推手。他们掌握或管理着 10 万亿左右的资本，使用着全国半数以上的技术专利，直接或间接地贡献着全国近 1/3 的税收。同时，它们拥有各项投资的经济基础，对于金融、证券的投资需求最为强烈，势必将成为未来中国投资市场的主体，而他们的观念和态度将引领中国的投资市场。第二，"中间阶层"构成了当前我国大众消费的主体，是实现经济结构转型的促进力量。少数高收入群体消费需求的外延有限，很多资金游离于消费领域之外；广大低收入群体有消费需求，却欠缺支付能力；边际消费倾向较高、支付能力较强的中等收入者从而成为拉动消费的主力军，对于目前克服有效需求不足、促进城乡市场的开拓，降低投资和出口依赖具有十分积极的作用。① 第三，"中间阶层"具有相对较高的个人素质和劳动技能。他们大都接受过较为系统的教育培训，其知识和学历水平普遍高于社会的平均程度。许多劳动者又具有专业技术培训资历及掌握相应的职业和专业技能，相当一部分人具有高级或中级专业技术职称，以从事脑力劳动

---

① 杨玲玲：《当代中国的中等收入群体探析》，《中共中央党校学报》2013 年第 2 期，第 69—70 页。

为主，个人的劳动生产力和择业能力都比较强，因而在劳动力市场上是
一支活跃的就业队伍。第四，"中间阶层"具有极为广泛的行业和职业
背景，并拥有越来越多的职业权力。与相似的收入水平相对应，这部分
劳动者来自各行各业，既包括了大部分"白领"职工，又包括了一部分
高收入的"蓝领"职工。他们一般居于较为重要和关键的职务和岗位，
在实际工作中，他们对其授权管辖的工作对象，如下属人员及其办公设
备、工具和使用方式等，具有一定的调度、支配、控制权；一些人直接
担任单位部门的领导或负责人，具有一定的管理、决策权，对上级领导
的工作也有较直接的建议权和发言权。这种独特的职业岗位权力，使他
们在单位承担着不可或缺的作用。第五，"中间阶层"具有较高的公民
意识与道德修养，是正面价值观的承载者和维护社会稳定的主要力量。
他们由于具有良好的经济条件，基本的生活需要已经得到较好的满足，
因此对文化内涵和社会定位更加注重，遵纪守法、举止文明、承担社会
义务等成为他们追求的内在要求。①

　　总体上看，"中间阶层"的发展壮大对制约劳动力市场分割的发展
起着较为积极的作用。当前，我国的中等收入群体人数与发达国家相比
依然相对较少，还有大量的低收入群体正在向这一阶层发展过渡，中等
收入群体形成的时间还比较短暂，收入与财产的积累还没有达到相当的
规模，仅仅是具备了一定的收入持续性，因此这一阶层从整体上看还处
于不稳定状态。他们普遍要求通过继续深化改革，通过市场机制的进一
步发挥使他们的经济地位和社会地位进一步提高。从阶层之间的流动性
来看，从底层向"中间阶层"流入的障碍相对较少，而从"中间阶层"
向高层流出的障碍则相对较多，尤其是在当前生产要素占有不均衡的市
场环境下，大量仅仅拥有劳动要素的中等收入劳动者难以实现收入的持
续快速增长，迅速进入高收入群体。因此这种双向的作用力在一定的
时期内会促进"中间阶层"的壮大，并维持它们推进市场改革的动力。
而"中间阶层"内部同样具有相当的流动性，特别是向下流动的风险始

---

① 　刁永祚：《中等收入群体的基本分析》，《北京社会科学》2006 年第 3 期，第 6—7 页。

终存在。随着我国发展进入矛盾多发期，贫富差距有所拉大，医疗、教育、就业等方面公平有所缺失，由此带来就业和职业发展机会结构的差异，并最终改变人们的社会地位，并导致这种链式循环，可能使一部分边缘群体产生向下流动的风险，而核心、半核心群体也可能沦为边缘群体。因此，他们也有通过制约分割进一步发展来缩小各方面差距的强烈愿望。当然，如果在考虑收入因素的同时，也将中等收入群体所属的地域、部门行业等因素考虑在内的话，对于分割的反作用将出现一定的分化：位于劣势隔断内的劳动者更加强烈地要求打破分割的局面；而位于优势隔断内的劳动者在某种程度上会产生对现有分割的依赖，减弱他们诉诸改革的动力。

三、利益集团化、职业世袭下的阶层固化

劳动力市场分割，在更深层次的意义上则是不同劳动者群体间利益格局的变动：处于劣势隔断内的劳动者除了在现有的收入和各种福利方面相对减少之外，在机会结构上也被边缘化；而优势隔断内的劳动者经过多次的再分化与整合过程，逐渐在各个部门、行业内部汇聚为代表自身各方面利益的集团化组织，即利益集团。一般认为，利益集团就是社会中的一些成员为了共同的集团利益而结合在一起，通过全体成员的努力和斗争，以达到共同目的的一种社会组织。[①] 利益集团最初仅仅是作为一种利益表达的渠道而获得其合法性的，它可以把存在于公众中分散的、模糊的、情绪化的偏好整合成集中的、明确的、理性的偏好，并通过一定的方式向政府表达其偏好从而维护和实现其利益，而当社会全体成员普遍参与到利益集团中来的时候，政府就实现了对每个人利益的平等关照。但是由于利益集团之间力量的差异以及一些利益集团往往会采取制度外的渠道表达其利益，因此容易导致社会公平的缺失以及政治腐败现象的出现。在我国当前的形势下，利益集团的产生具有一定的必然性，也有着不同于其他国家的特色。简而言之，在市场取向的改革过

---

① 沈仁道、杨明：《利益集团的概念和分类》，《政治学研究》1986年第3期，第20页。

程中，原有绝对平均的利益格局必然受到市场规则的冲击产生分化，而在生产资料公有制为主体的制度框架内，多数劳动者只具有劳动一种要素，利益集团化的过程也必然伴随着制度力量对市场发展的制约，集中地在劳动力市场运行中表现出来。此外，由于相对弱势的劳动者群体在效率导向的市场规则下无法得到充分的保护，使得"利益集团"实际成为专门指代优势群体的一个标签。

利益集团在劳动力市场中的行动目标，就是维持乃至继续发展对己方有利的制度约束作用，以职业世袭的形式强化劳动力市场分割。职业世袭在计划经济体制时代曾经广为流行，特别是在当时的国有企业，大量职工子女以"顶替"的方式在父母退休之后补充到相应的岗位。[①]这样一种行为传统在利益集团化的大环境下，借助于市场力量和制度的缺位，一定程度上得以延续。一方面，在市场经济环境下，人力资本投资成为劳动者提高自身收益的主要形式，但我国的教育资源的分配在城乡之间、在东中西部不同区域之间、在重点校与普通校之间、在基础教育与高等教育之间等存在严重不均衡的现象。这些不均衡的存在，使得本应是社会流动重要渠道和手段的教育，反而成了拉大各种差距的手段。最直观的表现就是，与20世纪八九十年代相比，在高校特别是重点高校中，来自农村的学生越来越少；在高考升学率已经大为提升的今天，来自贫困地区贫困家庭的学生比例却没有随着升学率的提高而提高。高收入家庭能够很容易负担子女接受高等教育的成本，甚至有机会将子女送往国外就读；而许多低收入家庭由于无法负担学费而导致子女过早走向社会。教育领域存在的排斥和不公正，直接剥夺了低收入群体后代的发展权，限制了他们在劳动力市场中的初始地位和发展前景，更有可能继续留在劣势隔断内。[②]另一方面，我国市场环境下的制度建设

---

①　J. Knight and L. Song，*Towards a Labour Market in China*，Oxford：Oxford University Press，2005，p.16.

②　晏荣：《"X二代"现象：制度性壁垒与社会排斥》，《中国青年研究》2011年第7期，第7页。

普遍缺乏对公共权力的有效约束。先富起来的一代人一般拥有较普通劳动者更多的经济、政治、文化资源，并且占据许多部门、行业、单位的关键位置，完全可以借助公共权力为子女提供质量更高的受教育机会甚至直接或间接地提供不错的就业岗位，这种情况在"体制内"尤其普遍。经过受教育机会、所获得的经济与组织资源的放大与强化效应，直接导致上代人的优势或劣势烙印在下一代人身上，成为下一代人自身的社会特征。例如在教育资源的获得上，有统计显示，在"985 工程"院校里，非农户口的子弟数量相当于农业户口子弟数量的 2.7 倍，在"211 工程"院校里，这一数值是 1.3 倍；在保送大学的机会上，私营企业主、管理阶层、专业技术阶层的子弟分别是农民子弟的 7.6 倍、8.5 倍和 10 倍。[①] 再例如近年来广受媒体关注的"官二代"就业怪象。在一些基层地区，官员互相安排子女就业已经成为"潜规则"，有的单位只允许本地干部子女或家属报考，甚至干脆对报考者父母的行政级别都要做出具体限制，即使在相对公正透明的公务员招考中，往往到最后也能轻而易举发现被录用者一多半是"官二代"。而在一些国有垄断行业，一定程度上仍然公开存在着子承父业或行业内部招聘的"接班"制度。职业世袭是劳动力市场分割的最深层体现，是制约劳动力市场健康发展的毒瘤。

职业世袭的后果便是阶层固化，各阶层之间的流动停滞，甚至阶层之内的流动也趋于停滞，最终将导致劳动力市场彻底畸形化直至彻底崩溃。阶层固化最大限度地降低了全社会资源的配置效率，造成了人力资源的严重浪费和人力资本分布的失衡。如果再加上各种制度约束力量对市场规则的进一步破坏，足以引发不同地区、部门、行业劳动者群体之间的尖锐对立，进而演变为阶层之间的尖锐对立。阶层固化的趋势不缓解，劣势阶层群体进入上层社会的通道永远处于堵塞状态，使得阶层矛盾无法通过社会流动而缓解。当下层的人们看不到上升的希望，对社

---

① 辛鸣等：《防止"阶层固化" 促进社会流动》，《时事报告》2011 年第 11 期，第 35 页。

会的不满就会增加，就会对已经构建起的基于自由、平等、开放市场体制失去信心，也对一个致力于最终消灭两极分化、实现共同富裕的社会制度失去信心。当富裕和贫困也出现"世袭"，社会关系便会矛盾丛生，广大底层民众则会失去通过奋斗改变命运的希望，转而以非理性甚至暴力方式表达利益诉求，最终也会危及整个社会的稳定，使30多年来的改革成果毁于一旦。

第五节　对部门分割、行业分割发展趋势的若干实证分析

在这一阶段里，中国劳动力市场分割的两种内生形态继续发展演变。因为缺少具有针对性的大型数据集，对于城市二元劳动力市场分割演变出的两种主要形式的实证研究，暂时无法展开。因此，本节的实证研究将主要针对部门分割的发展演变，尤其是部门分割的行业化趋势，附带探讨影响劳动者工作取得的来自父辈的影响因素。首先，我们仍旧从部门收入模型入手，观察本阶段"体制内"部门与"体制外"部门收入决定机制的变动趋势，并通过 Blinder-Oaxaca 分解将市场分割对劳动者收入的影响剥离开来，并进行时间上的前后比较；接着，考虑到"体制内"与"体制外"部门内部的收入分布在劳动力市场趋于成熟的这段时间里会发生较为明显的变动，我们采用尤恩－墨菲－皮尔斯分位数分解法来考察部门收入差距分布的变动趋势；再接着我们转向行业分割，并采用与考察部门分割相同的方法来分别探讨国有垄断性行业与一般竞争性行业收入决定机制及其变动趋势；最后，我们采用多元 Logit 模型对新就业的城镇居民部门及行业进入机制进行研究，并尝试在代际影响因素方面获得某些新的发现。

本节所采用的数据来源于三部分。第一部分仍旧把"中国家庭收入项目调查"2002 年的城镇常住居民个人收入、消费与就业调查数据，作为本阶段研究部门分割、行业分割的"基期"数据。第二部分来源

于"中国家庭收入项目调查"2008 年的城镇住户样本数据，值得一提的是，2008 年 CHIP 调查也是中国的农村—城镇移民大型调查项目（简称 RUMiC）第二轮调查（RUMiC2009）的组成部分。该项目由来自北京师范大学、澳大利亚国立大学（the Australian National University）的学者发起，并得到国家统计局和德国劳动研究所（the Institute for the Study of Labor，IZA）的支持。该数据提供了 5000 个城镇住户，逾万名城镇居民关于收入、劳动及社会福利等方面的详细信息，在变量设计上更加科学化，尽管个别细微之处与 2002 年略有不同，但总体保持了相当的稳定性，有利于同一项研究的持续进行。第三部分数据是北京大学中国社会科学调查中心（ISSS）实施的中国家庭追踪调查（China Family Panel Studies，CFPS）2010 年成人问卷调查数据，该项调查重点关注中国居民的经济与非经济福利，除了收入、工作等方面之外，还包括经济活动、教育成果、家庭关系等在内的诸多研究主题，更加具有综合性。CFPS 样本覆盖 25 个省、市、自治区，目标样本规模为 16000 户，调查对象包含样本家户中的全部家庭成员。2010 年，该项目正式开展访问，获得了高质量的基线数据，便于多角度实证研究的展开。

一、部门收入决定机制与部门收入差距变动的新趋势

为了探讨劳动力市场部门分割发展的新趋势，我们采用了与第五章中研究部门分割相同的方法。特别需要指出的是，由于 2008 年 CHIP 调查中对劳动者职业特征采取了与之前略有不同的划分，因此有必要对 2002 年的 CHIP 调查数据进行类似的调整："企业负责人"与"领导干部"两类被归并为"单位领导"；"熟练工人""非熟练工人"以及其他类别被统一归入"其他"。2002 年的数据包括"体制内"样本 6531 个，"体制外"样本 3516 个；2008 年的数据删去工资收入缺失的样本后，得到"体制内"样本 3552 个，"体制外"样本 3518 个。各个变量的统计特征归纳详见表 6.2 和表 6.3：

表 6.2　2002 年 CHIP 在业城镇"体制内"和"体制外"
劳动者个体特征与从业特征变量统计比较

个体特征变量	"体制内"共 6531 个样本		"体制外"共 3516 个样本	
	均值	标准差	均值	标准差
年龄	41.22615	9.057051	39.54886	10.94829
性别	.5795437	.49367	.4842839	.4997885
受教育年限	11.92099	2.919576	9.828898	2.828493
工作经验	21.18711	9.480288	19.63496	9.912695
是否已婚	.899556	.3006142	.8590528	.3479919
每天工作小时数	5.858981	1.276247	6.240227	1.305245
小时工资对数	1.676763	.6426154	.7821078	.7180587
从业特征变量	频次	比例（%）	频次	比例（%）
单位领导	923	14.13	176	5.01
职业技术人员	1670	25.57	448	12.74
办公室文员	1584	24.25	460	13.08
服务人员	443	6.78	795	22.61
其他	1911	29.25	1637	46.56

表 6.3　2008 年 CHIP 在业城镇"体制内"和"体制外"
劳动者个体特征与从业特征变量统计比较

个体特征变量	"体制内"共 3552 个样本		"体制外"共 3518 个样本	
	均值	标准差	均值	标准差
年龄	40.63514	9.818217	38.73621	10.08527
性别	.5960023	.4907661	.5301308	.4991623
受教育年限	12.77365	3.337743	11.65108	3.381486
工作经验	15.67287	11.10617	9.437965	9.478797
是否已婚	.8609234	.3460751	.8297328	.3759208
每天工作小时数	5.960553	1.120463	6.745713	1.911565

个体特征变量	"体制内"共 3552 个样本		"体制外"共 3518 个样本	
	均值	标准差	均值	标准差
小时工资对数	2.56639	.7361356	2.20974	.8078918
从业特征变量	频次	比例（%）	频次	比例（%）
单位领导	314	8.84	74	2.10
职业技术人员	984	27.70	609	17.31
办公室文员	1076	30.29	632	17.96
服务人员	407	11.46	1362	38.72
其他	771	21.71	841	23.91

通过比较发现，无论是"体制内"还是"体制外"的城镇在业劳动者，2008 年的平均年龄、工作经验、已婚比例较 2002 年都有所下降；受教育年限、每天工作小时数以及小时工资对数在 6 年中却有所提高。2002 年"体制内"与"体制外"两组样本各个变量对比的特征也基本上都延续到 2008 年，值得注意的是 2008 年"体制内"与"体制外"小时工资对数的差值比 2002 年显著缩小了，但部门间工资差距却呈扩大态势。

表 6.4　2002 年、2008 年在业城镇"体制内"和
"体制外"劳动者收入回归模型估计结果

解释变量	2002 年		2008 年	
	"体制内"	"体制外"	"体制内"	"体制外"
是否为男性	.0698379***	.14027568***	.17362136***	.22343484***
	(.01530782)	(.02455315)	(.02329501)	(.02539266)
受教育年限	.05146775***	.06623718***	.0470021***	.06524337***
	(.00295137)	(.00456216)	(.00364439)	(.00395425)
工作经验	.03172172***	.01604124***	.02677352***	.02383795***
	(.00301414)	(.00449644)	(.00269167)	(.00280217)
工作经验平方项	−.00036171***	−7.866e-06	−.00044644***	−.00043301***
	(.00007237)	(.00011829)	(.00006777)	(.00007487)

解释变量	2002 年		2008 年	
	"体制内"	"体制外"	"体制内"	"体制外"
单位领导	.2603676*** (.02553201)	.28216369*** (.05798185)	.46629774*** (.04544431)	.588106*** (.08928892)
专业技术人员	.2476561*** (.0218468)	.36554674*** (.04006931)	.37486141*** (.03360358)	.32904305*** (.0406087)
办公室文员	.14195853*** (.02088654)	.24971271*** (.03865934)	.27863072*** (.03234758)	.3324819*** (.03974296)
服务人员	−.14831448*** (.0310861)	−.10570669*** (.0312047)	−.06100483 (.04187985)	.03833949 (.03279369)
截距项	.42102865*** (.04762758)	.09939623 (.0662117)	1.3853098*** (.0578119)	1.0391392*** (.05594891)
Adjusted R^2	.18553675	.18184746	.18644243	.19294756
RMSE	.57994513	.7038015	.66394798	.72521238

显著性水平：* $p<0.05$；** $p<0.01$；*** $p<0.001$。

表 6.4 给出了以小时工资对数（工资率）为被解释变量，各个个体特征变量和从业特征变量组为解释变量，对 2002 年、2008 年两个年份的"体制内"和"体制外"城镇在业劳动者收入回归模型的估计结果。从横向对比来看，两个年份的"体制外"模型均有高于"体制内"模型的性别（男性）溢价，"体制外"部门受教育年限的边际回报明显高于"体制内"部门，但工作经验的边际回报却显著低于"体制内"部门。从职业特征上看，无论是 2002 年还是 2008 年，成为单位领导、专业技术人员、办公室文员都能显著增加"体制内"和"体制外"劳动者的收入水平，并且"体制外"部门的单位领导、办公室文员带来的收入增加明显高于"体制内"部门。而对于专业技术人员的职业溢价，2002 年时"体制外"部门高于"体制内"部门，到 2008 年则相反。最后，成为服务人员在 2002 年显著减少"体制内"和"体制外"劳动者的收入水平，并且对于"体制内"劳动者减少得更多；而 2008 年服务人员的职业溢价在"体制内"依旧为负值，在"体制外"却为正值，两个值都

不显著。从纵向比较来看，一方面，"体制内"部门受教育年限和工作经验的边际回报在 6 年间显著下降了，"体制外"部门 2008 年受教育年限的边际回报则与 2002 年基本持平，而工作经验的边际回报却大幅提升了；另一方面，"体制内"部门在 6 年间全部四种职业溢价均不同程度地提高了，特别是对于劳动者最为集中的专业技术人员和办公室文员两类职业，溢价有了大幅显著提升；而类似的结论在"体制外"部门则没有出现，对于劳动者最为集中的服务人员职业，溢价有所增加但不显著，而对于专业技术人员职业，溢价反而显著下降了。

表 6.5　2002 年、2008 年城镇"体制内"与"体制外"部门间基于人力
资本的收入回归模型的布林德 – 奥萨卡三重分解结果

变　　量	2002 年	2008 年
总体比较		
"体制外"组	1.225192*** (.0131271)	2.2088825*** (.0136541)
"体制内"组	1.6767629*** (.0079533)	2.5667827*** (.0123608)
总差异	− .45157084*** (.0153485)	− .35790017*** (.0184181)
禀赋差异	− .1666169*** (.0073156)	− .1761967*** (.0106606)
系数差异	− .26673194*** (.0162707)	− .17378649*** (.0198715)
交互差异	− .018222 (.0093433)	− .00791697 (.0133135)
禀赋差异		
受教育年限	− .10705905*** (.0058632)	− .07472477*** (.0066379)
经验	− .09050046*** (.0108134)	− .18989789*** (.0187252)
经验的二次项	.03094261*** (.0082164)	.08842595*** (.0140204)

变　量	2002 年	2008 年
系数差异		
受教育年限	.17271823** (.0597721)	.21999601*** (.0661491)
经验	−.34606282** (.1169269)	−.0265573 (.0622373)
经验的二次项	.21805982** (.0758546)	−.00184233 (.0384619)
截距项	−.31144717*** (.0792415)	−.36538287*** (.0734733)
交互差异		
受教育年限	−.02101259** (.007325)	−.01943089** (.0060023)
经验	.04638492** (.0160124)	.01056489 (.0247621)
经验的二次项	−.04359433** (.0154947)	.00094902 (.0198125)

显著性水平：* p<0.05；** p<0.01；*** p<0.001。

　　我们用 Blinder-Oaxaca 三重分解法分别对 2002 年和 2008 年城镇"体制内"与"体制外"部门间的收入差距进行分解，来进一步考察这段时间内两部门收入差距构成的变化，得出了表 6.5 所示的估计结果。从这个结果中，不难得出劳动力市场部门分割持续发展的结论。总差异在对数意义上有所缩小，但依然显著存在。禀赋差异的系数 6 年间有所上升，并在总差异中占据了近 50%，系数差异的绝对值仅仅略低于禀赋差异，表示分割因素的作用依旧显著存在并始终占据了重要地位。如果将禀赋差异进行分解，2002 年时，受教育年限造成的差异在绝对值上略大于经验造成的差异；2008 年则正相反，后者绝对值超出了前者 1.5 倍。如果将系数差异进行分解，则发现受教育年限造成的差异进一步显著上升了。总体而言，整个劳动力市场的收入结构继续在朝着效率导向型发展，劳动力市场分割的对部门间收入差异主导地位逐渐让位于劳动者禀赋差异，但它仍旧显著存在并持续发展。并且我们观察到，劳动者受教育水平的差异成为引致部门间分割力量的主要因素。

二、部门收入差距分布的变动趋势：尤恩—墨菲—皮尔斯分位数分解

以 Blinder-Oaxaca 分解为代表的均值分解无疑为考察工资差异提供了简洁明快的分析路径，但均值描绘的仅是工资分布的集中趋势，却忽略了整体分布的差异，因而在部门内部收入差距，尤其是分散程度与部门间收入差距同时发展的情况下，无法对劳动力市场部门间收入差距分布及其变动趋势进行更为细致的考察。因此，步入 21 世纪以来，在"体制内"与"体制外"各自部门内部的收入分布结构同样发生重大变化的大背景下，有必要采取另一种差距分解方法对劳动力市场分割进行多维考察。尤恩—墨菲—皮尔斯分位数分解由尤恩（C. Juhn）等三位学者提出，用以找寻同一组群内部工资不平等变化的原因。[①] 其主要思路是通过把收入回归模型 $\ln w_{it} = X_{it}\beta_t + \mu_{it}$ 中的 μ_{it} 设定成个体 i 不可观测技能在组群中的排位（用分位 τ_{it} 表示）所对应累积分布的反函数之值 $F_t^{-1}(\tau_{it}|X_{it})$，并使 τ_{it} 与收入回归模型残差分布中的分位相对应，从而将同一组群收入分布的变动分解为由个人可观测特征的数量变化、特征价格变化以及由不可观测技能三个部分各自造成的变动。某一时期 t 的收入回归方程可以用公式表述如下：[②]

$$\ln w_{it} = X_{it}\beta_t + \mu_{it} = X_{it}\beta_t + F_t^{-1}(\tau_{it}|X_{it})$$

$$= \left[X_{it}\beta + F^{-1}(\tau_{it}|X_{it})\right] + X_t(\beta_t - \beta) + \left[F_t^{-1}(\tau_{it}|X_{it}) - F^{-1}(\tau_{it}|X_{it})\right] \quad (6.1)$$

如果换成分位数视角，收入回归方程又可以写作：

---

① C. Juhn et al., "Wage In equality and the Rise in Returns to Skill". in *Journal of Political Economy*，Vol.101，No.3，1993，pp.410-442.

② 郭继强等：《工资差异分解方法述评》，《经济学（季刊）》2011 年第 2 期，第 387—388 页。

$$\ln w_{it,\tau} = \left[X_{it,\tau}\beta + F^{-1}\left(\tau \mid X_{it,\tau}\right)\right] + X_{t,\tau}(\beta_t - \beta) + \left[F_t^{-1}\left(\tau \mid X_{it,\tau}\right) - F^{-1}\left(\tau \mid X_{it,\tau}\right)\right]$$

$$(6.2)$$

其中，β 为所有时期可观测特征回报的平均值，$F^{-1}(\cdot)$ 为平均累积分布的反函数。$\ln w_{t,\tau}$ 表示 t 时期 τ 分位数的收入水平，$X_{t,\tau}$ 表示 t 时期不可观测技能排列处于 τ 分位数的劳动者所拥有的禀赋状况。式 (6.2) 中等号右边第 1 项 $X_{it,\tau}\beta + F^{-1}\left(\tau \mid X_{it,\tau}\right)$ 代表个体特征数量变化的效应；第 2 项 $X_{t,\tau}(\beta_t - \beta)$ 代表个体特征价格变化的效应；第 3 项 $F_t^{-1}\left(\tau \mid X_{it,\tau}\right) - F^{-1}\left(\tau \mid X_{it,\tau}\right)$ 代表不可观测技能变化（包括不可观测技能数量变化和价格变化）的效应。因此，两个不同的部门（部门 1 和部门 2，用上标表示）在时期 t 处于 τ 分位数的收入差距可以表示为：

$$\ln w_{it,\tau}^1 - \ln w_{it,\tau}^2$$

$$= \left[\beta\left(X_{it,\tau}^1 - X_{it,\tau}^2\right) + F^{-1}\left(\tau \mid X_{it,\tau}^1\right) - F^{-1}\left(\tau \mid X_{it,\tau}^2\right)\right]$$

$$+ \left(X_{it,\tau}^1 - X_{it,\tau}^2\right)(\beta_t - \beta)$$

$$+ \left[F_t^{-1}\left(\tau \mid X_{it,\tau}^1\right) - F_t^{-1}\left(\tau \mid X_{it,\tau}^2\right) - F^{-1}\left(\tau \mid X_{it,\tau}^1\right) + F^{-1}\left(\tau \mid X_{it,\tau}^2\right)\right]$$

$$(6.3)$$

式 (6.3) 中等号右边的第 1 项

$$\beta\left(X_{it,\tau}^1 - X_{it,\tau}^2\right) + \left[F^{-1}\left(\tau \mid X_{it,\tau}^1\right) - F^{-1}\left(\tau \mid X_{it,\tau}^2\right)\right]$$

代表部门间劳动者个体特征数量差异引起的收入差异，亦可简称"数量效应"；第 2 项

$$\left(X_{it,\tau}^1 - X_{it,\tau}^2\right)(\beta_t - \beta)$$

代表部门间个体特征价格差异引起的收入差异，亦可简称"价格效应"，是对劳动力市场分割作用的直接度量；第 3 项

$$F_t^{-1}\left(\tau \mid X_{it,\tau}^1\right) - F_t^{-1}\left(\tau \mid X_{it,\tau}^2\right) - \left[F^{-1}\left(\tau \mid X_{it,\tau}^1\right) - F^{-1}\left(\tau \mid X_{it,\tau}^2\right)\right]$$

代表不可观测因素差异引起的收入差异，亦可简称"残差效应"。

图 6.4、图 6.5、图 6.6 分别显示了 2002 年城镇劳动力市场不同部门间收入差异的 Juhn-Murphy- Pierce 分位数分解结果；图 6.7、图 6.8、图 6.9 分别显示了 2008 年城镇劳动力市场不同部门间收入差异的尤恩—墨菲—皮尔斯分位数分解结果。图中 T、Q、P、U 分别代表了"总效应""数量效应""价格效应"与"残差效应"。我们选取了三组最具有代表意义的部门（"体制内"与"体制外"、国有企业与非国有企业、国有企业与私营企业），以后一个部门作为参照组，选取第 5、10、25、50、75、90、95 七个分位数作为节点，将每个节点的收入差异进行分解，并将每一组效应值绘成曲线。

从这 6 幅图中可以得出较为清晰的三个结论：第一，从总效应曲线来看，相对于两个年份的各个参照组而言，"体制内"部门与国有企业部门的收入分布更为平均，大体上分位数越低，收入差距越大；图 6.5、图 6.6 表明 2002 年两组企业间的收入差距自 50 分位数开始发生逆转，而图 6.8、图 6.9 显示 2008 年两组企业间的收入差距分别自 75、95 分位数才发生逆转。第二，两个年份都能够在不同的对比组当中观测到明

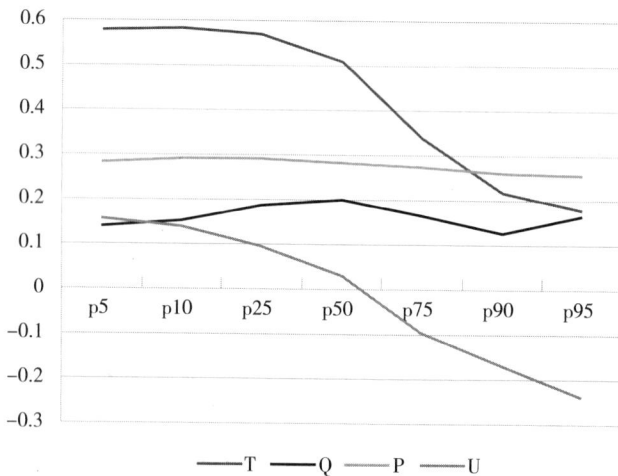

图 6.4　2002 年城镇"体制内"部门对"体制外"部门收入
差距分布的尤恩－墨菲－皮尔斯分位数分解

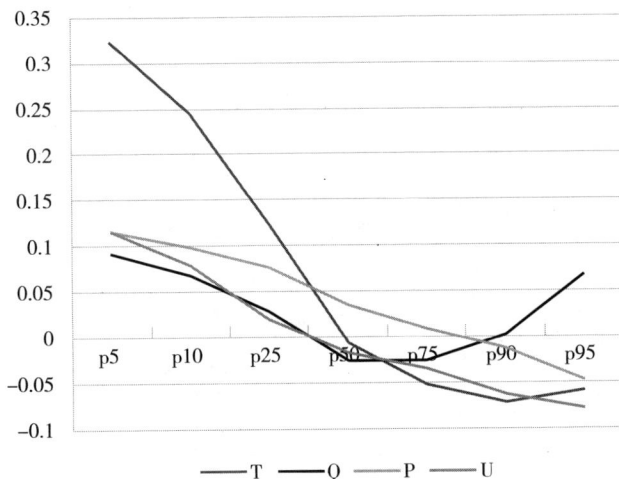

图 6.5　2002 年城镇国有企业部门对非国有企业部门收入
差距分布的尤恩 – 墨菲 – 皮尔斯分位数分解

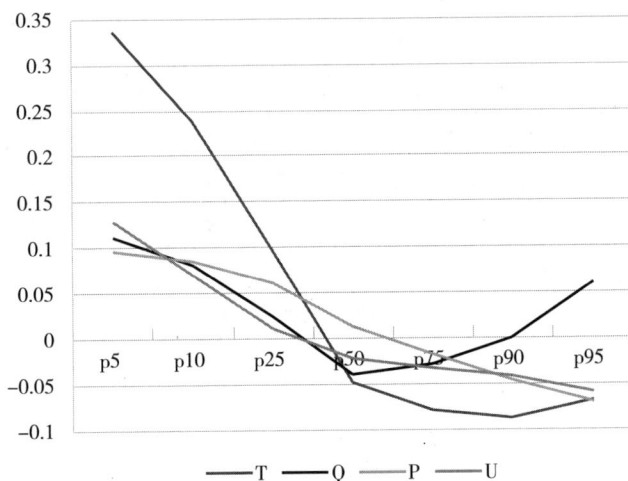

图 6.6　2002 年城镇国有企业部门对私营企业部门收入
差距分布的尤恩 – 墨菲 – 皮尔斯分位数分解

显的价格效应，表明劳动力市场分割始终在起重要影响，但其相对于劳
动者禀赋（人力资本）的地位却在这段时间内发生了变化：2002 年的结
果中，"体制内"部门对"体制外"部门的分解中，价格效应始终大于
数量效应，国有企业部门对非国有企业部门、国有企业部门对私营企

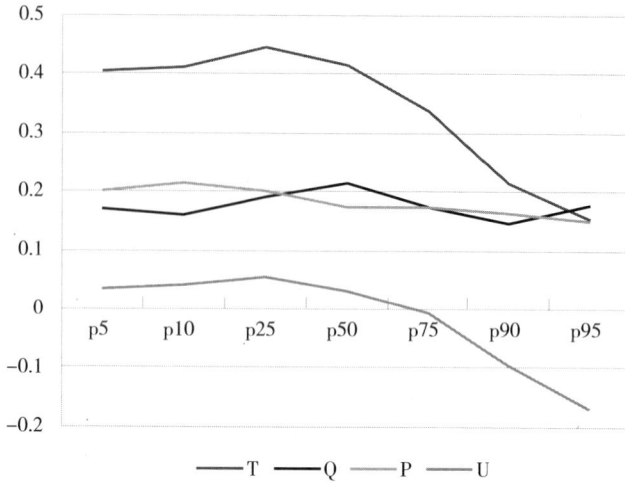

图 6.7　2008 年城镇"体制内"部门对"体制外"部门收入
差距分布的尤恩－墨菲－皮尔斯分位数分解

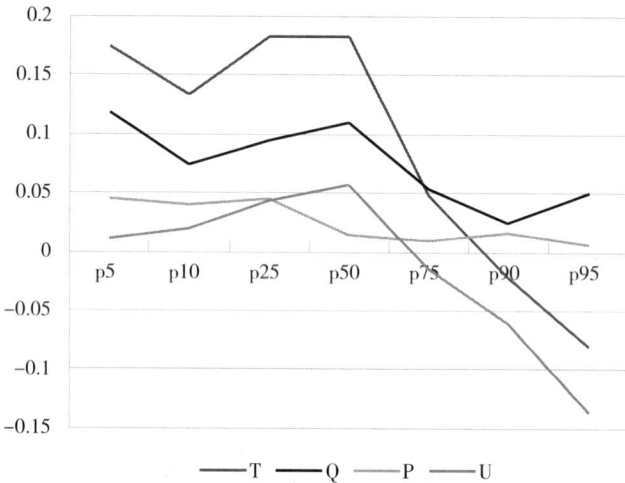

图 6.8　2008 年城镇国有企业部门对非国有企业部门收入
差距分布的尤恩－墨菲－皮尔斯分位数分解

业部门的分解中，价格效应也分别在 75 分位以下、10 分位至 75 分位
之间大于数量效应；而 2008 年则出现了完全不同的结果，"体制内"部
门对"体制外"部门的分解中，价格效应与数量效应大体相当，国有企

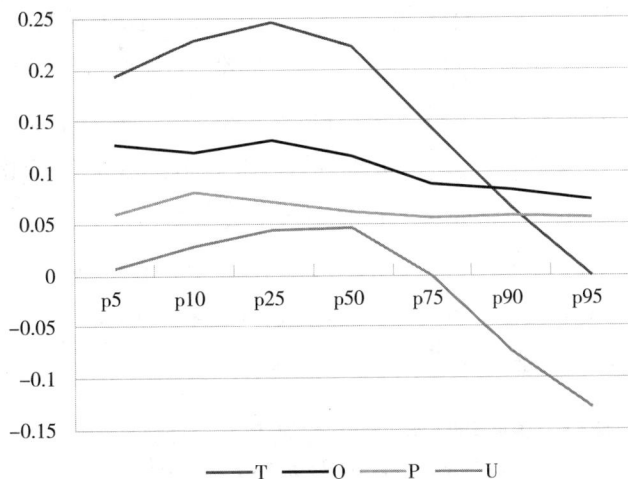

图 6.9　2008 年城镇国有企业部门对私营企业部门收入
差距分布的尤恩－墨菲－皮尔斯分位数分解

业部门对非国有企业部门、国有企业部门对私营企业部门的分解中，价格效应始终低于数量效应。第三，从价格效应的数值和分布走势来看，2008 年"体制内"部门对"体制外"部门收入差距的价格效应总体上也低于 2002 年相对应的价格效应；2002 年国有企业部门对非国有企业部门、国有企业部门对私营企业部门的分解中，价格效应由正逐渐变负的趋势在 2008 年亦不再存在，并且波动较 2002 年明显减小，这说明了劳动力市场分割的作用在两个行业的高收入劳动者群体中相对地加强了。

三、对行业分割及其变化趋势的实证分析

下面我们转向对行业分割的实证研究。出于分析的简便，我们把这几个数据集中的行业变量统一归为"国有垄断性行业"和"一般竞争性行业"两类。对于国有垄断性行业和一般竞争性行业的界定与划分，至今在学术界仍存在广泛争议。这里姑且按照一个简单却有效的原则：将不同行业里"体制内"就业的居民比例从高到低排列，明显具有国有垄断特征的行业，这一比例应该比较高。按照这一原则，2002 年

的数据中，可以将农、林、牧、渔业等 10 个行业编入国有垄断性行业，这些行业大多具有较为明显的自然垄断特征，"体制内"岗位占比均在 70% 以上；制造业等 6 个行业"体制内"岗位占比大多不及 60%，因此可以编入一般竞争性行业。2008 年的行业划分口径略有变化，但仍可按照这一原则将采掘业等 9 个行业编入国有垄断行业，这些行业均具有明显的自然垄断特征，"体制内"岗位占比基本在 60% 以上；农、林、牧、渔业等 11 个行业"体制内"岗位占比均在 50% 以下，可以编入一般竞争性行业，如表 6.6 所示。

表 6.6　根据 2002 年、2008 年 CHIP 城镇劳动力市场数据
对国有垄断性行业和一般竞争性行业的划分

行业名称（2002）	"体制内"岗位占比（%）	行业名称（2008）	"体制内"岗位占比（%）
国有垄断性行业		国有垄断性行业	
农、林、牧、渔业	81.60	采掘业	60.00
采掘业	82.91	电力、煤气及水的生产和供给业	57.56
电力、煤气及水的生产和供给业	79.52	交通运输、仓储及邮电通信业	66.18
地质勘查业、水利管理业	96.39	金融保险业	68.40
交通运输、仓储及邮电通信业	72.41	科学研究和综合技术服务业	85.03
金融保险业	80.00	水利管理及环保业	81.11
卫生、体育和社会福利业	89.64	教育业	86.84
教育、文化艺术和广播电影电视业	93.03	卫生、社会保障与福利业	75.93
科学研究和综合技术服务业	84.83	公共管理与社会组织	90.78
国家机关、党政机关和社会团体	95.83		
一般竞争性行业		一般竞争性行业	
制造业	56.31	农、林、牧、渔业	50.94
建筑业	63.47	制造业	47.50

行业名称（2002）	"体制内"岗位占比（%）	行业名称（2008）	"体制内"岗位占比（%）
批发和零售贸易、餐饮业	27.95	建筑业	41.45
房地产业	58.54	信息传输与电子计算机服务业	38.82
社会服务业	40.86	批发和零售业	13.75
其他行业	34.36	住宿和餐饮业	20.47
		房地产业	17.63
		租赁与商贸服务业	25.40
		家政服务与其他服务业	41.11
		文化、体育与娱乐业	50.00
		国际组织	25.00

　　表6.7和表6.8分别对2002年、2008年城镇国有垄断性行业和一般竞争性行业在业劳动者个体特征与从业特征变量进行了统计比较。我们可以发现在这两个年份中，国有垄断性行业劳动者相对于一般竞争性行业劳动者整体上受教育水平更高、有较为丰富的工作经验、工作时间更短并且工资率更高。值得注意的是在这6年间，行业间的收入差距实际上是扩大的，尽管反映在对数意义上是缩小的。此外，与部门间劳动者从业特征分布相同，国有垄断性行业劳动者多数为职业技术人员和办公室文员，而一般竞争性行业在业劳动者多为服务人员。

表6.7　2002年CHIP城镇国有垄断性行业和一般竞争性行业
在业劳动者个体特征与从业特征变量统计比较

个体特征变量	国有垄断性行业 共4552个样本		一般竞争性行业 共5495个样本	
	均值	标准差	均值	标准差
年龄	40.6819	9.382768	40.41965	9.119662
性别	.5248408	.499428	.5248408	.4997885

个体特征变量	国有垄断性行业 共 4552 个样本		一般竞争性行业 共 5495 个样本	
	均值	标准差	均值	标准差
受教育年限	12.35259	2.942916	10.63549	2.816008
工作经验	20.43937	9.785855	19.98944	9.549379
是否已婚	.8811511	.3236461	.8824386	.3221174
每天工作小时数	5.89019	1.378262	6.40276	1.954305
小时工资对数	1.762216	.6454744	.7821078	.7266857
从业特征变量	频次	比例（%）	频次	比例（%）
单位领导	715	15.71	384	6.99
职业技术人员	1405	30.87	713	12.98
办公室文员	1220	26.80	824	15.00
服务人员	176	3.87	1062	19.33
其他	1036	22.75	2512	45.70

表 6.8　2008 年 CHIP 城镇国有垄断性行业和一般竞争性行业
在业劳动者个体特征与从业特征变量统计比较

个体特征变量	国有垄断性行业 共 2727 个样本		一般竞争性行业 共 4343 个样本	
	均值	标准差	均值	标准差
年龄	40.08434	9.88727	39.44278	10.0577
性别	.5936927	.4912333	.5440939	.4981093
受教育年限	12.94224	3.471039	11.75846	3.283462
工作经验	14.60802	10.96775	11.30416	10.47917
是否已婚	.8606527	.3463721	.8358278	.3704744
每天工作小时数	6.100687	1.410691	6.508573	1.709936

个体特征变量	国有垄断性行业 共 2727 个样本		一般竞争性行业 共 4343 个样本	
	均值	标准差	均值	标准差
小时工资对数	2.593543	.7441644	2.260439	.7957048
从业特征变量	频次	比例（%）	频次	比例（%）
单位领导	238	8.73	150	3.45
职业技术人员	822	30.14	771	17.75
办公室文员	826	30.29	882	20.31
服务人员	289	10.60	1480	34.08
其他	552	20.24	1060	24.41

　　表 6.9 分别列出了 2002 年、2008 年城镇国有垄断性行业和一般竞争性行业在业劳动者收入回归模型估计结果。横向比较来看，在两个年份的回归模型中，一般竞争性行业的性别（男性）溢价以及受教育年限的边际回报均显著略高于国有垄断性行业；而对于工作经验的边际回报，2002 年的模型中一般竞争性行业显著略高于国有垄断性行业，在 2008 年的模型中则相反；2002 年，一般竞争性行业中，成为单位领导、办公室文员带来的收入增加显著高于国有垄断性行业，而对于专业技术人员、服务人员结论则相反（后者系数为负）；2008 年，一般竞争性行业中，成为专业技术人员、办公室文员带来的收入增加显著高于国有垄断性行业，对于单位领导则相反。纵向比较来看，6 年来一般竞争性行业受教育年限的边际回报略有增加，而国有垄断性行业受教育年限的边际回报却略有下降；而对于工作经验的边际回报，结论正好相反，国有垄断企业的系数明显上升而一般竞争性行业却略有下降。这说明国有垄断性行业在这段时期里在对人力资本的回报上给予劳动者年资更为重要的地位，而年资的地位在一般竞争性行业劳动者人力资本回报构成中相对下降了。对于四类岗位变量，无论是国有垄断性行业还是一般竞争性行业，6 年后的系数均不同程度有所上升，但对于服务人员而言，系数

的上升并不显著。

表 6.9　2002 年、2008 年城镇国有垄断性行业和一般竞争性行业
在业劳动者收入回归模型估计结果

解释变量	2002 年		2008 年	
	国有垄断性行业	一般竞争性行业	国有垄断性行业	一般竞争性行业
是否为男性	.044669* (.01833861)	.13119391*** (.0187446)	.17495818*** (.02680408)	.20599845*** (.0224922)
受教育年限	.05409349*** (.00347181)	.05950892*** (.0035539)	.05150357*** (.00398173)	.0595221*** (.00360572)
工作经验	.02676811*** (.00343637)	.02872403*** (.00355942)	.03437936*** (.00375566)	.02287522*** (.00230539)
工作经验平方项	− .00019291* (.00008384)	− .00030603*** (.00008967)	− .00061423*** (.00010352)	− .00038269*** (.00005792)
单位领导	.22570497*** (.03118122)	.2825726*** (.03806434)	.47859816*** (.05316923)	.46872597*** (.06302495)
专业技术人员	.2577035*** (.02681316)	.21868899*** (.02992005)	.2849794*** (.03874753)	.39831671*** (.03549249)
办公室文员	.12284001*** (.02611172)	.19890781*** (.02752243)	.29193853*** (.03779522)	.29507554*** (.03364584)
服务人员	− .10108704* (.04801792)	− .12744597*** (.02477754)	− .05120882 (.04955056)	.01924454 (.02982233)
截距项	.47543536*** (.05547202)	.13796312** (.05309226)	1.3153529*** (.06381541)	1.1273155*** (.0513385)
Adjusted R^2	.18523988	.17839101	.20156072	.19658335
RMSE	.58263144	.65868718	.66459278	.71300072

显著性水平：* p<0.05；** p<0.01；*** p<0.001。

表 6.10 分别列出了 2002 年、2008 年城镇国有垄断性行业与一般
竞争性行业间基于人力资本的收入回归模型的 Binder-Oaxaca 三重分解
结果。首先从总体比较来看，总差异在对数意义上有所缩小（实际是增
加的）；在总差异的构成上，2002 年系数差异明显高于禀赋差异，而到
了 2008 年，禀赋差异有所上升，系数差异却大大下降了，但在比重上

仍然高于禀赋差异。单从禀赋差异来看，2002 年，禀赋差异的来源可以基本上归结于受教育年限；2008 年，来自受教育年限的作用显著下降，而来自经验的作用显著上升并超越前者。单从系数差异来看，因为 2002 年的几项系数均不显著，因此无法得出清晰的结论。总之，通过前后对比，我们能够发现尽管整个劳动力市场的工资结构更加具有效率导向性，但是行业间劳动力市场分割在这一时期得到了进一步强化。

表 6.10　2002 年、2008 年城镇国有垄断性行业与一般竞争性行业间基于人力资本的收入回归模型的布林德－奥萨卡三重分解结果

变　量	2002 年	2008 年
总体比较		
国有垄断型行业组	1.3170349*** (.0098054)	2.2606522*** (.0120922)
一般竞争性行业组	1.7622159*** (.0095697)	2.5938753*** (.0142756)
总差异	−.44518097*** (.0137013)	−.3332231*** (.0187086)
禀赋差异	−.13339744*** (.007502)	−.14400963*** (.0096618)
系数差异	−.30201885*** (.0138712)	−.18560624*** (.0183056)
交互差异	−.00976468 (.0078875)	−.00360723 (.0090081)
禀赋差异		
受教育年限	−.12457574*** (.0067273)	−.07726939*** (.0071054)
经验	−.01226396* (.0055138)	−.12923554*** (.0162913)
经验的二次项	.00344226 (.002263)	.0624953*** (.0120293)

变　量	2002 年	2008 年
系数差异		
受教育年限	.0714185 (.0555013)	.20134542** (.0669193)
经验	.04482237 (.1023941)	−.16365922* (.0654861)
经验的二次项	−.02594202 (.0636352)	.07748671 (.0406802)
截距项	−.3923177*** (.0738401)	−.30077915*** (.0742008)
交互差异		
受教育年限	−.00992772 (.0077223)	−.0183099** (.0062211)
经验	−.00098665 (.0022937)	.03701447* (.0150936)
经验的二次项	.0011497 (.0028478)	−.0223118 (.0119231)

显著性水平：* p<0.05；** p<0.01；*** p<0.001。

四、对城镇新就业劳动者工作取得的再研究："代际传承"效应

最后，我们再次把目光投向制约劳动者就业时进行部门、行业选择的因素上。2010 年 CFPS 数据对于行业的划分与 CHIP 亦略有不同，为了规范起见，我们按照与之前相同的方法，对所有 20 个行业按照"体制内"岗位数量占比多少分为"国有垄断性行业"和"一般竞争性行业"两类，如表 6.11 所示。

表 6.11　根据 2010 年 CFPS 城镇劳动力市场数据对国有垄断性行业和一般竞争性行业的划分

行业名称（2010）	"体制内"岗位占比（%）	行业名称（2010）	"体制内"岗位占比（%）
国有垄断性行业		一般竞争性行业	
采矿业	55.77	农、林、牧、渔业	9.68

行业名称（2010）	"体制内"岗位占比（%）	行业名称（2010）	"体制内"岗位占比（%）
电力、煤气及水的生产和供给业	56.10	制造业	16.11
金融业	49.37	建筑业	20.31
科学研究、技术服务与地质勘查业	62.50	交通运输、仓储和邮政业	33.67
水利、环境和公共设施管理业	50.00	信息传输、计算机服务和软件业	7.69
教育业	61.69	批发和零售业	7.35
卫生、社会保障和社会福利业	73.81	住宿和餐饮业	15.83
文化、体育和娱乐业	51.72	房地产业	8.00
公共管理与社会组织	76.92	租赁与商务服务业	12.50
		居民服务与其他服务业	25.93
		其他行业	4.04

　　国有垄断性行业包括了采矿业等9个行业，这些行业的"体制内"岗位占比基本在50%以上，绝大多数行业具有较为明显的自然垄断特征；农、林、牧、渔业等11个行业"体制内"收入占比基本在30%以下，因此被归为一般竞争性行业。需要特别说明的是，具有较为明显"体制内"特征的交通运输、仓储和邮政业由于比例过低被归入一般竞争性行业，可能是由于CFPS采取了与CHIP不同的统计口径。为了充分考察这一阶段内劳动者的就业选择行为，我们只保留了8年内（于2002年后就业）新就业居民的样本，按照部门划分共得到"体制内"样本706个、"体制外"样本1600个；按照行业划分共得到国有垄断性行业样本657个、一般竞争性行业样本1649个。各组样本的个体特征变量统计比较如表6.12、表6.13所示。CFPS问卷在调查劳动者的就业行为时，特意增加了"求职时是否得到了别人的帮助"一项：根据统计显示，约有13.88%的"体制内"劳动者在择业时得到了别人帮助，这

一比例在"体制外"则是 14.38%；约有 11.26% 的国有垄断性行业劳动者在择业时得到了别人帮助，这一比例在一般竞争性行业则为 15.40%。此外，CFPS 还调查了受访者父母双方的受教育水平，并转化为较为详细的受教育年限，出于分析的简便，我们将父母双方的受教育年限取算术平均值，生成新的变量，从统计结果中我们可以发现，"体制内"和国有垄断性行业劳动者父母受教育年限均值分别比"体制外"和一般竞争性行业劳动者父母受教育年限均值高出 1 年以上。最后，CFPS 还统计了受访者父母是否在单位担任过行政职务，我们发现"体制内"和国有垄断性行业劳动者父母担任过行政职务的比例分别比"体制外"和一般竞争性行业劳动者父母担任过行政职务的比例高出 1 倍左右。

表 6.12　2010 年 CFPS 8 年内"体制内"与"体制外"部门
新就业城镇居民个体特征变量统计比较

个体特征变量	"体制内"共 706 个样本		"体制外"共 1600 个样本	
	均值	标准差	均值	标准差
年龄	34.40793	10.04547	36.44125	10.51151
性别	.5481586	.4980282	.53125	.4991785
受教育年限	12.67564	3.420676	10.92996	3.899324
工作经验	3.423513	2.488091	2.8425	2.344382
是否已婚	.703966	.4568298	.751875	.4320598
求职是否得到帮助	.1388102	.3459935	.14375	.3509457
父母受教育年限均值	8.356585	3.973689	7.074916	3.940917
父母是否有行政职务	.0892351	.2852849	.043125	.203202

表 6.13　2010 年 CFPS 8 年内国有垄断性行业与一般竞争性
行业新就业城镇居民个体特征变量统计比较

个体特征变量	国有垄断性行业 共 657 个样本		一般竞争性行业 共 1649 个样本	
	均值	标准差	均值	标准差
年龄	34.77473	10.19136	36.23469	10.47153

个体特征变量	国有垄断性行业 共 657 个样本		一般竞争性行业 共 1649 个样本	
	均值	标准差	均值	标准差
性别	.4901065	.500283	.5548817	.4971296
受教育年限	12.97027	3.45443	10.86568	3.827595
工作经验	3.214612	2.430353	2.942996	2.389378
是否已婚	.7031963	.4571973	.750758	.4327054
求职是否得到帮助	.1126332	.3163847	.1540327	.3610896
父母受教育年限均值	8.251229	3.950042	7.177307	3.974798
父母是否有行政职务	.086758	.2816946	.0454821	.2084222

　　表 6.14 和表 6.15 分别汇报了 2010 年城镇新就业居民"体制内"及国有垄断性行业工作获得的二元 Logit 回归模型估计结果。每个回归采用了两个不同的模型，模型 1、3 没有考虑父母一代的个体特征对子女择业的影响，而模型 2、4 将这些因素考虑在内，并且认为劳动者的受教育水平后天地取决于其父母一代的受教育水平，以及父母在单位中的领导地位（一般地，受教育程度更高的父母更有文化水平，也更加重视对子女的教育，而父母拥有行政职务，可以较多地占有优质教育资源）。同时，模型 2、4 也认为劳动者在回答"求职时是否得到了别人的帮助"这一问题时或许不愿提供真实情况，而我们也有理由认定劳动者父母的受教育程度及其在单位中的领导地位在一定程度上为子女择业积累了社会资本（一般地，受教育水平越高，交际圈越广，层次也越高；拥有行政职务则更加拓宽了社会关系网络，也往往更加成就子女对其的直接依赖）。因此，可以将父母受教育年限的均值、父母是否有行政职务两个变量视为劳动者受教育年限、求职是否得到帮助的代理变量。从回归结果中我们可以总结出两个结论：一是劳动者受教育年限的提高，对其进入"体制内"部门、国有垄断性行业均具有明显的正边际效应，而劳动者接受他人帮助则会明显降低进入国有垄断性行业工作的可能性，这预示了在一般竞争性行业或许存在着更为严重的"靠关

系就业"现象；二是劳动者父母受教育年限均值的增加，对其进入"体制内"部门、国有垄断性行业均具有明显的正边际效应，并且劳动者父母拥有行政职务可以在更大程度上提高自己进入"体制内"部门、国有垄断性行业就业的可能性，这也直接证明了就业的"代际传承"效应确实显著存在。

表 6.14　2010 年城镇新就业居民"体制内"部门工作
获得二元 Logit 回归模型估计结果

职位类型 解释变量	"体制内"工作取得			
	模型 1		模型 2	
	系数及标准差	边际效应	系数及标准差	边际效应
是否为男性	.05944932 (.09373905)	.0122723	.00985741 (.11973249)	.0021686
是否已婚	−.15158872 (.10940592)	−.0317794	−.27412165* (.13104184)	−.0610168
受教育年限	.13538634*** (.01444065)	.0279747	—	—
工作经验	.09938468 (.06716298)	.0205357	.04790833 (.08622729)	.010542
工作经验平 方项	.00171435 (.00857815)	.0003542	.01203745 (.01128847)	.0026488
求职是否得 到帮助	.04720112 (.13578884)	.0098211	—	—
父母受教育 年限均值	—	—	.07277805*** (.01620003)	.0160144
父母是否有 行政职务	—	—	.42308487* (.19824053)	.0978705
截距项	−2.6915948*** (.23458481)	—	-1.4375465*** (.20711336)	—

显著性水平：* p<0.05；** p<0.01；*** p<0.001。

**表 6.15　2010 年城镇新就业居民国有垄断性行业工作
获得二元 Logit 回归模型估计结果**

职位类型解释变量	国有垄断性行业工作取得			
	模型 3		模型 4	
	系数及标准差	边际效应	系数及标准差	边际效应
是否为男性	−.26574713** (.09615247)	−.0517802	−.4105783*** (.12126106)	−.0865004
是否已婚	−.02837691 (.11256129)	−.0055241	−.15194187 (.13319854)	−.0320189
受教育年限	.17541554*** (.01565975)	.0340398	—	—
工作经验	.06551025 (.06551025)	.0127124	.13903432 (.08808052)	.0290656
工作经验平方项	−.00262729 (.00888537)	−.0005098	−.01045621 (.01160678)	−.0021859
求职是否得到帮助	−.33626237* (.14732272)	−.0614454	—	—
父母受教育年限均值	—	—	.0551222*** (.01638268)	.0115235
父母是否有行政职务	—	—	.50292007* (.20005696)	.1127721
截距项	−2.9864048*** (.24917318)	—	−1.2477446*** (.20803879)	—

显著性水平：* p<0.05；** p<0.01；*** p<0.001。

第七章 如何破解中国劳动力市场分割

第一节 研究中国劳动力市场分割基本结论

一、应当如何去研究中国劳动力市场分割

劳动力市场分割是与劳动力市场运行相伴相生的一种经济现象。从一般意义上讲，劳动力市场就是劳动力要素交易的场所，而劳动力市场分割，就是劳动力要素在市场局部范围内无法正常流入或流出的状态。劳动力市场分割之所以出现，部分原因在于劳动力的异质性，即劳动者的科学文化水平、素质技能各不相同，造成他们的劳动生产率有高有低，在市场规则下劳动生产率较低的劳动者自然无法进入较高层次的劳动力市场就业，这种原因造成的分割是市场配置资源的正常表现；而更主要的原因在于各种正式、非正式制度安排对劳动力交易双方产生约束作用，这些制度因素往往有悖于市场规则，使得一些劳动者即便在具备进入某一子市场的经济条件时依旧无法进入，而另一些劳动者凭借制度安排下的超经济特权得以进入并将其长期占据，这种原因造成的分割则是对市场配置资源的破坏，劳动力市场分割在 20 世纪 70 年代进入研究者视野，为人们所诟病也正基于此。

当代西方经济学各个流派都不同程度地对这一问题进行了研究，其立场、视角和方法亦各不相同，但都站在资产阶级立场，缺乏逻辑与历史的统一：新古典主义坚持劳动力市场出清的基本假定，排斥对非市场性因素的研究，坚持个体分析、边际分析方法，将劳动力市场分割完全归结为基于劳动者人力资本存量差异的劳动力的异质性；新凯恩斯主

义则更多地由个体分析转向局部分析，从工资结构、劳动力结构以及契约特征入手进行研究，但仍然没有突破现象描述的窠臼；制度主义、行为主义和结构主义注意到了一些社会性、制度性因素的作用，并突破供给——需求分析范式，采取不同学科的研究方法，更多地归纳和演绎。而马克思主义坚持了阶级分析法，在资本主义产生和发展的历史框架下入手研究，认为劳动力市场的存在和发展，是资本积累的客观要求，也是资本主义生产关系维持发展的必要条件，劳动力市场分割是工人和资本家两大阶级之间矛盾和斗争的具体体现。激进政治经济学继承和发展了阶级分析法，在积累的社会结构理论框架下提出了资本主义劳动力市场分割的四个历史阶段，更进一步地将劳动力市场分割归结为资本家阶级对工人阶级的分化与控制。研究中国劳动力市场分割，必须坚持马克思主义的立场和观点，从中国的具体国情出发，运用辩证、历史的科学方法，并同时借鉴各个流派的研究成果。

中国劳动力市场在具备劳动力市场的一般特征的同时，其产生和发展亦具有诸多特殊之处，这也正是研究劳动力市场分割的切入点。首先要看到，中国经历了漫长的计划经济时期，劳动力并不是作为商品自由流动，而是由国家进行计划调配，劳动力市场不是自发形成的，而是在改革开放的大背景下，由国家力量主导形成，其发展进程具有鲜明的渐进性和阶段性。从劳动者一方来看，也完成了身份上的重大变化，在经历了几个阶段的改革之后，劳动者队伍迅速扩大，成分日趋复杂，作为劳动力市场独立主体的地位基本确立，逐渐成为能够自由进行决策的行为人。从企业一方来看，改革的深入使所有制结构与行业背景日益多元化，使企业最终成为自主经营、自负盈亏的市场主体，带动着劳动力资源优化配置，非企业部门也逐渐建立起竞争、效率导向的用人规则。在这一过程中，最为突出的特点是，国家对改革的决策由行政力量通过制度变革实施完成，新体制的建立和旧体制的瓦解在时间和空间范围内共存，劳动力市场分割正是在两种体制的协调、消长甚至摩擦中孕育发生，因而这种制度因素显得尤为重要。另外，研究中国劳动力市场分割，最终必须以广大的劳动者为落脚点。劳动力市场建立和完善的过程，又是对劳动者利益进行调整、再调整的过程。从这个意义上讲，劳动力市场分割实质上是经济社会转型中制度力量对不同劳动者群体利益格局的扭曲。国家对劳动者利益的调整没有采取"一步到位"的形式，而是在坚持社会主义制度并兼顾不同阶段特殊国情的前提下，采取了差异化的运作形式与分配方式，这样就产生了劳动者群体之间日趋多元化的利益格局。在利益格局中，不同社会身份、从业背景劳动者突破了原有的阶层结构，不断进行分化重组，他们在劳动力市场中，又必然会产生不同的利益要求。因次，我们必须把国家、制度和劳动者三个方面结合起来，使其有机统一于中国劳动力市场分割问题的研究过程中。

二、中国劳动力市场分割的形成机制与二重形态

在积累的社会结构学派的理论框架中，国家、制度和阶级是劳动力市场分割的形成、发展与演变的三个决定力量。而中国劳动力市场形成的历时特殊性，使其表现为发展战略选择、制度约束与阶层分化。其中，国家通过制定发展战略，决定了劳动力市场依存的制度体系；制度体系通过其约束力在劳动力市场形成分割；分割对劳动者不断地分化重组，形成代表不同利益群体的阶层；阶层分化又通过制度变迁对分割施加反作用。

中国的发展战略具有许多自身的特殊性：从制定上讲，发展战略的制订者是中央政府，使其具有至高无上的地位；从执行上讲，中国特有的政治制度确保了国家发展战略的执行效果，避免了政权更迭所造成的政治周期对发展战略的消极作用；从目标上讲，中国的国家发展战略具有国内发展和融入世界的双重目标。发展战略主要围绕结构调整、产业升级和城市化三条相互关联的线索展开，并且在不同阶段表现出不同形式。影响劳动力市场分割的制度因素，包含了社会制度、体制和机制三个层次。社会制度位于宏观层次，直接决定了劳动力市场的性质和发展取向；体制位于微观层次，是构成影响劳动力市场形成与发展的制度集合的主体，是直接作用于劳动力市场并引起分割的执行力量；机制是和劳动力市场结合最为紧密的制度层次，它是基本经济制度和各项体制

最终在劳动力市场中得以实现的推手。制度约束，就是以制度的力量约束市场主体的选择行为，或是对市场主体施加顺应市场发展的动力，使劳动力市场更加灵活；或是对其施加悖于市场发展的阻力，使劳动力市场出现扭曲。不同阶层之间利益的差异性、对立性能够达到塑造并分割劳动力市场的效果。阶层分化对劳动力市场分割施加反作用，是通过对制度体系的影响与渗透，再借助制度体系对劳动力市场分割的约束力实现的。一方面，阶层分化诱发出阶层内部的利益保护动机，这一动机促使该阶层在介入制度变迁的过程中施加保守因素，借以维护自身既得利益，客观上使分割进一步强化，阶层固化；另一方面，阶层分化诱发出阶层内部获取更大利益的激励动机，这一动机促使该阶层在介入制度变迁的过程中施加积极因素，以期这一过程更加有利于己方，客观上使分割进一步弱化，阶层更加具有流动性。

在上述一般（静态）意义上的形成机制作用下，中国劳动力市场分割体现出内生与外生二重形态。放眼到世界范围来看，中国劳动力市场分割是资本主义全球化背景下市场经济在世界范围内扩展和中国改革开放进程交互影响的结果。因此，它既具有体现世界劳动力市场一般性的外生形态，也具有体现国内劳动力市场形成与发展特殊性的内生形态。外生形态源于激进政治经济学积累的社会结构学派所提出的四个历史时期中资本对劳动控制与分化的四种不同形式：无产阶级化、同质化、分割化与空间化，这四种形式实质上也是劳动力市场分割的四种形态。其中，由于中国社会制度的特殊性，不存在严格意义上的无产阶级，因此无产阶级化表现为准无产阶级化。城乡二元经济社会结构与实施改革开放战略的特殊时间节点，又使中国劳动力市场分割在外生形态上将市场经济漫长发展历程中的一般性压缩呈现，在当前同时展现出准无产阶级化、同质化、分割化与空间化这四种形态。中国劳动力市场分割的内生形态是国家改革开放战略主导下，由根植于国内的制度体系及其变迁决定的。内生形态可以划分为两种：其一是基于劳动者所具有的户籍身份差异的城乡二元分割及其衍生的城市二元分割；其二是基于劳动者所在单位隶属的所有制形式不同的部门分割及其衍生的行业分割。

在特殊（动态）意义上的形成机制作用下，二重形态之间产生关联与互动，造就了分割形态的演进及其阶段性。从改革开放之后，中国劳动力市场分割在形态上鲜明地呈现出三个阶段性特征：第一阶段大致从改革开放伊始到社会主义市场经济体制建立，外生形态尚在孕育之中，内生形态表现为城乡二元分割；第二阶段大致从社会主义市场经济体制建立到完善，外生形态表现为准无产阶级化与同质化，内生形态表现为城市二元分割和部门分割；第三阶段，社会主义市场经济体制从完善趋于成熟，外生形态表现为准无产阶级化、同质化、分割化与空间化共存，内生形态上也表现出多种不同的变异。

三、中国劳动力市场分割的形态演进

在中国劳动力市场分割形态演进的第一阶段，由于改革开放刚刚起步，我国仍旧处于对社会主义商品经济认识和探索的时期，中国的经济发展尚未融入全球化进程，因此分割的外生形态此时仍未体现出来，而内生形态之一的城乡二元分割则开始有所展现。从城市范围来看，计划时期的劳动力调配体制仍旧占据支配地位，但是建立劳动力市场的制度准备已经开始，劳动力市场已经局部形成。企业获得了更多自主权，并推行了以"责、权、利"相结合的内部管理体制，活力得以激发，劳动人事改革亦开始初步启动，各种非公有制企业也有较快发展。从农村范围来看，家庭联产承包责任制的确立，将土地的经营权划归为农民所有，农民成为独立经营的主体，劳动生产率大幅提升释放出大量剩余劳动力，乡镇企业的发展繁荣带动了这些劳动力转向非农部门就业，以"离土不离乡、进厂不进城"的模式造就了农村劳动力市场的兴起。但是由于城乡二元户籍制度的严格制约，城乡之间的劳动力自由流动尚未形成，当时的经济发展水平也不足以支撑一个跨越城乡边界的劳动力市场，只能采用打破农村劳动力在农业和工业之间分割的状态换取城市和农村之间分割的延续。到 20 世纪 90 年代初，城乡分割的格局开始逐渐瓦解。实证研究发现，静态来看，某一区域的城乡分割的程度与经济发展水平成正比；城乡居民工资收入的差异主要来源于非人力资本因素所决定的劳动力报酬结构的差异；城市居民的人力资本回报显著高于农村居民，在绩效分配机制上亦存在明显区别。

在分割形态演进的第二阶段，前一阶段的初始形态开始变为成熟形态。外生形态中的准无产阶级化和同质化开始显现；内生形态中，城乡二元分割逐渐转向城市二元分割，基于所有制差异的部门分割逐渐形成。在本阶段，改革开放战略全面展开：出口导向经济快速发展，工业化的进一步深入和产业结构的优化升级统一起来，并且在城市化总体布局下采取了以发展小城镇为主的阶段过渡模式。为了实现这一系列战略目标，全国统一的劳动力市场构建起来，并形成了以下几个方面组成的制度体系：在二元户籍格局下，派生出介于城市常住户籍和农村户籍的小城镇户籍制度，它使得城乡之间的劳动力流动壁垒开始瓦解，但在其主要影响之下，城乡二元分割转化为城市二元分割；国有企业经过全面改革，建立起面向市场的人事和工资制度；党政机关和事业单位的劳动人事制度也进行了深入调整；以自主择业为导向的就业与再就业制度全面建立；教育和升学、社会保障以及法律保障等劳动力市场外围"制度群"也相继建立，但是在不同就业群体的覆盖范围和力度并不均等。这一系列制度造就出另一种分割的内生形态，即部门分割。同时，出口导向经济催生出与国际市场紧密联系的出口型制造业和其他外向产业，农村剩余劳动力成为这些产业就业的主力军，使准无产阶级化和同质化两种外生形态开始显现。分割使得劳动者阶层分化开始出现：一方面，从属于世界市场的产业工人阶层形成；另一方面，城乡流动就业阶层兴起，"体制内"与"体制外"阶层的分野亦逐渐形成，不同阶层的劳动者开始具有差异化的利益诉求，对分割开始施加不同的反作用。实证研究发现，本地城市居民更易获得较为优越的职位，而外来居民更易集中在较为低劣的职位，而基于劳动者户籍身份的"前定差异"成为引起本地居民和外来居民收入差距的最主要原因；对于部门间的收入差距，由于分割所造成的不可观测因素的作用明显提升；人力资本的积累明显有助于劳动者获得"体制内"的工作。

在分割形态演进的第三阶段，分割的成熟形态开始出现变异。外生形态中，准无产阶级化、同质化的进程仍在继续但已开始逐渐减弱，分割化与空间化开始显现；在内生形态上，城市二元分割总体弱化但局部强化，并且嬗变出新的表现形式，部门分割的行业化色彩日益明显。在本阶段，改革开放战略继续向纵深推进，在外延和内涵上不断充实：经济增长由出口主导向出口、消费和投资协调发展转变；工业化更加注重效益、发挥技术创新和实现可持续发展；城市化进程也明显加速，大中城市尤其是特大城市进入快速发展轨道。改革开放对劳动力市场的引导作用不断加强，劳动力市场不断发展完善的同时，改革的不彻底和滞后所带来的各种弊端也始终通过制度力量制约着劳动力市场的健康发展。在制度建构上，大中城市相继放开落户限制，但特大城市依旧对落户实行计划管理；国有企业工资与福利制度在进一步改革的过程中呈现畸形化；公务员的收入也在不断规范的同时呈现隐性化；灵活就业制度和保障性工资制度确立并不断完善。在这些制度因素的约束下，城市二元分割不断消解，但在特大城市保留下来，固定、正规就业制度下的劳动者与灵活、非正规就业制度下的劳动者之间的分割日益显现并突出；同时，部门分割进一步强化，并显现出行业分割的强烈色彩。而我国经济发展也伴随着对外经济联系的日益紧密，企业治理结构变迁以及空间布局调整使得外生形态中的分割化与空间化出现，而农村剩余劳动力转移和低端外向产业发展的减弱，意味着准无产阶级化、同质化仍旧存在，但已开始消解。分割的发展演变一方面使得劳动者阶层出现泛化趋势，各阶层之间的整合趋势加强；另一方面又使得各个阶层特别是优势阶层不断固化，底层向上的流动日益困难。各个阶层又都在劳动力市场中对制度变迁施加着不同的反作用，在改革进一步深化的大环境下，未来的劳动力市场分割将存在多种发展趋势。实证研究发现，劳动力市场分割造成的收入差异在部门间依旧显著存在，并且在高收入群体中更为明显；劳动力市场分割造成的收入差异在国有垄断性行业和一般竞争性行业之间趋于强化；劳动者选择不同部门、行业就业时，"代际传承"效应十分明显。

第二节　破解中国劳动力市场分割的政策建议

一、保持合理、适度的收入差距

扭转劳动力市场分割恶性发展的态势，首先要做到缩小收入差距，使之保持在合理、适度的范围内。当前，以工资为代表的劳动收入仍旧占据我国居民收入的主体地位，因此，首要的是对劳动收入的适当调节。我们要着力提高各个弱势就业群体的工资收入，也要控制行业、部门之间的收入差距，还要适当调整企业内部的收入差距。

提高弱势就业群体的工资收入，首先要全面建立和完善工资集体协商机制。这些劳动者大多就业于各种非公有制企业，完全受到市场力量的支配，在劳资关系中处于劣势地位，工资集体协商是一种通过有效组织壮大劳动者力量的可行方法。集体协商要确保参与主体到位，保证劳资双方地位平等。在这些企业中，就要充分发挥工会的组织作用，提高工会的独立性和代表性。最为重要的是，工会应在经济上保持独立，而且工会领导层的选举要具有代表性，才能逐渐培养起职工的参与意识。除此之外，还要加强劳资双方信息的对称性，建立起工资集体协商过程中的信息披露机制，政府也要加强进一步的信息介入，改变劳动者信息资源封闭、匮乏的状况。其次，也要建立和完善一系列工资保障机制。例如，建筑领域"农民工"的欠薪问题在当前尤为突出，有关部门应加大专项执法检查和清欠力度，建立工资保障金制度和欠薪应急保证金制度，对其他行业的欠薪问题，要建立工资支付监控制度，加大对重大行业和重点企业的监督和检查的力度。同时，保障职工工资支付到位也离不开另一些"软措施"，比如要加大对中小企业的支持力度，特别是一些劳动密集型中小企业中，本身利润低、生存压力大，因此有必要研究利用税收减免、社会保险缴费补贴等方式，为职工工资收入的提高开辟空间。最后，进一步完善最低工资制度也是十分必要和紧迫的。一方面，要完善最低工资标准制定的多方参与机制，坚决破除地方政府政府手包办，要使工会和企业家协会作用得到有效发挥，三方协商程序在真正意义上建立起来，体现出民主立法原则。另一方面，在标准界定、细化与周期调整方面，也要实现科学化与常态化。例如我国虽然规定了月最低工资与小时最低工资两种形式，但缺乏对不同行业和不同工种的细分，结果可能会造成对部分行业和工种的从业人员的分配不公，因此有必要针对特殊行业制定行业性最低工资制度和不同工种的最低工资制度，实现对不同劳动者的区别对待。

控制行业、部门之间工资收入差距形成的主要原因有二：一是国有垄断性行业利润与工资总额相对过高；二是"体制内"部门的工资增长能够保障，但"体制外"部门的工资浮动范围较大，增长趋势不太明显。针对第一种原因，一方面要加大国有企业特别是垄断性央企上缴利润的力度。既要逐步扩大国有资本收益上缴的比例和范围，目前纳入中央国有资本经营预算收支范围的还仅限于国资委监管的中央企业，很多金融类央企和地方国企都没有纳入，未来要将这些企业逐次纳入；也要针对不同行业、不同地域的国有企业制定不同的、适宜的上缴比例，特别是对于一些国家完全掌握行业定价权的垄断企业，要进一步提高企业利润上缴比例，把企业自主支配利润限定在合理范围内。另一方面，须加强对企业工资总额的管理和调控，对不同岗位的工资总额实行分类管理，特别是对特殊岗位工资和不在岗职工生活费实行单独列支。此外，也要全面客观评估企业的盈利能力，对盈利较差致使人均工资偏低的企业，在调整幅度制订上给予一定倾斜。针对第二种原因，要建立起覆盖所有部门和全行业的工资正常增长机制。在宏观层次上，政府应制定并完善工资正常增长机制的政策措施，通过法律的形式，对国家在企业工资分配宏观调控方面的职责，最低工资制定的流程、支付方式和调整机制，企业的工资支付行为等做出明确规定。同时，也应通过建立健全和完善工资指导线、劳动力市场指导价位及人工成本信息制度以及完善相关的社会中介机构职能等措施，强化政府部门对企业工资政策的执行协调能力。在微观层次上，企业需要进一步完善薪酬激励及绩效管理机制，及时参考外部行业协会及劳动力市场价位，合理处置基本工资增长和绩效工资增长的关系，保证工资合理适度增长。

当前，国有企业内部收入分配的一个突出症结在于高管和普通职工之间的工资差距过大，因此必须对企业高管的薪酬进行调整。第一，要优化企业高管的薪酬结构，拓宽高管薪酬激励渠道，创新多元化、多层次的高管薪酬激励方式，充分发挥各层次薪酬的激励作用。比如近期出台的央企负责人薪酬调整方案，将由目前实行的基本年薪和绩效年薪两部分构成，调整为由基本年薪、绩效年薪、任期激励收入三部分构成，同时取消职务消费。增加任期激励收入，目的就是引导企业负责人更加重视企业长远发展，防止经营管理中的短期行为，不失为一种可行的措施。第二，要约束高管权力，为规范垄断行业企业高管薪酬制度提供内在支持。在评价国有垄断企业的高管薪酬时，不应忽视年报披露的显性薪酬之外的隐性薪酬。隐性薪酬的来源包括在职消费、职务升迁机会、名目繁多的福利待遇等等，这就需要发挥董事会、监事会以及审计委员会、薪酬委员会等专业委员会的重要作用，完善对企业领导层的内部监管。第三，也要适当借助政府力量引入外部监管。到目前为止，我国还没有专门针对垄断行业企业高管薪酬的相关规定和法规。因此，我国政府监管部门有必要进一步加强立法，从法律层面上规范垄断行业企业高管薪酬制度的建设，使其走上法制化轨道。如针对不同行业特征、企业发展阶段，将企业绩效、企业规模等指标进一步细化，及时出台垄断行业企业高管的"限薪令"以设立行业高管最高工资标准。同时，以法规的形式要求上市公司提高信息披露的透明度，使工资、年度奖金、补贴、津贴、企业养老金、股权收入、考核高管人员业绩的依据和标准公开化，抑制高管人员操纵薪酬的行为。

二、有效治理"灰色收入"和"隐性福利"

调节工资收入差距，仅仅是化解劳动力市场行业、部门分割的措施之一，要从更深层次进行治理，必须要同时调控各类隐性的非货币收入。这些收入主要分为两类：一类是各级党政机关公务员和部分事业单位从业人员的"灰色收入"，这类收入基本属于凭借行政权力获取的不合法、不合理或是不规范的收入；另一类是根植于计划体制下的"单位福利"，在市场经济体制下已逐步丧失其在传统分配模式中的作用和地位，却仍然以各种隐蔽的方式被保留下来继续参与分配。这两类收入的膨胀在更大程度上是分割不断强化的症结所在。

解决"灰色收入"问题必须要加强制度建设。首先，要弥补预算外资金管理的体制漏洞。我国财政预算内资金管理的制度相对而言比较健全，而脱离了预算管理的资金明显地漏洞较多。每年通过系统内部分配到各地的几千亿元财政资金，以及规模可能达到上万亿的各地政府部门预算外收费，多数不纳入地方预算，管理不规范，透明度低，成为地方各部门自己掌握、不受监督的资源，非常容易滋生腐败和导致大量资金流失。针对这个问题，必须建立透明化的管理制度，使预算外资金严格规范使用。其次，也要从制度上减少公共权力的寻租空间。当务之急是改革财政、金融、行政管理、土地和国有资源管理制度等方面容易造成公共资金流失、寻租腐败行为和产生灰色收入的制度缺陷，学习借鉴国外的成功经验，逐项形成改革方案，逐项推进政府改革。同时限制和清理不必要的行政审批、许可、监管项目，减少政府对市场的干预，规范政府部门职权范围，健全审批、许可、监管制度，自觉接受社会监督。最后，要全面建立起公务员财产公开制度。当前，有不少地区已经开始推行官员财产申报制度，但存在诸多问题，没有达到制约腐败的目的。例如只申报不公开，或是只申报个人财产，没有涉及整个家庭的收入和财产状况，这些措施都是形式大于内容，对公务员起不到彻底的监督制约作用，社会公众对此也不甚满意。因此，公务员的财产公开不但要在形式上规范统一，内容上也应详尽完备。此外，也要加大对不明来源财产的追究力度，依法从严惩处凭借本部门执法权利，非法获得的灰色收入的寻租行为。

"隐性福利"的存在目前依旧普遍，而且并不仅限于"体制内"部门。这种寄生在"单位"条块下的内部福利有其不合理的一面，但由于其形成与发展一直根植于我国的社会经济环境，至今还发挥着一定的积极作用，因而又不能简单地予以全面否定。最直接的办法就是通过公开透明的途径使"隐性福利"显性化。各部门发放的各类福利，应当作为公共信息而予以公开，并为此设立相应的主要负责人和财务人员的问责机制，加大处罚力度。对于合理、合法的福利项目，应最大限度地纳入津贴、补助等工资项目；对于应当交由市场运作的福利项目，要坚决彻底完成剥离。在此基础上，要尽快全面推行公职人员工资制度的改革，实现公职人员工资薪酬的主体化、货币化。在公职人员的实际全部收入中，工资应占到绝大部分，而福利收入只能处于边际水平或仅占极小的部分；同时，工资薪酬都应当实现货币形式发放，严格清理其他非货币补贴项目。其中，清理变相存在的"福利分房"是当前的工作重点，一方面要健全保障性住房分配机制，严厉打击变相侵占挪用保障性住房项目的违法行为，另一方面要杜绝部门内部以任何名义、任何方式搞集资合作建房项目，严禁党政机关以超标准为本单位职工牟取住房利益或与房地产商勾结进行价格补偿。此外，也要加大对"隐性福利"案件的惩处力度。有关福利透明公开的制度规定以及现有的法律和党政纪规定，都可作为惩处依据。为了更有效、更及时地发现隐性福利问题，应加大部门内部的审计监察力度，定期安排各级审计机关广泛地审计各个公共机构的福利支出事项，并建立起内部人举报保密、保护以及奖励制度。

　　实现单位福利的规范和剥离，仅仅是在"治标"的层面解决问题。有些福利，比如单位隶属的幼儿园、学校以及各种健康、养老福利项目等等，需要依托社区力量，以社区福利的形式承接下来。① 这样做的原因部分在于，市场经济体制下传统单位制的社会控制和社会整合功能大大弱化：从资源支配来看，国家把更多的资源配置交给市场来完成，改革带给单位更多的自主权和自由流动的资源，也削弱了计划体制下国家赋予它们的对资源再分配的功能；在对社会成员的控制方面，国家通过单位制对基层社会的控制力逐渐减弱，改革之后个人对单位的依附程度不断下降。另有部分原因在于，在一些福利项目上，由单位福利转向社

---

① 何重达、吕斌：《中国单位制度社会功能的变迁》，《城市问题》2007 年第 11 期，第 48—56 页。

会福利的改革并不成功，例如医疗改革带来的是看病难、看病贵以及紧张的医患关系。伴随着改革过程中单位社会功能的弱化，社区承接了部分由单位组织转移出来的服务社会的功能，在理论上完全能够承接一部分福利项目，发挥好社区服务居民的专项职能。社区要想顺利承接单位分化出来的社会福利责任，就必须通过多种方式加强自身的建设，大力发展社区服务。例如。可以通过多渠道筹集资金、改善服务设施、发展和培养社区服务专职和兼职队伍、提升居民的社区服务意识、加强基层组织建设等方面进行改善。另外，单位福利转移的速度却要与社区发展的实际状态联系起来，必须明确国家、单位和社区三方各自应当承担的责任，特别是国家一方要及时进行统筹规划和政策指导，安排好社区服务的发展重点、布局和步骤，使其活动规范化、制度化。①

三、深化社会保障体制改革

深化社会保障体制改革，特别是使基本社会保障向弱势就业群体重点倾斜，可以缩小阶层差距，从而对抑制劳动力市场分割间接起到抑制作用。目前，我国社会保障体制还存在着诸多缺陷，要使其发挥更为有效的作用，需要从增进公平性、可持续性和流动性三个方面同时入手对其进行完善。

建立统筹城乡、覆盖全民的社会保障制度是增进社会保障体制公平性的题中应有之意。目前我国现行的社会保障制度在城乡之间的巨大差异，根本原因是现行的制度没有真正地考虑到广大农民对于基本社会保障的迫切需要。因此，要建立统筹城乡、覆盖全民的社会保障制度，必须从解决广大农民的基本生活保障制度入手。一是建立适合农村情况的新型农村养老保险制度。农村养老不能仅仅依靠政府，而应该实现与集体、个人的有机结合，充分体现农民利益和意愿，不能盲目与片面化。资金安排上在政府给予补贴的同时，集体要积极地提供一定的资助，同时农民也应该积极参与缴纳部分费用，地方政府或村集体所有制

---

① 索德刚：《单位福利的延续、断裂与对策》，《东岳论丛》2006 年第 6 期，第 27 页。

经济组织根据鼓励参保、多缴多得的原则，对参保人给予适当的补助。二是完善新型农村合作医疗制度。在改革和发展现行农村新型农村合作医疗制度的基础上，财政补贴要随着生活水平的提高而提高，筹资标准也要适应农民的收入水平。各级政府要根据当地具体情况适当提高补助金额，提高报销补偿比例和补偿范围，切实帮助农村困难群体解决看病难问题。三是完善农村救助制度。对低于最低生活标准的农户列入重点优抚和救助对象，通过提高补助标准、加强职业技能帮扶等措施切实提高他们的收入水平。在其他方面也要多管齐下，例如建立灾害救助基金，确保在面临自然灾害时，农村受灾群众基本生产生活不被打断；实现"新农合"与医疗救助的衔接，真正实现农民最大方便就医；建立面向老人、残疾人、困难户、受灾群众社会福利和慈善事业，加大农村社会福利设施建设；等等。

增进社会保障体制的可持续性，一方面要在财政性社会保障投入不断增长的条件下均衡社会保障责任负担，另一方面要调动更多的社会资源与市场资源，使社会保障体系建设及其长远发展的物质基础更加丰裕。当前，社会保障投入的主要来源是财政转移支付，但伴随着社会保障制度的全面覆盖与刚性增长需求，政府将承担着越来越大的责任，如果单纯把社会保障负担留给政府，没有其他方参与，无法广泛吸纳市场资源与社会资源参与，当前制度体系将无法永续运作，城乡居民日益增长的福利需求将无法得到满足。因此，新时期的社会保障改革必须在持续适度扩张财政投入的同时，逐渐均衡社会保障责任负担。特别需要逐渐提高个人参加养老保险、医疗保险缴费标准，以适当均衡用人单位与参保者个人的责任分担。也需要在保持中央政府财政投入的基础上，逐渐促使地方政府加大对社会保障事业的投入，以适当均衡中央政府与地方政府的责任负担。还需要明确伴随养老保险制度从现收现付财务机制转化成统账结合型财务机制的历史债务，并采取明确的逐渐化解办法，以适当均衡历届政府或老、中、青代际负担。在壮大社会保障制度的物质基础方面，应当高度重视对市场资源与社会资源的激励与吸引。例如，完善面向企业与个人的税收政策，推动职业年金、企业年金及其他职业福利事业的发展，可以适度降低城乡居民对基本保障制度日益攀升的期望，同时调动企业与个人参与的积极性，减轻政府的福利财政压力。也可以将政府的公共福利投入与民间公益慈善资源有机融合，通过制度来激励捐献与扩大福利彩票发行规模等措施，筹集更多的财力用于社会保障建设。[①]

目前，多数流动就业的劳动者，尤其是广大"农民工"群体仍然游离于社会保障体系之外。在现行的体制下，劳动者需要连续缴费达到一定年限才能享受福利。而"农民工"就业的流动性极强，许多"农民工"由于达不到最低缴费年限自愿放弃参保，致使参保率长期维持在极低水平。增强社会保障体制的流动性，必须建立相应的转移续接机制。例如可以考虑针对"农民工"群体设立独立型的基本养老保险制度，"农民工"缴纳养老保险的比例不受地域限制，并实行宽松的缴纳标准，既可根据当地最低标准缴纳，也可按照异地最低标准缴纳，还可根据自身的经济状况打破最低缴纳标准限制，实行多缴多得。从根本上解决社会保障流动性欠缺的问题，长远来看，必须提高社会保障的统筹层次，由市级统筹向省级统筹过渡，最终实现全国统筹。要实现省级统筹，需在全省范围内实行基本养老保险经办机构的垂直管理，将隶属于各级地方政府的社会保险机构分离出来，组成自上而下统一管理的社会保险管理机构，摆脱地方政府的干扰。同时财政部门必须划清省级财政与县市财政在这一过程中的责任界限，将各市基本养老保险经办机构人员的薪酬福利纳入省财政体系之内。[②] 此外，针对当前劳动力流转迅速，劳动者工作岗位变换频繁的现状，对于我国的社会保障管理工作也应当适时加快信息化建设进程。通过借鉴西方发达国家的社会保障管理的先进经验，不难得出建立参保人社会保障信息的共享机制是解决续接问题

---

① 郑功成：《中国社会保障改革：机遇、挑战与取向》，《国家行政学院学报》2014 年第 6 期，第 30—31 页。

② 杨晶、郭兵：《农民工养老保险关系转移续接问题研究》，《北方经济》2009 年第 5 期，第 6—7 页。

的关键，各级和各地区政府之间应构建完善的社保信息数据库，能够在全国范围内进行联网查询和管理，做到流动人员报到、缴费、记账、迁移"一条龙"办理。例如可以利用网络技术发行"农民工"养老保险的"一卡通"，社会保障部门可根据已缴纳养老保险的"农民工"的个人信息，建立档案并进行信息联网，只要"农民工"手持"一卡通"，就能在工作所在地的社会保障机构缴纳养老保险。

四、促进教育均衡、平等发展

从长远来看，促进教育平等、均衡发展是弥合不同阶层之间职业发展机会结构鸿沟，从而增进劳动力更加自由流动，瓦解劳动力市场分割代际延续的有效途径。我国的教育体制目前仍然存在诸多弊病，亟待改进：以义务教育为代表的基础教育资源分布严重不均衡；高等教育的招生录取环节仍没有贯彻好平等原则；与劳动力市场充分对接的职业教育发展严重滞后。

解决基础教育发展失衡的状况，一方面要保障所有适龄儿童少年接受义务教育的基本权利，另一方面也要从整体上提高基础教育质量，力争使所有适龄儿童少年享有良好教育，必须要在以下三个环节进行改进。第一，要实现所有适龄儿童少年"学有所教"，杜绝任何挑选、遗弃、排斥。为此，应改革义务教育入学政策，增强教育提供方式的便利性与多样性。例如优化学校布局结构、加强学校标准化建设特别是农村小微学校建设，统一城乡教师编制标准，加强教师流动管理。同时，须着力保证进城务工人员随迁子女、农村留守儿童、残疾儿童按时接受义务教育，解决他们的各种困难和特殊需要。第二，应通过制定促进城乡、区域和校际均衡的办学标准、质量标准、经费标准、教师编制标准等政策，实现区域、城乡、校际义务教育办学条件标准化，以教育资源均衡配置保障适龄儿童少年的教育机会均等。在此基础上，进一步将资源均衡配置落实到全体适龄儿童少年均等享有上。政府应在政策上为每一位学生提供相对均等的学校环境、班级环境、教师队伍、课程资源、教学设备、生活设施，为适龄儿童少年获得教育过程和结果的机会均等创造必要条件。第三，要使基础教育质量水准在总体上达到"良好教育"。均衡发展义务教育的质量水准既不是具有稀缺性和竞争性的优质教育，也不是只具有最低质量保障的基本教育，而是一种具有可靠质量保障、人人均等共享并为进一步发展提供必要基础的良好教育。当然，这不等于稀释、扼制或取消优质教育，而是发挥优质教育的共享、辐射功能，建立优质教育资源共享机制，如通过学校联盟、集团化办学、委托管理等方式，带动生成更多的良好教育。①

高等教育录取环节公平性的缺失近年来一直广受诟病，但是要彻底打破现有的招录体制并不现实，改革也不是一朝一夕就能完成的，必须渐进稳妥实施。首先，要调整高校招生名额的分配，将原来投放于京津沪等地的部分招生指标渐进地转移至中西部地区。特别是对于中央部属院校，由于经费直接来源于中央财政，所以对各地区招生名额的分配应保持大致平衡的比例，应根据各地的报考人数将名额逐步向中部人口大省转移，使各省区招生比例的差异保持在合理的区间范围。对于地方省属高校，也要原则上划定地方高校对外省招生的比例，这样不仅有利于学校教学质量和生源结构的改善，也有利于达成不同地域间的公正特别是对落后地区的补偿。② 其次，在录取环节上，应改革现有的排序志愿方式，推广平行志愿方式，同时以二次征集志愿代替随机调剂。在平行志愿的规则下，考生原来在一个批次的一次录取机会变成了多次机会，填报志愿的难度和风险大大降低，增加了考生填报志愿的有效选择范围，减少了"高分低就"甚至"高分落榜"的现象，降低了填报志愿的"博弈"成分。二次征集志愿的方式最大限度地保障了考生选择学校和专业的主动权，消除了录取过程中的随机性与不确定性，实现了信息公开的同时也体现了公平公正。最后，必须严格规范现有的非高考录取

① 阮成武：《我国义务教育均衡发展政策的演进逻辑与未来走向》，《教育研究》2013年第 7 期，第 43—44 页。

② 李立峰：《我国高校招生考试中的区域公平问题研究》，厦门大学博士学位论文，2006 年，第 258—260 页。

方式，完善招生环节的各种监督机制。我国目前仍然存有包括保送生、高校自主招生、推免等多种破格录取形式，但在某些地区和某些院校接连发生了多起涉及招生的腐败案件。对于破格录取的考生，在资质审查上必须严格执行，应尽快在全国范围内建立统一标准，并且逐渐缩小保送渠道。特别是对于近年来兴起的高校自主招生和校长实名制推荐，必须建立起相应的信息披露制度和责任人制度，严厉打击各种违规操作行为。

职业教育的发展可以惠及各阶层劳动者，提高他们素质技能的同时也能大大拓宽他们的就业门路。目前应当坚持"遵循规律、系统思考、服务需求、明确定位、整体设计、构建制度、分类指导、分步实施"的原则，积极探索形成现代职业教育体系的有效结构，逐步推进职业学校协调发展和重心上移，着力完善管理系统、职业资格证书系统、法律制度系统和经费投入系统，加快建设科研支撑系统、师资队伍建设系统、学生职业发展和就业服务系统。在这样一个完善合理的现代职业教育体系之内，技能型人才、高端技能型人才和应用型人才的培养要进行系统设计、系统实施，主要通过增强外部适应性、内部适应性、内在协调性三个基本路径来实现。增强外部适应性，要求职业教育充分体现与外界对接的目标，提升职业教育对经济社会发展的贡献度，密切关注经济发展方式转变，积极响应产业结构调整，建立与现代产业体系相适应的现代职业教育体系，也要强调强化学校与行业企业合作，保持职业教育作为一个系统的开放性。增强内部适应性，要求职业教育要在强调就业导向的同时，既要加强学生的技能培养，更要从学生的全面发展出发培养其学习能力，为其终身学习和发展打下基础；也要创新办学模式和教育内容，针对不同教育对象采取更加灵活的方式方法，为劳动者在不同的发展阶段提供相应的服务，使其在这一体系内不受年龄、时间、空间限制，能够自主选择和有针对性地学习。增强内在协调性，必须推进中等职业教育和高等职业教育协调发展，系统培养技能型人才。具体地，要使二者在办学规模、教学质量、专业设置、层次结构、经费投入等方面相互协调，实现中高职教育在培养目标、专业设置、专业内涵、教学条件等方面的延续与衔接。①

第三节　对中国劳动力市场分割研究的后续展望

一、对分割形成机制的进一步探讨

在探讨中国劳动力市场分割的形成机制时，本书从世界、国家、市场、个人四个层次出发，总结出发展战略选择、制度约束与阶层分化这三个构成分割的要素，以此为支点，对三个要素在分割形成与发展中的作用机制进行了初步研究，在后续的研究中，自然需要在这一框架中深入下去。首先是在特定的发展战略下对制度体系的构建。我们已经明确了制度分为社会制度、体制和机制三个层次，国家力量的影响在这三个层次上是逐渐递减的，并且在社会制度既定的前提下把分析重点放在了体制层次的制度构建上，但这并不等于说在机制层次上无法体现国家力量的作用；恰恰相反，众多机制的建立和运行也体现着国家力量的渗透，甚至直接的干预。在机制层次上有重点地展开进一步分析，将使国家在劳动力市场形成与发展中的作用体现得更为完善。其次是制度体系对于劳动力市场各个主体的约束作用。同样，与前面类似，我们仅仅在体制层次上进行了展开，而对于机制层次没有展开论述。实际上，约束作用的发挥，有赖于体制与机制两个制度层次相结合，作为一个整体出现，尽管与劳动力市场相关的机制细微且庞杂，并且不具有体制那样的稳定性，很难确切地将其作用简要概括出来，因此有待于今后的专项研究中，结合具体问题进行详述。另外，文中将构建劳动力市场的体制分为政治体制、经济体制和社会体制三类，在后续章节中仅仅围绕着较为核心的经济体制和社会体制展开，而对于金融、贸易及财税体制，宏观调控体制等处于"外围"的经济体制和政治体制对分割的作用，也需要

---

① 范唯等：《探索现代职业教育体系建设的基本路径》，《中国高教研究》2011 年第 12
　　期，第 62—66 页。

再做完善。然后，在分割对阶层分化的问题上，我们把分割对阶层分化作用的影响因素整合成为市场、非市场因素与隐性、显性因素两个维度。并且，在之后的具体研究特别是实证研究中，把主要精力放在了对显性市场因素，亦即工资差距的考察上，对于显性非市场因素和隐性市场因素则较少涉及，对于隐性非市场因素完全没有涉及。对于后三种因素的考察，有待结合定性分析与定量分析的方法，深入而系统地展开。最后，不同的劳动者阶层通过制度变迁对分割施加反作用，实际包含了两个步骤：一是阶层力量对制度变迁的影响和渗透；二是不同于制度体系初始作用的制度变迁过程，怎样再去达成进一步分割或是化解分割。这是一个更为复杂的作用机制，需要融合政治学、社会学等多学科理论进行研究。

二、对分割形态演变的进一步研判

对劳动力市场分割形态演变的继续研究仍然可以围绕外生形态与内生形态这两条主线展开。在外生形态上，随着我国农村剩余劳动力逐渐减少，转化速度也将逐渐放缓，由此带来的"人口红利"也将逐渐消失，这意味着在不远的将来，准无产阶级化将趋于停止。而随着我国产业结构的进一步升级，特别是制造业的转型，以劳动密集为主要特征的传统制造业将逐渐退出历史舞台，因此，同质化也将在不断减弱中走向终结。而分割化与空间化这两种具有现代和当代特征的分割形态将长期存在，并将继续深入发展。特别值得我们注意的是，2008 年爆发的美国次贷危机短时间内转化为世界性经济危机，到目前为止，危机带来的衰退过程依然没有停止。按照 SSA 资本主义发展阶段理论，本次危机的出现很可能意味着资本主义一个历史阶段的终结和另一历史阶段的开端，积累的社会结构将出现新的变化。以"占领华尔街"为代表的劳资冲突再次风起云涌，预示着资产阶级必然会谋求一种更新的资本对劳动的控制与分化方式，使劳动力市场分割呈现不同于以往的新特征。从20 世纪 70 年代末开始出现的空间化，或许会转变为某种新的分割形式，这也是中国劳动力市场分割将具有的一种全新的外生形态。

在内生形态方面，也将必然出现某些新特征，并且可能会产生不同的演变趋势。从国内经济发展的大环境来看，"新常态"成为最鲜明的特征：经济增长速度将由高速转为中高速，甚至有可能进一步转为中速；经济结构的优化将取代保持经济增长速度成为主要目标；经济发展的动力也将从要素驱动、投资驱动转向创新驱动。要实现"新常态"下的新战略目标，必须要充分发挥市场的自主力量，使其在资源配置中发挥决定作用。因此，放眼到劳动力市场中，国家的调控力量势必将进一步减弱，由较为具体的市场机制转向对就业总水平、价格总水平等宏观指标；制度体系自身的柔性将进一步增强，约束作用更为多元化、复杂化，也更易受到来自政府以外的其他市场主体的影响，特别是不同阶层劳动者方面的影响。内生形态的进一步演变大体可以呈现两种不同的趋势：一是分割继续朝着强化、畸形化的变异方向发展，如果我们未来不能很好地协调不同劳动者阶层之间的利益分歧，不能推动改革向良性发展，这将是一个必然出现的结果。二是分割得到有效抑制，变异形态逐渐消解。从目前的改革措施来看，我们正在努力朝这一目标迈进。一方面，党和政府已经意识到分割对经济发展的消极影响，不少政策措施如反腐败、简政放权、给央企高管降薪以及保障"农民工"权益等已经初见成效；另一方面，普通劳动者也能够越来越多地借助信息化手段对企业和政府进行监督和制约，维护其自身的合法权益，劳动力市场各个主体之间开始出现力量平衡的局面。只要我们沿着目前的方向走下去，拿出改革的决心和勇气，不动摇、不偏离，就一定能够使这种趋势延续下去。

参考文献

一、中文文献

[1]《马克思恩格斯文集》第 5 卷，人民出版社 2009 年版。

[2]《邓小平文选》第三卷，人民出版社 1993 年版。

[3]《建国以来重要文献选编》第 2、3、8 卷，中央文献出版社 2011 年版。

[4]《三中全会以来重要文献选编》（上），中央文献出版社 2011 年版。

[5]《十二大以来重要文献选编》（上、中、下），中央文献出版社 2011 年版。

[6]《十三大以来重要文献选编》（上），中央文献出版社 2011 年版。

[7]《十四大以来重要文献选编》（上、中），中央文献出版社 2011 年版。

[8]《十八大以来重要文献选编》（中），中央文献出版社 2016 年版。

[9]《中华人民共和国城市规划法》，中华人民共和国第七届全国人民代表大会常务委员会第十一次会议 1989 年 12 月 26 日通过，1990 年 4 月 1 日起施行。

[10]《中华人民共和国公司法》，1993 年 12 月 29 日第八届全国人民代表大会常务委员会第五次会议通过，1994 年 7 月 1 日起施行。

[11]《中华人民共和国劳动合同法》，2007 年 6 月 29 日第十届全国人民代表大会常务委员会第二十八次会议修订通过，2008 年 1 月 1 日起施行。

[12]《中华人民共和国国民经济和社会发展第十二个五年规划纲要》，2011 年 3 月 16 日，见 http://news.xinhuanet.com/politics/2011-03/16/c_121193916.htm。

[13][美] 阿申费尔特、[英] 莱亚德主编：《劳动经济学手册》（第 1 卷），曹阳等译，经济科学出版社 2009 年版。

[14][美] 阿申费尔特、[英] 莱亚德主编：《劳动经济学手册》（第 2 卷），曹阳等译，经济科学出版社 2010 年版。

[15][美] 阿申费尔特、[美] 卡德主编：《劳动经济学手册》（第 3A 卷），宋

玥等译，经济科学出版社 2011 年版。

[16]［美］阿申费尔特、［美］卡德主编：《劳动经济学手册》（第 3C 卷），宋湛等译，经济科学出版社 2011 年版。

[17]［美］鲍尔斯等：《理解资本主义：竞争、统治与变革》（第 3 版），孟捷等主译，中国人民大学出版社 2010 年版。

[18]［美］鲍哈斯：《劳动经济学》（第 3 版），夏业良译，中国人民大学出版社 2010 年版。

[19] 北京市劳动局：《关于办理 1997 年〈就业证〉有关问题的通知》，京劳就发 [1997] 12 号，1997 年 1 月 11 日发布。

[20] 北京市委办公厅、市政府办公厅：《关于清理整顿本市机关津贴补贴奖金规范国家公务员收入的通知》，京办发 [2004] 21 号，2004 年 7 月 1 日发布。

[21]［美］波林等：《衡量公平：生存工资与最低工资经济学——美国的经验》，孙劲悦译，东北财经大学出版社 2012 年版。

[22]［美］布雷弗曼：《劳动与垄断资本》，方生等译，商务印书馆 1979 年版。

[23] 财政部、国资委：《关于印发〈中央企业国有资本收益收取管理暂行办法〉的通知》，财企 [2007] 309 号，2007 年 12 月 11 日印发。

[24] 蔡昉等：《户籍制度与劳动力市场保护》，《经济研究》2001 年第 12 期。

[25] 蔡昉：《2002 年：中国人口与劳动问题报告——城乡就业问题与对策》，社会科学文献出版社 2002 年版。

[26] 蔡昉等：《劳动力流动的政治经济学》，上海三联书店 2003 年版。

[27] 蔡昉、白南生：《中国转轨时期劳动力流动》，社会科学文献出版社 2006 年版。

[28] 陈琳、葛劲峰：《不同所有制部门的代际收入流动性研究——基于劳动力市场分割的视角》，《当代财经》2015 年第 2 期。

[29] 陈萍、李平：《劳动力市场的所有制分割与城乡收入差距》，《财经问题研究》2012 年第 5 期。

[30] 陈锡文：《约 2000 万农民工失业，须直面相关社会问题》，2009 年 2 月 2 日，见 http://www.caijing.com.cn/2009-02-02/110051988.html。

[31] 陈宪：《劳动力市场分割对农民工就业影响的实证研究》，中南大学博士

学位论文，2009 年。

[32] 陈钊、陆铭：《二元体制下的劳动力就业选择及其对经济效率的影响》，《上海经济研究》1998 年第 12 期。

[33] 陈钊等：《谁进入了高收入行业——关系、户籍与生产力的作用》，《经济研究》2009 年第 10 期。

[34] 陈桢：《经济增长的就业效应研究：基于经济转型与结构调整视角下的分析》，经济管理出版社 2007 年版。

[35] 谌新民：《国有企业内部劳动力市场的缺陷及其修复》，《广东经济》2004 年第 4 期。

[36] 程贯平、马斌：《改革开放以来我国劳动力市场制度性分割的变迁及其成因》，《理论导刊》2003 年第 7 期。

[37] 程连升：《中国五十年反失业政策研究（1949—1999）》，中国社会科学院研究生院博士学位论文，2000 年。

[38] 程平源等：《"囚在富士康"：富士康准军事化工厂体制调查报告》，《青年研究》2011 年第 5 期。

[39] 程文浩、卢大鹏：《中国财政供养的规模及影响变量——基于十年机构改革的经验》，《中国社会科学》2010 年第 2 期。

[40] 程延园编著：《劳动关系学》（第 3 版），中国劳动社会保障出版社 2011 年版。

[41] 戴园晨、黎汉明：《双重体制下的劳动力流动与工资分配》，《中国社会科学》1991 年第 5 期。

[42] 刁永祚：《中等收入群体的基本分析》，《北京社会科学》2006 年第 3 期。

[43] 丁晓钦、尹兴：《积累的社会结构理论述评》，《经济学动态》2011 年第 11 期。

[44] [美] 杜鲁门：《政治过程——政治利益与公共舆论》，陈尧译，天津人民出版社 2005 年版。

[45] [美] 凡勃伦：《有闲阶级论——关于制度的经济研究》，蔡受百译，商务印书馆 1983 年版。

[46] 范唯等：《探索现代职业教育体系建设的基本路径》，《中国高教研究》

2011 年第 12 期。

[47] [美] 弗里曼、[美] 梅多夫:《工会是做什么的:美国的经验》,陈耀波译,北京大学出版社 2011 年版。

[48] [美] 弗鲁博顿、[德] 芮切特:《新制度经济学:一个交易费用分析范式》,姜建强等译,上海三联书店 2006 年版。

[49] 付尧、赖德胜:《劳动力市场分割对区域经济增长的影响——以广东、上海为例》,《北京师范大学学报》(社会科学版) 2007 年第 2 期。

[50] 甘本佑等:《国有企业工资分配研究》,西南财经大学出版社 1996 年版。

[51] 葛玉好、赵媛媛:《工资差距分解方法之述评》,《世界经济文汇》2011 年第 3 期。

[52] 辜胜祖:《非农化与城镇化研究》,浙江人民出版社 1991 年版。

[53] 管亚东:《全国劳务派遣工达 6000 万,派遣工与正式工收入差距最多达 4—5 倍》,《深圳商报》2012 年 3 月 6 日。

[54] 郭丛斌:《二元制劳动力市场分割理论在中国的验证》,《清华大学教育研究》2004 年第 4 期。

[55] 郭丛斌、丁小浩:《中国劳动力市场分割中的行业代际效应及教育的作用》,《北大教育经济研究》2005 年第 4 期。

[56] 郭继强等:《工资差异分解方法述评》,《经济学(季刊)》2011 年第 2 期。

[57] 公安部:《城市户口管理暂行条例》,1951 年 7 月 16 日公安部公布,2004 年 9 月失效。

[58] 国家环保总局、国家统计局:《中国绿色国民经济核算研究报告 2004》,《环境经济》2006 年第 10 期,第 15 页。

[59] 国家经贸委、人事部、劳动和社会保障部:《关于深化国有企业内部人事、劳动、分配制度改革的意见》,国经贸企改 [2001] 230 号,2001 年 3 月 13 日发布。

[60] 国家统计局:《中国统计年鉴 1988》,中国统计出版社 1988 年版。

[61] 国家统计局:《中国统计年鉴 1992》,中国统计出版社 1992 年版。

[62] 国家统计局:《中国统计年鉴》,见 http://www.stats.gov.cn/tjsj/ndsj/。

[63] 国家统计局:《从基尼系数看贫富差距》,《中国国情国力》2001 年第 1 期。

[64] 国家统计局:《2015 年农民工监测调查报告》,2016 年 4 月 28 日,见 http://www.stats.gov.cn/tjsj/zxfb/201604/t20160428_1349713.html。

[65] 国家统计局:《2015 年国民经济运行稳中有进、稳中有好》,2016 年 1 月 19 日,见 http://www.stats.gov.cn/tjsj/zxfb/201601/t20160119_1306083.html。

[66] 国家统计局工业统计司:《中国工业统计年鉴》,见 http://tongji.cnki.net/kns55/Navi/HomePage.aspx?id=N2010080087&name=YZGJN&floor=1。

[67] 国家统计局农村社会经济调查总队:《2003 年农村外出务工劳动力 1.1 亿人》,《调研世界》2004 年第 4 期。

[68] 国务院:《关于建立经常户口登记制度的指示》,1955 年 6 月 9 日国务院全体会议第十一次会议通过,1955 年 6 月 22 日发布。

[69] 国务院:《关于扩大国营工业企业经营管理自主权的若干规定》,1979 年 7 月 13 日发布,2001 年 10 月 6 日废止。

[70] 国务院:《关于国营企业工资改革问题的通知》,国发 [1985] 2 号,1985 年 1 月 5 日发布。

[71] 国务院:《国务院关于企业职工养老保险制度改革的决定》,国发 [1991] 33 号,1991 年 6 月 26 颁发布。

[72] 国务院:《批转公安部小城镇户籍管理制度改革试点方案和关于完善农村户籍管理制度意见的通知》,国发 [1997] 20 号,1997 年 6 月 10 日发布。

[73] 国务院:《批转公安部关于推进小城镇户籍管理制度改革意见的通知》,国发 [2001] 6 号,2001 年 3 月 30 日发布。

[74] 韩俊:《棋子·边缘人·产业工人》,《农业经济问题》2004 年第 8 期。

[75] 韩靓:《基于劳动力市场分割视角的外来务工人员就业和收入研究》,南开大学博士学位论文,2009 年。

[76] 韩秀华、陈雪松:《论我国劳动力市场分割》,《当代经济科学》2008 年第 4 期。

[77] 何重达、吕斌:《中国单位制度社会功能的变迁》,《城市问题》2007 年第 11 期。

[78] 贺秋硕:《我国分割的劳动力市场中工资决定机制研究》,厦门大学博士学位论文,2007 年。

[79] 华图教育：《2003 年—2012 年国家公务员考试报名人数与录取人数比例统计》，2012 年 9 月 13 日，见 http：//www.huatu.com/2012/0913/365894.html。

[80] 黄安余：《经济转型中的劳动力市场》，上海人民出版社 2010 年版。

[81] 黄新华：《中国经济体制改革的制度分析》，厦门大学博士学位论文，2002 年。

[82] 洪银兴等：《〈资本论〉的现代解析》，经济科学出版社 2005 年版。

[83] 侯东民等：《从"民工荒"到"返乡潮"：中国的刘易斯拐点到来了吗?》，《人口研究》2009 年第 2 期。

[84] 胡鞍钢：《中国政治经济史论（1949—1976)》（第 2 版），清华大学出版社 2008 年版。

[85] 胡鞍钢、赵黎：《我国转型期城镇非正规就业与非正规经济（1990—2004)》，《清华大学学报》（哲学社会科学版）2010 年第 3 期。

[86] 教育部：《普通高校学校毕业生就业工作暂行规定》，教学 [1997] 6 号，1997 年 3 月 24 日发布。

[87] 晋利珍：《劳动力市场双重二元分割与工资决定机制研究》，首都经济贸易大学博士学位论文，2008 年。

[88] 晋利珍：《改革开放以来中国劳动力市场分割的制度变迁研究》，《经济与管理研究》2008 年第 8 期。

[89] 晋利珍：《劳动力市场双重二元分割下工资决定机制研究》，经济科学出版社 2010 年版。

[90] [美] 康芒斯：《制度经济学》（上册），于树生译，商务印书馆 1962 年版。

[91] 康士勇：《工资理论与工资管理》（第 2 版），中国劳动社会保障出版社 2006 年版。

[92] 赖德胜：《分割的劳动力市场理论评述》，《经济学动态》1996 年第 11 期。

[93] 赖德胜等：《2011 中国劳动力市场报告——包容性增长背景下的就业质量》，北京师范大学出版社 2011 年版。

[94] 赖德胜等：《2012 中国劳动力市场报告——高等教育扩展背景下的劳动力市场变革》，北京师范大学出版社 2012 年版。

[95] 赖德胜等：《2014 中国劳动力市场报告——迈向高收入国家进程中的工作

时间》，北京师范大学出版社 2014 年版。

[96] 赖德胜等：《2015 中国劳动力市场报告——经济新常态背景下的创业和就业》，北京师范大学出版社 2015 年版。

[97] 劳动部：《关于进行岗位技能工资制试点工作的通知》，劳薪字〔1992〕8号，1992 年 1 月 7 日发布。

[98] 劳动和社会保障部：《关于印发进一步深化企业内部分配制度改革指导意见的通知》，劳社部发〔2000〕21 号，2000 年 11 月 6 日发布。

[99] 劳动部：《关于印发〈再就业工程〉和〈农村劳动力跨地区流动有序化——"城乡协调就业计划"第一期工程〉通知》，（劳部发〔1993〕290 号），1993 年 11 月 3 日发布。

[100] 李爱芹：《农民工阶层的社会排斥研究》，《晋阳学刊》2007 年第 2 期。

[101] 李宝元：《户籍制度约束、劳动力市场分割与人力资源配置低效率》，《经济研究参考》2010 年第 62 期。

[102] 李建民：《中国劳动力市场多重分隔及其对劳动力供求的影响》，《中国人口科学》2002 年第 2 期。

[103] 李昆：《中国个体经济：30 年的变化与发展》，《四川大学学报》（哲学社会科学版）2010 年第 6 期。

[104] 李立峰：《我国高校招生考试中的区域公平问题研究》，厦门大学博士学位论文，2006 年。

[105] 李利平：《中国公务员规模问题研究》，南开大学博士学位论文，2010 年。

[106] 李萌：《劳动力市场分割下乡城流动人口的就业分布与收入的实证分析——以武汉市为例》，《人口研究》2004 年第 6 期。

[107] 李培林：《农民工——中国进城农民工的经济社会分析》，社会科学文献出版社 2003 年版。

[108] 李培林等：《中国社会分层》，社会科学文献出版社 2004 年版。

[109] 李培林等：《社会冲突与阶级意识——当代中国社会矛盾问题研究》，社会科学文献出版社 2005 年版。

[110] 李强、唐壮：《城市农民工与城市中的非正规就业》，《社会学研究》

2002 年第 6 期。

[111] 李强、林勇:《劳动力市场学》,中国劳动社会保障出版社 2006 年版。

[112] 李实:《中国经济转轨中劳动力流动模型》,《经济研究》1997 年第 1 期。

[113] 李实等:《中国收入差距变动分析——中国居民收入分配研究 IV》,人民出版社 2013 年版。

[114] 李祥茂、王轶昕:《国有垄断企业收入分配探析》,《经济体制改革》2011 年第 6 期。

[115] 李亚伯:《中国劳动力市场发育论纲》,江西财经大学博士学位论文,2003 年。

[116] 李亚伯:《中国劳动力市场发育论纲》,湖南人民出版社 2007 年版。

[117] 李怡乐:《关于中国劳动力市场分割的政治经济学解读》,《科学·经济·社会》2012 年第 2 期。

[118] 李育林:《新型城镇化背景下户籍制度改革的"积分制"探索:基于广东、上海的比较》,《广东广播电视大学学报》2014 年第 2 期。

[119] 李育林、张玉强:《新型城镇化背景下的大城市户籍制度改革模式研究:基于广州、上海和重庆的比较》,《湖南广播电视大学学报》2014 年第 3 期。

[120] 林胜:《我国公务员收入分配问题研究》,福建师范大学博士学位论文,2012 年。

[121] 林毅夫等:《赶超战略的再反思及可供替代的比较优势战略》,《战略与管理》1995 年第 3 期。

[122] 林毅夫:《国家发展战略的选择方式和绩效检验》,《江海学刊》2002 年第 4 期。

[123] 林毅夫:《发展战略与经济改革》,北京大学出版社 2004 年版。

[124] 林毅夫:《发展战略与经济发展》,北京大学出版社 2004 年版。

[125] 林毅夫等:《赶超战略的再反思及可供替代的比较优势战略》,《战略与管理》1995 年第 3 期。

[126] 林毅夫:《中国经济专题》,北京大学出版社 2008 年版。

[127] 林毅夫:《新结构经济学:反思经济发展与政策的理论框架》,苏剑译,北京大学出版社 2012 年版。

[128] 刘驰：《当前工会推进工资集体协商存在的难题及对策》，《中国劳动关系学院学报》2011 年第 4 期。

[129] 刘伟、李绍荣：《转轨中的经济增长与经济结构》，中国发展出版社 2005 年版。

[130] 刘雪明：《1966—1976 年我国个体私营经济政策述评》，《当代中国史研究》2006 年第 5 期。

[131] 刘永佶：《政治经济学方法论纲要》，河北人民出版社 2000 年版。

[132] 陆铭、陈钊：《就业体制转轨中的渐进改革措施——国有企业二层次内部劳动力市场的效率改进》，《经济研究》1998 年第 11 期。

[133] 陆铭：《工资和就业议价理论——对中国二元就业体制的效率考察》，上海三联书店 2004 年版。

[134] 陆学艺：《中国社会阶层研究报告》，社会科学文献出版社 2001 年版。

[135] 陆学艺：《当代中国社会流动》，社会科学文献出版社 2004 年版。

[136] 陆学艺：《中国社会阶级阶层结构变迁 60 年》，《中国人口、资源与环境》2010 年第 7 期。

[137] 罗卫东：《反常二元经济结构与我的就业问题》，《杭州大学学报》（哲学社会科学版）1998 年第 2 期。

[138] 马巾坷：《富士康转嫁高成本，拟转苹果生产至华北、华中内陆地区》，2010 年 6 月 29 日，见 http：//www.eeo.com.cn/2010/0629/174038.shtml。

[139] 马欣欣：《劳动力市场的产业分割——关于垄断行业与竞争行业间工资差异的经验分析》，《中国劳动经济学》2011 年第 1 期。

[140] [爱尔兰] 麦克唐纳等：《当代资本主义及其危机：21 世纪积累的社会结构理论》，童珊译，中国社会科学出版社 2014 年版。

[141] 毛立言：《关于现代企业制度的新思考》，《经济纵横》2012 年第 11 期。

[142] 孟捷、李怡乐：《关于劳动力市场分割动因的三种解释——评述与拓展》，《当代财经》2012 年第 6 期。

[143] 孟庆峰：《半无产阶级化、劳动力商品化与中国农民工》，《海派经济学》2011 年第 1 期。

[144] [英] 密利本德：《英国资本主义民主制》，博铨、向东译，商务印书馆

1988 年版。

[145] [美] 莫滕森:《工资差异理论——为什么相似的工人薪酬却不同》,王远林译,商务印书馆 2013 年版。

[146] 聂盛:《我国经济转型期间的劳动力市场分割:从所有制分割到行业分割》,《当代经济科学》2004 年第 6 期。

[147] 牛文元:《中国新型城市化战略的设计要点》,《中国科学院院刊》2009 年第 2 期。

[148] 潘秀珍:《利益集团参与我国公共政策制定过程的困境》,《新疆社科论坛》2006 年第 2 期。

[149] 潘毅、任焰:《农民工的隐喻:无法完成无产阶级化》,《政治经济学工作坊》(未刊稿) 2008 年第 11 期。

[150] 平新乔:《民营企业中的劳动关系》,北京大学中国经济研究中心工作论文,2005 年,No.C2005001。

[151] 钱雪亚等:《城镇劳动力市场城乡分割的程度与特征——基于浙江数据的经验研究》,《统计研究》2009 年第 12 期。

[152] 邱小平:《工资收入分配》(第 2 版),中国劳动社会保障出版社 2004 年版。

[153] 曲兆鹏:《城市劳动力市场二元分割与工资差异的演变——来自转换回归模型和工资差分解方法的证据》,《北京工商大学学报》(社会科学版) 2014 年第 4 期。

[154] 曲哲涵:《国企红利,近 2 万亿元何处去》,2011 年 2 月 21 日,见 http://finance.people.com.cn/GB/13962056.html。

[155] 人力资源和社会保障部:《2013 年度人力资源和社会保障事业发展统计公报》,2014 年 5 月 29 日,见 http://www.mohrss.gov.cn/SYrlzyhshbzb/zwgk/szrs/tjgb/201405/t20140529_131147.html。

[156] 人力资源和社会保障部:《中华人民共和国劳动和社会保障部令第九号》,2000 年 11 月 8 日,见 http://www.mohrss.gov.cn/gkml/xxgk/201407/t20140717_136256.htm。

[157] 人事部:《关于印发〈国家公务员录用暂行规定〉的通知》,人录发

[1994] 1 号，1994 年 6 月 7 日发布。

[158] 戎洪兴：《地方保护，成为大学生就业新壁垒》，2003 年 12 月 11 日，见 http：//www.people.com.cn/GB/jiaoyu/1055/2241069.html。

[159] 阮成武：《我国义务教育均衡发展政策的演进逻辑与未来走向》，《教育研究》2013 年第 7 期。

[160] ［英］桑普斯福特、［英］桑纳托斯：《劳动力市场经济学》，王询译，中国税务出版社 2005 年版。

[161] 上海市人民政府：《上海市单位使用和聘用外地劳动力管理暂行规定》，沪劳力发（93）74 号，1993 年 12 月 18 日。

[162] 上海市人民政府：《上海市单位使用和聘用外地劳动力分类管理办法》，沪劳就发［1995］第 5 号，1995 年 2 月 13 日发布。

[163] 上海市人民政府：《关于印发〈上海市居住证积分管理试行办法〉的通知》，沪府发［2013］40 号，2013 年 6 月 13 日。

[164] 上海市社会科学界联合会编：《中国梦：道路·精神·力量——上海市社会科学界第十一届学术年会论文集（2013 年度)》第四十七卷，上海人民出版社 2013 年版。

[165] 沈红、张青根：《劳动力市场分割与家庭资本交互作用中的文凭效应》，《教育研究》2015 年第 8 期。

[166] 沈琴琴等：《和谐劳动关系与民营企业发展——加强劳动者权益保护、构建和谐劳动关系》，《中国劳动关系学院学报》2007 年第 1 期。

[167] 沈士仓：《现代企业制度建立中的劳动关系转换》，《南开经济研究》1997 年第 6 期。

[168] 沈仁道、杨明：《利益集团的概念和分类》，《政治学研究》1986 年第 3 期。

[169] 盛洪：《现代制度经济学》（第 2 版），中国发展出版社 2009 年版。

[170] 史探径：《中国工会的历史、现状及有关问题探讨》，《环球法律评论》2002 年第 2 期。

[171] ［美］斯威齐：《资本主义发展论》，陈观烈、秦亚男译，商务印书馆 2006 年版。

[172] 苏永照:《我国劳动力市场行政分割研究》,暨南大学博士学位论文,2011年。

[173] 索德刚:《单位福利的延续、断裂与对策》,《东岳论丛》2006年第6期。

[174] 谭玉丹:《劳动力市场分割理论及其中国现实问题综述》,《华东经济管理》2008年第7期。

[175] 田松青:《农民进城就业政策变迁——兼论农民工劳动力市场地位》,首都经济贸易大学出版社2010年版。

[176] 田永坡等:《城乡劳动力市场分割、社会保障制度与人力资本投资研究》,《山东社会科学》2006年第7期。

[177] 田永坡:《劳动力市场分割与保留工资决定》,《人口与经济》2010年第5期。

[178] 童玉芬等:《未来20年中国农村劳动力非农化转移的潜力和趋势分析》,《人口研究》2011年第4期。

[179] 王大鹏:《我国劳动力市场行业分割问题研究》,《现代管理科学》2006年第11期。

[180] 王德文等:《迁移、失业与城市劳动力市场分割——为什么农村迁移者的失业率很低》,《世界经济文汇》2004年第1期。

[181] 王格芳:《科学发展观视域下的中国城镇化战略研究》,山东师范大学博士学位论文,2013年。

[182] 王静等:《双重分割视角下城市劳动力市场工资差异比较分析——基于2013年八城市流动人口动态监测数据》,《南开经济研究》2016年第2期。

[183] 王骏:《关于中国城市化战略若干问题的思考》,《北京大学学报》(哲学社会科学版)2003年第4期。

[184] 王倩:《中国行业垄断与收入分配差距问题研究》,山东大学博士学位论文,2014年。

[185] 王湘红:《工资制度、劳动关系及收入——基于行为理论的研究》,中国人民大学出版社2012年版。

[186] 网易财经:《李毅中:2013年固定资产投资占GDP比例高达76%》,2014年7月30日,见 http://money.163.com/14/0730/14/A2DIFEJD00255399.html。

[187] 魏杰：《30 年中国对外开放战略的变革》，《理论前沿》2008 年第 10 期。

[188] 吴波：《现阶段中国社会阶级阶层分析》，清华大学出版社 2004 年版。

[189] 吴红列：《工资集体协商：理论、制度与实践》，浙江大学出版社 2011 年版。

[190] 吴愈晓：《劳动力市场分割、职业流动与城市劳动者经济地位获得的二元路径模式》，《中国社会科学》2011 年第 1 期。

[191] 武鹏、周云波：《行业收入差距细分与演进轨迹：1990—2008》，《改革》2011 年第 1 期。

[192] 香伶、张炳申：《新制度经济学对劳动力市场理论的影响》，《财贸经济》2006 年第 1 期。

[193] 肖文韬：《劳动力市场分割理论综述及缔约视角的思考》，《人口与经济》2006 年第 6 期。

[194] 辛鸣等：《防止"阶层固化"促进社会流动》，《时事报告》2011 年第 11 期。

[195] 辛作义、冯进路：《冗员、政府干预与国有企业技术创新的实证分析》，《河南大学学报》（社会科学版）2003 年第 1 期。

[196] 邢春冰、李实：《中国城镇地区的组内工资差距：1995—2007》，《经济学（季刊）》2010 年第 1 期。

[197] 徐长玉：《中国劳动力市场培育研究》，中国社会科学出版社 2009 年版。

[198] 财政部、国资委：《关于印发〈中央企业国有资本收益收取管理暂行办法〉的通知》，财企 [2007] 309 号，2007 年 12 月 11 日印发。

[199] 徐林清：《中国劳动力市场分割问题研究》，暨南大学博士学位论文，2004 年。

[200] 徐林清：《中国劳动力市场分割问题研究》，经济科学出版社 2006 年版。

[201] 徐伟、杨波：《中国劳动力市场的分异与分割》，科学出版社 2013 年版。

[202] 严士清：《新中国户籍制度演变历程与改革路径研究》，华东师范大学博士学位论文，2012 年。

[203] 晏荣：《"X 二代"现象：制度性壁垒与社会排斥》，《中国青年研究》2011 年第 7 期。

[204] 杨波：《我国大城市劳动力市场分割的理论与实践——以上海为例》，华东师范大学博士学位论文，2008 年。

[205] 杨德广：《中国大学毕业生就业制度变迁分析》，《当代青年研究》1997年第 Z1 期。

[206] 杨晶、郭兵：《农民工养老保险关系转移续接问题研究》，《北方经济》2009 年第 5 期。

[207] 杨继绳：《再谈公务员福利分房》，《炎黄春秋》2010 年第 9 期。

[208] 杨玲玲：《当代中国的中等收入群体探析》，《中共中央党校学报》2013年第 2 期。

[209] 杨瑞龙：《工资形成机制变革下的阶级结构调整——契机、路径与政策》，中国人民大学出版社 2012 年版。

[210] 杨少星：《中国转型时期的利益集团及其治理》，吉林大学博士学位论文，2010 年。

[211] 杨宜勇：《劳动力市场的行政分割》，《经济研究参考》2001 年第 27 期。

[212] 杨宜勇：《中国转轨时期的就业问题》，中国劳动社会保障出版社 2002年版。

[213] 姚先国：《劳动力产权与劳动力市场》，浙江大学出版社 2006 年版。

[214] 姚先国、黎煦：《劳动力市场分割：一个文献综述》，《渤海大学学报》（哲学社会科学版）2005 年第 1 期。

[215] 姚洋：《自由、公正和制度变迁》，河南人民出版社 2002 年版。

[216] 叶文虎、韩凌：《论国家发展战略的选择——转移、转嫁与转变》，《中国人口、资源与环境》2006 年第 1 期。

[217] [美] 伊兰伯格、[美] 史密斯：《现代劳动经济学——理论与公共政策（第 6 版）》，潘功胜等译，中国人民大学出版社 1999 年版。

[218] 俞毅：《我国三资企业的发展现状及改进对策》，《商业经济与管理》1995 年第 4 期。

[219] 余永跃：《中国劳动力资源配置的体制变迁：历史回顾和文献评述》，《中国人口科学》2006 年第 6 期。

[220] 袁飞等：《财政集权过程中的转移支付和财政供养人口规模膨胀》，《经

济研究》2008 年第 5 期。

[221] 袁志刚：《中国就业制度的变迁》，上海三联书店 1998 年版。

[222] 袁志刚：《劳动力市场是分割的吗？——"劳动力市场分割"经验研究文献综述》，《云南财经大学学报》2008 年第 5 期。

[223] 张炳申：《中国劳动力市场的深层矛盾研究》，暨南大学出版社 2008 年版。

[224] 张埠义、明立志：《中国私营企业发展报告（1978—1998)》，社会科学文献出版社 1999 年版。

[225] 张华初：《非正规就业：发展现状与政策措施》，《管理世界》2002 年第 11 期。

[226] 张洪铭：《劳动力市场分割与农民工流动研究——以重庆市丰都县为例》，重庆大学博士学位论文，2012 年。

[227] 张军等：《中国的工资：经济学分析》，中国人民大学出版社 2012 年版。

[228] 张留禄：《完善我国工资集体协商制度研究》，《上海经济研究》2009 年第 12 期。

[229] 张展新：《劳动力市场的产业分割与劳动人口流动》，《中国人口科学》2004 年第 2 期。

[230] 张昭时：《中国劳动力市场的城乡分割——形式、程度与影响》，浙江大学博士学位论文，2009 年。

[231] 赵春音：《城市现代化：从城镇化到城市化》，《城市问题》2003 年第 1 期。

[232] 赵峰：《激进学派的劳动力市场理论》，《教学与研究》2007 年第 3 期。

[233] 赵耀辉、刘启明：《中国城乡迁移的历史研究：1949—1985》，《中国人口科学》1997 年第 2 期。

[234] 郑功成：《中国社会保障改革：机遇、挑战与取向》，《国家行政学院学报》2014 年第 6 期。

[235] 中共中央、国务院：《关于国家机关和事业单位工作人员工资制度改革问题的通知》，中发 [1985] 9 号，1985 年 6 月 4 日发布。

[236] 中共中央组织部、国家人事部：《关于加快推进事业单位人事制度改革

的意见》，人发［2000］78 号，2000 年 7 月 21 日发布。

[237] 周加来：《城市化、城镇化、农村城市化、城乡一体化——城市化概念辨析》，《中国农村经济》2001 年第 5 期。

[238] 周新城：《中国特色社会主义经济制度论》，中国经济出版社 2008 年版。

[239] 朱光磊、陈娟：《中国阶层分化与重组 30 年：过程、特征与思考》，《教学与研究》2008 年第 10 期。

[240] 朱镜德：《中国三元劳动力市场格局下的两阶段乡——城迁移理论》，《中国人口科学》1999 年第 1 期。

二、外文文献

[1] Amsden H., *The Economics of Women and Work*, Harmondsworth：Penguin Books，1980.

[2] Appleton S. et al.，"Contrasting paradigms：segmentation and competitiveness in the formation of the Chinese labour market"，in *Journal of Chinese Economic and Business Studies*，Vol.2，No.3，2004.

[3] Baily M.，"Wages and employment under uncertain demand"，in *Review of Economic Studies*，Vol.41，No.1，1974.

[4] Becker G.，*Human Capital：A Theoretical and Empirical Analysis，with Special Reference to Education*，New York：Columbia University Press，1964.

[5] Berg I.，*Sociological Perspectives on Labor Markets*，New York：Academic Press，1981.

[6] Birch H. and Gussow J.，*Disadvantaged Children：Health，Nutrition and School Failure*，New York：Harcourt，Brace and World，1970.

[7] Blau F. et al.，"Trends in Occupational Segregation by Gender 1970–2009：Adjusting for the Impact of Changes in the Occupational Coding System"，in *NBER Working Paper Series*，No. 17993，2012.

[8] Blinder A.，"Wage Discrimination：Reduced Form and Structural Estimates"，in *The Journal of Human Resources*，Vol.8，No.4，1973.

[9] Bluestone B，"The Tripartite Economy：Labor Markets and the Working

Poor", in *Poverty and Human Resources Abstracts*, Vol.5, No.4, 1970.

[10] Bobbitt-Zeher D., "Gender Discrimination at Work: Connecting Gender Stereotypes, Institutional Policies, and Gender Composition of Workplace", in *Gender & Society*, Vol.25, No.6, 2011.

[11] Boisso D. et al., "Occupational Segregation in the Multidimensional Case: Decomposition and Tests of Significance", in *Journal of Econometrics*, Vol.61, No.1, 1994.

[12] Bowles S. et al., *Understanding Capitalism: Competition, Command, and Change (3rd edition)*, New York: Oxford University Press, 2005.

[13] Brown R. et al., "Incorporating Occupational Attainment in Studies of Male-Female Earnings Differentials", in *The Journal of Human Resources*, Vol.33, No.1, 1980.

[14] Bulow J. and Summers L., "A Theory of Dual Labor Markets with Application to Industrial Policy, Discrimination, and Keynesian Unemployment", in *Journal of Labor Economics*, Vol.4, No.3, 1986.

[15] Carbonaro W., "Cross-National Differences in the Skills-Earnings Relationship: The Role of Labor Market Institutions", in *Social Forces*, Vol.84, No.3, 2006.

[16] Cain G., "The Challenge of Segmented Labor Market Theories to Orthodox Theory: A Survey", in *Journal of Economic Literature*, Vol.14, No.4, 1976.

[17] Chi W. et al., "Adjusting to Really Big Changes: The Labor Market in China, 1989-2009", in *NBER Working Paper Series*, No.17721, 2012.

[18] Cohen P. and Huffman M., "Occupational Segregation and the Devaluation of Women's Work across U.S. Labor Markets", in *Social Forces*, Vol.81, No.3, 2003.

[19] Conway D. and Roberts H., "Analysis of Employment Discrimination through Homogeneous Job Groups", in *Journal of Econometrics*, Vol.61, No.1, 1994.

[20] Craig C. et al., *Labor Market Structure, Idustrial Organization, and Low*

Pay, Cambridge: Cambridge University Press, 1982.

[21] Crotty J., Review of Robert Brenner's. The Economics of Global Turbulence, [2015-04-15], http: //people.umass.edu/crotty/archive.html.

[22] Daymont T. and Andrisani P., "Job Preferences, College Major, and the Gender Gap in Earnings", in *The Journal of Human Resources*, Vol.19, No.3, 1984.

[23] Davies R. et al., *From Birth to Seven: A Report of the National Child Development Study.* London: Longman, 1972.

[24] De Haan A., "Migration in Eastern India: A Segmented Labor Market", in *Indian Economic and Social Review*, Vol.32, No.1, 1995.

[25] De Wolff P. et al., *Wages and Labour Mobility*, Paris: OECD, 1965.

[26] Dickens W. and Lang K., "A Test of Dual Labor Market Theory", in *The American Economic Review*, Vol.75, No.4, 1985.

[27] Dickens W. and Lang K., "Labor Market Segmentation Theory: Reconsidering the Evidence", in *NBER Working Paper Series*, No.4087, 1992.

[28] Doeringer P. and Piore M., *Internal Labour Markets and Manpower Analysis*, Lexington (Mass.): Health Lexington books, 1971.

[29] Doeringer P., "Internal Labor Markets and Noncompeting Groups", in *The American Economic Review*, Vol.76, No.2, 1986.

[30] Douglas J., *The Home and School*, London: McGibbon and Kee, 1964.

[31] Dunlop J. and Higgins B., "'Bargaining Power' and Market Structures", *Journal of Political Economy*, Vol.50, No.1, 1942.

[32] Douglas J., *The Home and School*, London: McGibbon and Kee, 1964.

[33] Edwards R. et al., *Labour Market Segmentation*, Lexington (Mass.) / Toronto/London: Heath, 1975.

[34] Edwards R., *Contested Terrain*, New York: Basic Books, 1979.

[35] Fan C., "The Elite, the Natives, and the Outsiders: Migration and Labor Market Segmentation in Urban China", in *Annals of the Association of American Geographers*, Vol.92, No.1, 2002.

[36] Fine B., *Labor Market Theory: A Constructive Reassessment*, London and

New York: Routledge, 1998.

[37] Fleetwood S., "Sketching a Socio-economic Model of Labour Markets". in *Cambridge Journal of Economics*, Vol.35, No.1, 2011.

[38] Freeman R., "Public Policy and Employment Discrimination in the U.S.", in *NBER Working Paper Series*, No.928, 1982.

[39] Freeman R. and Medoff J., *What Do Unions Do?*, New York: Basic Books, 1984.

[40] Gordon D., *Theories of Poverty and Underemployment: Orthodox, Radical, and Dual Labor Market Perspectives*, Lexington: Heath Lexington Books, 1972.

[41] Gordon D. et al., *Segmented Work, Divided Workers*. New York: Cambridge University Press, 1982.

[42] Gordon I., "Migration in a Segmented Labour Market", in *Transactions of the Institute of British Geographers*, Vol.20, No.2, 1995.

[43] Granovetter M., *Getting a Job: A Study of Contacts and Careers*, Cambridge: Harvard University Press, 1974.

[44] Grimshaw D. and Rubery J., "Integrating the Internal and External Labour Markets", in *Cambridge Journal of Economics*, Vol.22, No.2, 1998.

[45] Gupta M, "Rural-urban Migration, Informal Sector, and Development Policies: A Theoretical Analysis", in *Journal of Development Economics*, Vol.41, No.1, 1993.

[46] Hanson S. and Pratt G., "Job Search and the Occupational Segregation of Women", in *Annals of Association of American Geographers*, Vol.81, No.2, 1991.

[47] Harrison. B, "Education and Underemployment in the Urban Ghetto", in *The American Economic Review*, Vol.62, No.5, 1972.

[48] Hopkins T. and Wallerstein I., *Processes of the World System*, Beverley Hills: Sage Publications, 1980.

[49] Jann B., "The Blinder-Oaxaca Decomposition for Linear Regression Models", in *The Stata Journal*. Vol.8, No.4, 2008.

[50] Jones F. and Kelley J., "Decomposing Differences Between Groups: A

Cautionary Note on Measuring Discrimination", in *Sociological Methods & Research*, Vol.12, No.3, 1984.

[51] Juhn C. et al., "Wage In equality and the Rise in Returns to Skill" . in *Journal of Political Economy*, Vol.101, No.3, 1993.

[52] Kazuhiro J., "Security, and Wages Models Wages of in a Dual Labor Market and Equilibrium", in *Journal of Social-Economics*, Vol.26, No.1, 1997.

[53] Kerr C., "Labour Markets: Thier Character and Consequences", in *The American Economic Review*, Vol.40, No.5, 1950.

[54] Knight J. and Li S., "Wages, Firm Profitability and Labor Market Segmentation in Urban China", in *China Economic Review*, Vol.16, No.3, 2005.

[55] Knight J. and Song L., *Towards a Labour Market in China*, Oxford: Oxford University Press, 2005.

[56] Knight J. and Yueh L., "The role of social capital in the labour market in China", in *The Economics of Transition*, Vol.16, No.3, 2008.

[57] Kotz D. et al., *Social Structure of Accumulation: The Political Economy of Growth and Crisis*, New York: Cambridge University Press, 1994.

[58] Lazear E. and Oyer P., "Internal and External Labor Markets: A Personnel Economics Approach", in *Labour Economics*, Vol.11, No.5, 2004.

[59] Leonard J., "The Interaction of Residential Segregation and Employment Discrimination", in *NBER Working Paper Series*, No.1274, 1984.

[60] Lin J., "Collectivization and China's Agricultural Crisis in 1959–1961", in *Journal of Political Economy*, Vol.98, No.6, 1990.

[61] Lindbeck A. and Snower D., "Wage Setting, Unemployment, and Insider-Outsider Relations", in *The American Economic Review*, Vol.76, No.2, 1986.

[62] Loveridge R. and Mok A., *Theories of Labour Market Segmentation: A critique*, London: Martinus Nijhoff Social Science Division, 1979.

[63] Lutz B. and Sengenberger W., *Arbeitsmarktstrukturen und öffentliche Arbeitsmarktpolitik*, Göttingen: Verlag O.Schwartz, 1974.

[64] Mandel E., *Late Capitalism.* London: New Left Books, 1975.

[65] Mayhew K., and Rosewell B., "Labour Market Segmentation in Britain", in *Oxford Bulletin of Economics and Statistics*, Vol.41, No.2, 1979.

[66] McDonald I. and Solow R., "Wage bargaining and employment", in *The American Economic Review*, Vol.71, No.5, 1981.

[67] McDonough T. et al., *Contemporary Capitalism and Its Crisis: Social Structure of Accumulation Theory for the 21ˢᵗ Century*, New York: Cambridge University Press, 2010.

[68] McGee T., "Labor Markets, Urban Systems and the Urbanization Process in Southeast Asian Countries", in *Papers of the East-West Population Institute*, No.81, 1982.

[69] Meng X., *Labour Market Reform in China*, Cambridge: Cambridge University Press, 2000.

[70] Meng X. and Zhang J., "The Two-Tier Labor Market in Urban China: Occupational Segregation and Wage Differentials between Urban Residents and Rural Migrants in Shanghai". in *Journal of Comparative Economics*, Vol.29, No.3, 2001.

[71] Mincer J., "Investment in Human Capital and Personal Income Distribution", in *Journal of Political Economy*, Vol. 66, No.4, 1958.

[72] Mincer J., "Union Effects: Wages, Turnover, and Job Training", in *NBER Working Paper Series*, No.808, 1983.

[73] Mincer J. and Polachek S., "Family Investments in Human Capital: Earnings of Women", in *Journal of Political Economy*, Vol.82, No.2, 1974.

[74] Murphy K. and Welth F., "Empirical Age-earning Profiles", in *Journal of Labor Economics*, Vol.8, No.2, 1990.

[75] Neuman S. and Silber J., "The Econometrics of Labor Market Segregation and Discrimination", in *Journal of Econometrics*, Vol.61, No.1, 1994.

[76] Neuman K., "Is There Another Union Premium? The Effect of Union Membership on Retirement Satisfaction", in *Industrial and Labor Relations Review*, Vol.64, No.5, 2011.

[77] Oaxaca R., "Male-Female Wage Differentials in Urban Labor Markets", in

International Economic Review, Vol.14, No.3, 1973.

[78] Oaxaca R. and Ransom M., "On Discrimination and the Decomposition of Wage Differentials", in *Journal of Econometrics*, Vol.61, No.1, 1994.

[79] Orr D., "An Index of Segmentation in Local Labor Markets", in *International Review of Applied Economics*, Vol.11, No.2, 1997.

[80] Pager D. andWestern B., "Identifying Discrimination at Work: The Use of Field Experiments", in *Journal of Social Issues*, Vol.68, No.2, 2012.

[81] Pagés C. and Stampini M., "No Education, No Good Jobs? Evidence on the RelationshipBetween Education and Labor Market Segmentation", in *Journal of Comparative Economics*, Vol.37, No.3, 2009.

[82] Parnes H., *Research on Labor Mobility: An Appraisal of Research Findings in the United States*, *Bulletin 65*, New York: Social Science Research Council, 1954.

[83] Perkins D. and Yusuf S., *Rural Development in China*, Baltimore: Johns Hopkins University Press, 1984.

[84] Piore M., "Fragments of a 'Sociological' Theory of Wages", in *The American Economic Review*, Vol.63, No.5, 1973.

[85] Piore M., "Birds of Passage: Migrant Labor in Industrial Societies", New York: *Cambridge University Press*, 1979.

[86] Reich M. et al., "A Theory of Labor Market Segmentation", in *The American Economic Review*, Vol.63, No.2, 1973.

[87] Reid L. and Rubin B., "Integrating Economic Dualism and Labor Market Segmentation: The Effects of Race, Gender, and Structural Location on Earnings", in *Sociological Quarterly*, Vol.44, No.3, 2003.

[88] Reimers C., "Labor Market Discrimination against Hispanic and Black Men", in *The Review of Economics and Statistics*, Vol.65, No.4, 1983.

[89] Roberts B. et al., *New Approaches to Economic Life*, Manchester: Manchester University Press, 1985.

[90] Rosen S., "Transaction Costs and Internal Labor Markets", in *Journal of Law Economics & Organization*, Vol.4, No.1, 1988.

[91] Rutter M. and Madge N., *Cycles of Disadvantage-A Review of Research*, London: Heinemann, 1976.

[92] Sakamoto A. and Chen M., "Inequality and Attainment in a Dual Labor Market", in *American Sociological Review*, Vol.56, No.3, 1991.

[93] Schultz T., "Investment in Human Capital", in *The American Economic Review*, Vol.70, No.5, 1960.

[94] Shapiro C. and Stiglitz J., "Equilibrium Unemployment as a Worker Discipline Device", in *The American Economic Review*, Vol.74, No.3, 1984.

[95] Slottje D. et al., "A New Method for Detecting Individual and Group Labor Market Discrimination", in *Journal of Econometrics*, Vol.61, No.1, 1994.

[96] Stanford J. et al., *Power, Employment and Accumulation: Social Structures in Economic Theory and Practice*, New York: M.E.Sharpe, 2001.

[97] Thurow L., "Education and Economic Equality", in *The Public Interest*, Vol.27, No.28, 1972.

[98] Thurow L. and Lucas R., *The American Distribution of Income: A Structural Problem*, Washington: U.S Government Printing Office, 1972.

[99] Wachtel H. and Charles B., "Employment at Low Wages", in *Review of Economics and Statistics*, Vol.54, No.2, 1972.

[100] Wight Bakke E. et al., *Labour Mobility and Economic Opportunity*, Cambridge: MIT Press, 1954.

[101] Wilkinson F., *The Dynamics of Labour Market Segmentation*, London: Academic Press, 1981.

[102] Williamson O., *The Economic Institutions of Capitalism*, New York: The New York Press, 1985.

[103] Wolpert J., "Behavioral Aspects of the Decision to Migrate", in *Papers in Regional Science Association*, Vol.15, No.1, 1965.

[104] World Bank, "China National Development and Sub-national Finance: A Review of Provincial Expenditures", in *Documents of World Bank*, 2002.

[105] Yellen J., "Efficiency Wage Models of Unemployment", in The *American*

Economic Review, Vol.74, No.2, 1984.

[106] Zang X., "Labor Market Segmentation and Income Inequality in Urban China", in *The Sociological Quarterly*, Vol.43, No.1, 2002.

图表索引

二、表格索引

后　记

　　与自身利益密切相关的事情，往往最能够激发研究者的兴趣。作为一名学生，最关心的事情莫过于毕业之后顺利找到一份理想的工作。然而近年来，"就业难"却成为笼罩在广大毕业生头上的一朵挥之不去的阴云。我们经常看到，许多非本地劳动者往往长期从事收入较低、条件较差的工作并且更容易失业；也经常听到类似"有个当官的爹，更容易挤进公务员队伍"和"没有过硬的关系，很难在某个行业立足"的种种传闻。为什么在劳动力市场不断走向竞争有序、开放统一的时代，还会有这些奇特现象呢？

　　正是这些时常挂在嘴边的话题，使我下决心深入研究中国劳动力市场分割的产生、发展和演变。众所周知，在新古典主义一统劳动经济学江湖的今天，学者们涉足劳动力市场分割，很容易陷入固定模式的束缚，不仅方法上日趋单一，关注点也越来越偏离原本的研究对象——劳动者。而关注广大劳动者的生存状态，实现其自由而全面的发展，又正是马克思主义的终极使命。在劳动力市场的研究中，马克思主义经济学不仅可以填补过去的空白，而且能够彰显出它的科学价值和时代意义，这是我始终坚信的一点。

　　从硕士期间开始，我有幸数次参与世界政治经济学学会副会长大卫·科兹（David M. Kotz）教授的讲学活动，逐渐对积累的社会结构理论产生了浓厚的兴趣，由此形成了这部著作的最初思路。我的导师，北京大学孙蚌珠教授对这一选题给予了充分肯定和大量指导，从创作伊始到最终定稿，无不凝结着她的心血和汗水。伦敦大学国王学院刘氏中国研究院（Lau China Institute，King's College London）时任院长姚新中教授慷慨地提供给我一个访问研习生的职位，使我在博士期间有机会接触到众多国外劳动力市场领域的一手资料。我的合作导师 Dr. Charlotte Goodburn 对论文的整体结构提出了具体建议，并补充了许多外文参考文献，另两位老师 Dr. Jan Knoerich 和 Dr. Vanesa Pesqué Cela 以及中国研究院的三位博士生 Eric Schmidt、徐青、张潇月通过专门研讨会的形式对论文提纲提出了不少有益的见解。北京师范大学中国收入分配研究院（China Institute For Income Distribution）和北京大学中国社会科学调查中心（Institute of Social Science Survey）为本书的实证部分提供了翔实的数据资料。在本书的出版过程中，人民出版社领导以及责编吴广庆也给予了大量协助。在此，对他们一并表示真诚的感谢！

这本著作的结束，又是一个新的开始。我会继续以马克思主义视角研究中国劳动力市场，希望将来这一领域能够像参天大树一样枝繁叶茂。

肖　潇

2016 年 8 月 16 日

于清华大学照澜院

责任编辑:吴广庆

封面设计:徐　晖

图书在版编目(CIP)数据

中国劳动力市场分割的形成机制与形态演变研究/肖潇 著. —
　北京:人民出版社,2017.6
ISBN 978 - 7 - 01 - 017738 - 0

Ⅰ.①中…　Ⅱ.①肖…　Ⅲ.①劳动力市场-研究-中国　Ⅳ.①F249.212

中国版本图书馆 CIP 数据核字(2017)第 120378 号

中国劳动力市场分割的形成机制与形态演变研究
ZHONGGUO LAODONGLI SHICHANG FENGE DE
XINGCHENG JIZHI YU XINGTAI YANBIAN YANJIU

肖潇　著

人 民 出 版 社 出版发行
(100706　北京市东城区隆福寺街 99 号)

环球东方(北京)印务有限公司印刷　新华书店经销

2017 年 6 月第 1 版　2017 年 6 月北京第 1 次印刷
开本:710 毫米×1000 毫米 1/16　印张:22.5
字数:320 千字

ISBN 978 - 7 - 01 - 017738 - 0　定价:58.00 元

邮购地址 100706　北京市东城区隆福寺街 99 号
人民东方图书销售中心　电话 (010)65250042　65289539